AF609385

AIDE-MÉMOIRE D'UN PRÉSIDENT D'ASSISES.

CINQUIÈME ÉDITION publiée en juillet 1869.

La jurisprudence de la cour de cassation a été annotée jusqu'au 31 décembre 1868.

QUELQUES OMISSIONS.

Page 11, à la ligne 9, après D. 1837, p. 260, ajoutez — 30 décembre 1868, n. 265.
— 11, à la ligne 31, après par des français, ajoutez — et par des étrangers,
— 21, à l'article 261, ajoutez — l'article 261 est applicable à l'accusé arrivé dans la maison de justice avant l'ouverture des assises (voyez l'espèce). 17 sept. 1868, n. 209.
— 23, à l'article 242, ajoutez — L'exploit de notification à un accusé détenu de l'arrêt de renvoi et de l'acte d'accusation doit constater, à peine de nullité, que l'huissier a remis la copie de ces pièces à l'accusé, *parlant à sa personne* (art. 61 du code de procédure civile). Voyez 13 février 1868 n. 39.
— 28, à la ligne 48, après 4 janvier 1866, n. 2, ajoutez — 2 septembre 1868, n. 203.
— 28, à la ligne 52, après 11 mai 1854, n. 236, ajoutez — 2 avril 1868, n. 88.
— 28, à la dernière ligne, après 28 mai 1818, n. 71, ajoutez — 31 mai 1867 n. 132.
— 27, à la ligne 31, après 21 janvier 1864 n. 16, ajoutez — 16 avril 1868, n. 101.
— 28, à l'art. 302, ajoutez — Le président peut refuser à l'accusé de prendre personnellement communication de la procédure au greffe. 19 juin 1868 n. 148.
— 39, à l'art. 406, ajoutez — La cour, malgré la disparition de la procédure, a pu ordonner qu'il serait passé outre aux débats (dans l'espèce, l'accusé avait demandé a être jugé, et avait mis à la disposition de la cour les pièces dont il avait copie). 3 septembre 1868 n. 204.
— 41, à l'art. 395, ajoutez — L'exploit de notification de la liste des jurés à un accusé détenu doit constater, à peine de nullité, conformément à l'article 61 du code de procédure civile, que l'huissier a remis la copie de la liste à l'accusé, *parlant à sa personne*. Voyez 9 avril 1868 n. 94.
— 43, à la ligne 39, après 11 janv. 1844 n. 9, ajoutez — Le juré qui est créancier de la faillite de l'accusé ou actionnaire de la société dont l'accusé était gérant (24 septembre 1868 n. 213);
— 43, à l'art. 392, ajoutez — Ne peut être juré celui qui précédemment, comme greffier, a fait partie de la cour d'assises qui a condamné l'accusé par contumace. 13 août 1868 n. 190.
— 54, à la ligne 31, après 22 juin 1839 n. 202, ajoutez — 18 juin 1868 n. 147.
— 59, à la ligne 27, après 10 mars 1831 n. 46, ajoutez — Peu importe la forme du compte rendu. Voy. 16 mai 1863 n. 145.
— 68, à la ligne 27, après 5 déc. 1857 n. 386, ajoutez — 18 décembre 1868 n. 251.
— 90, à la ligne 45, après 31 mars 1866 n. 90, ajoutez — 27 août 1868 n. 196.

Metz, le 25 juillet 1869.

Metz. Imp. J. Verronnais. 8.69.

AIDE-MÉMOIRE

D'UN

PRÉSIDENT D'ASSISES

PAR

LE Bon G. DUFOUR

CONSEILLER A LA COUR IMPÉRIALE DE METZ

CHEVALIER DE LA LÉGION D'HONNEUR

CINQUIÈME ÉDITION

A METZ

CHEZ JULES VERRONNAIS, IMPRIMEUR-LIBRAIRE & LITHOGRAPHIE, RUE DES JARDINS, 14

JUILLET 1869

Metz, Imp. J. VERRONNAIS.

AVANT-PROPOS*.

En lisant les arrêts de cassation rendus en matière criminelle, on reconnaît que la plupart des fautes commises par les présidents d'assises, sont uniquement le résultat de la préoccupation d'esprit qu'on éprouve à l'audience, et qui fait oublier parfois les choses qu'on sait le mieux.

Pour échapper aux nullités, il me paraît qu'il ne suffit pas d'étudier avec soin le code d'instruction criminelle et le code pénal, et qu'il est encore nécessaire d'avoir un cahier de notes qui vienne au secours de la mémoire.

Un travail de ce genre, tel que je le comprends, n'a pas, je crois, encore été publié. Il existe à la vérité d'excellents ouvrages sur le droit criminel, mais ces ouvrages, soit à cause de leur forme, soit à cause de leur étendue, ne peuvent pas être d'un grand secours aux assises; ce qu'il faut en effet aux présidents, à ceux du moins qui n'ont pas une longue expérience, c'est un cahier peu volumineux qui rappelle dans leur ordre les formalités à remplir, et qui signale les fautes à éviter dans le cours des procédures.

Ce travail que j'ai essayé pour moi-même, je le soumets à l'examen des magistrats. Je n'ai aucun titre pour inspirer la confiance, mais je me rassure en songeant que mon recueil n'a presque rien qui me soit propre : il ne se compose, pour ainsi dire, que de textes de lois et d'arrêts de cassation disposés d'une certaine manière ; et, si l'ordonnance de l'œuvre est défectueuse, les matériaux du moins ont de la valeur.

Voici le plan que j'ai adopté : j'ai pris dans le code d'instruction criminelle les articles qui se rapportent à la cour d'assises, et j'ai cherché à les placer dans l'ordre où les faits s'accomplissent; en regard du texte de ces articles, j'ai annoté la jurisprudence de la cour de cassation. De cette façon en tournant les feuillets, on peut en quelque sorte suivre pas à pas la procédure, et l'on trouve dans les arrêts de la cour suprême, les éclaircissements dont la loi peut avoir besoin.

Mon travail s'est partagé assez naturellement en neuf chapitres :

Dans le premier, j'ai traité de la composition des cours d'assises, de la nomination du président et des honneurs qui lui sont dus, des lieux, époques et rôles des sessions.

Le chapitre II comprend la procédure antérieure aux débats.

Dans le chapitre III, j'ai réuni quelques règles qui s'appliquent dans tout le cours des débats, et dont il faut par conséquent se bien pénétrer à l'avance.

* Cet avant-propos se trouvait en tête de la 1re édition publiée en 1845, et l'on n'a rien à y changer.

Au chapitre IV, le procès commence par la formation du tableau du jury et le tirage au sort.

Viennent ensuite, dans le chapitre V, les formalités depuis l'entrée en séance de la cour d'assises jusqu'à l'appel des témoins.

Le chapitre VI renferme toute l'instruction : l'interrogatoire de l'accusé, l'audition des témoins et ce qui s'y rattache, les dépositions en vertu du pouvoir discrétionnaire, la lecture des pièces écrites, la production de documents nouveaux, etc.

Dans le chapitre VII, se trouvent le réquisitoire, la plaidoirie, le résumé de l'affaire et la position des questions. Ce dernier objet m'a paru mériter quelque développement, et j'ai indiqué (pages 107 à 124) les formules des questions à poser dans les accusations les plus ordinaires. Je n'ai pas la prétention de donner ces formules comme des modèles ; je me suis appliqué surtout à n'omettre aucun des éléments qui doivent entrer dans la composition des questions ; j'ai d'ailleurs cherché à faire pour les articles du code pénal, comme pour les articles du code d'instruction, un commentaire abrégé, composé avec les arrêts de cassation.

Après la position des questions, arrivent l'avertissement aux jurés et les règles relatives à la délibération et à la réponse du jury : c'est la matière du chapitre VIII.

La lecture de la déclaration du jury par le greffier commence le chapitre IX, qui se termine par la rédaction du procès-verbal. Dans ce chapitre, j'ai donné des formules pour faciliter la prononciation de l'ordonnance d'acquittement, des arrêts d'absolution et de condamnation. A la suite de l'art. 372, on trouvera des modèles de procès-verbaux, car ce n'est pas assez que le président remplisse toutes les formalités, il doit encore s'assurer qu'elles ont été constatées selon le vœu de la loi.

Quelques pages ont été consacrées à la reconnaissance d'identité, à la contumace et au compte rendu de la session.

Tel est l'ensemble de cet ouvrage; j'en ai fait un résumé (pages 5 à 9) qui met en évidence la série des formalités à remplir. Ce résumé est destiné à être placé à l'audience sous les yeux du président ; il pourra lui servir de guide dans la marche des débats, sauf, en cas de besoin, à recourir au corps de l'ouvrage, ce qui est rendu facile par les renvois.

J'ai mis tous mes soins dans le choix des arrêts de cassation, et me suis efforcé de donner des notices exactes reproduisant le plus possible les expressions de la cour suprême. Pour la recherche des arrêts, j'ai renvoyé principalement au bulletin criminel qu'on trouve dans tous les parquets. Les blancs qui existent dans l'impression, permettront de faire les annotations qu'on jugera convenables.

J'ai l'espoir que ce recueil pourra être de quelqu'utilité aux personnes appelées à prendre part aux travaux de la cour d'assises. Il est d'ailleurs bien entendu qu'on ne doit le considérer que comme un cahier de notes qui attend des corrections, et qu'il faudra tenir sans cesse au courant de la législation et de la jurisprudence.

TABLE DES MATIÈRES.

NOTA. Pour les recherches, on peut recourir au tableau abrégé de l'Aide-Mémoire (pages 5 à 9); aux sommaires des chapitres, pages 1 à 4, et aux modèles de procès-verbaux, pages 99 à 102. On peut aussi recourir aux tableaux, page 4; ces tableaux indiquent les articles de loi qui sont annotés dans l'ouvrage, et la page où chacun de ces articles se trouve.

SOMMAIRES DES CHAPITRES.

CHAPITRE PREMIER.

CHAPITRE II.

CHAPITRE III.

CHAPITRE IV.

CHAPITRE V.

CHAPITRE VI.

CHAPITRE VII.

CHAPITRE VIII.

CHAPITRE IX.

APPENDICE.

ARTICLES DU CODE D'INSTRUCTION CITÉS DANS L'OUVRAGE.

Art.	Pag.	Art.	Pag.	Art.	Pag	Art.	Pag.	Art.	Pag.	Art	Pag.	Art.	Pag.	Art.	Pag.	Art.	Pag.	Art.	Pag	Art.	Pag.	Art.	Pag.
44	71	260	20	278	34	302	28	315	56	328	58	341	78	355	56	368	96	389	40	406	38	512	68
67	54	261	id.	284	14	303	id.	316	id.	329	66	342	80	356	id.	369	90	390	id.	408	36	518	103
78	84	263	16	291	22	304	id.	317	62	330	id.	343	id.	357	88	370	id.	391	42	409	90	519	id.
79	60	264	id.	292	id.	305	30	318	64	331	id.	344	82	358	id.	371	96	392	id.	410	92	520	id.
241	22	265	12	293	24	306	id.	319	id.	332	46	345	id.	359	id.	372	98	393	44	412	id.	603	23
242	id.	266	48	294	id.	307	id	320	66	333	id.	346	id.	360	90	373	96	394	46	465		607	id.
243	id.	267	32	295	id.	308	id.	321	58	334	50	347	id.	361	92	374	90	395	40	à		611	id.
251	10	268	34	296	26	309	59	322	60	335	72	348	84	362	90	375		396	44	476	104	613	id.
252	12	269	id.	297	id.	310	id.	323	id.	336	id.	349	id.	363	id.	à		397	id.	477	68	637	93
253	14	Id.	68	298	id.	311	id.	324	58	337	74	350	86	364	92	379	96	398	id.	478	92	638	id.
257	18	270	32	299	28	312	52	325	64	338	76	352	84	365	94	381	42	399		504	32		
258	20	276	34	300	id.	313	56	326	id.	339	id.	353	36	366	92	383	id.	à		505	id.		
259	id.	277	id.	301	id.	314	id.	327	58	340	id.	354	56	367	94	388	40	403	48	507	id.		

ARTICLES DU CODE PÉNAL CITÉS DANS L'OUVRAGE.

Art.	Pag.	Art.	Pag.	Art.	Pag	Art.	Pag.	Art.	Pag	Art.	Pag.	Art.	Pag	Art.	Pag.	Art.	Pag	Art.	Pag.	Art.	Pag.	Art.	Pag.
2	107	67	94	144	122	164	122	186	110	230	108	296	110	308	111	327	109	352	112	382	118	397	117
28	60	69	id.	145	121	169	115	198	109	231	id.	297	109	309	109	328	id.	353	id.	383	116	398	id.
34	id.	70	id.	146	id.	170	id.	198	110	232	id.	Id.	110	Id.	112	329	id.	354	112	384	117	399	id.
42	id.	100	108	147	120	171	id.	209	108	233	id.	298	109	310	109	331	114	355	id.	385	116	400	118
55	97	101	id.	Id.	121	172	id.	210	id.	Id.	110	Id.	110	311	id.	332	id.	356	id.	Id.	118	401	116
56	95	132	122	148	122	173	id.	211	id.	248	107	299	111	312	id.	333	id.	357	id.	386	116	Id.	117
57	94	133	id.	150	120	174	id.	212	id.	253	117	300	id.	315	id.	340	113	361		Id.	117	402	119
58	id.	134	id.	Id.	121	177	id.	213	id.	254	118	301	id.	317	112	341	id.	à		Id.	118	403	id.
59	107	135	id.	151	122	178	id.	214	id.	255	id.	302	110	321	109	342	id.	365	124	388	id.	404	id.
60	id.	138	id.	153		179	id.	215	id.	256	116	Id.	111	322	id.	343	id.	379	116	390	116	408	id.
61	id.	139	id.	à		180	id.	216	id.	Id.	117	303	110	Id.	110	344	id.	380	id.	392	id.	434	123
62	id.	140	id.	162	121	181	id.	218	id.	Id.	118	304	id.	323	111	345	112	381	id.	393	117	440	124
63	id.	141	id.	163	122	182	id.	221	id.	270	109	Id.	112	324	110	349	id	Id.	117	394	id.	441	id.
64	93	142	id.	164	120	183	id.	228	id.	279	id.	305	111	326	109	350	id.	382	116	395	id.	442	id.
66	93	143	id.	Id.	121	186	109	229	id.	295	110	306	id.	Id.	110	351	id	Id.	117	396	id.	463	94

On trouvera : la loi du 9 sept. 1835, art. 8, 9, 10 et 11, à la page 51 ; — la loi du 13 mai 1836, art. 1, 2, 3, 4, 5 et 6, à la page 82 ; — l'art. 81 de la constitution de 1848 à la page 54 ; — la loi du 22 janv. 1851, art. 30, à la page 68 ; — la loi du 17 fév. 1852, art 17, à la page 54 ; — la loi du 4 juin 1853, art. 1, 2, 3, 4, 5 et 16 à la page 42, et art. 18 et 19 à la page 44 ; — la loi du 22 juillet 1867, sur la contrainte, à la page 94.

ABRÉVIATIONS.

Les arrêts extraits du *Bulletin criminel* sont indiqués seulement par la date et le numéro.

La lettre D désigne l'ouvrage de M. Dalloz, *Recueil périodique* ; t. veut dire table. La lettre S indique l'ouvrage de M. Sirey, et les lettres J. P. le *Journal du Palais*.

Les articles de loi cités sans autre indication sont ceux du *Code d'instruction criminelle*.

DEVOIRS DU PRÉSIDENT AVANT L'OUVERTURE DE LA SESSION.

	Articles	Pages
Une fois au moins dans le cours de la session, le président visite les personnes retenues dans la maison de justice; et il signe et paraphe à toutes les pages le registre du gardien de cette prison. 611 et	607	23
— D'après la circulaire du 26 janv. 1857, le président doit visiter deux fois les prisons	»	106
Le président examine avec soin les procédures. — Il peut, selon les circonstances, avant l'ouverture	307	30
de débats, ordonner la jonction, ou la disjonction de plusieurs accusations	308	*id.*
Il peut, avant l'ouverture des débats, renvoyer une cause à la session suivante	306	*id.*
Si les procédures ne sont pas complètes, le président fait les actes d'instruction qu'il juge utiles. 301 à	303	28
Il donne à la prison les ordres qu'il croit nécessaires, soit pour l'instruction, soit pour le jugement.	613	23
Il vérifie si les pièces servant à conviction ont été envoyées au greffe de la cour d'assises	291	22
Le président s'assure :		
que l'accusé a reçu, en temps utile, l'arrêt de renvoi et l'acte d'accusation;	242	*id.*
que l'accusé a été interrogé;	293	24
que l'accusé a été pourvu d'un défenseur; 294 et	295	*id.*
que l'accusé a été averti du délai de cinq jours pour le pourvoi contre l'arrêt de renvoi, et qu'il a de même que le procureur général, laissé écouler ce délai sans se pourvoir : 296 à 298, p. 26, et 299 à	301	28
que l'accusé, s'il n'est arrivé dans la maison de justice qu'après l'ouverture de la session, a consenti à être jugé;	261	20
que l'accusé a conféré avec son défenseur;	302	28
que les copies de pièces ont été remises à l'accusé;	305	30
Le président fait mettre au rôle de la session toutes les affaires en état, et il prévient les accusés du jour de leur comparution aux assises;	260	20
Il prépare les questions à soumettre au jury; voyez p. 74 à 76, et les formules, p. 107 à 124.	»	»
Le président aura soin que la liste des quarante jurés soit notifiée à l'accusé la veille de l'audience,	395	40
et que la liste des témoins lui soit notifiée au plus tard la veille de l'examen	315	56
Il fera bien de s'entendre avec le ministère public relativement à la liste des témoins à citer (circulaire du 26 décembre 1845), et à l'ordre de leur audition.		
Il peut faire citer des témoins à la demande de l'accusé; voyez la loi de 1851, p. 68.		
Il s'assure que le ministère public a donné des instructions à la gendarmerie pour la conduite des accusés à l'audience.		
Il écrit à l'autorité militaire pour qu'il y ait à la cour d'assises une force armée suffisante.		
Le président veillera à ce que la cour d'assises soit composée régulièrement; voy. p. 12, 14, 16 et 18.		
Il vérifiera si les tableaux prescrits par l'art. 342 (p. 80) et par la loi de 1836 (p. 82) sont affichés dans la chambre des jurés.		

QUELQUES RÈGLES RELATIVES A LA DIRECTION DES DÉBATS ET A LA PROCÉDURE.

	Articles	Pages
Le président est chargé personnellement de diriger les jurés dans l'exercice de leurs fonctions et de leur exposer l'affaire sur laquelle ils auront à délibérer, même de leur rappeler leur devoir, de présider à toute l'instruction, et de déterminer l'ordre entre ceux qui demandent à parler.	267	32
Le président devra rejeter tout ce qui tendrait à prolonger les débats, sans donner lieu d'espérer plus de certitude dans les résultats	270	*id.*
Le président est investi d'un pouvoir discrétionnaire en vertu duquel il pourra prendre sur lui tout ce qu'il croira utile pour découvrir la vérité, et la loi charge son honneur et sa conscience d'employer tous ses efforts pour en favoriser la manifestation	268	34
La cour d'assises est appelée à délibérer toutes les fois qu'il y a des conclusions prises, soit par l'accusé, soit par le ministère public; et en général on ne peut pas entendre l'un sans entendre l'autre	408	36
Les arrêts incidents doivent, comme les arrêts définitifs, être motivés et être prononcés en audience publique. — Les arrêts incidents, de même que les conclusions, sont suffisamment constatés par leur insertion au procès-verbal	*id.*	*id.*
L'examen et les débats une fois entamés, doivent être continués sans interruption et sans aucune espèce de communication au dehors, jusqu'après la déclaration du jury inclusivement; le président ne peut les suspendre que pendant les intervalles nécessaires pour le repos des juges, des jurés, des témoins et des accusés.	353	*id.*
Relativement aux circonstances dans lesquelles les débats peuvent être interrompus, et l'affaire renvoyée par décision de la cour à une autre session, voyez l'art. 406 et les notes, p. 58.	»	»

POLICE DE L'AUDIENCE. — *Crimes, délits, tumulte, fautes de discipline, compte rendu infidèle.*

	Articles	Pages
Le président a la police de l'audience	267	32
S'il se commet dans l'audience des crimes ou des délits, le président dresse procès-verbal du fait, interroge le prévenu, à qui, s'il y a lieu, il nomme un défenseur; ensuite les témoins déposent; et, après avoir entendu le ministère public et l'accusé, la cour applique, sans désemparer, les peines de la loi... 505 à	507	*id.*
Si un assistant fait du tumulte, le président procède conformément à l'art. 504, p. 32.	»	»
Si l'accusé fait du tumulte pour empêcher le cours de la justice, la cour procède conformément aux articles 8, 9, 10 et 11 de la loi du 9 septembre 1835, p. 51.		
Relativement aux fautes de discipline, voy. art. 311, p. 50. — Quant au compte rendu, voy. p. 10..	»	»

	OUVERTURE DE LA SESSION (*voyez procès-verbal, p. 99*).	Articles	Pages
Ouverture de la session........	Au jour et à l'heure indiqués par l'ordonnance du premier président, la cour d'assises ayant pris publiquement séance, le président déclare la session ouverte.	»	»
Appel des jurés................	Le greffier fait l'appel des jurés. Jurés inexactement désignés, voy. pages 41 * et 43 *.		
— Incapacités absolues........	La cour tire de la liste de service les jurés qui sont incapables, soit parce qu'ils n'ont pas trente ans, et ne jouissent pas de leurs droits politiques, civils et de famille, soit parce qu'ils se trouvent dans l'un des cas prévus par les art. 2 et 4 de la loi du 4 juin 1853, p. 42.	381	42
— Incapacités relatives.	La cour tire de la liste de service les jurés qui, dans l'affaire, ont été officiers de police judiciaire, témoins, interprètes, experts ou parties.	392	42
— Incompatibilités...........	La cour tire aussi de la liste de service les jurés qui remplissent des fonctions incompatibles avec celles de juré. Voyez art. 3 de la loi du 4 juin 1853, p. 42.	383	*id.*
— Dispenses.................	La cour dispense du service s'ils le requièrent : ceux qui ont rempli les fonctions de juré pendant l'année courante ou pendant l'année précédente, les sénateurs et les membres du corps législatif pendant les sessions, les septuagénaires et ceux qui vivent de leur travail manuel et journalier ; voyez art. 5 et 16 de la loi du 4 juin 1853, p. 42.	»	»
— Exoine....................	Quant aux motifs de toute espèce que des jurés font valoir pour être dispensés du service pendant quelques jours ou pendant toute la session, la cour les apprécie dans sa conscience.	398	44
— Jurés défaillants...........	Relativement aux jurés qui ne comparaissent pas, quoique cités régulièrement (art. 389, p. 40), la cour les condamne à l'amende (art. 396, et art. 19 de la loi du 4 juin 1853, p. 44), à moins qu'ils ne justifient qu'ils ont été dans l'impossibilité de se rendre au jour indiqué	397	*id.*
	OPÉRATIONS ANTÉRIEURES AU TIRAGE DU JURY.		
Reconnaissance de l'identité de l'accusé.	Si l'accusé est un contumax qui nie son identité, la cour d'assises statue seule sur la question d'identité ; et en cas de décision affirmative, on procède sur le fond de l'accusation avec assistance de jurés et dans la forme ordinaire (voyez procès-verbal, p. 103).	518	103
Adjonction de jurés et de magistrats.	Lorsqu'un procès paraîtra de nature à entraîner de longs débats, la cour d'assises, avant le tirage de la liste des jurés, pourra ordonner qu'indépendamment des douze jurés nécessaires pour composer le jury, il en sera tiré au sort un ou deux autres qui assisteront aux débats.	394	46
	Dans les mêmes circonstances, la cour pourra ordonner qu'il lui sera adjoint un ou deux magistrats.	252	13
	TIRAGE DU JURY (*voyez procès-verbal, p. 100*)		
Tirage du jury................	Cette opération peut se faire par le président assisté de la cour en audience publique, ou par le président seul, soit à l'audience, soit à la chambre du conseil.	399	48
Nomination d'un interprète et prestation de serment.	Si l'accusé n'entend pas le français, le président nomme d'office un interprète âgé de vingt-un ans au moins, et lui fait prêter serment de traduire fidèlement les discours à transmettre entre ceux qui parlent des langages différents... L'accusé et le procureur général peuvent récuser l'interprète en motivant leur récusation. La cour prononce... L'interprète ne peut être pris parmi les témoins, les juges et les jurés. . .	332	46
	Si l'accusé est sourd-muet, voyez l'art. 333, p. 46.	»	»
Appel des jurés..............	Le greffier fait l'appel des jurés en leur présence et en présence de l'accusé et du procureur général.	399	48
	Relativement aux jurés défaillants, et pour les causes d'incapacité, d'incompatibilité, de dispense et d'exoine, voyez ci-dessus. Jurés inexactement désignés, voy. pages 41 * et 43 *.		
Le tirage ne peut se faire sur une liste comptant moins de 30 jurés présents ; moyens de compléter ce nombre.	S'il y a moins de 30 jurés présents, le nombre est complété par les quatre jurés supplémentaires que le président appelle, dans l'ordre de leur inscription, à faire partie des jurés titulaires. — En cas d'insuffisance, le président, après arrêt de la cour, tire au sort, en audience publique, sur la liste spéciale, les jurés qui doivent compléter le nombre de trente. (Voyez p. 100)	393	44
Dépôt dans une urne des noms des jurés.	Le président dépose dans une urne le nom de chaque juré répondant à l'appel (les noms sont inscrits sur des bulletins).	399	48
Avertissement relatif aux récusations.	Le président annonce que le nombre des jurés étant de..., l'accusé ou son conseil peuvent récuser *tant* de jurés, et que le procureur général peut en récuser *tant*.	*id.*	*id.*
	L'accusé et le procureur général peuvent exercer un nombre égal de récusations ; et, si les jurés sont en nombre impair, l'accusé peut exercer une récusation de plus que le procureur général.	401	*id.*
	S'il y a plusieurs accusés, ils peuvent se concerter pour exercer leurs récusations ;	402	*id.*
	et s'ils ne se concertent pas, le sort règle entre eux le rang dans lequel ils feront leurs récusations. . .	403	*id.*
	Les accusés peuvent se concerter pour exercer une partie des récusations, sauf à exercer le surplus suivant le rang réglé par le sort.	404	*id.*
Tirage des noms hors de l'urne...	Le président tire de l'urne les noms des jurés, et, à mesure qu'ils en sortent, il les proclame à haute voix.	399	*id.*
Récusations..................	L'accusé premièrement, ou son conseil, et le procureur général, récusent tels jurés qu'ils jugent à propos, à mesure que leurs noms sortent de l'urne.	*id.*	*id.*
	L'accusé, son conseil, ni le procureur général, ne peuvent exposer leurs motifs de récusation. . .	*id.*	*id.*
	Les récusations s'arrêtent lorsqu'il ne reste dans l'urne que douze noms de jurés (ou plus, s'il y en a eu d'adjoints).	400	*id.*
Proclamation des noms des jurés de jugement.	Aussitôt qu'il est sorti de l'urne douze noms de jurés non récusés (ou plus en cas d'adjonction), le président déclare que le jury est formé et qu'il se compose de messieurs.	399	*id.*
	Et il avertit les jurés non tombés au sort de l'heure à laquelle ils doivent se représenter.	266	48
	Immédiatement après la formation du jury, l'examen de l'accusé commence.	405	*id.*

TABLEAU ABRÉGÉ D'UNE AUDIENCE *(voyez procès-verbal, p. 101).*

		Articles	Pages
Ouverture de l'audience........	La cour d'assises prend séance publiquement.	309	50
	Le greffier fait l'appel des jurés (titulaires et adjoints), qui se placent dans l'ordre désigné par le sort sur des siéges séparés du public, des parties et des témoins, en face de celui destiné à l'accusé. . . .	*id.*	*id.*
Comparution de l'accusé........	L'accusé comparait libre et seulement accompagné de gardes pour l'empêcher de s'évader.	310	*id.*
	S'il y a plusieurs accusés, le président les place dans l'ordre des débats.	334	*id.*
Questions à l'accusé............	Le président dit : « Accusé, quels sont vos nom, prénoms, âge, profession, demeure et lieu de » naissance? »	310	*id.*
Avertissement au défenseur.....	Le président dit : « Défenseur, vous ne pouvez rien dire contre votre conscience ou contre le respect » dû aux lois, et vous devez vous exprimer avec décence et modération ; » ou : « Défenseur, je vous » rappelle les dispositions de l'art. 311 du code d'instruction criminelle. »	311	*id.*
Serment des jurés	Le président dit : « Messieurs les jurés, veuillez vous lever... Vous jurez et promettez, devant Dieu » et devant les hommes, d'examiner avec l'attention la plus scrupuleuse les charges qui seront portées » contre...; de ne trahir ni les intérêts de l'accusé, ni ceux de la société qui l'accuse ; de ne commu- » niquer avec personne jusqu'après votre déclaration ; de n'écouter ni la haine ou la méchanceté, ni la » crainte ou l'affection ; de vous décider d'après les charges et les moyens de défense, suivant votre » conscience et votre intime conviction, avec l'impartialité et la fermeté qui conviennent à un homme » probe et libre. »		
	Le président appelle individuellement chacun des jurés qui répond en levant la main : « Je le jure. »	312	52
Intervention de la partie civile...	Les plaignants peuvent se porter partie civile, en tout état de cause, jusqu'à la clôture des débats ; la cour apprécie s'il y a lieu d'admettre leur intervention. — Les parties civiles ne sont obligées ni de constituer avoué, ni de déposer la somme présumée nécessaire pour les frais.	67	54
Interdiction de compte rendu...	La cour peut interdire le compte rendu d'un procès, art. 17 du décret du 17 février 1852, p. 55.		
Huis-clos......................	Si la publicité de l'affaire est dangereuse pour l'ordre ou pour les mœurs, la cour, par un arrêt motivé, ordonne que les débats auront lieu à huis-clos, conformément à l'art. 81 de la constitution de 1848.	»	*id.*
	A Metz, on ne prononce le huis-clos qu'après la lecture de l'arrêt de renvoi.		
	Nota. Ne pas oublier de prononcer publiquement les arrêts incidents qui peuvent être rendus dans le cours des débats d'une affaire jugée à huis-clos.	»	55
Lecture de l'arrêt de renvoi et de l'acte d'accusation.	Le président dit : « Accusé, soyez attentif à ce que vous allez entendre. — Greffier, donnez lecture » de l'arrêt de renvoi et de l'acte d'accusation. »	313	56
Résumé de l'acte d'accusation...	Après cette lecture, le président rappelle à l'accusé ce qui est contenu dans l'acte d'accusation, et lui dit : « Voilà de quoi vous êtes accusé ; vous allez entendre les charges qui seront produites contre vous. »	314	*id.*
Exposition de l'accusation	Le procureur général expose, s'il y a lieu, le sujet de l'accusation.	315	*id.*
Appel des témoins............	Le président dit au greffier de faire l'appel des témoins.	*id.*	*id.*
	Le greffier lit à haute voix la liste des témoins produits par le procureur général, par la partie civile et par l'accusé.	*id.*	*id.*
	L'accusé et le procureur général peuvent s'opposer à l'audition des témoins dont les noms, professions et résidences n'auront pas été clairement notifiés vingt-quatre heures au moins avant l'examen de ces témoins... La cour statuera de suite sur cette opposition.	*id.*	*id.*
	Pour les autres motifs d'opposition à l'audition des témoins, voyez page 8, *témoins à entendre.*		
	Lorsqu'un témoin fait défaut sans un motif légitime, la cour le condamne à l'amende portée en l'article 80 ;	355	*id.*
	et si le témoin n'est pas indispensable, la cour ordonne qu'il sera passé outre.	*id.*	*id.*
	Dans le cas où la présence du témoin est nécessaire, la cour renvoie l'affaire à la prochaine session ;	354	*id.*
	et, s'il y a lieu, elle condamne le témoin à l'amende, met à sa charge tous les frais exposés pour l'affaire et ordonne que le témoin sera amené à l'audience par la force publique.	355	*id.*
	Le témoin peut former opposition à ces condamnations.	356	*id.*
Retraite des témoins dans leur chambre.	Après l'appel des témoins, le président dit à l'huissier de les conduire dans la chambre qui leur est destinée ; et, s'il en est besoin, ce magistrat prend des précautions pour les empêcher de conférer entre eux de l'affaire.	316	*id.*
	Les témoins ne doivent sortir de leur chambre que pour déposer.	*id.*	*id.*
	Avant de procéder à l'instruction de l'affaire, le président s'assure que les jurés ont ce qu'il faut pour prendre des notes.	328	58
Interrogatoire de l'accusé.......	Le président dit à l'accusé de se lever, et il l'interroge.	327	*id.*
	Il peut lui demander tous les éclaircissements qu'il croit nécessaires à la manifestation de la vérité. — Les juges, le procureur général et les jurés peuvent questionner l'accusé en demandant la parole au président. — La partie civile ne peut faire de questions à l'accusé que par l'organe du président. . . .	319	64
	Il ne doit pas être fait mention au procès-verbal des réponses de l'accusé.	372	98
	Le président fait représenter à l'accusé et aux jurés les pièces de conviction.	329	66
	Si l'accusé a été momentanément éloigné de l'audience pendant l'interrogatoire d'un coaccusé ou pendant l'audition d'un témoin, le président, avant de reprendre la suite des débats généraux, doit lui rendre compte de ce qui a été fait en son absence et de ce qui en est résulté.	327	58

Suite du TABLEAU ABRÉGÉ D'UNE AUDIENCE.

		Articles	Pages
Témoins à entendre............	On doit entendre les témoins produits par le procureur général, par la partie civile et par l'accusé.	324	58
	L'accusé et le procureur général peuvent s'opposer à l'audition des témoins non dénoncés vingt-quatre heures avant l'examen (315, page 56); à l'audition des parents au degré prohibé (322, p. 60); à l'audition des dénonciateurs salariés (et des parties civiles), 322, p. 60. — Le jury doit être prévenu par le président de la qualité des dénonciateurs non salariés, 323, p. 60. On entend avec ou sans serment les enfants âgés de moins de 15 ans, 79, p. 60. — On doit entendre sans serment les condamnés privés du droit de témoignage, 28, 34 et 42 du code pénal, p. 60. — Si un témoin fait défaut, ou refuse, soit de prêter serment, soit de déposer, la cour le condamne à l'amende (355, p. 56), et procède en outre, dans le premier cas, conformément aux articles 354 et 355, p. 56.		
Ordre de l'audition............	Les témoins doivent être entendus séparément, l'un de l'autre, dans l'ordre établi par le procureur général, en finissant par les témoins à décharge.	317 321	62 58
Interprète, nomination et serment	Si le témoin ne parle pas français, ou est sourd-muet, le président nomme un interprète à qui il fait jurer de traduire fidèlement les discours à transmettre entre personnes qui parlent des langages différents. 332 et	333	46
Serment du témoin et déclaration de ses noms, profession, etc.	Le président dit : « Témoin (levez la main droite)... Vous jurez de parler sans haine et sans crainte, » de dire toute la vérité, rien que la vérité..., dites : je le jure... (baissez la main). » Quels sont vos nom, prénoms, âge, profession, domicile ou résidence? » Connaissiez-vous l'accusé avant le fait mentionné dans l'acte d'accusation? » Êtes-vous parent ou allié, soit de l'accusé, soit de la partie civile, et à quel degré? » Êtes-vous attaché au service de l'un ou de l'autre? — Dites ce que vous savez.	317	62
Déposition et ce qui s'y rattache.	Le témoin dépose oralement.	*id.*	*id.*
	Le témoin ne peut être interrompu.	319	64
	Les témoins ne peuvent s'interpeller entre eux.	325	*id.*
	Le président fait représenter au témoin et à l'accusé les pièces de conviction.	329	66
	Après la déposition, le président demande à l'accusé s'il veut répondre à ce qui vient d'être déclaré contre lui. — L'accusé ou son conseil peuvent dire, tant contre le témoin que contre son témoignage, tout ce qui peut être utile à la défense. — L'accusé ou son conseil peuvent le questionner par l'organe du président. — Le président peut demander au témoin et à l'accusé tous les éclaircissements qu'il croit nécessaires à la manifestation de la vérité. — Les juges, le procureur général et les jurés peuvent questionner le témoin et l'accusé, en demandant la parole au président. — La partie civile ne peut faire de questions au témoin (et à l'accusé) que par l'organe du président.	319	64
	L'accusé et le procureur général peuvent demander qu'après leur déposition, certains témoins se retirent de l'auditoire, et qu'un ou plusieurs d'entre eux soient introduits et entendus de nouveau, soit séparément, soit en présence les uns des autres. — Le président pourra aussi l'ordonner d'office.	326	*id.*
	S'il y a lieu, le président fait tenir note par le greffier des variations entre la déposition orale d'un témoin et sa déclaration écrite.	318	*id.*
	Sauf le cas ci-dessus, il ne sera pas fait mention au procès-verbal du contenu aux dépositions. . . .	372	*id.*
	Si l'accusé a été momentanément éloigné de l'audience pendant l'audition d'un témoin, ou pendant l'interrogatoire d'un coaccusé, le président, avant de reprendre la suite des débats généraux, doit lui rendre compte de ce qui a été fait en son absence, et de ce qui en est résulté.	327	58
	Chaque témoin, après sa déposition, restera dans l'auditoire, à moins que le président n'en ait ordonné autrement.	320	66
Fausse déposition..............	Si, d'après les débats, une déposition paraît fausse, le président, après avoir averti le témoin du danger auquel il s'expose, ordonne, s'il y a lieu, son arrestation et fait consigner sa déclaration sur le procès-verbal. — L'affaire en discussion peut être renvoyée, par arrêt de la cour, à la session suivante. 330 et	331	*id.*
Audition de témoins en vertu du pouvoir discrétionnaire.......	Le président peut, dans le cours des débats, faire entendre toute personne en vertu de l'art. 269. Il prévient ces témoins qu'ils ne sont entendus qu'à titre de renseignements, qu'en conséquence ils ne prêtent pas serment, mais qu'ils n'en doivent pas moins dire toute la vérité.	269	68
Pièces à lire si l'on juge un contumax repris.	Lorsqu'on juge un contumax repris, le président fait lire les dépositions écrites des témoins cités non comparants et les réponses écrites des autres accusés du même délit.	477	*id.*
Nécessité de lire les dépositions de certains fonctionnaires absents.	Il fait lire également les dépositions écrites des dignitaires et des fonctionnaires dispensés de comparaître, aux termes du décret du 4 mai 1812 et des articles 510 et suivants du code d'instruction. . .	512	*id.*
Dépositions et autres documents faisant partie de la procédure.	Le président peut (art. 268) ordonner la lecture des dépositions et autres documents faisant partie du dossier, p. 70 ; pour l'usage qu'en peuvent faire l'accusé et le procureur général, voyez p. 70. . .	»	»
Pièces nouvellement produites..	Le président peut, en vertu de l'art. 269, faire apporter toutes nouvelles pièces qui lui paraîtraient pouvoir donner un jour utile sur l'affaire, p. 70; pour l'usage que l'accusé et le procureur général peuvent faire de pièces étrangères au dossier, voyez les notes des pages 70 et 71.	»	»
Expertise, plan et descente sur les lieux, ordonnés à l'audience.	Une expertise, un plan, une descente sur les lieux, peuvent être ordonnés, p. 71. — Si l'expert doit prêter serment, le président lui dit : « Vous jurez de faire votre rapport et de donner votre avis » en votre honneur et conscience. » Art. 44, p. 71.	»	»
Plaidoiries....................	Après l'instruction, le président donne successivement la parole à la partie civile, au procureur général et à l'accusé. La réplique est permise ; l'accusé ou son conseil ont le droit de parler les derniers.	335	72
Clôture des débats.............	Les plaidoiries terminées, le président demande à l'accusé s'il a quelque chose à ajouter pour sa défense, et il déclare ensuite que les débats sont terminés.	*id.*	*id.*

Suite et fin du TABLEAU ABRÉGÉ D'UNE AUDIENCE.

		Articles	Pages
Fin du huis-clos	Si le huis-clos a été prononcé, le président fait rouvrir les portes. Voyez les notes.	336	72
Résumé	Le président résume l'affaire; il fait remarquer aux jurés les principales preuves pour et contre l'accusé; il leur rappelle les devoirs qu'ils ont à remplir, et il donne lecture des questions à résoudre.	*id.*	*id.*
Position des questions	Questions résultant de l'acte d'accusation (337, p. 74); des débats (338, p. 76); questions d'excuse (339, p. 76); de discernement (340, p. 76); formules de questions, page 107 à 124.		
Avertissement aux jurés	Après avoir lu les questions, le président donne aux jurés les avertissements suivants (art. 341, 347, du code d'instr., et art. 5 du décret du 6 mars 1848) : « Messieurs les jurés, vous avez le droit de discuter avant de voter. — Votre vote doit avoir lieu au » scrutin secret. — Vos décisions contre l'accusé (ou les accusés) doivent se former à la majorité et votre » déclaration doit constater l'existence de la majorité, sans que le nombre de voix puisse être exprimé. » Si vous pensez, à la majorité, qu'il existe, en faveur de l'accusé (ou des accusés) reconnus » coupables, des circonstances atténuantes, vous devez le déclarer en ces termes : A la majorité il y a » des circonstances atténuantes en faveur de l'accusé (ou en faveur de tel et tel accusé, en faisant » une déclaration spéciale pour chacun). »	341	78
Remise au chef du jury des questions et des pièces du procès.	Le président fait remettre au chef du jury les questions signées par lui, et les pièces du procès autres que les dépositions écrites, et il invite les jurés à se retirer dans leur chambre pour y délibérer.	*id.*	*id.*
Sortie de l'accusé	Le président ordonne aux gendarmes d'emmener l'accusé hors de l'auditoire.	*id.*	*id.*
Retraite des jurés	Les jurés se rendent dans leur chambre. — Désignation, s'il y a lieu, d'un nouveau chef du jury.	342	80
	Le président donne au chef de la gendarmerie l'ordre par écrit de garder les issues de la chambre des jurés ; personne ne peut y pénétrer sans la permission écrite du président. — Les jurés ne peuvent sortir de leur chambre qu'après avoir formé leur déclaration. Peine contre les contrevenants.	343	*id.*
	Instruction dont le chef du jury donne lecture dans la chambre des délibérations.	342	*id.*
	Mode de la délibération et du vote des jurés, art. 344, 345, 346, 347 et lois de 1836 et de 1853.	»	82
Rentrée des jurés	Après leur délibération, les jurés rentrent à l'audience; la cour remonte sur le siége ; le président dit : « Messieurs les jurés, veuillez faire connaître le résultat de votre délibération.	348	84
Lecture du verdict par le chef du jury.	Le chef du jury, debout, la main droite sur le cœur, dit : « Sur mon honneur et ma conscience, devant Dieu et devant les hommes, la déclaration du jury est ..... »	*id.*	*id.*
	La déclaration du jury n'est soumise à aucun recours ; cependant si elle est irrégulière, obscure ou incomplète, la cour, après avoir ouï le procureur général et le défenseur, ordonne, par arrêt motivé, que les jurés se retireront dans leur chambre pour délibérer de nouveau. — S'il y avait lieu de rectifier les questions, il faudrait faire rentrer l'accusé pour l'entendre.	350	86
Trois signatures à apposer à la réponse.	La déclaration signée par le chef du jury est remise au président en présence des jurés ; le président la signe et la fait signer par le greffier.	349	84
	Lorsqu'il y a déclaration de culpabilité, l'affaire peut être renvoyée à la session suivante, si la cour est convaincue que les jurés se sont trompés au fond.	352	*id.*
Rentrée de l'accusé. — Lecture du verdict par le greffier.	Le président fait ramener l'accusé, et le greffier lit en sa présence la déclaration du jury.	357	88
Verdict de non-culpabilité. Acquittement	Si l'accusé est déclaré non coupable, le président prononce qu'il est acquitté de l'accusation, et ordonne qu'il soit mis en liberté, s'il n'est retenu pour autre cause. (Voyez ordon. d'acquittement, p. 91.).	358	*id.*
	La cour statue ensuite sur les dommages-intérêts (358 et 359, p. 88), sur la restitution au propriétaire des objets saisis (366, p. 90), sur les frais (368 et 478, p. 90). Voyez formule d'arrêt, p. 91.		
	Si, pendant les débats, l'accusé a été inculpé d'un autre fait pour lequel le ministère public a fait des réserves, le président, après avoir prononcé l'acquittement, ordonne que le prévenu sera poursuivi à raison du nouveau fait, etc.	361	90
Verdict de culpabilité	Si l'accusé est déclaré coupable, le procureur général fait ses réquisitions pour l'application de la peine ; la partie civile conclut.	362	*id.*
Interpellation à l'accusé	Le président demande à l'accusé s'il a quelque chose à dire pour sa défense.	363	*id.*
	Les juges délibéreront et opineront à voix basse. — Ils pourront, pour cet effet, se retirer dans la chambre du conseil.	369	*id.*
	L'arrêt sera prononcé à haute voix par le président, en présence du public et de l'accusé ; avant de le prononcer, le président lira le texte de la loi sur laquelle il est fondé.	*id.*	*id.*
Arrêt d'absolution	Si le fait dont l'accusé est déclaré coupable n'est pas défendu par la loi, la cour prononce l'absolution (art. 364, p. 92), et statue sur les dommages-intérêts (358, p. 89, et 366, p. 92), sur la restitution au propriétaire des objets saisis (366, p. 92), et sur les frais (368 et 478, p. 92). Voyez formule d'arrêt, p. 93.	»	»
	Si, pendant les débats, l'accusé a été inculpé d'un autre fait pour lequel il a été fait des réserves, la cour ordonne que le prévenu sera poursuivi à raison du nouveau fait, etc.	361	92
Arrêt de condamnation	Si le fait dont l'accusé est déclaré coupable est défendu, la cour prononce la peine (art. 365 et 367, p. 94), et statue sur les dommages-intérêts (358, p. 89, et 366, p. 96), sur la restitution au propriétaire des objets saisis (366, p. 96), sur les frais (368, p. 96). Voyez formule d'arrêt, p. 97.	»	»
	Lorsque, pendant les débats, l'accusé a été inculpé d'autres crimes, si ces crimes méritent une peine plus forte, ou si l'accusé a des complices en état d'arrestation, la cour ordonne qu'il soit poursuivi à raison de ces nouveaux faits.	379	96
Avertissement relatif au pourvoi. Exhortation à l'accusé	Dans le cas de condamnation, le président avertit l'accusé qu'il a trois jours francs pour se pourvoir en cassation contre l'arrêt, et il lui donne les avis qu'il juge utiles.	371	*id.*

CHAPITRE PREMIER.

251. Il sera tenu des assises dans chaque département pour juger les individus que la cour impériale y aura renvoyés.

Suite des NOTES.

Causes de sursis, et de renvoi à une autre session. — Lorsqu'un individu accusé de suppression d'état a été renvoyé devant les assises, avant que la question d'état ait été jugée, conformément à l'art. 327 du code civil, la cour ne peut pas se déclarer incompétente; elle doit se borner à prononcer le sursis jusqu'au jugement de la question d'état. 22 juin 1820. J. P.

Lorsque le prévenu oppose qu'il a agi dans l'exercice de ses fonctions, le tribunal, s'il reconnaît l'exception fondée, doit surseoir jusqu'à ce que l'autorisation de poursuivre soit rapportée par le ministère public. 30 août 1833 n. 345.

Un comptable public, poursuivi pour détournements au préjudice de l'État, peut demander qu'il soit sursis à l'examen et au jugement jusqu'à ce qu'il soit intervenu une décision administrative sur l'état de sa comptabilité. 3 août 1855 n. 275.

Relativement aux causes de renvoi à une autre session, voyez page 39.

Compétence des cours d'assises pour statuer sur les questions de droit civil qui se rattachent aux faits de la poursuite. — La cour d'assises est investie de la plénitude de juridiction qui appartient aux juges civils (voy. l'espèce). 17 février 1866 n. 44.

La question de savoir si la victime d'un crime d'empoisonnement était la mère de l'accusé, a pu être *compétemment* agitée devant la cour d'assises, et être soumise au jury. 19 sept. 1839 n. 301.

L'exception de nullité d'un premier mariage peut être utilement proposée devant la cour d'assises par l'individu accusé de bigamie. 16 janv. 1826 n. 10.

Compétence des cours d'assises pour statuer sur les dommages-intérêts demandés par la partie civile ou par l'accusé. — Voyez les art. 358 et 359 p. 88, et l'art. 67 p. 54.

La juridiction criminelle, incompétente pour statuer sur des questions de droit civil, lorsqu'elles sont présentées par action principale et indépendamment de tout crime et délit, a au contraire une compétence complète et absolue, lorsque ces questions se rattachent aux faits de la poursuite, et ont pour base une demande en dommages-intérêts formée dans les termes des art. 358 et 359 du code d'instr. (dans l'espèce la cour avait annulé un acte de vente). 18 nov. 1854 n. 318.

Compétence des cours d'assises pour juger sans le concours du jury, les crimes et les délits commis à leur audience. — Voyez les art. 181, 505 et 507, p. 32.

L'art. 181 donne aux cours en général, et conséquemment aux cours d'assises, le droit de juger et de punir les délits commis dans l'enceinte et pendant la durée de leurs audiences. Les dispositions combinées des art. 507 et 508 repoussent l'idée que l'intervention des jurés présents à la perpétration flagrante même d'un crime, soit nécessaire pour le constater. La cour, obligée de procéder au jugement de suite et sans désemparer, en vertu de la disposition impérative dudit art. 181, doit donc constater seule et punir les délits flagrants qui sont commis à son audience. 27 févr. 1832, n. 79. — D'après l'art. 505, il faut statuer séance tenante. 17 août 1860 n. 200.

Compétence des cours d'assises pour appliquer des peines disciplinaires; voyez art. 311, p. 50.

Compétence des cours d'assises pour punir les comptes rendus infidèles de leurs audiences.

Il a toujours été de principe que les cours et les tribunaux chargés de maintenir la régularité et la dignité de leurs audiences, sont pour la répression des infractions qui s'y produisent, investies d'une compétence spéciale, inhérente à leur mission. Par une conséquence de ce principe, ils sont appelés à prononcer sur le compte rendu de leurs audiences par la voie de la presse, compte rendu qui ne ferait revivre un débat judiciaire que pour en altérer le caractère au détriment de la vérité et de la justice (art. 16 de la loi du 25 mars 1822). 19 avril 1850 n. 133.. 4 janv. 1850 n. 3.

Cours d'assises. — Durée de leurs pouvoirs. — Leur compétence pour juger les affaires dont elles sont saisies ; exceptions : ratione materiæ, personnæ, loci ; chose jugée ; prescription, arrestation irrégulière, extradition. Causes de sursis, et de renvoi à une autre session. — Compétence des cours d'assises pour statuer sur les questions de droit civil qui se rattachent aux faits de la poursuite ; pour statuer sur les demandes en dommages-intérêts ; pour juger sans l'assistance du jury, les crimes et les délits commis à leur audience ; pour appliquer des peines disciplinaires ; pour juger les comptes rendus infidèles.

1 *Durée des pouvoirs des cours d'assises.* — La cour d'assises n'étant point une juridiction permanente, n'est légalement constituée et n'a de pouvoir pour statuer qu'à partir du jour fixé par le premier président pour l'ouverture de la session et jusqu'à la clôture. 25 fév. 1837. D. 1837, p. 260.

Lorsqu'une cour d'assises a été saisie d'une demande en dommages-intérêts, elle a le droit de s'ajourner pour y statuer, même au delà du lendemain de la dernière audience consacrée aux débats criminels de la session. 25 mai 1849 n. 119.. 6 oct. 1853 n. 497.

Compétence des cours d'assises pour juger les affaires dont elles sont saisies; exceptions diverses.

Les cours d'assises sont investies par la loi de la plénitude de la juridiction en matière criminelle, correctionnelle, et de simple police. 2 oct. 1828 n. 293.

Il résulte de la combinaison des art. 231, 251, 299, 358, 364 et 365 du code d'instr., que les arrêts de mise en accusation saisissent irrévocablement les cours d'assises de la connaissance et du jugement des affaires sur lesquelles ils sont intervenus, lorsqu'ils n'ont été attaqués, dans le délai de la loi, ni par le prévenu, ni par le ministère public. D'où suit que, lorsqu'un tel arrêt se trouve avoir acquis l'autorité de la chose souverainement jugée, il n'appartient pas à la cour d'assises devant laquelle l'accusé a été renvoyé, d'examiner sur quels faits, ni sur quelles personnes a porté le renvoi ; elle ne peut admettre ni entendre aucun débat sur la compétence, puisque sa juridiction est générale et absolue ; ses fonctions se bornent dès lors à instruire sur les faits de l'accusation, et quand ils ont été déterminés par la déclaration du jury, à prononcer soit l'acquittement ou l'absolution de l'accusé, soit sa condamnation aux peines dont il est passible. 5 avril 1832 n. 126.. 15 avril 1837 n. 115.

La cour d'assises ne peut se déclarer incompétente, sous prétexte que l'accusé âgé de moins de 16 ans est justiciable de la police correctionnelle. 20 avril 1827 n. 89.. 17 janv. 1828 n. 12.

L'accusé ne peut pas exciper de ce que le fait incriminé a été commis dans un département ne ressortissant pas de la cour d'assises saisie ; il fallait se pourvoir contre l'arrêt de mise en accusation dans le délai de l'art. 296. 22 mai 1862, n. 136.

Relativement aux crimes et délits commis par des français en pays étranger, voyez les art. 5, 6 et 7 du code d'instr. modifiés par la loi du 27 juin 1866.

L'art. du code d'instr. qui autorise la poursuite à son retour en France, de tout français qui se sera rendu coupable, en pays étranger, d'un crime contre un français, doit s'entendre d'un retour volontaire et spontané. 5 fév. 1857 n. 46.

La cour d'assises régulièrement saisie de la connaissance d'un meurtre commis par un français sur un français, hors du territoire du royaume, est compétente pour connaître du vol dont ce crime a été accompagné, bien qu'il n'ait pas été rendu plainte au sujet de ce vol. 15 mai 1840 n. 133.

Les tribunaux français sont compétents pour connaître de crimes et délits commis à bord d'un navire de commerce étranger, stationnant dans un port français, même par les gens de l'équipage entr'eux. 25 fév. 1859 n. 65.

L'accusé peut exciper de sa qualité d'étranger, et de ce que le crime dont il est accusé, en supposant qu'il existe, a été commis en pays étranger, cette exception a un caractère péremptoire. 11 juillet 1850 n. 217.

Le français poursuivi en France, pour crime commis à l'étranger, ne peut exciper de la chose jugée à l'étranger, s'il n'a été condamné que par contumace. 21 déc. 1861, n. 282.

L'étranger condamné dans son pays à une peine qu'il y a subie, pour un crime commis en France, ne peut faire résulter de cette condamnation l'exception de la chose jugée; le principe de la souveraineté du territoire serait violé. 21 mars 1862 n. 90.

Relativement à la prescription, voyez page 95.

L'exception résultant d'une arrestation irrégulière, peut être proposée, soit devant la chambre d'accusation, soit devant la cour d'assises. 27 septembre 1860 n. 221.

L'individu, sous le coup de mandats, arrêté en France au moment de son expulsion du territoire étranger, ne peut se plaindre d'avoir été l'objet d'une extradition réelle et déguisée. 5 mai 1860 n. 119.

Il est de principe, en matière d'extradition, que l'extradition n'est accordée que pour l'objet déterminé dans la demande qui en a été faite. En conséquence, l'accusé ne peut être jugé que sur les chefs mentionnés dans l'ordonnance d'extradition ; mais l'accusé pourrait demander à être jugé sur tous les chefs compris dans l'arrêt de renvoi. 24 juin 1847 n. 138.

Par le seul fait de la remise au gouvernement français de l'accusé extradé, les tribunaux français sont légalement investis du droit de prononcer sur l'accusation portée contre lui. 18 juillet 1851 n. 292.. 6 juin 1867 n. 139.. 26 juillet 1867 n. 170.

L'extradition peut être accordée pour d'autres faits que ceux spécifiés dans les conventions internationales. 4 mai 1865 n. 102.

(Voir ci-contre la suite des notes)

252. Dans les départements où siégent les cours impériales, les assises seront tenues par trois des membres de la cour dont l'un sera président.

Les fonctions du ministère public seront remplies, soit par le procureur général, soit par un des avocats généraux, soit par un des substituts du procureur général.

Le greffier de la cour y exercera ses fonctions par lui-même ou par l'un de ses commis assermentés.

265. Le procureur général pourra, même étant présent, déléguer ses fonctions à l'un de ses substituts.

Suite des NOTES.

constater et en rendre témoignage, sa présence à tous les actes de la procédure qui concerne l'examen et le jugement, est une condition substantielle de leur régularité. Cela résulte de l'art. 91 du décret du 30 mars 1808, et de l'art. 372 du code d'instruction criminelle. 13 avril 1837 n. 110. — Il ne faut pas conclure de ces dispositions que l'absence la plus courte du greffier doive, dans toutes les circonstances, entraîner la nullité des débats. 17 juillet 1856 n. 251.

Remplacement du greffier. — Voyez les notes **, page 16.

Huissier. — Voyez art. 21 du décret du 14 juin 1813, et art. 118 de la loi du 6 juillet 1818.

Procès-verbal constatant la composition de la cour d'assises. — Le procès-verbal doit à peine de nullité, indiquer les noms des personnes composant la cour d'assises. 26 janvier 1832 n. 27.. 15 janv. 1848 n. 13.

Quand il y a un magistrat adjoint dont le concours n'a pas été nécessaire, le procès-verbal doit constater qu'il n'a pas pris part aux arrêts ; mais si l'affaire a duré plusieurs séances, il suffit que cela soit constaté d'une manière générale dans le procès-verbal de la dernière séance. 18 avril 1833 n. 143.

Composition de la cour d'assises au chef-lieu du ressort. — Président. — Assesseurs. Assesseurs suppléants. — Adjonction de la chambre civile. — Ministère public. — Greffier. — Huissier. Procès-verbal constatant la composition de la cour.

52. *Président. — Assesseurs.* — D'après l'article 16 de la loi du 20 avril 1810, la nomination des présidents d'assises et des conseillers assesseurs appartient aux premiers présidents des cours, et ce même article accorde au ministre de la justice la faculté de les nommer lui-même; mais, pour régler l'exercice de ce double droit de nomination, il a été déterminé par l'article 79 du décret du 6 juillet 1810, que le ministre de la justice userait de son droit pour chaque trimestre pendant la durée des assises du trimestre précédent, et que, s'il laissait passer ce délai sans faire la nomination, le premier président la ferait dans la huitaine de la clôture des assises. 12 janv. 1838 n. 13.. 4 nov. 1839 n. 323.

Par l'art. 16 de la loi du 20 avril 1810, le premier président est investi du droit de nommer les assesseurs, et il ne peut déléguer ce pouvoir à un autre magistrat. 3 août 1854 n. 246.

Pour la publicité à donner aux ordonnances de nomination du président et des assesseurs, voyez les art. 88 et 89 du décret du 6 juillet 1810. — L'inobservation de ces articles de loi ne peut donner ouverture à cassation. 15 nov. 1855 n. 356.. 6 juill. 1855 n. 242.

Le même membre peut être délégué pour présider, si faire se peut, plusieurs cours d'assises. Art. 16 de la loi du 20 avril 1810.

Le magistrat désigné pour présider les assises ne doit quitter la chambre à laquelle il est attaché, qu'au moment où les assises commencent, et il doit y rentrer aussitôt qu'elles sont terminées. Circulaire ministérielle du 16 février 1823.

Les pouvoirs du président cessent avec le trimestre, hors le cas où la cour d'assises, alors en session, se trouve autorisée par l'art. 260 à continuer l'expédition des affaires jusqu'à épuisement de son rôle. 9 août 1849 n. 194.

L'art. 16 de la loi du 20 avril 1810 donne au premier président le droit de présider les assises. 18 avril 1833 n. 143. — Si le premier président préside accidentellement, le président titulaire reste membre de la cour d'assises et siége comme premier assesseur. Si le premier président doit présider toute la session, le président titulaire cesse de faire partie de la cour d'assises. 15 nov. 1855 n. 356. — Le premier président n'a pas besoin de déclarer par ordonnance sa résolution de présider, surtout quand il n'occupe le fauteuil que pour une affaire. 29 janv. 1857 n. 37.

Composition de la cour d'assises pour les sessions extraordinaires. Voyez les notes, art. 259, p. 21.

Remplacement du président et des assesseurs. Voyez les notes, art. 263, 264, p. 17.

Magistrats ne pouvant faire partie de la cour d'assises. Voyez les notes, art. 257, p. 19.

Assesseurs suppléants. — Le droit de s'adjoindre des assesseurs suppléants dans les procès qui paraissent de nature à entraîner de longs débats, résulte, pour les cours d'assises, de l'art. 4 du décret du 23 brumaire an VIII, non abrogé. 11 mai 1833 n. 182.. 12 déc. 1840 n. 350. — Il y a présomption légale que les conseillers suppléants désignés par la cour d'assises, l'ont été selon l'ordre du tableau. 12 déc. 1840 n. 350.

Le premier président, en adjoignant à la cour d'assises un assesseur pour remplacer celui des trois membres titulaires qui se trouverait empêché, ne fait qu'assurer le service de la cour d'assises, et user d'un droit qui lui est conféré par la loi (20 mars 1863 n. 93); la communication de son ordonnance à l'accusé n'est exigée par aucune loi, et serait superflue, l'accusé n'ayant pas la faculté de s'opposer à cette mesure. 8 oct. 1840 n. 299.

Lorsque la cour d'assises ordonne l'adjonction d'un assesseur, il n'y a pas nécessité d'entendre sur ce point les accusés qui n'ont aucun droit de s'opposer à cette mesure. 30 juin 1838 n. 187.. 28 juin 1855 n. 230. — Voyez les notes, art. 394, p. 47.

L'assesseur suppléant ne peut prendre part à l'arrêt que si l'un des membres de la cour est empêché de remplir ses fonctions. 26 avril 1849 n. 93.

Adjonction de la chambre civile à la cour d'assises. — Dans les lieux où réside la cour impériale, la chambre civile que préside le premier président se réunira à la cour d'assises pour le débat et le jugement d'une affaire, lorsque le procureur général, à raison de la gravité des circonstances, en aura fait la réquisition aux chambres assemblées et qu'il sera intervenu arrêt conforme à sa réquisition. Art. 93 du décret du 6 juillet 1810. — La chambre civile doit être représentée par sept juges au moins. 13 juillet 1842. J. P. 1842, 2, p. 613.

252 § 2. *Ministère public.* — Il résulte des articles 253, 271, 273, 276, 319, 328, 330 et 335 que l'officier
265. du ministère public, qui est chargé du service de la cour d'assises, fait nécessairement partie de cette cour, et que celle-ci n'est régulièrement constituée que par son assistance et son concours; d'où il suit que sa présence à tous les actes de l'instruction orale devant les jurés est une condition substantielle de la régularité des débats. 3 janv. 1839 n. 1.

Remplacement des officiers du ministère public. Voyez les notes, *, p. 16.

252 § 3. *Greffier.* — Le greffier étant institué pour recueillir les faits qui se passent à la cour d'assises, les

(Voir ci-contre la suite des notes.)

253. Loi du 21 mars 1855. Dans les autres départements, la cour d'assises sera composée : 1° d'un conseiller de la cour impériale, délégué à cet effet, et qui sera président de la cour d'assises ; 2° de deux juges, pris soit parmi les conseillers de la cour impériale, lorsque celle-ci jugera convenable de les déléguer à cet effet, soit parmi les présidents ou juges du tribunal de première instance du lieu de la tenue des assises ; 3° du procureur impérial près le tribunal ou de l'un de ses substituts, sans préjudice des dispositions contenues dans les articles 265, 271 et 284 ; 4° du greffier du tribunal ou de l'un de ses commis assermentés.

Les présidents ou juges du tribunal de première instance du lieu de la tenue des assises, appelés à faire partie de la cour, seront désignés par le premier président qui prendra préalablement l'avis du procureur général.

Ces désignations seront faites et publiées selon la forme et dans les délais déterminés par les articles 79 et 80 du décret du 6 juillet 1810.

A partir du jour de l'ouverture de la session, le président des assises pourvoira au remplacement des assesseurs régulièrement empêchés, et désignera, s'il y a lieu, les assesseurs supplémentaires.

284. Le procureur impérial au criminel, dont il est parlé en l'article 253, remplacera près la cour d'assises le procureur général dans les départements autres que celui où siége la cour impériale, sans préjudice de la faculté que le procureur général aura toujours de s'y rendre lui-même pour y exercer ses fonctions.

Suite des NOTES.

en costume de ville, et les rendre en costume de ville. S'il n'a pas le costume de ville, il recevra les visites en robe, et les rendra en habit noir et en cravatte blanche.

Art. 7 du décret du 27 février 1811. — Le président de la cour d'assises fera la visite au préfet qui la lui rendra dans les 24 heures.

Une circulaire ministérielle du 11 août 1827, et une autre du 13 juin 1861 invitent les présidents d'assises à faire exécuter le décret du 27 février 1811, rendu dans l'intérêt de la dignité de la justice.

Pour l'indemnité accordée au président d'assises, voyez l'ordonnance du 17 mai 1831.

Honneurs dus aux membres des cours d'assises.

Avis du Conseil d'état du 13 *octobre* 1812. — Lorsque les assises se tiennent dans la ville où siége la cour impériale, les membres de la cour d'assises n'ont d'autre rang que celui qu'ils occupent dans la cour impériale même.

Avis du conseil d'état du 1er *juin* 1811, *relatif au rang que doivent prendre dans les cérémonies publiques, les membres des cours impériales délégués pour la tenue des assises.*

Les cours d'assises n'ayant que des fonctions temporaires, ne doivent pas avoir de rang assigné d'une manière permanente et en corps ; les membres des cours impériales qui présideront les cours d'assises, devront prendre rang dans les cérémonies publiques immédiatement après le préfet, comme le faisait le président de la cour criminelle. En cas qu'il y ait d'autres membres de la cour impériale délégués pour la tenue des assises, ils marcheront à la suite du président de la cour d'assises, sans que le rang assigné par le décret du 24 messidor an XII aux généraux de brigade commandant les départements, soit changé.

Les présidents et juges des tribunaux de première instance, faisant partie des cours d'assises, ne doivent avoir dans les cérémonies d'autre rang que celui qui a été assigné par le décret du 24 messidor an XII, aux présidents et juges des tribunaux de première instance.

Circulaire ministérielle du 2 *septembre* 1823. — Dans les cérémonies publiques, les présidents d'assises ont le pas sur les maréchaux de camp.

Art. 347 *du règlement des places.* — Lorsque les cours d'assises se rendent auprès de l'Empereur ou à une cérémonie publique, elles sont escortées par une garde à cheval ; à défaut, par une garde à pied qui est répartie en avant, en arrière et sur les flancs du cortége. Cette escorte se compose d'un peloton, et à défaut de troupes de ligne, d'une brigade de gendarmerie.

Art. 332 *du règlement des places.* — Pour les cours d'assises, la garde prend les armes ou monte à cheval, se forme en bataille, l'arme au pied ou le sabre au fourreau ; les tambours, clairons ou trompettes sont prêts à battre ou à sonner.

Honneurs dus au Procureur général.

Il sera préparé, dans les villes où siégent habituellement des cours d'assises, un hôtel convenable pour le logement du procureur général, de l'avocat général ou du substitut qu'il aurait délégué. Article 96 du décret du 6 juillet 1810. — Dans les lieux autres que ceux où siége la cour impériale, le procureur général aura à sa porte une garde d'honneur lorsqu'il jugera convenable de faire le service des assises. Art. 95 du décret du 6 juillet 1810.

Composition de la cour d'assises hors du chef-lieu du ressort. — Président. — Assesseurs. Assesseurs suppléants. — Ministère public. — Greffier. — Huissier. — Procès-verbal constatant la composition de la cour.

253. L'art. 253 modifié par la loi du 21 mars 1855, n'est applicable que dans les départements autres que ceux du chef-lieu des cours impériales. 5 juin 1856 n. 201.

L'inobservation du paragraphe 3 de l'article 253 n'entraîne pas nullité. 6 juill. 1853 n. 242.

Président. Voyez les notes, art. 252, p. 13.

Remplacement du président. Voyez les notes, art. 263, p. 17.

Assesseurs. — Lorsque la cour délègue deux conseillers pour assesseurs, ce n'est pas la cour, mais bien le premier président qui les désigne, à moins que le ministre de la justice n'ait usé de son droit en les nommant lui-même. 4 oct. 1839. D. 1840, p. 375.. 10 déc. 1857 n. 393. — Relativement à la désignation des juges de première instance pour assesseurs, voyez ci-contre, art. 253 § 2.

Remplacement des assesseurs. Voyez ci-contre, art. 253 § 4, et les notes, art. 264, p. 17.

Assesseurs suppléants. — C'est le président des assises qui désigne les assesseurs suppléants. Voyez ci-contre, art. 253 § 4. — Voyez d'ailleurs les notes, art. 252, p. 13.

Composition de la cour d'assises pour les sessions extraordinaires. Voyez les notes, art. 259, p. 21.

Magistrats ne pouvant faire partie de la cour d'assises. Voyez les notes, art. 257, p. 19.

253 § 1. *Ministère public.* Voyez les notes, art. 252 § 2, 265, p. 13.

284. L'article 284 donne au procureur général, la faculté de se transporter lui-même auprès des cours d'assises du ressort pour exercer ses fonctions : en lui conférant cette prérogative, les articles 45 et 47 de la loi du 20 avril 1810, combinés avec l'article 42 du décret du 6 juillet suivant, lui confèrent, en outre, le droit de s'y faire représenter par l'un des officiers de son parquet, lorsqu'il juge cette mesure nécessaire. 29 mars 1832 n. 114.

Remplacement des officiers du ministère public. Voyez les notes, *, p. 16.

253 § 1. *Greffier.* Voyez les notes, art. 252 § 3, p. 13.

Remplacement du greffier. Voyez les notes, **, p. 16.

Huissier. Voyez art. 21 du décret du 14 juin 1813, et art. 118 de la loi du 10 juillet 1810.

Procès-verbal constatant la composition de la cour d'assises. Voyez les notes, p. 12.

Honneurs dus aux présidents d'assises, hors du chef-lieu du ressort.

Avis du conseil d'état du 13 *octobre* 1812. — Le moment de l'installation du président d'une cour d'assises est celui où le président est arrivé dans la ville où se tiennent les assises, et a été reçu d'après les formes déterminées par les lois et décrets, et notamment par le décret du 27 février 1811.

Le président de la cour d'assises, hors de la ville où elles se tiennent, n'a plus de prérogatives à réclamer. Le décret du 27 février 1811, qui règle les honneurs qui lui sont dus, les renferme dans la commune où se tiennent les assises.

Art. 1er *du décret du* 27 *février* 1811. — Dans toute commune où se tiendront les assises, le magistrat qui viendra les présider sera logé soit à l'Hôtel de ville, soit au Palais de Justice s'il s'y trouve des appartements commodes et meublés ; dans le cas contraire, dans une maison particulière et meublée qui aura été d'avance désignée par le maire. — Voyez aussi article 96 du décret du 6 juillet 1810.

Art. 2 *du décret du* 27 *février* 1811. — Pour éviter toute charge qui retomberait souvent sur le même individu, le maire sera tenu de désigner successivement les principales maisons de la commune qui offrent la possibilité de disposer d'un appartement décent et commode, sans que le propriétaire ou principal locataire de ladite maison soit obligé de l'abandonner.

D'après une circulaire du 13 juin 1861, le président des assises doit informer du jour et de l'heure de son arrivée le procureur impérial, afin que ce magistrat en avertisse l'autorité militaire. Il convient que le président prévienne lui-même le général commandant le département.

Art. 345 *du règlement des places.* — Une escorte d'honneur va au-devant du président des assises, le jour de son entrée, jusqu'à 500 mètres de la ville. L'escorte se compose d'une brigade de gendarmerie.

Art. 4 *du décret du* 27 *février* 1811. — Le maire et ses adjoints le recevront au haut de l'escalier de la maison qui lui est destinée, et l'y installeront ; il y sera reçu, dans l'intérieur de son appartement, par le tribunal en corps.

Art. 320 *du règlement des places.* — Les présidents de cours d'assises ont droit à une sentinelle tirée des compagnies du centre, pendant toute la durée de la session des assises.

Art. 355 *du règlement des places.* — Le mot d'ordre est porté aux présidents de cours d'assises par un sous-officier.

Art. 299 *du règlement des places.* — Les corps d'officiers des troupes de terre et de mer, les officiers sans troupes, les fonctionnaires et employés de la guerre et de la marine, présents dans la localité, doivent des visites de corps aux présidents de cours d'assises. — La visite de corps au président des assises ne comprend qu'un officier supérieur et un officier de chaque grade par corps, et un fonctionnaire ou employé de chaque service, mais tous les officiers de gendarmerie doivent y prendre part.

Circulaire ministérielle du 2 *septembre* 1823. — Les maréchaux de camp commandant les dépôts et subdivisions militaires doivent faire visite au président d'assises.

Art. 302 *du règlement des places.* — Les visites de corps sont faites en grande tenue. Elles ont lieu après l'arrivée dans la place des personnes à qui elles sont dues, sur l'avis que ces personnes ont préalablement adressé à celle des autorités militaires ou maritimes qui a qualité pour donner les ordres nécessaires.

Circulaire ministérielle du 17 *juin* 1864. — Le président des assises doit recevoir les visites soit en robe, soit

(Voir ci-contre la suite des notes.)

263. Si, depuis la notification faite aux jurés en exécution de l'article 389 du présent code, le président de la cour d'assises se trouve dans l'impossibilité de remplir ses fonctions, il sera remplacé par le plus ancien des autres juges de la cour impériale nommés ou délégués pour l'assister, et s'il n'a pour assesseur aucun juge de la cour impériale, par le président du tribunal de première instance.

264. Les juges de la cour impériale seront, en cas d'absence ou de tout autre empêchement, remplacés par d'autres juges de la même cour, et, à leur défaut, par des juges de première instance.

Ceux de première instance le seront par les suppléants.

Suite des NOTES.

Un avocat ne peut être appelé à siéger à la cour d'assises pour la compléter, qu'autant que l'on a constaté l'empêchement de tous les conseillers, des juges et des suppléants du tribunal. 24 avril 1834 n. 118.. 4 mai 1846. S. 1846, p. 397. — L'avocat doit être pris suivant l'ordre du tableau, parmi les avocats présents à l'audience. 26 mai 1851. D. 1851, p. 118.

En cas d'empêchement des juges, un avoué peut être appelé, conformément à la loi, pour compléter la cour d'assises. 10 nov. 1852 n. 444. — Lorsqu'un avoué est appelé en remplacement d'un juge titulaire empêché, il doit être constaté que cet avoué a été appelé à défaut de juges suppléants et d'avocats, et qu'il est le plus ancien des avoués présents à l'audience au moment où la cause est appelée. (Décret du 30 mars 1808, art. 49.) 12 janv. 1842. D. 1842, p. 76.

L'avocat appelé à siéger accidentellement, doit prêter le serment politique imposé aux magistrats (23 sept. 1831 n. 83), à moins qu'il ne l'ait déjà prêté. 22 mars 1831. D. 1831, p. 154. — A défaut de réclamation à l'audience, il y a présomption de droit que l'avocat a prêté serment. 5 nov. 1853 n. 532. — Le serment politique est ainsi conçu : « Je jure obéissance à la Constitution et fidélité à l'Empereur. »

L'avoué qui a prêté son serment professionnel, est apte à remplir les fonctions de juge. Paris. 8 janv. 1850. S. 1850, 2, p. 44. — Le serment professionnel de l'avoué comprend le serment politique.

* *Remplacement des officiers du ministère public.* — Les fonctions du ministère public étant indivisibles, les officiers qui le composent peuvent se remplacer dans le cours de la même affaire. 29 mars 1832 n. 114.. 10 août 1837 n. 232.

En cas d'empêchement des officiers du ministère public, leurs fonctions peuvent être remplies indistinctement par l'un des juges ou des suppléants qui composent le tribunal. 18 novembre 1829. S. 1830, p. 50.

** *Remplacement du greffier.* — Le président peut, en cas d'empêchement du greffier (et de ses commis), le remplacer par une personne ayant l'âge voulu par la loi et la qualité de français, et à laquelle il fait prêter le serment en tel cas requis. 3 sept. 1852 n. 308. (Le serment est ainsi conçu : « Je jure obéissance à la Constitution et fidélité à l'Empereur. Je jure et promets aussi de bien et loyalement remplir mes fonctions et d'observer en tout les devoirs qu'elles m'imposent. » Art. 4 de la loi du 5 avril 1852.) — Voyez les notes, art. 372, p. 98.

Remplacement du président et des assesseurs de la cour d'assises au chef-lieu et hors du chef-lieu du ressort. — Remplacement des officiers du ministère public. — Remplacement du greffier.

263. *Remplacement du président au chef-lieu du ressort.* — Lorsque le président des assises s'abstient de siéger, il y a présomption légale qu'il est légitimement empêché. 31 déc. 1829. J. P.

Si le président des assises tombe malade au milieu d'une affaire, ou s'il se trouve empêché, voyez les notes de l'art. 406, p. 38.

Dans le cas où le président se trouve dans l'impossibilité de remplir ses fonctions dans une des affaires portées au rôle de la session, il y a lieu de procéder pour son remplacement, conformément à l'art. 263, quand bien même l'incapacité du président tiendrait à une cause antérieure à la notification de la liste des jurés. 12 mai 1842 n. 116. — Le président n'est autorisé par aucune disposition de loi à désigner lui-même le magistrat qui doit le remplacer. 9 janvier 1846 n. 7.

Aux termes de l'art. 263, le président doit être remplacé par le conseiller le plus ancien nommé des assesseurs, et non par le plus ancien dans l'ordre des réceptions des membres de la cour. 16 déc. 1852 n. 406.. 16 avril 1857 n. 152.

En cas d'empêchement, le président des assises est valablement remplacé par un conseiller qui n'est pas le plus ancien de ceux qui l'assistent, si les conseillers plus anciens ne peuvent diriger les débats. 31 mai 1827 n. 132.. 31 déc. 1829. J. P.. 8 janv. 1852 n. 5.

Il ne suffirait pas que les magistrats plus anciens consentissent à ne pas présider, il faut qu'il y ait empêchement de leur part, et le procès-verbal doit le constater. 3 avril 1847 n. 73.

Le premier président n'a pas le droit de désigner un magistrat en remplacement du président empêché ; celui-ci doit, à peine de nullité, être remplacé conformément aux prescriptions de l'art. 263. 12 mars 1869 n. — Précédemment la cour de cassation avait jugé qu'il n'y a lieu de recourir au mode de remplacement *prescrit par l'art.* 263 que s'il n'a pas été pourvu au remplacement soit par le ministre de la justice, soit par le premier président, agissant en vertu de l'art. 16 de la loi du 20 avril 1810. 27 mai 1852 n. 171.. 6 juin 1861 n. 116. — Voyez dans le même sens deux arrêts, l'un du 30 juillet 1840 n. 219 et l'autre du 23 avril 1863 n. 126 (dans l'affaire jugée en 1840, les deux assesseurs avaient déclaré s'abstenir ; dans l'affaire jugée en 1863, le président et les deux assesseurs étaient empêchés). — Dans le sens de l'arrêt du 12 mars 1869, voyez ci-dessus un arrêt du 12 mai 1842 n. 116.

Remplacement du président hors du chef-lieu du ressort. — Les dispositions de l'art. 263 ne sont qu'indicatives et non restrictives ; il résulte de la combinaison de cet article avec les articles 253 et 264 du même code, qu'en cas d'empêchement, le président des assises hors du chef-lieu (qui n'a pas pour assesseurs des magistrats de la cour impériale. 9 avril 1857 n. 147) doit être remplacé par le président du tribunal, celui-ci par le vice-président ou le juge le plus ancien, et ainsi de suite. 23 avril 1833 n. 156.. 23 sept. 1852 n. 323.

Dans le cas où le président du tribunal n'a pas remplacé le président des assises, il peut y avoir présomption légale que ce magistrat était lui même empêché ; mais cette présomption cesse, et il y a nullité, si une ordonnance du président des assises a désigné le vice-président du tribunal, sans mentionner l'empêchement du président. 7 avril 1857 n. 147.

264. *Remplacement des assesseurs au chef-lieu du ressort.* — Si l'un des assesseurs tombe malade au milieu d'une affaire, ou s'il se trouve empêché, voyez les notes de l'art. 406, page 38.

Le premier président peut, en vertu de l'art. 16 de la loi du 20 avril 1810, nommer un magistrat en remplacement d'un assesseur empêché. 4 déc. 1852 n. 392.

Le premier président n'a pas le droit de déléguer au président des assises le pouvoir qu'il a de désigner les conseillers à appeler en remplacement des assesseurs légitimement empêchés. 3 août 1854 n. 246.

Lorsqu'un conseiller est empêché de siéger dans une affaire commencée, un autre conseiller peut, d'après l'art. 264, être appelé en remplacement par la cour d'assises. La délégation du premier président n'est exigée par la loi de 1810, que pour la 1re désignation des conseillers assesseurs. 2 mars 1843, n. 50.

Un conseiller peut être appelé en remplacement d'un assesseur empêché, en suivant l'ordre du tableau. L'art. 253 modifié par la loi de 1855 n'est applicable que dans les départements autres que ceux du chef-lieu des cours impériales. 29 nov. 1855 n. 376.

Lorsqu'on a appelé pour compléter la cour d'assises, des conseillers qui ne sont pas les plus anciens, il y a présomption légale que les magistrats qui les précédaient sur le tableau, étaient légitimement empêchés. 29 mars 1832 n. 114.. 2 avril 1857 n. 136.. 29 juillet 1865 n. 162.

Les conseillers peuvent être appelés à tour de rôle, en remplacement d'un assesseur empêché. L'appel d'un conseiller à tour de rôle n'est pas exclusif de la présomption légale de l'empêchement des conseillers plus anciens. 2 avril 1853 n. 123.

Remplacement des assesseurs hors du chef-lieu du ressort. — Dans les départements où ne siége pas la cour impériale, c'est au président des assises (titulaire ou par intérim, 2 avril 1863 n. 101) de pourvoir au remplacement des assesseurs empêchés depuis l'ouverture de la session. Il y a nullité si le procès-verbal constate que des juges ont été appelés selon l'ordre du tableau. 21 juin 1855 n. 217.. 30 juin 1855 n. 236.

(Voir ci-contre la suite des notes.)

257. Les membres de la cour impériale qui auront voté sur la mise en accusation, ne pourront, dans la même affaire, ni présider les assises, ni assister le président, à peine de nullité.

Il en sera de même à l'égard du juge d'instruction.

Suite des NOTES.

Récusation. — Les articles 378 et suivants du code de procédure civile relatifs à la récusation des juges, sont applicables en matière criminelle. 3 août 1835 n. 382.. 13 avril 1837 n. 110.

Les récusations ne peuvent être considérées comme équivalant à une demande en renvoi pour cause de suspicion légitime, que si la cour ne peut se compléter par des magistrats d'une autre chambre. 1er avril 1858 n. 111.

La récusation doit être déposée au greffe, et non articulée à l'audience en présence du magistrat récusé. 30 août 1838 n. 259.

L'accusé doit formuler la récusation au greffe, dès qu'il connait la composition du tribunal, et avant qu'il soit procédé à aucun acte du débat. (Art. 382 du code de procédure civile.) 13 fév. 1846 n. 48.

L'art. 378 du code de procédure civile ne détermine pas les causes pour lesquelles un juge peut, sur sa propre demande, être autorisé à s'abstenir. Il résulte de l'art. 380 que l'appréciation de ces causes est confiée à la sagesse de la chambre à laquelle le juge appartient. 8 oct. 1819 n. 110.

Le juge récusé ne peut prendre part à l'arrêt qui statue sur la récusation, il serait juge dans sa propre cause. 20 mai 1847 n. 106.

En matière criminelle, le ministère public ne peut être récusé. (Art. 381 du code de procédure civile.) 28 janvier 1830 n. 27.

Magistrats ne pouvant faire partie de la cour d'assises. — Magistrats ayant atteint l'âge de la retraite. — Magistrats ayant voté sur la mise en accusation. — Juge d'instruction. — Parenté. — Récusation.

57. Lorsque dans le cours des débats, on s'aperçoit qu'un des magistrats est empêché, voyez les notes, art. 406, p. 38.

Il n'appartient à aucun citoyen ni à la cour, de contrôler la nomination d'un magistrat reçu dans le corps où il a été appelé, qui, en cette qualité, y a prêté serment et y a exercé ses fonctions. Ce magistrat a en sa faveur la présomption légale qui dispense de toute preuve. 26 août 1831 n. 193.

Un juge suppléant, après avoir, à l'ouverture de la session, concouru comme assesseur à la formation de la liste du jury, a pu, à une audience subséquente, remplir les fonctions du ministère public. 29 nov. 1866 n. 249.

Magistrats ayant atteint l'âge de la retraite. — Est nul l'arrêt auquel prend part un magistrat ayant atteint la limite d'âge, lorsque le décret de mise à la retraite de ce fonctionnaire a été régulièrement porté à sa connaissance. 2 mai 1861 n. 93.

Magistrats ayant voté sur la mise en accusation. — Il y a nullité si un conseiller qui a voté sur la mise en accusation, fait partie de la cour d'assises. 28 fév. 1858 n. 69.. 9 sept. 1858 n. 251.. 5 juillet 1860 n. 149.. 16 janv. 1862 n. 21.. 8 janv. 1863 n. 10.

Il y a nullité, si parmi les membres de la cour d'assises, se trouve un magistrat qui a conclu dans l'affaire comme officier du ministère public. 13 sept. 1827 n. 237.. 3 mars 1859 n. 67.

Aux termes de l'art. 429, il y a nullité, si un magistrat de la cour d'assises qui juge une affaire après renvoi de la cour de cassation, a fait partie de la cour d'assises dont l'arrêt a été cassé. 6 mai 1824 n. 63.

L'art. 257 n'est pas applicable à l'officier du ministère public qui a connu précédemment de l'affaire comme membre de la chambre d'accusation. 30 juill. 1847 n. 166.

Les prohibitions sont de droit étroit. Peuvent faire partie de la cour d'assises : le magistrat qui a voté dans un arrêt de plus ample informé (11 juillet 1816. S. 1816, p. 320); le magistrat qui a participé à l'arrêt d'évocation (1er avril 1847 n. 70); le magistrat qui a concouru à l'arrêt de contumace rendu précédemment contre l'accusé (11 octobre 1849 n. 269.. 15 mars 1860 n. 77); le magistrat qui a statué sur la reconnaissance d'identité (14 déc. 1854 n. 342); le magistrat qui a connu de l'affaire au correctionnel, et pris part à un jugement d'incompétence (5 mars 1824. D. A. 4, p. 515.. 8 mars 1860 n. 69.. 29 janv. 1863 n. 33); le magistrat qui a connu de l'affaire au civil. 13 avril 1837 n. 110.

Le magistrat qui a voté sur la mise en accusation peut concourir aux arrêts qui statuent sur les excuses des jurés, et à ceux relatifs à leur remplacement. Ces arrêts ont pour but d'assurer le service général de la session. En les prononçant, les cours d'assises n'ont pas en vue telle ou telle affaire de la session, et ces opérations diffèrent essentiellement de la formation du jury de jugement. 17 octobre 1833 n. 455.. 12 mai 1842 n. 116.. 3 juin 1843 n. 131.

Un magistrat qui a voté sur la mise en accusation, a pu sans nullité assister au tirage du jury de jugement, si le président des assises a procédé seul à cette opération, et si aucun incident ne s'est élevé. 18 avril 1845 n. 141.

Juge d'instruction. — Les expressions de l'article 257 sont générales et absolues, et il n'est fait aucune distinction entre le juge d'instruction titulaire et celui des juges qui en auraient momentanément rempli les fonctions. 30 oct. 1832 n. 430.. 3 juill. 1834 n. 203.. 16 août 1844 n. 291.

Le magistrat qui, conformément à l'art. 330, a été chargé d'instruire sur un faux témoignage, ne peut, à peine de nullité, faire partie de la cour d'assises appelée à statuer sur cette accusation. 7 oct. 1824 n. 132.

L'art. 257 n'est pas applicable au magistrat qui, soit comme président des assises, soit comme remplaçant le président, a procédé à un supplément d'instruction depuis l'arrêt de renvoi. 26 fév. 1841 n. 53.. 12 juill. 1833 n. 268.

Parenté entre magistrats, et entre magistrats et jurés. — La loi du 20 avril 1810 limite la prohibition résultant de la parenté, au degré d'oncle et de neveu. Deux parents par alliance au degré de cousin germain, peuvent faire partie de la même cour d'assises. 16 janv. 1818 n. 7.

Il n'y a point affinité ni par conséquent empêchement de juger dans la même cour d'assises, entre deux juges qui ont épousé les deux sœurs. 18 sept. 1824. D. A. 11, p. 20.

Il n'existe aucune incompatibilité entre les membres de la cour d'assises et les jurés. Deux frères peuvent siéger, l'un comme juge, l'autre comme juré. 14 mars 1817 n. 23.

Le père peut être juré et le fils assesseur. 26 mai 1826. D. 1826, p. 369.

Deux beaux-frères peuvent connaître de la même affaire, l'un comme juré, l'autre comme membre de la cour d'assises. 23 juin 1826. D. 1826, p. 389.

L'officier du ministère public peut être gendre de l'un des juges composant le tribunal. (Art. 63 de la loi du 20 avril 1810.) 16 janv. 1851 n. 23.

(Voir ci-contre la suite des notes.)

258. Les assises se tiendront ordinairement dans le chef-lieu de chaque département. La cour impériale pourra néanmoins désigner un tribunal autre que celui du chef-lieu.

259. La tenue des assises aura lieu tous les trois mois; elles pourront se tenir plus souvent si le besoin l'exige.

260. Le jour où les assises doivent s'ouvrir sera fixé par le président de la cour d'assises.

Les assises ne seront closes qu'après que toutes les affaires criminelles, qui étaient en état lors de leur ouverture, y auront été portées.

261. Les accusés, qui ne seront arrivés dans la maison de justice qu'après l'ouverture des assises, ne pourront y être jugés que, lorsque le procureur général l'aura requis, lorsque les accusés y auront consenti, et lorsque le président l'aura ordonné.

En ce cas, le procureur général et les accusés seront considérés comme ayant renoncé à la faculté de se pourvoir en nullité contre l'arrêt portant renvoi à la cour d'assises.

Suite des NOTES.

Pour que l'accusé puisse valablement consentir à être jugé dans la session et renoncer à se pourvoir contre l'arrêt de renvoi, il faut qu'il connaisse, par une notification préalable, l'arrêt de renvoi et l'acte d'accusation. 14 mars 1846 n. 73.. 7 janv. 1836 n. 6. — Voyez les notes, art. 296 p. 27.

Un accusé a pu consentir à être jugé à l'entrée de l'audience (20 avril 1849 n. 92), et même dans le cours des débats. 25 avril 1839 n. 137.

Lorsque l'accusé consent à être jugé dans la session, il y a, d'après l'art. 261, présomption légale qu'il renonce à se pourvoir contre l'arrêt de renvoi. 1er juill. et 9 déc. 1832 n. 219 et 397.. 10 fév. 1833 n. 56.. 1er juill. 1838 n. 187. — Cependant il est d'usage que les présidents, pour éclairer l'accusé sur ses droits, lui demandent s'il consent à être jugé aux assises actuellement ouvertes, et s'il renonce à se pourvoir contre l'arrêt de renvoi. Voyez 1er juill. et 9 déc. 1832 n. 219 et 397.. 10 fév. et 9 juin 1833 n. 56 et 206.. 1er juill. 1838 n. 187, etc. — Voyez les notes, art. 296, p. 27.

L'accusé qui a consenti à être jugé dans la session, ne peut se plaindre d'avoir été jugé avant l'expiration du délai de cinq jours imparti par l'art. 296. 8 juillet 1830. D. 1830, p. 311.

L'accusé qui a consenti à être jugé dans la session et renoncé à se pourvoir contre l'arrêt de renvoi, ne peut revenir sur cette renonciation. 1er juill. 1832 n. 219.. 10 fév. 1833 n. 56.

Lieux où se tiennent les assises. — Époques des sessions. — Sessions extraordinaires. Fixation de l'ouverture des assises; affaires à porter au rôle. — Conditions pour que l'accusé, arrivé après l'ouverture des assises, puisse y être jugé.

258. *Lieux où se tiennent les assises.* — Les cours d'assises se tiendront habituellement dans le lieu où siégent actuellement les cours criminelles. Loi du 20 avril 1810, art. 17.

Lorsque la cour d'assises devra tenir sa séance dans un lieu autre que celui où elle siége habituellement, l'époque de l'ouverture et le lieu seront déterminés par arrêt rendu, toutes les chambres assemblées et le procureur général entendu. Article 21 de la loi du 20 avril 1810. Voyez aussi article 90 du décret du 6 juillet 1810. — Pour la publicité à donner à l'arrêt ci-dessus, voyez art. 22 de la loi du 20 avril 1810.

Le tribunal (où se tiendront les assises) ne peut être désigné qu'entre ceux du même département. Il n'appartient qu'à la cour de cassation de renvoyer d'une cour d'assises à une autre, pour cause de sûreté publique ou de suspicion légitime. 22 juillet 1830 n. 187.

S'il y a lieu à renvoi pour cause de sûreté publique ou de suspicion légitime, voyez les articles 542 et suivants du code d'instruction criminelle.

259. *Époques des sessions. — Sessions extraordinaires. — Magistrats devant siéger aux sessions extraordinaires.* — Dans la huitaine de l'installation de la cour impériale, les époques de la tenue des assises dans tout le ressort, pendant le premier trimestre, seront fixées par arrêt rendu, les chambres assemblées, sur les conclusions du procureur général. Art. 83 du décret du 6 juillet 1810.

Les assises se tiendront dans chaque département de manière à n'avoir lieu, dans le ressort de la même cour, que les unes après les autres, et de mois en mois, à moins qu'il n'y ait plus de trois départements dans le ressort, ou que le besoin du service n'exige qu'il en soit tenu plus souvent. Art. 19 de la loi du 10 avril 1810.. 12 déc. 1845, n. 362.

Dans le cas prévu par l'art. 259 d'une tenue extraordinaire d'assises, le président de la dernière assise est nommé de droit pour présider l'assise extraordinaire. En cas de décès ou d'empêchement légitime, le président de l'assise sera remplacé à l'instant où la nécessité de la tenue de l'assise extraordinaire sera connue. Le remplacement sera fait par le premier président. L'ordonnance de remplacement contiendra l'époque fixe de l'ouverture de cette assise. Art. 81 du décret du 6 juill. 1810.

Le président des assises d'un trimestre n'a pas qualité pour présider une assise extraordinaire dont l'ouverture a lieu après l'expiration du trimestre. 9 août 1849. S. 1850, p. 74.

Lorsqu'un conseiller, assesseur de la session ordinaire, a été remplacé par un autre magistrat pour la session extraordinaire, il y a une présomption de droit qu'il était légitimement empêché. 25 sept. 1845 n. 301.. 12 décembre 1845, n. 362.

260. *Fixation de l'ouverture des assises; leur durée. — Affaires à porter au rôle. — Indication du jour pour chaque affaire.* — Le premier président de la cour impériale désignera le jour où doit s'ouvrir la séance de la cour d'assises, quand elle se tiendra dans le lieu où elle siége habituellement. Art. 20 de la loi du 20 avril 1810.

Aux termes de la loi du 20 avril 1810 qui a modifié l'art. 260, c'est au premier président qu'il appartient de fixer par une ordonnance l'ouverture des assises. 17 février 1837 n. 56.

Les assises ne doivent pas durer au delà de quinze jours. Circulaire ministérielle du 14 janvier 1819.

Une session d'assises, pour mettre à fin les affaires portées au rôle, peut empiéter sur le trimestre suivant. 25 mai 1849 n. 119.

Pour les affaires à porter au rôle, voyez ci-contre l'art. 260.

La fixation du jour de la formation du jury de jugement pour chaque affaire, est du domaine du pouvoir discrétionnaire du président. 17 octobre 1837. D. 1840, p. 349. — Le président a reçu de l'art. 306 § 2, le droit de fixer le jour du jugement de chaque affaire. 26 avril 1844 n. 155.

Le président a pu changer le jour primitivement fixé pour le jugement d'une affaire, s'il n'en est résulté aucun préjudice pour la défense. 16 avril 1855. D. 1855, p. 234.

La loi n'exige pas que l'accusé soit prévenu (par une citation) du jour de sa comparution devant les assises. 22 sept. 1842. S. 1842, p. 768.

Les assises ne doivent pas être tenues les dimanches ou jours de fête, sauf les cas prévus par l'art. 359 du code d'instruction criminelle. Circulaire ministérielle du 31 juillet 1827.

Aucune loi ne déclare nulle les procédures criminelles faites les jours de fêtes et les dimanches. 12 juillet 1832 n. 253. — Les débats d'une affaire devant une cour d'assises peuvent, sans irrégularité, s'ouvrir un jour férié. 5 déc. 1839 n. 372.

261. *Conditions pour que l'accusé arrivé après l'ouverture des assises puisse y être jugé.* — Il n'y a pas d'irrégularité à faire juger un accusé arrivé après l'ouverture des assises, lorsqu'il y a consenti, quoique le procureur général n'ait pas fait de réquisitoire, et que le président n'ait pas rendu d'ordonnance. 7 nov. 1811. S. 1817, p. 327.

Avant d'interpeller l'accusé sur la question de savoir s'il consent à être jugé dans la session, et s'il renonce à se pourvoir contre l'arrêt de renvoi, le président doit s'assurer que l'arrêt de renvoi et l'acte d'accusation ont été notifiés à l'accusé. 14 mars 1846 n. 73.

(Voir ci-contre la suite des notes.)

CHAPITRE II.

PROCÉDURE ANTÉRIEURE AUX DÉBATS. — ACTE D'ACCUSATION. 241, p. 22. — SIGNIFICATION DE L'ARRÊT DE RENVOI ET DE L'ACTE D'ACCUSATION. 242, p. 22. — TRANSLATION DE L'ACCUSÉ DANS LA MAISON DE JUSTICE. 243, p. 22. — VISITE DE LA PRISON ET SIGNATURE DU REGISTRE D'ÉCROU. 611 et 607, p. 22. — ORDRES A DONNER DANS LA PRISON. 613, p. 22. — ENVOI DE LA PROCÉDURE ET DES PIÈCES DE CONVICTION. 291, p. 22. — INTERROGATOIRE DE L'ACCUSÉ. 293, p. 24. — DÉSIGNATION D'UN DÉFENSEUR. 294 ET 295, p. 24. — AVERTISSEMENT A L'ACCUSÉ RELATIVEMENT AU POURVOI CONTRE L'ARRÊT DE RENVOI. 296, p. 26. — DROIT DE POURVOI DU PROCUREUR GÉNÉRAL. 297, p. 26. — CAUSES DE POURVOI. 299, p. 28. — DÉCLARATION DE POURVOI. 300, p. 28. — CONTINUATION DE L'INSTRUCTION NONOBSTANT LE POURVOI. 301, p. 28. — SUPPLÉMENT D'INSTRUCTION. AUDITION DE TÉMOINS; PEINE ENCOURUE PAR LES TÉMOINS NE COMPARAISSANT PAS. 303 et 304, p. 28. — CONFÉRENCE DE L'ACCUSÉ AVEC LE DÉFENSEUR; COMMUNICATION DE LA PROCÉDURE. 302, p. 28. — COPIES DE PIÈCES A DÉLIVRER GRATUITEMENT A L'ACCUSÉ; FACULTÉ POUR LE DÉFENSEUR DE PRENDRE DES COPIES DE PIÈCES. 305, p. 30. — RENVOI D'UNE AFFAIRE A UNE AUTRE SESSION. 306, p. 30. — JONCTION ET DISJONCTION DE PLUSIEURS ACCUSATIONS. 307 et 308, p. 30.

241. Dans tous les cas où le prévenu sera renvoyé à la cour d'assises, le procureur général sera tenu de rédiger un acte d'accusation.

L'acte d'accusation exposera: 1° la nature du délit qui forme la base de l'accusation; 2° le fait et toutes les circonstances qui peuvent aggraver ou diminuer la peine: le prévenu y sera dénommé et clairement désigné.

L'acte d'accusation sera terminé par le résumé suivant:

En conséquence, N.... est accusé d'avoir commis, tel meurtre, tel vol ou tel autre crime, avec telle et telle circonstance.

242. L'arrêt de renvoi et l'acte d'accusation seront signifiés à l'accusé, et il lui sera laissé copie du tout.

243. Dans les 24 heures qui suivront cette signification, l'accusé sera transféré de la maison d'arrêt dans la maison de justice établie près la cour où il doit être jugé.

613. Le juge d'instruction et le président des assises pourront donner respectivement tous les ordres qui devront être exécutés dans les maisons d'arrêt et de justice, et qu'ils croiront nécessaires soit pour l'instruction soit pour le jugement.

611. Une fois au moins dans le cours de chaque session de la cour d'assises, le président de cette cour est tenu de visiter les personnes retenues dans la maison de justice.

607. Les gardiens des maisons de justice seront tenus d'avoir un registre. Ce registre sera signé et paraphé à toutes les pages, par le président de la cour d'assises, ou en son absence par le président du tribunal de première instance.

291. Quand l'accusation aura été prononcée, si l'affaire ne doit pas être jugée dans le lieu où siége la cour impériale, le procès sera, par les ordres du procureur général, envoyé dans les vingt-quatre heures au greffe du tribunal de première instance du chef-lieu du département, ou au greffe du tribunal qui pourrait avoir été désigné.

Dans tous les cas, les pièces servant à conviction qui seront déposées au greffe du tribunal d'instruction, ou qui auraient été apportées à celui de la cour seront réunies dans le même délai au greffe où doivent être remises les pièces du procès.

Suite des NOTES.

Il y aura près de chaque cour d'assises, une maison de justice pour y retenir ceux contre lesquels il aura été rendu une ordonnance de prise de corps. Article 603.

Les accusés peuvent être transférés dans la maison de justice, avant que l'arrêt de renvoi et que l'acte d'accusation leur aient été notifiés. 8 janvier 1846 n. 11.

611. *Visite de la prison.* — *Signature du registre d'écrou.* — Voyez à la page 106 les points sur lesquels
607. doit porter principalement l'attention des présidents.

613. *Ordres à donner dans la prison.* — *Séparation des accusés; mise au secret.* — Le président, après l'interrogatoire des accusés, peut, en vertu des articles 268 et 613, ordonner leur séparation dans la maison de justice, pour les empêcher de communiquer. 11 mars 1841 n. 59.

La mise au secret est une mesure facultative d'instruction, dont la durée comme le motif dépendent des circonstances particulières à chaque affaire. 10 déc. 1847. D. 1848, p. 20.

291. *Envoi de la procédure et des pièces de conviction.* — Les vingt-quatre heures courront du moment de la signification faite à l'accusé de l'arrêt de renvoi devant la cour d'assises. Art. 292.

Acte d'accusation. — Signification de l'arrêt de renvoi et de l'acte d'accusation. — Translation de l'accusé dans la maison de justice. — Visite de la prison. — Signature du registre d'écrou. — Ordres à donner dans la prison. — Envoi de la procédure et des pièces de conviction.

241. *Acte d'accusation. — Défense de le publier avant la lecture à l'audience.* — Des articles 134, 231, 232, 241, 271 et 337, il résulte qu'en cas de renvoi du prévenu aux assises, et après que l'ordonnance de prise de corps décernée en exécution des articles 134, 231 et 232 a donné au fait incriminé sa qualification légale, le procureur général est tenu de rédiger un acte d'accusation contenant : 1° la nature du délit qui en forme la base; 2° le fait et toutes les circonstances qui peuvent aggraver ou diminuer la peine, et que cet acte doit être terminé par un résumé conforme à l'arrêt de renvoi, qui est la base de l'accusation. 21 janv. 1836 n. 22.

Quelle que soit la forme donnée à la rédaction de l'acte d'accusation, elle laisse la défense libre et ne peut fonder un moyen de nullité. 11 mars 1841 n. 59. — Pour que l'acte d'accusation soit exempt de nullité, il suffit que le résumé soit conforme à l'arrêt de renvoi. 15 avril 1847. D. 1847. T. 299.

Le président peut, en vertu de son pouvoir discrétionnaire, faire distribuer aux jurés des copies de l'acte d'accusation. 12 août 1858 n. 227.

La publication par les journaux de l'acte d'accusation ne peut constituer un moyen de nullité. 12 déc. 1840 n. 350. — La loi du 27 juillet 1849, art. 10, défend de publier les actes d'accusation avant qu'ils aient été lus en audience publique.

242. *Signification de l'arrêt de renvoi et de l'acte d'accusation; formalités. — Accusé détenu; accusé fugitif.* — La notification de l'arrêt de renvoi et de l'acte d'accusation est indispensable à l'exercice du droit de légitime défense; son omission entraîne la nullité de la procédure. 29 juill. 1852 n. 252.. 2 avril 1853 n. 119.. 19 fév. 1857 n. 71. — L'acte d'accusation qui est le corollaire nécessaire de l'arrêt de renvoi, doit, tout comme cet arrêt, être notifié à l'accusé. 31 juill. 1845 n. 247.

L'acte d'accusation a pu être signifié après l'interrogatoire par le président, si, conformément à l'art. 296, il y a eu un délai de cinq jours entre cette signification et l'ouverture des débats. 19 février 1863 n. 57.. 4 juin 1864 n. 144.

Si la copie de l'acte d'accusation contient des omissions de nature à préjudicier à la défense, l'accusé peut demander la remise de l'affaire. 23 déc. 1852 n. 413.

La signification de l'arrêt de renvoi et de l'acte d'accusation doit, à peine de nullité, être faite à l'accusé en personne, lorsqu'il est détenu. 7 juin 1855 n. 199.. 13 février 1868 n. 39. — Il n'est pas nécessaire de dire dans quelle partie de la prison la notification a été faite. 6 oct. 1859 n. 231.

Copie de l'arrêt de renvoi et de l'acte d'accusation doit être remise à chaque accusé individuellement et séparément. 24 janvier 1856 n. 30.

Lorsque le nom de l'accusé dans l'exploit de signification n'existe qu'au moyen de ratures et de surcharges non approuvées, il y a violation de l'art. 78 du code de procédure civile, et la formalité de l'art. 242 est réputée non accomplie. 18 juin 1846 n. 150.

Est nul l'acte de signification au bas duquel l'huissier n'a pas écrit son nom de sa main. 10 j^r 1850 n. 6.

Il ne résulte pas de nullité de ce que la signification de l'arrêt de renvoi et de l'acte d'accusation n'est pas rapportée, lorsque l'accusé a reconnu dans son interrogatoire que la signification lui a été faite. 7 janv. 1847 n. 5.

En cas de jonction de plusieurs procédures dirigées contre plusieurs individus, il n'est pas prescrit de notifier à chaque accusé les actes d'accusation et les arrêts de renvoi dont ses co-accusés ont été l'objet. 7 fév. 1834 n. 46.. 3 déc. 1846 n. 301.. 4 oct. 1855 n. 343. — S'il importe à un accusé d'avoir connaissance de l'acte d'accusation spécial à son co-accusé, il a le droit d'en prendre communication (20 sept. 1855 n. 324); il peut même aux assises se faire un grief du défaut de notification, et demander le renvoi de l'affaire à une autre session. 20 janv. 1853 n. 24.

Lorsqu'un individu est, après cassation, renvoyé devant une autre cour d'assises, le procureur général n'est pas tenu de rédiger et de notifier un acte d'accusation restreint aux seuls chefs de prévention qui restent à juger. 15 déc. 1839 n. 380.

Après l'arrestation d'un contumax, il n'est pas nécessaire de notifier de nouveau l'arrêt et l'acte d'accusation, lorsque la notification a été faite régulièrement au dernier domicile connu de l'accusé. 15 avril 1841. D. 1841, p. 365.. 18 avril 1850 n. 129.. 11 sept. 1851 n. 381.

Lorsque l'accusé n'est pas arrêté, la signification doit être faite suivant les formes prescrites soit par l'art. 68, soit par l'art. 69 n. 8 du code de procédure civile, selon qu'il est constaté que l'accusé a, ou n'a pas un dernier domicile connu. 25 juill. 1850 n. 234. — Voyez aussi 22 avril 1852 n. 129.. 28 déc. 1854 n. 356.. 6 sept. 1855 n. 315.. 5 août 1858 n. 222.

Lorsque l'accusé non arrêté n'a en France ni domicile ni résidence connus, l'exploit de notification de l'arrêt de renvoi et de l'acte d'accusation doit être affiché à la principale porte de la cour d'assises, et une copie doit être donnée au chef du parquet qui vise l'original. (Art. 68 et 69 du code de procédure civile.) 2 avril 1853 n. 119.. 27 avril 1865 n. 98.

243. *Translation de l'accusé dans la maison de justice.* — La translation s'opère par les ordres du procureur général, conformément aux articles 4 et 5 du décret du 18 juin 1811.

(Voir ci-contre la suite des notes.)

293. Vingt-quatre heures au plus tard après la remise des pièces au greffe et l'arrivée de l'accusé dans la maison de justice, celui-ci sera interrogé par le président de la cour d'assises ou par le juge qu'il aura délégué.

294. L'accusé sera interpellé de déclarer le choix qu'il aura fait d'un conseil pour l'aider dans sa défense; sinon le juge lui en désignera un sur-le-champ, à peine de nullité de tout ce qui suivra.

Cette désignation sera comme non avenue, et la nullité ne sera pas prononcée, si l'accusé choisit un conseil.

295. Le conseil de l'accusé ne pourra être choisi par lui ou désigné par le juge que parmi les avocats ou avoués de la cour impériale ou de son ressort, à moins que l'accusé n'obtienne du président de la cour d'assises la permission de prendre pour conseil un de ses parents ou amis.

Suite des NOTES.

Lorsque l'accusé a été pourvu d'un défenseur, si l'affaire est renvoyée à une session suivante, il n'est pas nécessaire de désigner de nouveau un conseil. 6 nov. 1840. D. 1841, p. 133.

La nullité prononcée par l'article 294 est écartée si, aux débats, l'accusé est assisté d'un défenseur de son choix. 12 février 1818 n. 38.

Lorsqu'aux débats l'accusé est assisté d'un défenseur autre que celui désigné d'office, il est présumé l'avoir choisi. 31 déc. 1829. D. 1830, p. 41.

Lorsque l'accusé a été défendu par un avocat autre que celui qu'il avait choisi, cette substitution souvent obligée ne saurait donner ouverture à cassation. 9 août 1840. D. 1840, p. 410.

L'accusé qui, sans réclamation de sa part, a été assisté aux débats d'un défenseur autre que celui qu'il avait choisi, ne peut se plaindre qu'une atteinte ait été portée au droit de la défense. 22 janv. 1841 n. 19.

L'absence de défenseur n'est pas une cause de nullité, si l'accusé a refusé le défenseur désigné d'office, ou si le défenseur a refusé de défendre. 3 oct. 1822. S. 1822, p. 394.

L'absence du conseil de l'accusé pendant tout ou partie du débat, ne peut opérer une nullité qu'autant que cette absence serait du fait ou du ministère public ou de la cour. Admettre le contraire serait supposer que la loi a voulu laisser au conseil des accusés la faculté de faire annuler tous les arrêts de condamnation par leur absence volontaire. 18 juin 1830 n. 177.

Si le défenseur est cité comme témoin, il faut, pendant le tirage du jury, et jusqu'après la déposition, que l'accusé soit assisté par un autre conseil; s'il en était autrement, l'accusé serait privé de défenseur, et cela sans son fait et sans celui de son conseil. 4 janv. 1821 n. 2.. 30 avril 1835 n. 161.

Si le défenseur tombe malade, voyez les notes, art. 406, p. 39.

L'avocat nommé d'office pour la défense d'un accusé, ne peut refuser son ministère sans faire approuver ses motifs d'excuse ou d'empêchement par la cour d'assises, qui prononce, en cas de résistance, l'une des peines portées par l'article 18 de l'ordonnance du 23 novembre 1822. Art. 41 de l'ordonnance du 23 novembre 1822.

Relativement aux fautes disciplinaires, voyez les notes, art. 311, p. 51.

Constatation de la nomination d'un défenseur. Voyez constatation de l'avertissement, p. 27.

295. *Personnes pouvant être désignées comme conseil. Avocats, avoués, amis.* — Tout avocat inscrit au tableau pourra plaider devant toutes les cours royales et tous les tribunaux du royaume, sans avoir besoin d'aucune autorisation, sauf les dispositions de l'article 295 du code d'instruction criminelle. Article 4 de l'ordonnance du 27 août 1830. — L'art. 10 du décret du 14 décembre 1810, et l'ordonnance du 20 novembre 1822, art. 39 et 40, avaient restreint la faculté accordée par l'art. 295, en interdisant aux avocats de plaider hors de leur département.

La faculté que l'art. 295 accorde à tous les avoués de plaider devant les cours d'assises du ressort de la cour, dans l'enclave de laquelle ils sont établis, n'a été modifiée ou détruite par aucune disposition expresse des lois et règlements postérieurs. 23 juin 1827. D. 1827, p. 282.

Le président a un pouvoir discrétionnaire pour accorder ou refuser à un ami l'autorisation de défendre. 6 déc. 1830 n. 413.

Interrogatoire de l'accusé. — Procès-verbal d'interrogatoire. — Désignation d'un défenseur. Personnes pouvant être désignées comme conseil.

293. *Interrogatoire de l'accusé. — Procès verbal.* — L'interrogatoire est une formalité substantielle dont l'accomplissement est indispensable à la manifestation de la vérité. Son omission entraîne nullité. 2 juill. 1844 n. 261.. 24 août 1854 n. 261.. 21 décembre 1861 n. 281.. 4 janv. 1866 n. 2.

Le délai de 24 heures n'est pas prescrit à peine de nullité. L'article 293 a seulement pour but de régulariser et d'accélérer la marche de la justice. 21 septembre 1837 n. 285.. 2 janv. 1851 n. 2. — On ne peut d'ailleurs interroger qu'après que les notifications prescrites par l'article 242 ont eu lieu. 10 oct. 1840 n. 245.. 8 janv. 1846 n. 11.

S'il y a lieu de nommer un interprète, voyez articles 332 et 333, p. 46.

Aucune loi n'oblige le président à séparer les co-accusés lors des interrogatoires. 4 août 1843 n. 195.

Le président des assises n'est pas tenu d'interroger l'accusé sur les faits imputés à un co-accusé, dont l'affaire a été jointe. 4 oct. 1855 n. 343.

Le vœu de la loi est suffisamment rempli, lorsque le président ayant demandé à l'accusé s'il persistait dans sa première déclaration, celui-ci a répondu affirmativement. 3 oct. 1844 n. 335.. 4 mars 1847. D. 1847. T. 302.

Il n'est pas nécessaire de procéder à un nouvel interrogatoire : lorsque la cour de cassation a rejeté le pourvoi contre l'arrêt de renvoi (6 oct. 1853 n. 495), ou a renvoyé devant une autre cour d'assises, après avoir cassé la précédente condamnation (27 janv. 1848. D. 1848. T. 245); — lorsque le jugement de l'accusé est remis à une autre session (28 av. 1838 n. 116,); — lorsqu'une affaire a été renvoyée à une autre session à cause de la mise en accusation d'un complice (6 oct. 1853 n. 494); — lorsqu'une information supplémentaire a eu lieu (15 av. 1837 n. 12.. 10 juin 1852 n. 187); — lorsque l'affaire ayant été renvoyée à une autre session, une instruction nouvelle a eu lieu dans l'intervalle des deux sessions. 6 oct. 1859 n. 230. — Le président interroge de nouveau, si cela paraît utile à la manifestation de la vérité. 6 oct. 1853 n. 494.

Le président d'une session peut procéder, dans le cours du trimestre précédent, à l'interrogatoire des accusés qui seront jugés sous sa présidence. 21 janv. 1864 n. 16.

Le président des assises d'un trimestre non expiré, a qualité pour interroger l'accusé arrivé pendant ce trimestre dans la maison de justice, quoique cet accusé ne doive être jugé que dans le trimestre suivant. 5 févr. 1819 n. 17.. 13 novembre 1856 n. 347.. 9 août 1860 n. 187.

Le premier président d'une cour désigné pour présider une session extraordinaire, peut déléguer le président de la session ordinaire pour interroger l'accusé. 16 janv. 1852 n. 19.

N'est pas nul l'interrogatoire auquel a procédé un magistrat délégué par un président d'assises qui se trouvait empêché aux termes de l'art. 257. 6 juin 1861, n. 116.

Le juge délégué peut n'être pas membre de la cour d'assises; la délégation est la seule condition imposée par la loi. 21 déc. 1832. J. P.. 9 février 1865 n. 32.

Le juge d'instruction peut être délégué pour interroger l'accusé contre lequel il a instruit. 16 juin 1853 n. 213.. 28 août 1862 n. 221.

La délégation est suffisamment établie par la mention au procès-verbal que le juge agissait en vertu de la délégation (26 juin 1817 n. 53), ou par empêchement de qui de droit. 14 fév. 1850 n. 56.

Pour les assises hors du chef-lieu, lorsque le président n'a pas délégué, conformément à l'article 293, c'est le président du tribunal ou un juge délégué par lui qui procède à l'interrogatoire Art. 91 du décret du 6 juill. 1810.. Voyez 22 juill. 1852 n. 243.

En l'absence du président du tribunal, le vice-président peut interroger sans délégation. 1 sept. 1827 n. 238.. 8 janv. 1846 n. 12.. 23 août 1849. D. 1849. T. 254.

Procès-verbal d'interrogatoire. — L'interrogatoire de l'accusé doit, à peine de nullité, être constaté par un procès-verbal signé par l'accusé, par le juge et par le greffier. 3 janv. 1850 n. .. 1.. 1er avril 1853 n. 113.. 14 oct. 1856 n. 348.. 30 juin 1864 n. 168.. 4 janv. 1866 n. 2.

Le défaut de signature d'un accusé n'est pas une cause de nullité, lorsqu'il est établi que l'accusé ne savait pas signer. 27 juill. 1854 n. 236.

Il faut que le procès-verbal d'interrogatoire contienne la réponse de l'accusé ou son refus de répondre. 11 mai 1854 n. 143.

Il y a nullité, si le procès-verbal d'interrogatoire ne mentionne pas la réponse de l'accusé comme s'il n'y avait pas eu d'interrogatoire. 21 déc. 1861, n. 281.

Il y a nullité, lorsque le procès-verbal ne contient l'énonciation ni du mois ni du jour où l'interrogatoire a eu lieu. 22 mai 1857 n. 204.

L'impression à l'avance des procès-verbaux des interrogatoires des accusés par le président et des avertissements qui doivent leur être donnés, n'est pas prohibée. 19 sept. 183.. D. 1840 p. 372.. 10 août 1860 n. 188.

294. *Désignation d'un défenseur.* — Il faut nommer un conseil, lors même que l'accusé ne comparaît devant la cour d'assises que pour l'application de la peine, après renvoi de cassation. 22 avril 1813 n. 80.

Lorsque deux personnes sont accusées du même crime et que leurs défenses sont communes, le vœu de la loi est suffisamment rempli en nommant à chacune d'elles le même défenseur. 28 mai 1818 n. 71.

(Voir ci-contre la suite des notes.)

296. Le juge avertira de plus l'accusé que, dans le cas où il se croirait fondé à former une demande en nullité, il doit faire sa déclaration dans les cinq jours suivants, et qu'après l'expiration de ce délai il n'y sera plus recevable.

L'exécution du présent article et des deux précédents sera constatée par un procès-verbal que signeront l'accusé, le juge et le greffier; si l'accusé ne sait ou ne veut pas signer, le procès-verbal en fera mention.

297. Si l'accusé n'a point été averti, conformément au précédent article, la nullité ne sera pas couverte par son silence, ses droits seront conservés, sauf à les faire valoir après l'arrêt définitif.

298. Le procureur général est tenu de faire sa déclaration dans le même délai, à compter de l'interrogatoire, et sous la même peine de déchéance portée en l'article 296.

Suite des NOTES.

jugé avant l'expiration des cinq jours qui lui sont accordés pour préparer sa défense. De cette façon tous les droits de la défense sont ménagés.

Un accusé a pu déclarer qu'il consentait à être jugé et qu'il renonçait à se pourvoir, le jour du jugement, à l'entrée de l'audience (20 avril 1849 n. 92), et même pendant le cours des débats. 23 avril 1839 n. 137.

L'accusé qui a renoncé à se pourvoir et qui a consenti à être jugé, ne peut revenir sur sa renonciation. 9 juin 1853 n. 206.

298. *Droit de pourvoi du procureur général contre l'arrêt de renvoi.* — L'article 298 ne confère qu'au procureur général le droit d'attaquer par la voie de cassation les arrêts de mise en accusation. Le procureur du roi serait non recevable dans son pourvoi. 25 mai 1832 n. 189.

La partie civile n'a pas le droit de se pourvoir contre les arrêts des chambres d'accusation, lorsque ces arrêts ne sont pas attaqués par le ministère public. 22 juillet 1831 n. 165.

Avertissement à l'accusé qu'il peut, dans les cinq jours, se pourvoir en cassation contre l'arrêt de renvoi. — Effet du défaut d'avertissement. — Constatation de l'avertissement. — De quel moment courent les cinq jours. — Défense d'ouvrir les débats avant l'expiration des cinq jours, à moins que l'accusé n'y consente. — Pourvoi du procureur général.

296. *Avertissement à l'accusé qu'il peut, dans les cinq jours, se pourvoir en cassation contre l'arrêt*
297. *de renvoi. — Effet du défaut d'avertissement.* — C'est après avoir interrogé l'accusé et lui avoir nommé un défenseur, que le président donne l'avertissement prescrit par l'art. 296.

Lorsque l'accusé qui a reçu l'avertissement est, par suite d'un arrêt de cassation, renvoyé devant une autre cour d'assises, il n'est pas nécessaire que le président renouvelle l'avertissement. 20 mars 1835. D. 1835, p. 232. Dans l'espèce il n'y avait pas eu cassation de l'arrêt de renvoi.

L'accusé ne peut être régulièrement averti que si, par la notification de l'arrêt et de l'acte d'accusation, il a reçu connaissance des charges qui pèsent sur lui et des moyens que la loi l'autorise à faire valoir, soit pour empêcher sa comparution devant les assises, soit pour sa justification. 14 mars 1846 n. 73.

L'accusé qui a été averti conformément à l'art. 296, et qui ne s'est pas pourvu dans le délai de la loi contre l'arrêt de renvoi, n'est plus recevable à se prévaloir plus tard de l'irrégularité des actes de l'instruction antérieure à l'arrêt de renvoi. 6 août 1840. D. 1840, p. 432.. 17 sept. 1840. D. 1840, p. 445. — Relativement à l'effet du défaut d'avertissement, voyez ci-contre l'art. 297.

Constatation de l'avertissement. — D'après le § 2 de l'art. 296, l'avertissement, l'interrogatoire (art. 293), et la nomination d'un défenseur (art. 294) doivent être constatés par un procès-verbal. Voyez procès-verbal d'interrogatoire, p. 25.

De quel moment courent les cinq jours accordés à l'accusé pour se pourvoir contre l'arrêt de renvoi. — L'accusé, d'après l'art. 296, devant se pourvoir dans les cinq jours, il en résulte que, s'il a été averti le 13, il doit se pourvoir au plus tard le 18. Voyez 12 juin 1828. D. 1828, p. 274. — Jugé cependant qu'il aurait pu se pourvoir le sixième jour, si le président l'avait prévenu qu'il avait cinq jours pour se pourvoir, l'accusé ayant pu croire qu'il avait cinq jours francs. 12 juin 1844 n. 144.

Pour que le délai de cinq jours coure à partir de l'avertissement, il faut que, par une notification préalablement faite d'après l'art. 242, l'accusé connaisse l'arrêt de renvoi et l'acte d'accusation qui en est le corollaire nécessaire. 31 juillet 1845 n. 247.

Le délai de cinq jours ne peut valablement courir que de la notification de l'arrêt de renvoi et de l'acte d'accusation, lorsque cette notification a suivi l'avertissement au lieu de le précéder. 31 juill. 1845 n. 247.. 13 octobre 1843 n. 265.. 17 janv. 1847. D. 1847. T. 301.. 21 janvier 1864 n. 16.

L'accusé peut former son pourvoi contre l'arrêt de renvoi, dans les cinq jours qui suivent la notification de l'acte d'accusation, lorsque cette notification a eu lieu postérieurement à l'avertissement du président, et à la notification de l'arrêt de renvoi. 18 mai 1854 n. 161. — Jugé depuis que le délai de cinq jours court, soit du jour de l'avertissement, soit du jour de la notification de l'arrêt de renvoi, si elle est postérieure à l'avertissement, quelle que soit la date de la notification de l'acte d'accusation, sauf le droit pour l'accusé de jouir, pour préparer sa défense, d'un nouveau délai de cinq jours à partir de la notification de l'acte d'accusation. 21 juillet 1859 n. 184.

Défense d'ouvrir les débats avant l'expiration des cinq jours, à moins que l'accusé n'y ait consenti. — L'accusé pouvant, d'après l'art. 296, se pourvoir en cassation contre l'arrêt de renvoi dans les cinq jours qui suivent l'avertissement du président, il en résulte que les débats ne peuvent s'ouvrir que le sixième jour : jugé en conséquence qu'il y a nullité, si l'accusé, averti le 7 février du droit de se pourvoir contre l'arrêt de renvoi, a été mis en jugement le 12 (16 mars 1848 n. 67); si, averti le 24 avril, il a été mis en jugement le 29. 21 mai 1852 n. 157.

De la combinaison des art. 296, 301 et 302, il résulte que l'accusé ne peut être soumis aux débats avant l'expiration des cinq jours que la loi lui accorde, soit pour se pourvoir contre l'arrêt de renvoi, soit pour préparer sa défense (22 août 1861 n. 188); ce délai ne peut être abrégé sans le consentement formel de l'accusé. 24 déc. 1857 n. 410.. 25 mars 1858 n. 106.

Le consentement de l'accusé à être jugé avant l'expiration du délai serait nul et non avenu, comme donné sans connaissance de cause, si l'accusé n'avait pas connu, par une notification préalable, l'arrêt de renvoi qu'il renonce à attaquer et l'acte d'accusation. 14 mars 1846 n. 73.

L'accusé qui a consenti à être jugé avant l'expiration des cinq jours, renonce par cela même à se pourvoir contre l'arrêt de renvoi. Voyez les notes, art. 261, p. 21.

Peut être jugé avant l'expiration des cinq jours, l'accusé qui a renoncé formellement au délai qui lui est imparti, pour se pourvoir, par l'art. 296 (Voyez 31 juillet 1856 n. 270.. 24 déc. 1857 n. 410.. 25 mars 1858 n. 106); le délai pour se pourvoir contre l'arrêt de renvoi, et le délai accordé pour préparer la défense est le même, et l'accusé ne peut renoncer à l'un sans renoncer à l'autre. 1er juillet 1858 n. 187.

Il peut arriver qu'en renonçant au délai pour se pourvoir, l'accusé n'entende pas renoncer au délai pour préparer sa défense ; et, lorsqu'une affaire doit être appelée avant l'expiration des cinq jours, les présidents d'assises, après avoir donné l'avertissement prescrit par l'art. 296, demandent ordinairement à l'accusé s'il renonce à se pourvoir contre l'arrêt de renvoi, et s'il consent à être

(Voir ci-contre la suite des notes)

299. La demande en nullité ne peut être formée que contre l'arrêt de renvoi et dans les quatre cas suivants :

Loi du 10 juin 1853.

1° Pour cause d'incompétence ;

2° Si le fait n'est pas qualifié crime par la loi ;

3° Si le ministère public n'a pas été entendu ;

4° Si l'arrêt n'a pas été rendu par le nombre de juges fixé par la loi.

300. La déclaration doit être faite au greffe.

Aussitôt qu'elle aura été reçue par le greffier, l'expédition de l'arrêt sera transmise par le procureur général près la cour impériale, au procureur général près la cour de cassation, laquelle sera tenue de prononcer, toutes affaires cessantes.

301. Nonobstant la demande en nullité, l'instruction est continuée jusqu'aux débats exclusivement. Mais, si la demande est faite après l'accomplissement des formalités et l'expiration du délai qui sont prescrits par l'article 296, il est procédé à l'ouverture des débats et au jugement. La demande en nullité et les moyens sur lesquels elle est fondée, ne sont soumis à la cour de cassation, qu'après l'arrêt définitif de la cour d'assises.

Loi du 10 juin 1853.

Il en est de même à l'égard de tout pourvoi formé, soit après l'expiration du délai légal, soit pendant le cours du délai après le tirage du jury, pour quelque cause que ce soit.

303. S'il y a de nouveaux témoins à entendre et qu'ils résident hors du lieu où se tient la cour d'assises, le président ou le juge qui le remplace pourra commettre, pour recevoir leurs dépositions, le juge d'instruction de l'arrondissement où ils résident, ou même d'un autre arrondissement ; celui-ci, après les avoir reçues, les enverra closes et cachetées au greffier qui doit exercer ses fonctions à la cour d'assises.

304. Les témoins qui n'auront pas comparu sur la citation du président ou du juge commis par lui, et qui n'auront pas justifié qu'ils en étaient légitimement empêchés, ou qui refuseront de faire leurs dépositions, seront jugés par la cour d'assises et punis conformément à l'article 80.

302. Le conseil pourra communiquer avec l'accusé après son interrogatoire.

Il pourra aussi prendre communication de toutes les pièces, sans déplacement et sans retarder l'instruction.

Suite des NOTES.

Incompétence du ministère public pour procéder à un supplément d'instruction après l'arrêt de renvoi. — Il y a violation des règles de la compétence, si après l'arrêt de mise en accusation, et en l'absence d'ordonnance de la part du président, le procureur général fait procéder à une mesure d'instruction (dans l'espèce à une visite de lieux). 27 août 1840 n. 239.

Le procureur général ne fait pas un acte d'instruction défendu par l'art. 303, lorsque postérieurement à l'arrêt de renvoi, il fait interroger des personnes par la gendarmerie (9 mars 1855 n. 88), ou par le juge de paix (4 août 1854 n. 250) ; ni lorsqu'il fait faire sur les registres de la caisse d'épargne le relevé des sommes déposées ou retirées par l'accusé. 18 déc. 1856 n. 400.

302. *Conférence de l'accusé avec le défenseur. — Communication de la procédure.* — Le droit de conférer avec un conseil et d'avoir copie ou communication de la procédure ne s'ouvre qu'au moment où le prévenu a été interrogé par le président ; jusque là la procédure doit rester secrète. 10 déc. 1847. D. 1848, p. 20.. 5 juillet 1855 n. 239.

Il est laissé à la prudence du procureur général et du président de la cour d'assises d'environner les communications de l'accusé et du défenseur de toutes les mesures de sûreté que les circonstances peuvent rendre nécessaires. Ce droit résulte de l'art. 613. 3 oct. 1822. S. 1822, p. 404.

Aucune disposition du code d'instruction criminelle ne prescrit de donner communication entière du dossier à l'accusé qui refuse l'assistance d'un avocat. 4 sept. 1840 n. 251. Dans l'espèce, la procédure avait été communiquée au défenseur nommé d'office.

Causes de pourvoi en cassation contre l'arrêt de renvoi. — Déclaration de pourvoi. — Délai pour se pourvoir. — Nonobstant le pourvoi, continuation de l'instruction jusqu'aux débats exclusivement. — Supplément d'instruction par le président ; droit de correspondance. — Incompétence du ministère public pour procéder à un supplément d'instruction. — Conférence de l'accusé avec le défenseur. Communication de la procédure.

299. *Causes de pourvoi en cassation contre l'arrêt de renvoi.* — L'art. 299 n'est pas limitatif et n'exclut pas les autres causes de nullité, qui demeurent soumises aux formes générales déterminées en l'art. 373 (11 juin 1841. J. P. 1841, 2, p. 419.. 20 janv. 1843 n. 6) ; la loi du 10 juin 1853, en ajoutant aux causes de nullité le cas d'incompétence, n'a pas modifié cette règle. 28 déc. 1854 n. 354.

300. *Déclaration de pourvoi ; délai pour se pourvoir.* — Si l'accusé se pourvoit contre l'arrêt de renvoi en vertu des art. 296 et 299, il doit former sa demande dans les 5 jours à partir de l'interrogatoire (voyez les notes, art. 296 et 297, page 27), s'il se pourvoit contre l'arrêt en vertu du droit général ouvert par l'art. 373, il doit former sa demande en nullité dans les 3 jours à partir de la signification de l'arrêt de renvoi. 4 fév. 1864 n. 28. — Même délai pour le procureur général. 30 juin 1827 n. 170.

Aucune loi n'exige que l'on notifie à l'accusé l'arrêt de rejet intervenu sur le pourvoi qu'il avait formé contre l'arrêt de renvoi. 27 août 1847 n. 200.. 6 octobre 1853 n. 495.

301. *Nonobstant le pourvoi, continuation de l'instruction jusqu'aux débats exclusivement.* Voy. art. 301.

303. *Supplément d'instruction par le président. Apport de pièces nouvelles. Audition de témoins.*
304. *Peines encourues par les témoins ne comparaissant pas. Droit de correspondance.* — *Incompétence du ministère public pour procéder à un supplément d'instruction, après l'arrêt de renvoi.* — Le président des assises a reçu de la loi, après l'arrêt de mise en accusation, une délégation formelle pour compléter l'instruction des affaires qui doivent être portées aux assises. 27 août 1840 n. 239.

Les débats une fois ouverts, le président ne peut procéder, hors de la présence de la cour, à des actes d'instruction faisant partie des débats, les débats devant être publics. 2 oct. 1845 n. 309.

Le président, dès l'instant de sa nomination, peut faire tout supplément d'instruction pour les affaires qui doivent être portées aux assises du trimestre pour lequel il a été désigné. 13 nov. 1856 n. 347.

Le président peut ordonner les actes d'instruction qu'il croit nécessaires pour la découverte de la vérité. 3 nov. 1836 n. 358. — Voyez au code l'art. 464 pour la faculté accordée aux présidents d'assises dans la poursuite de certains faux. — L'article 301, en autorisant en termes généraux la continuation de l'instruction, l'autorise par toutes les voies de droit. 22 avril 1836 n. 127.

Le président peut, avant comme après l'ouverture des débats, faire joindre au dossier les pièces qu'il juge utiles à la manifestation de la vérité, l'accusé pouvant d'ailleurs prendre connaissance de ces pièces et les discuter. 20 mai 1837. D. 1838, p. 429.

Si l'art. 303 parle de nouveaux témoins, il n'est pas conçu en termes prohibitifs à l'égard des témoins déjà entendus. Le pouvoir d'entendre de nouveaux témoins emporte nécessairement avec lui le pouvoir d'appeler aussi ceux qui ont déjà été entendus. 22 avril 1836 n. 127.. 4 sept. 1852 n. 392.. 4 août 1854 n. 250.

Voyez le décret du 4 mai 1812, et au code les art. 510 à 517, relativement au mode d'audition de certains fonctionnaires, lorsqu'ils refusent de comparaître comme témoins ; ces personnes doivent, dans ce cas, prêter le serment de l'article 317. Consultez 29 sept. 1842 n. 252.

Le président doit, conformément à l'art. 73, être assisté du greffier, lorsqu'il entend des témoins ; et il doit, conformément à l'art. 62, être accompagné d'un officier du parquet et assisté du greffier, lorsqu'il se transporte sur les lieux. 18 janv. 1855 n. 14. — Le président peut signer seul et sans l'assistance du greffier, les ordonnances dont il prescrit la communication au procureur général, et par lesquelles il déclare sa volonté de procéder à des actes d'instruction. 18 janv. 1855 n. 14.

Le président peut confier à l'un des assesseurs le soin de recueillir des déclarations et de faire lever un plan (24 janv. 1839. J. P. 1839, 1, p. 563) ; même hors du lieu où se tiennent les assises. 2 janv. 1864 n. 2. — Il peut déléguer un juge de paix au lieu du juge d'instruction. 7 juillet 1847. D. 1847, p. 133. — Le juge d'instruction commis par le président, peut déléguer un autre officier de police judiciaire. 11 déc. 1856 n. 392.

Le président du trimestre courant peut, après la clôture de la session, procéder à une information. 9 août 1860 n. 187.

Droit de correspondance. — Les présidents, dans l'étendue du département où se tiennent les assises, peuvent, même du lieu de leur résidence ordinaire, correspondre en franchise, en contresignant leurs dépêches : avec les adjoints des maires exerçant le ministère public près les tribunaux de simple police, avec les commissaires de police, avec les juges d'instr., avec les juges de paix, avec les maires, avec les officiers de gendarmerie, avec les préfets, avec les sous-préfets, avec les premiers présidents, avec les présidents des cours et tribunaux, avec les procureurs généraux, avec les procureurs impériaux. — Les lettres doivent être sous bandes, ou porter sur l'enveloppe qu'il y a nécessité de fermer la dépêche. Voy. circulaire du 23 juin 1828 et ordonnance du 17 nov. 1844.

Les présidents ont la franchise télégraphique avec le ministre de la justice, avec les procureurs généraux et avec les procureurs impériaux, et réciproquement. Circulaire du 10 août 1865.

(Voir ci-contre la suite des notes.)

305. Les conseils des accusés pourront prendre ou faire prendre, à leurs frais, copie de telles pièces du procès qu'ils jugeront utiles à leur défense.

Il ne sera délivré gratuitement aux accusés, en quelque nombre qu'ils puissent être, et dans tous les cas, qu'une seule copie des procès-verbaux constatant le délit, et des déclarations écrites des témoins.

Les présidents, les juges et le procureur général, sont tenus de veiller à l'exécution du présent article.

306. Si le procureur général ou l'accusé ont des motifs pour demander que l'affaire ne soit pas portée à la première assemblée du jury, ils présenteront au président de la cour d'assises une requête en prorogation de délai.

Le président décidera si cette prorogation doit être accordée; il pourra aussi, d'office, proroger le délai.

307. Lorsqu'il aura été formé à raison du même délit plusieurs actes d'accusation contre différents accusés, le procureur général pourra en requérir la jonction, et le président pourra l'ordonner, même d'office.

308. Lorsque l'acte d'accusation contiendra plusieurs délits non connexes, le procureur général pourra requérir que les accusés ne soient mis en jugement, quant à présent, que sur l'un ou quelques-uns de ces délits, et le président pourra l'ordonner d'office.

Suite des NOTES.

307. *La jonction de plusieurs accusations peut être ordonnée par le président, avant l'ouverture des débats. — Après l'ouverture des débats, c'est à la cour d'assises d'ordonner la jonction.* — Les dispositions de l'article 307 ne sont pas limitatives, et le président de la cour d'assises peut, suivant sa conscience, ordonner la jonction dans tous les cas où il la croit nécessaire pour la manifestation de la vérité ou pour la bonne administration de la justice. 26 décembre 1835 n. 475. Dans l'espèce il y avait plusieurs actes d'accusation dirigés contre plusieurs individus à raison de délits différents. — Voyez aussi 20 septembre 1855 n. 324.

On peut ordonner la jonction de plusieurs actes d'accusation, dirigés contre le même individu à raison de plusieurs délits différents. 28 avril 1838 n. 116., 22 février 1855 n. 56.

L'art. 307, qui donne au président le droit de joindre des affaires, ne distingue pas entre le moment où les assises sont ouvertes et celui où elles ne le seraient pas encore. 10 décembre 1836. D. 1837 p. 481.

La jonction peut être ordonnée par le magistrat qui, d'après l'art. 263, remplace le président des assises. 29 novembre 1834 n. 384.

La loi ne prescrit pas de notifier à l'accusé l'ordonnance de jonction; mais, si l'accusé n'en ayant eu connaissance qu'au moment des débats, pense que sa défense est entravée, il peut demander la remise de l'affaire. 20 septembre 1855 n. 324.

Si l'un des accusés pense que la jonction ordonnée par le président est préjudiciable à sa défense, il peut exposer ses griefs devant la cour et requérir la disjonction. 28 juin 1855 n. 230.

L'art. 307, rédigé d'une manière démonstrative, n'est pas prescrit à peine de nullité; et la cour d'assises peut, avant l'ouverture des débats, sur le réquisitoire du ministère public, ordonner, même hors le cas de connexité : la jonction de plusieurs procédures ne concernant pas les mêmes individus (19 sept. 1861 n. 212), la jonction de plusieurs actes d'accusation dressés contre le même individu dans plusieurs procédures diverses qui sont toutes en état, et dont la cour se trouve simultanément saisie. 18 mars 1841 n. 70.

308. *La disjonction de plusieurs accusations peut être ordonnée par le président avant l'ouverture des débats. — Après l'ouverture des débats, c'est à la cour d'assises d'ordonner la disjonction.* — L'article 308 s'applique à plus forte raison au cas de délits non connexes contenus dans des actes d'accusation distincts et séparés. 5 mars 1835. D. 1836, p. 332.

La loi n'interdit pas aux cours d'assises de disjoindre une affaire d'une autre, après l'opération du tirage au sort du jury. 6 février 1834. D. 1834, p. 256. Dans l'espèce, les témoins d'une des affaires faisaient défaut.

L'art. 308 donne au procureur général seul la faculté de requérir que les délits non connexes, contenus dans le même acte d'accusation, soient jugés séparément. Aucun article de loi ne donne à l'accusé la même faculté. 24 janvier 1828 n. 20. Dans l'espèce, l'accusé n'avait pas demandé la disjonction. — Il semble résulter d'un arrêt rendu le 22 sept. 1826 n. 189, que l'accusé peut demander à la cour de disjoindre l'accusation admise contre lui, des autres faits soumis à l'examen du jury.

Délivrance gratuite aux accusés de la copie des procès-verbaux et des déclarations de témoins.
Droits pour les défenseurs de prendre copie à leurs frais de telles pièces du procès qu'ils jugent utiles.
Renvoi d'une affaire à une autre session ou à un autre jour de la session.
Jonction et disjonction de plusieurs accusations.

305. *Délivrance gratuite aux accusés de la copie des procès-verbaux et des déclarations de témoins. Droit pour les défenseurs de prendre copie à leurs frais de telles pièces du procès qu'ils jugent utiles.* — Par pièces du procès, il faut entendre les pièces faisant partie de la procédure. 31 mai 1866 n. 142. — Il y aurait ouverture à cassation, si l'on refusait aux accusés copie à leurs frais des pièces de la procédure qu'ils jugent utiles à leur défense. 14 janvier 1830. S. 1830, p. 146.

Dans le cas de renvoi des accusés, soit devant un autre juge d'instruction, soit à une autre cour d'assises, il ne pourra leur être délivré, aux frais du trésor, de nouvelles copies des pièces dont ils auraient déjà reçu copie en exécution de l'article 305. Art. 55 du décret du 18 juin 1811.

La cour d'assises, en refusant une nouvelle copie gratuite de pièces à l'accusé renvoyé après cassation devant une autre cour d'assises, se conforme à ce qui est prescrit par l'article 305 du code d'instruction criminelle, et par l'article 55 du décret du 18 juin 1811. 28 juin 1832. J. P. — Mais si, de deux accusés, l'un seulement était renvoyé après cassation devant une autre cour d'assises, il faudrait lui délivrer une nouvelle copie gratuite. Il est évident qu'il ne s'agit, dans le 2e § de l'article 305, que des accusés soumis aux mêmes débats et jugés ensemble. 15 juin 1827 n. 145.

S'il est fait une instruction supplémentaire, il faut donner à l'accusé communication et copie de cette instruction supplémentaire comme des pièces de la première instruction. 22 avril 1836 n. 127.

Les procès-verbaux et les déclarations des témoins constituant une première procédure, sur laquelle est intervenue une ordonnance de non lieu, s'identifient avec la seconde procédure sur charges nouvelles, et doivent être communiqués à l'accusé. 24 mai 1832 n. 185.

Un arrêt du 2 juin 1853 n. 195, parait décider que le plan des lieux où le crime a été commis, n'est pas au nombre des pièces dont la copie doit être délivrée gratuitement; mais dans l'espèce, le plan avait été mis par la voie du greffe à la disposition du défenseur, et dès l'ouverture des débats, il avait été communiqué à l'accusé qui n'en avait pas demandé copie. Voyez aussi 4 sept. 1859 n. 307.

La loi n'exige pas qu'on donne à l'accusé copie de l'interrogatoire d'un co-accusé. 27 janv. 1853 n. 33. L'accusé n'avait pas réclamé copie de cette pièce.

La loi n'exige pas qu'on donne à un accusé copie gratuite des pièces d'une procédure concernant un co-accusé dont l'affaire a été jointe. Si la défense est intéressée à connaître ces pièces, elle peut en prendre communication. 20 septembre 1855 n. 324.

Les copies de pièces ne doivent pas être signifiées; c'est au greffier d'en faire la remise aux accusés sur leur reçu. Circulaire du 30 décembre 1812. Voyez instruction du 30 sept. 1826, n. 35.

L'art. 305 ne détermine pas le délai dans lequel la copie doit être remise à l'accusé; et cette copie a pu, sans nullité, être remise la veille de l'ouverture des débats. 23 sept. 1852 n. 324.

La loi n'exige pas que l'on donne à l'accusé n'entendant pas le français, copie traduite dans la langue qu'il entend. 23 avril 1812. S. 1817. 2, p. 313.

L'omission de la délivrance prescrite par le 2e § de l'art. 305, n'entraine pas de plein droit la nullité, mais il en est autrement du refus d'y procéder, lorsqu'elle est demandée: c'est porter atteinte au droit de la défense. 15 juin 1827 n. 145.. 11 janvier 1866 n. 11. — S'il y a eu omission de la délivrance, les accusés peuvent demander avant ou pendant les débats, copie des pièces qui ne leur ont pas été remises (27 avril 1827 n. 133.. 27 janvier 1853 n. 33); et aux débats, le renvoi à une autre session. 13 janvier 1827 n. 4.

Les débats peuvent être suspendus pour donner à la défense le temps de prendre connaissance d'une pièce non communiquée. 4 août 1843 n. 192.

306. *Le renvoi d'une affaire à une autre session ou à un autre jour de la session, peut, avant l'ouverture des débats, être ordonné par le président. — Après l'ouverture des débats, c'est à la cour d'assises d'ordonner le renvoi.* — Lorsqu'une affaire est commencée, le pouvoir du président cesse, et c'est à la cour de prononcer le renvoi à une autre session en vertu de l'article 406. 10 janvier 1824 n. 5.

Le président n'a pas seulement le droit de renvoyer l'affaire à une autre séance de la même session; il peut la renvoyer à une autre session. 13 mai 1842 n. 119.

L'art. 306 abandonne à la conscience du président l'appréciation des motifs qui peuvent le déterminer d'office à renvoyer l'affaire à une autre session, dans l'intérêt de la manifestation de la vérité. 27 avril 1850 n. 139.

Bien qu'une affaire soit en état, le président, tant que la cour n'est pas saisie, peut la renvoyer à une autre session. 25 juin 1840 n. 187.

Le président peut accorder une prorogation de délai, quoique le jour pour l'ouverture des débats de l'affaire soit fixé. 16 avril 1818 n. 52. Dans l'espèce, un des accusés était tombé malade.

L'accusé peut demander le renvoi de l'affaire si, par suite d'une instruction supplémentaire, la défense se trouve gênée. 22 avril 1836 n. 127.

Il convient de communiquer à l'accusé l'ordonnance du président qui renvoie l'affaire à une autre session, mais aucune disposition de loi n'en prescrit la notification formelle. 21 juillet 1859 n. 184.

(Voir ci-contre la suite des notes)

CHAPITRE III.

267. Le président sera chargé personnellement de diriger les jurés dans l'exercice de leurs fonctions, de leur exposer l'affaire sur laquelle ils auront à délibérer, même de leur rappeler leur devoir, de présider à toute l'instruction et de déterminer l'ordre entre ceux qui demanderont à parler.

Il aura la police de l'audience.

270. Le président devra rejeter tout ce qui tendrait à prolonger les débats sans donner lieu d'espérer plus de certitude dans les résultats.

504. Lorsqu'à l'audience l'un ou plusieurs des assistants donneront des signes publics soit d'approbation, soit d'improbation, ou exciteront du tumulte, de quelque manière que ce soit, le président ou le juge les fera expulser ; s'ils résistent à ses ordres, ou s'ils rentrent, le président ou le juge ordonnera de les arrêter et conduire dans la maison d'arrêt : il sera fait mention de cet ordre dans le procès-verbal ; et sur l'exhibition qui en sera faite au gardien de la maison d'arrêt, les perturbateurs y seront reçus et retenus pendant vingt-quatre heures.

505. Lorsque le tumulte aura été accompagné d'injures ou voies de fait donnant lieu à l'application ultérieure de peines correctionnelles ou de police, ces peines pourront être, séance tenante et immédiatement après que les faits auront été constatés, prononcées, savoir : celle de simple police, sans appel, de quelque tribunal ou juge qu'elles émanent ; et celle de police correctionnelle, à la charge de l'appel, si la condamnation a été portée par un tribunal sujet à l'appel, ou par un juge seul.

507. A l'égard des voies de fait qui auraient dégénéré en crime, ou de tous autres crimes flagrants et commis à l'audience de la cour de cassation, d'une cour impériale ou d'une cour d'assises, la cour procédera au jugement de suite et sans désemparer.

Elle entendra les témoins, le délinquant et le conseil qu'il aura choisi ou qui lui aura été désigné par le président ; et, après avoir constaté les faits et ouï le procureur général ou son substitut, le tout publiquement, elle appliquera la peine par un arrêt, qui sera motivé.

Suite des NOTES.

contenant une imputation injurieuse pour un magistrat lues publiquement à l'audience, en présence du magistrat outragé, suffisent pour motiver l'application de l'art. 222 du code pénal. 11 janvier 1851 n. 21. — Cracher au visage d'un officier ministériel en fonctions, constitue un outrage prévu par l'art. 224 du code pénal. 5 janvier 1855 n. 4. — L'outrage ne peut être excusé par le motif qu'il y avait eu provocation par injures de la part du fonctionnaire. 19 août 1842. D. 1842, p. 424. — La plainte préalable du magistrat outragé n'est pas nécessaire pour saisir le tribunal. 5 juin 1851 n. 206. — Le juge outragé n'est pas tenu de s'abstenir. 10 janvier 1852 n. 12.

Pour l'outrage fait publiquement d'une manière quelconque à un juré à raison de ses fonctions, ou à un témoin à raison de sa déposition, voyez art. 6 de la loi du 25 mars 1822.

D'après les articles 23 de la loi du 17 mai 1819, et 319 du code d'instruction, si les paroles de l'accusé contre le témoin prennent le caractère d'un délit, la cour a le droit (art. 181) de prononcer, sur la réquisition du ministère public, ou du témoin outragé, les peines et les dommages-intérêts qui peuvent être encourus. Si la cour n'a réprimé ni les discours, ni réservé l'action, il y a présomption que l'accusé n'est pas sorti des bornes de la légitime défense. 23 août 1838 n. 287.

Relativement aux fautes reprochées à des membres du barreau, voyez les notes de l'art. 311, p. 51.

Compte rendu infidèle et de mauvaise foi ; voyez les notes, art. 251, page 11.

Direction des débats. — Police de l'audience. — Signes publics d'approbation ou d'improbation. — Tumulte ; réquisition de la force armée. — Crimes, délits et contraventions commis à l'audience. — Outrages aux membres de la cour, aux jurés, aux témoins ; fautes disciplinaires reprochées à des avocats. — Compte rendu infidèle et de mauvaise foi.

67. *Le président est chargé de la direction des débats. — Il doit rejeter ce qui tend à les prolonger*
70. *inutilement.* — Le président est personnellement chargé de diriger les jurés dans l'exercice des fonctions qui leur sont assignées par la loi, de leur exposer l'affaire et de leur remettre sous les yeux les devoirs qu'ils ont à remplir. Quelle probité, quelle sagacité, quelle expérience de cœur humain ne sont pas requises en celui que la loi investit d'une si grande confiance ! il devra lui-même se pénétrer profondément du sentiment de ses devoirs et de la nature de l'institution sublime dont il est le principal moteur. *Extrait de l'instr. du* 29 *sept.* 1791. Voyez notes, p. 35.

Plusieurs arrêts relatifs à la direction des débats sont cités en marge des articles de loi auxquels ils se rapportent. — Voyez aussi pouvoir discrétionnaire, art. 268, p. 35.

S'il s'élève des incidents contentieux, voyez les notes, art. 408, p. 37; et si des nullités ont été commises, voyez les art. de loi auxquels elles se réfèrent, et les notes, art. 406, p. 39.

67 § 2. *Police de l'audience. Permission pour entrer dans l'enceinte réservée, et pour prendre place au banc de la défense.* — Le président peut distribuer des billets pour l'audience d'une cause criminelle ; ce n'est pas violer la loi de la publicité. 6 février 1812. S. 1812, p. 108.

Dans une circulaire de 1844, le ministre de la justice s'est plaint qu'on admettait dans l'enceinte réservée des personnes étrangères aux habitudes judiciaires, avides d'émotions, cherchant avant tout à satisfaire leur curiosité, et dont la présence pouvait nuire à la direction des débats. L'enceinte, dit la circulaire, est spécialement destinée aux magistrats, aux jurés et aux membres du barreau ; on peut y admettre exceptionnellement les personnes auxquelles les fonctions qu'elles exercent et leur position doivent assurer une place à part. — Voyez aussi les circulaires de 1852 et de 1859.

Le président peut refuser de laisser la famille de l'accusé se placer au banc de la défense ; la cour n'a pas à délibérer sur cette demande (17 avril 1851 n. 147), il peut ordonner qu'une femme accusée ne conservera pas à l'audience l'enfant qu'elle allaite. 11 août 1864 n. 214.

04. *Signes publics d'approbation ou d'improbation. Tumulte.* Voyez ci-contre l'art. 504.

Le président à qui l'article 267 donne la police de l'audience, peut, en cas de tumulte dans l'auditoire, faire évacuer une partie de la salle et au besoin en faire fermer les portes ; ce n'est pas là une privation arbitraire de la publicité. 30 mai 1839 n. 168. — Voyez aussi 10 janvier 1851 n. 17.

Réquisition de la force armée. — Lorsque pour le maintien de l'ordre tant à l'extérieur qu'à l'intérieur de la salle d'audience, le concours de la troupe de ligne est requis comme auxiliaire de la gendarmerie, la réquisition doit émaner du président de la cour d'assises qui seul a la compétence nécessaire. Dans l'enceinte de la cour d'assises, la troupe agit d'après les instructions du président qui, aux termes de l'art. 267, a la police de l'audience. A l'extérieur, la troupe reste sous les ordres de la place ; seulement elle reçoit, par l'intermédiaire de son chef direct, les consignes spéciales qui sont transmises à celui-ci par l'ordre du président. Circulaire du 7 mars 1861.

505. *Crimes, délits et contraventions commis à l'audience. — Tumulte pour empêcher le cours de la*
507. *justice. Outrages aux membres de la cour, aux jurés, aux témoins. Fautes disciplinaires reprochées*
508. *à des avocats. — Compte rendu infidèle et de mauvaise foi.* — L'article 181 donne aux cours d'assises le droit de juger et de punir, sans assistance de jurés, les crimes et délits commis dans l'enceinte et pendant la durée de leurs audiences (27 février 1832 n. 79); cette faculté exceptionnelle doit être exercée séance tenante. 3 octobre 1851 n. 430.. 17 août 1860 n. 200. — Il suffit de statuer après le jugement de l'affaire dont le tribunal s'occupait au moment du délit. 8 décembre 1849 n. 338.

S'il se commet un délit correctionnel dans l'enceinte et pendant la durée de l'audience, le président dressera procès-verbal du fait, entendra le prévenu et les témoins, et le tribunal appliquera, sans désemparer, les peines prononcées par la loi. Art. 181 du code d'instruction criminelle.

Tout prévenu ou toute personne présente à l'audience d'une cour d'assises qui causerait du tumulte pour empêcher le cours de la justice sera, audience tenante, déclaré coupable de rébellion et puni d'un emprisonnement qui n'excédera pas deux ans, sans préjudice des peines portées au code pénal contre les outrages et violences envers les magistrats. Art. 11 de la loi du 9 septembre 1835.

C'est l'article 222 du code pénal qui prévoit et punit les outrages par paroles que les magistrats auront reçus dans l'exercice de leurs fonctions, et spécialement l'outrage qui a lieu à l'audience d'une cour ou d'un tribunal. 27 février 1832 n. 79. — Les outrages envers un magistrat sont punissables quoique non proférés en sa présence, lorsque d'ailleurs ils ont eu lieu dans l'exercice ou à l'occasion de l'exercice des fonctions. 8 octobre 1842 n. 267. — Il n'est pas nécessaire que les paroles offensantes tenues à l'audience par un avocat soient parvenues à l'oreille du juge ; il suffit qu'elles aient été prononcées assez haut pour être entendues d'une partie du public. 24 décembre 1836 n. 397. — Et lorsque plus tard ces paroles viennent à être révélées, le tribunal, s'il n'est pas dessaisi de l'affaire, peut exercer son droit de répression. 24 déc. 1836 n. 397. — Des conclusions

(Voir ci-contre la suite des notes.)

268. Le président est investi d'un pouvoir discrétionnaire, en vertu duquel il pourra prendre sur lui tout ce qu'il croira utile pour découvrir la vérité; et la loi charge son honneur et sa conscience d'employer tous ses efforts pour en favoriser la manifestation.

269. Il pourra, dans le cours des débats, appeler, même par mandat d'amener, et entendre toutes personnes, ou se faire apporter toutes nouvelles pièces qui lui paraîtraient, d'après les nouveaux développements donnés à l'audience, soit par les accusés, soit par les témoins, pouvoir répandre un jour utile sur le fait contesté.

Les témoins ainsi appelés ne prêteront pas serment, et leurs déclarations ne seront considérées que comme renseignements.

276. Le ministère public fait, au nom de la loi, toutes les réquisitions qu'il juge utiles; la cour est tenue de lui en donner acte et d'en délibérer.

277. Les réquisitions du procureur général doivent être de lui signées; celles faites dans le cours d'un débat seront retenues par le greffier sur son procès-verbal, et elles seront aussi signées par le procureur général :

Toutes les décisions auxquelles auront donné lieu ces réquisitions, seront signées par le juge qui aura présidé et par le greffier.

278. Lorsque la cour ne déférera pas à la réquisition du procureur général, l'instruction ni le jugement ne seront arrêtés ni suspendus, sauf après l'arrêt, s'il y a lieu, le recours en cassation par le procureur général.

Suite des NOTES.

soumis à le voir critiquer devant la cour d'assises, il en est différemment de celui qu'il tient d'une disposition spéciale et déterminée. 28 juin 1855, n. 230.

276. *Droit pour le ministère public de prendre les réquisitions qu'il juge utiles; son indépendance.*
277. *Constatation des réquisitions. Obligation pour la cour d'en délibérer.* — Relativement au droit de
278. réquisition du ministère public, voyez ci-dessus l'art. 276. — Quant à l'obligation pour la cour de délibérer sur les réquisitions, voyez l'art. 278 et les notes, art. 408, p. 37. — Les réquisitions sont suffisamment constatées par leur insertion au procès-verbal des séances. L'art. 277 n'est pas prescrit à peine de nullité. 12 décembre 1840 n. 350.. 16 janvier 1845 n. 12.

Il est de l'essence du ministère public d'être indépendant dans l'exercice de ses fonctions. Le développement de son action ne peut être entravé. Il a le droit de dire tout ce qu'il croit convenable et nécessaire pour le bien de la justice, comme de produire tous les documents qui lui paraissent utiles, sauf le droit pour la défense de discuter et de combattre tous les documents produits. 18 janvier 1855 n. 14.. 20 janvier 1848 n. 17.. 27 novembre 1828. S. 1829, p. 124.

L'officier du ministère public doit parler en homme juste et impartial, l'intérêt public doit constamment présider à ses démarches comme à ses discours; une conduite passionnée lui est principalement interdite. Instruction du 29 septembre 1791.

Les officiers du ministère public, dont la conduite serait répréhensible, ne peuvent être rappelés à leurs devoirs que par le ministre de la justice ou par le procureur général (art. 60 et 61 de la loi du 20 avril 1810). 20 octobre 1835. S. 1836, p. 156. — Les tribunaux n'ont pas le droit de leur donner un avertissement à l'audience. 7 août 1818, S. 1818, p. 410.

Pouvoir discrétionnaire du président. Devoir pour la cour d'assises d'en maintenir le libre exercice. Droit de réquisition du ministère public. Constatation des réquisitions. Obligations pour la cour d'en délibérer.

268. 269. *Pouvoir discrétionnaire du président. Devoir pour la cour d'assises d'en maintenir le libre exercice.* — Toutes les questions soumises au jury sont des questions de fait très-importantes, et pour l'individu accusé du fait, et pour la Société qui en recherche l'auteur. La vérité de ces faits doit être poursuivie avec bonne foi, avec franchise, avec loyauté, avec un vrai et sincère désir de parvenir à la connaître; rien de ce qui peut servir à la rendre palpable ne doit être négligé. Tous les moyens d'éclaircissement proposés par les parties ou demandés par les jurés eux-mêmes, s'ils peuvent effectivement jeter un jour utile sur le fait en question, doivent être mis en usage. Aucun ne doit être rejeté que ceux qui tendraient inutilement à prolonger le débat, sans donner lieu d'espérer plus de certitude dans le résultat; et comme toutes les demandes des parties ou des jurés doivent s'adresser au président du tribunal criminel, il est sensible que le cœur le plus pur et l'esprit le plus droit sont les bases de la confiance de la loi, quand elle se repose sur le président du soin de rendre, d'après les circonstances, une multitude de décisions sur lesquelles on ne peut lui tracer d'avance aucune règle. (*Extrait de l'instruction du* 29 *septembre* 1791.)

Le pouvoir donné au président par les articles 268 et 269 s'exerce sans contrôle ni partage; il n'a d'autres limites que l'honneur et la conscience de ce magistrat; le ministère public et l'accusé n'ont à cet égard aucun droit de réquisition : et dans les décisions qu'il prend, en vertu de ce pouvoir, le président n'a aucun compte à rendre à qui que ce soit. 16 janvier 1836 n. 19. Jugé dans l'espèce que le président peut, sans donner de motifs, refuser de faire entendre un témoin en vertu du pouvoir discrétionnaire.

Le président, après avoir rendu une ordonnance en vertu du pouvoir discrétionnaire, peut la rapporter: il n'a d'autre règle que sa conscience, et il peut modifier ses décisions d'après les différentes circonstances qui lui paraissent exiger des mesures différentes. 17 août 1821 n. 155.

Le président est seul juge dans les limites de son pouvoir discrétionnaire. 15 avril 1830. J. P.

Le pouvoir discrétionnaire est de droit public. Il n'est pas permis au président d'y renoncer, soit expressément, soit tacitement. 22 septembre 1831 n. 231.

Dans l'exercice de son pouvoir discrétionnaire, le président peut s'aider des lumières de ses collègues. 6 février 1840 n. 46.

Le pouvoir discrétionnaire attribué au président est incommunicable; s'il peut être provoqué, il doit rester libre dans son exercice. 27 avril 1827 n. 134.

Les pouvoirs conférés au président des assises par les art. 268 et 269 sont distincts et séparés de ceux attribués aux cours d'assises elles-mêmes; ils sont incommunicables, puisque la loi en charge exclusivement l'honneur et la conscience de ce magistrat. Si des réquisitions sont faites au sujet de l'exercice de ce pouvoir, la cour d'assises, en statuant sur ces réquisitions, ne peut le limiter et doit au contraire en maintenir le libre exercice dans la main du magistrat auquel la loi l'a expressément confié, sans pouvoir se l'attribuer à elle-même. 14 février 1835 n. 59.. 22 décembre 1842 n. 335.

S'il est pris des conclusions sur un point dont la solution appartient au président, la cour d'assises, en déclarant que la contestation rentre dans l'exercice du pouvoir discrétionnaire, et qu'elle doit s'en référer à l'autorité que la loi a conférée au président en l'investissant de ce pouvoir, se conforme aux règles de compétence. 17 août 1821 n. 155.. 15 mai 1840 n. 133.

Il y aurait nullité, si la cour d'assises ordonnait un acte qui rentrât dans les attributions du président; ce serait une usurpation sur le pouvoir discrétionnaire. 24 décembre 1835 n. 469. Dans l'espèce, la cour avait ordonné la lecture d'une déposition.

Il n'y a pas nullité, si, après que le président a rendu une ordonnance en vertu du pouvoir discrétionnaire, la cour, sur l'invitation de ce magistrat, rend un arrêt en tant que de besoin pour prescrire la même mesure. (Dans l'espèce, il s'agit d'une descente de lieux.) 30 septembre 1845. D. 1845, p. 106.

Dans une affaire jugée à huis-clos, les ordonnances que rend le président pour l'exercice de son pouvoir discrétionnaire pendant le cours des débats, en font partie et peuvent dès lors être prononcées sans que l'audience devienne publique. 2 fév. 1839. J. P. 1840, 1, p. 184.. 6 av. 1854 n. 97.

Les débats une fois ouverts, le président est sans pouvoir pour procéder, hors de la présence de la cour, à des actes d'instruction faisant partie des débats, les débats devant être publics en matière criminelle. 2 octobre 1845 n. 309.

On trouvera à leur place, c'est-à-dire en marge des articles auxquels elles ont trait, de nombreuses décisions relatives au pouvoir discrétionnaire. Voyez notamment, aux pages 70 et 71, audition de témoins en vertu de l'article 269, lecture de dépositions et d'autres documents écrits de la procédure, production de pièces nouvelles, expertise, plan et descente de lieux. — Voyez aussi direction des débats, p. 33.

Il ne faut pas confondre les droits que le président tient des articles 268 et 269 qui lui accordent un pouvoir discrétionnaire, avec ceux qui lui sont conférés par des dispositions spéciales (dans l'espèce, par l'art. 307). Si, en ce qui concerne son pouvoir discrétionnaire, le président ne saurait être

(Voir ci-contre la suite des notes.)

408. Il y aura lieu à cassation .... lorsqu'il aura été omis ou refusé de prononcer, soit sur une ou plusieurs demandes de l'accusé, soit sur une ou plusieurs réquisitions du ministère public, tendant à user d'une faculté ou d'un droit accordé par la loi, bien que la peine de nullité ne fût pas textuellement attachée à l'absence de la formalité dont l'exécution aura été demandée ou requise.

353. L'examen et les débats, une fois entamés, devront être continués sans interruption, et sans aucune espèce de communication au dehors, jusqu'après la déclaration du jury inclusivement. Le président ne pourra les suspendre que pendant les intervalles nécessaires pour le repos des juges, des jurés, des témoins et des accusés.

Suite des NOTES.

Les arrêts incidents, lorsqu'ils ont été rendus publiquement, sont suffisamment constatés par leur insertion au procès-verbal de la séance, lequel procès-verbal est signé par le président et par le greffier. Aucune disposition de la loi n'oblige, sous peine de nullité, d'en dresser un acte séparé. (Dans l'espèce, on soutenait que l'arrêt incident aurait dû être signé, conformément à l'art. 7 de la loi du 20 avril 1810.) 14 janvier 1841 n. 9. — Voyez aussi 29 décembre 1854 n. 359.. 11 avril et 13 novembre 1856 n. 151 et 347.. 20 mars 1862 n. 87.

353. *Défense d'interrompre les débats. Suspension momentanée de l'audience.* — La loi laisse au président le pouvoir discrétionnaire de fixer le délai de suspension des débats nécessaire au repos des juges, des jurés, des témoins et de l'accusé. C'est à la conscience du président de ne pas prolonger ce délai au delà de la nécessité. 1er avril 1830. S. 1830, p. 319. — Le président peut suspendre les débats pendant une journée. 12 août 1858 n. 227.

Pour fixer le moment et la durée des intervalles, le président peut consulter le vœu des jurés et l'intérêt de la manifestation de la vérité. 4 novembre 1836 n. 363.

L'art. 353 doit être entendu dans ce sens que les juges et les jurés peuvent, pendant les débats, aller dîner et coucher chez eux, ou à l'auberge, et que les intervalles de suspension peuvent comprendre plusieurs heures. 16 janvier 1812 et 15 octobre 1812. S. 1817, 2e partie, p. 317.

Le président peut, sans vaquer à une autre affaire, suspendre l'audience : pour donner à la défense le temps de prendre communication d'un document (4 août 1843 n. 192); — pour procéder à la recherche des pièces de conviction. 16 décembre 1830. D. 1830. T. 101. — Jugé que le président a pu, sans violer l'art. 353, suspendre les débats pendant trente-six heures pour avoir le temps de faire chercher un témoin. 5 avril 1832. D. 1832, p. 345.

En cas de suspension des débats, il n'est pas nécessaire que la cause de cette suspension soit énoncée au procès-verbal. 12 janvier 1843 n. 3.

Pendant une suspension de l'audience de la cour d'assises régulièrement prononcée, les magistrats peuvent, sans nullité, siéger à une audience de la chambre ou du tribunal dont ils font partie. 31 janvier 1867 n. 21.

Devoir pour la Cour de statuer, lorsqu'il s'élève des incidents contentieux par suite des conclusions du ministère public ou de l'accusé. Arrêts incidents; formalités. — Défense d'interrompre les débats; suspension momentanée de l'audience.

408. *Devoir pour la Cour de statuer, lorsqu'il s'élève des incidents contentieux par suite des conclusions du ministère public ou de l'accusé.* — Pour qu'une cour soit dans la nécessité de prononcer, il ne suffit pas que le ministère public ou l'accusé aient fait de simples observations; il faut qu'il y ait eu de leur part des conclusions prises formellement. 11 décembre 1812. J. P. — Voyez 8 avril 1843, S. 1843, p. 619.

Il y a un incident contentieux, quand, au cours des débats, il y a contestation sur un droit entre l'accusation et la défense. 26 août 1858 n. 240.

Les conclusions prises à l'audience par l'accusé, constituent un incident contentieux qui nécessite l'intervention de la cour d'assises, sauf à la cour à déclarer, s'il y a lieu, que la demande rentre dans l'exercice du pouvoir discrétionnaire, et que le président peut seul statuer. 29 juin 1854 n. 207.

Lorsqu'il y a opposition à l'exercice du pouvoir discrétionnaire, soit de la part de l'accusé ou du défenseur, soit de la part du ministère public, la cour d'assises ne peut s'empêcher de délibérer sur ces conclusions, à la condition que le résultat de sa délibération ne constituera pas un empiètement sur le pouvoir discrétionnaire. 22 déc. 1842 n. 335. — Voyez les notes des art. 268 et 269, p. 35.

La cour, avant de statuer sur un incident contentieux, doit entendre le ministère public et l'accusé. Il ne peut être statué par une cour d'assises sur un point contentieux, qui a donné lieu à des conclusions prises par l'accusé ou par le ministère public, sans que l'autre partie soit entendue ou interpellée de s'expliquer. La nullité résultant de l'inobservation de cette règle est substantielle. 11 janvier 1839 n. 18. Dans l'espèce, c'est le ministère public qui n'avait pas été entendu.

La cour d'assises ne peut statuer régulièrement sur les incidents contentieux résultant du débat soulevé par l'accusé, qu'après avoir entendu le ministère public ou l'avoir mis en demeure de s'expliquer. 22 janvier 1837 n. 32.

Lorsqu'il y a des réquisitions du ministère public (tendant dans l'espèce à l'arrestation d'un témoin), il est loisible à l'accusé et à son défenseur de prendre la parole sur cet incident; mais l'article 335 n'oblige pas le président à adresser aux accusés une interpellation à cet égard. Il suffit qu'aucun obstacle n'ait été apporté au droit de la défense. 22 janvier 1841 n. 19.

Le défenseur a le droit de porter la parole à l'audience dans toutes les questions qui intéressent l'accusé; s'il en était autrement, la sage prévoyance du législateur qui veut qu'il soit donné un conseil à l'accusé serait illusoire; refuser d'entendre le défenseur dans un incident, après que le ministère public a été entendu, c'est priver le défenseur et par suite l'accusé d'un droit accordé par la loi, et c'est violer en même temps l'art. 335, qui porte dans un de ses paragraphes : l'accusé ou son conseil auront toujours la parole les derniers. 28 janvier 1830 n. 25.

Aux termes de l'article 335, l'accusé ou son conseil ont le droit de parler les derniers. Cette règle fondamentale domine tous les débats, et s'applique à tous les incidents qui peuvent intéresser la défense ou la justification de l'accusé, soit que ces incidents doivent être terminés par une ordonnance du président de la cour d'assises ou par un arrêt. 5 mai 1826 n. 89.

Une décision sur un incident qui intéresse l'accusé, ne peut être rendue en son absence. Toutes les dispositions du code d'instr., livre 2, chapitre 4, supposent la présence de l'accusé aux débats. 22 mai 1857 n. 202.

Les arrêts incidents doivent être motivés. — Les arrêts incidents doivent, à peine de nullité, être motivés. (Art. 7 de la loi du 20 avril 1810 et art. 17 de la même loi, § 2.) 3 février 1821 n. 18., 10 avril 1841 n. 94.

Les arrêts incidents doivent être prononcés en audience publique. — Les arrêts incidents doivent, à peine de nullité, être prononcés en audience publique, d'après la règle posée dans l'article 7 de la loi du 20 avril 1810. L'exception établie par l'article 55 de la charte (aujourd'hui l'art. 81 de la constitution de 1848), est restreinte aux débats seulement, et les arrêts incidents ne sauraient être considérés comme en faisant partie. 18 oct. 1832 n. 422.. 8 juillet 1852 n. 230.. 16 juin 1853 n. 212. — Ainsi doivent être rendus en audience publique : l'arrêt qui juge que des témoins ne seront pas entendus (18 octobre 1832 n. 422.. 5 octobre 1854 n. 293); — l'arrêt qui décide que, malgré l'absence d'un témoin, il sera passé outre aux débats (19 mars 1840 n. 83.. 31 juillet 1856 n. 269); — l'arrêt qui statue sur la demande d'arrestation d'un témoin. 26 août 1858 n. 240. — Voyez les notes, art. 81 de la constitution de 1848, p. 55.

Si la cour d'assises reconnait qu'elle a rendu sans publicité un arrêt incident, elle a le droit, tant que les débats ne sont pas terminés, de réparer cette faute, en annulant, par un arrêt rendu publiquement, l'arrêt rendu à huis-clos et ce qui s'en est suivi, et en recommençant les débats. 24 janvier 1844 n. 26.

Les arrêts incidents sont suffisamment constatés par leur insertion au procès-verbal de la séance. — Les arrêts incidents rendus pendant le cours des débats sont régis, non par l'art. 370 qui s'applique seulement aux arrêts définitifs, mais par l'article 277. 31 mars 1831 n. 67.

(Voir ci-contre la suite des notes)

406. Si, par quelqu'événement, l'examen des accusés sur les délits ou sur quelques-uns des délits compris dans l'acte ou dans les actes d'accusation, est renvoyé à la session suivante, il sera fait une nouvelle liste; il sera procédé à de nouvelles récusations, et à la formation d'un nouveau tableau de douze jurés, d'après les règles prescrites ci-dessus, à peine de nullité.

Suite des NOTES.

Si un individu accusé de suppression d'état est renvoyé devant les assises, avant que la question d'état ait été jugée, conformément à l'art. 327 du code civil, la cour doit prononcer le sursis. 22 juin 1820. J. P.

Il y a lieu à sursis, lorsqu'un comptable public est traduit aux assises, avant que ses écritures aient été vérifiées par l'administration. 9 janv. 1832 n. 6.. 30 août 1833 n. 275.

Renvoi d'une affaire à un autre jour de la session. — La cour d'assises peut, avant le tirage du jury de jugement, renvoyer une affaire à un autre jour de la session ; mais, lorsque le jury a été tiré, la cour ne peut plus user de cette faculté, à moins que l'accusé et le ministère public n'y consentent; il faut, en effet, si l'affaire est renvoyée à un autre jour, que l'on procède à une nouvelle formation du jury de jugement, et la même liste de jurés ne peut, sans le consentement des parties, servir à deux tirages successifs. (Art. 353 et 406.) Voyez 6 août 1835 n. 313.. 7 sept. 1839 n. 335.. 12 déc. 1844. S. 1845, p. 315.. 17 fév. 1848 n. 44.

Possibilité dans certains cas de recommencer une affaire immédiatement. — Si l'affaire étant commencée, l'un des 12 jurés vient à se trouver empêché par un événement quelconque de continuer à siéger, la cour peut, aux termes des art. 405 et 406, renvoyer l'affaire à la session suivante; mais rien ne s'oppose, si l'accusé y consent, à ce que dans l'intérêt de la prompte expédition des affaires et pour épargner à l'accusé la prolongation d'une captivité préventive, elle n'annule le tirage du 1er jury et ce qui s'en est suivi, et à ce qu'elle ne procède au tirage d'un nouveau jury et ne recommence l'affaire immédiatement. 22 nov. 1838 n. 364.

Si, pendant les débats, on s'aperçoit qu'un des assesseurs est empêché parce qu'il a voté sur l'accusation, la cour doit pourvoir à son remplacement, avant d'ordonner que les débats soient annulés et recommencés (devant le même jury). 28 déc. 1860, n. 306.

Si l'un des assesseurs tombe malade dans le cours des débats, la cour d'assises, après qu'il a été procédé à son remplacement, peut valablement annuler les débats et ordonner, malgré l'opposition de l'accusé, qu'ils seront recommencés immédiatement en présence des mêmes jurés. 23 janv. 1841 n. 23. Dans l'espèce, le magistrat avait statué sur un incident relatif au tirage ; mais l'arrêt décide que la formation du tableau du jury, qui avait eu lieu régulièrement, ne devait pas être recommencée, cette opération étant distincte des débats.

Si le président mourait pendant les débats, il serait possible, après avoir complété la cour, de recommencer l'affaire immédiatement ; mais le consentement de l'accusé serait nécessaire, parce qu'il faudrait recommencer non-seulement les débats, mais encore le tirage du jury, cette opération se trouvant frappée de nullité par l'absence de la signature du président sur le procès-verbal. Voyez 7 février 1852 n. 56.

Les officiers du ministère public dont les fonctions sont indivisibles, peuvent se remplacer dans le cours de la même affaire. 10 août 1837 n. 232.

Renvoi par la Cour d'assises d'une affaire à une autre session. Causes diverses de renvoi et de sursis. — Renvoi d'une affaire à un autre jour de la session. — Possibilité dans certains cas de recommencer l'affaire immédiatement.

406. *Renvoi par la Cour d'assises d'une affaire qui est commencée, à une autre session.* — Lorsqu'une affaire est commencée, c'est à la cour d'assises qu'il appartient d'en prononcer le renvoi à une autre session. 10 janvier 1824 n. 5. — Avant l'ouverture des débats, c'est le président qui statue sur l'opportunité du renvoi ; voyez art. 306 p. 30. — Quant au renvoi d'une affaire après la déclaration du jury, voyez art. 352, p. 102.

L'article 406 investit les cours d'assises d'un pouvoir souverain et discrétionnaire, qui laisse à leur arbitre et à leur discernement les causes et les motifs du renvoi d'un procès à la prochaine session, décision qui échappe par conséquent à l'examen de la cour de cassation. 3 mai 1839 n. 144.. 30 août 1844 n. 405.. 11 mai 1865 n. 111.

Pour ordonner le renvoi, il suffit, d'après l'article 406, qu'il soit survenu un événement qui ait paru assez grave à la cour d'assises pour motiver cette mesure. 11 juillet 1839 n. 224.

La cour peut rapporter l'arrêt de renvoi, si le motif du renvoi a cessé. 11 octobre 1821 n. 173.

L'arrêt, par lequel la cour statue sur une demande en renvoi formée par l'accusé, au moment où l'on va tirer le jury, doit être prononcé publiquement. 22 juillet 1852 n. 240.

L'arrêt de renvoi est suffisamment constaté par son insertion au procès-verbal de la séance. 2 fév. 1837. D. 1837, p. 509.

L'arrêt qui rejette la demande en renvoi, est un arrêt préparatoire et d'instruction, contre lequel le recours n'est ouvert qu'après l'arrêt définitif. 10 février 1832 n. 52.

Causes diverses de renvoi et de sursis. — Les art. 330 et 331 autorisent le renvoi à une autre session en cas de faux témoignage. Voyez page 66.

La cour d'assises a pu renvoyer une affaire de banqueroute frauduleuse à une autre session, en se fondant sur ce que la juridiction civile était saisie de la question relative à la déclaration de faillite. 15 mai 1863 n. 143.

La cour d'assises peut ordonner le renvoi, afin de rechercher la participation au crime d'un complice présumé. 28 déc. 1865 n. 231.

La cour d'assises peut ordonner le renvoi, si elle croit nécessaire et indispensable la déposition d'un témoin absent, bien que le premier témoin ait prêté serment et commencé sa déposition (article 354, p. 56.. 26 novembre 1829. S. 1830, p. 113); — si elle juge que l'accusé n'est pas dans un état mental qui lui permette de soutenir le débat (6 juin 1839 n. 181); — si l'accusé a distribué aux jurés des écrits dans lesquels les faits de l'accusation sont présentés et discutés (Cour d'assises de la Seine, 10 juin 1830. S. 1830, p. 191); — si, dans le cours des débats, l'un des jurés manifeste son opinion sur la culpabilité de l'accusé. 18 janvier 1855 n. 13. — Des faits de communication de la part d'un juré peuvent être une cause du renvoi de l'affaire à une autre session. 16 juin 1836. J. P. — Voyez les notes de l'article 312, p. 53.

Les regrets manifestés par un juré, après que la déclaration régulière du jury a été lue et signée, ne peut autoriser la cour à renvoyer l'affaire à une autre session. 22 janvier 1813 n. 5.

L'accusé peut aux débats demander le renvoi : attendu le défaut de remise de la copie des pièces (Art. 305, p. 30.. 13 janvier 1827 n. 4); attendu le défaut de la notification de l'arrêt et de l'acte d'accusation (Article 242, p. 22.. 7 février 1834 n. 46); attendu le défaut de signification de la liste des témoins (Article 315, p. 56.. 30 septembre 1841 n. 293); attendu que la copie de l'acte d'accusation contient des omissions de nature à préjudicier à la défense. Art. 242, p. 22.. 23 déc. 1852 n. 413.

Lorsque l'accusé n'a connu une ordonnance de jonction qu'au moment des débats, s'il pense que sa défense est entravée, il peut demander la remise de l'affaire à une autre session ou à un jour plus éloigné. 20 septembre 1855 n. 324.

Si, antérieurement aux débats, des nullités ont été commises dans la procédure, la cour d'assises ne peut pas, lorsque les débats sont commencés (article 353), renvoyer l'affaire à une autre session, en prononçant sur ces nullités dont l'appréciation est dévolue à la cour de cassation par les articles 407 et 408. (Dans l'espèce, la cour, malgré l'opposition des accusés, avait renvoyé à une autre session à cause d'une nullité signalée, pendant le cours des débats, dans la signification de la liste des jurés.) 28 février 1833 n. 80.

La cour peut, malgré les conclusions de l'accusé, refuser de surseoir à cause de l'absence de témoins. 30 août 1844 n. 305.

Lorsque le défenseur est tombé malade, si celui accepté en remplacement par l'accusé a eu le temps suffisant pour prendre communication des pièces, la cour d'assises peut refuser de renvoyer l'affaire à une autre session. 2 juin 1831 n. 122.

D'après les articles 531 et 551, la notification faite au ministère public d'un arrêt de *soit communiqué* d'une requête en renvoi pour cause de suspicion légitime, présentée par des accusés à la cour de cassation, emporte de plein droit sursis au jugement du procès et le renvoi à une autre session. 14 juin 1833 n. 233.. 10 février 1832 n. 52.

(Voir ci-contre la suite des notes.)

CHAPITRE IV.

Tirage au sort des 40 jurés formant la liste de service. 17 de la loi du 4 juin 1853, p. 40. — Assignation des jurés pour comparaître a l'ouverture des assises. 389, p. 40. — Notification de la liste du jury a l'accusé. 395, p. 40. — Conditions indispensables pour être juré. Incapacités absolues. 1, 2 et 4 de la loi du 4 juin, p. 42. — Incapacités relatives a l'affaire en discussion. 392, p. 42. — Fonctions incompatibles avec celles de juré. 3 de la loi du 4 juin, p. 42. — Faculté de se dispenser du service accordée a certains fonctionnaires, a ceux qui vivent de leur travail manuel, aux septuagénaires et aux jurés ayant déja fait le service dans l'année courante ou dans l'année précédente. 5 et 16 de la loi du 4 juin, p. 42. — Condamnation a l'amende des jurés ne comparaissant pas ou se retirant sans une excuse jugée valable par la cour. 396, 19 de la loi du 4 juin, 397 et 398, p. 44. — S'il y a moins de 30 jurés, nécessité de compléter ce nombre. 393, 18 de la loi du 4 juin, p. 44. — Adjonction de jurés aux 12 nécessaires pour former le jury de jugement. 394, p. 46. — Nomination d'un interprète, si l'accusé n'entend pas le français ou est sourd-muet. — Serment de l'interprète. 332, 333, p. 46. — Tirage du jury de jugement. Formalités. 266, 399 a 404, p. 48. — Après la formation du jury, commencement de l'examen. 405, p. 48.

388. Dix jours au moins avant l'ouverture des assises, le premier président de la cour impériale ou le président du tribunal du chef-lieu judiciaire, dans les villes où il n'y a pas de cour d'appel, tire au sort, en audience publique, sur la liste annuelle, les noms des trente-six jurés qui forment la liste de la session. Il tire en outre quatre jurés suppléants sur la liste spéciale (voyez art. 13 de la loi du 4 juin 1853).

17 de la loi du 4 juin 1853.

390. Si parmi les quarante individus désignés par le sort, il s'en trouve un ou plusieurs qui depuis la formation de la liste arrêtée en exécution de l'article 387, soient décédés ou aient été légalement privés des capacités exigées pour exercer les fonctions de juré, ou aient accepté un emploi incompatible avec ces fonctions, la cour, après avoir entendu le procureur général, procédera, séance tenante, à leur remplacement.

Ce remplacement aura lieu dans l'ordre déterminé par l'article 388.

389. La liste entière ne sera point envoyée aux citoyens qui la composent; mais le préfet notifiera à chacun d'eux l'extrait de la liste qui constate que son nom y est porté. Cette notification leur sera faite huit jours au moins avant celui où la liste doit servir.

Ce jour sera mentionné dans la notification, laquelle contiendra aussi une sommation de se trouver au jour indiqué, sous les peines portées au présent code.

A défaut de notification à la personne, elle sera faite à son domicile, ainsi qu'à celui du maire ou de l'adjoint du lieu; celui-ci est tenu de lui en donner connaissance.

395. La liste des jurés sera notifiée à chaque accusé la veille du jour déterminé pour la formation du tableau.

Cette notification sera nulle, ainsi que tout ce qui aura suivi, si elle est faite plus tôt ou plus tard.

Suite des NOTES.

La cour d'assises peut exoiner les jurés inexactement désignés dans la notification de la liste à l'accusé. 17 fév. 1826. D. 1826, p. 173.

La notification de la liste des jurés doit être faite à l'accusé la veille du jour où il comparait devant les assises. Voyez 9 septembre 1847 n. 212.

L'accusé n'est pas admis à se plaindre qu'on lui ait notifié trop tôt la liste du jury; cette anticipation ne peut lui porter préjudice. 12 janv. 1833 n. 13.. 17 janvier 1862 n. 23.. 28 sept. 1865 n. 183.

Il y a nullité, si le jury de jugement a été formé le jour même où la liste a été notifiée à l'accusé; peu importe le consentement qu'y a donné l'accusé. 11 juillet 1822 n. 96.. 20 juin 1844 n. 222.

Tirage au sort des quarante jurés de service pour la session. — Assignation des jurés pour comparaitre à l'ouverture des assises. — Notification aux accusés de la liste des jurés; formalités.

Tirage au sort des quarante jurés de service par la chambre civile de la cour impériale. — La publicité du tirage au sort des 40 jurés doit être constatée à peine de nullité. 27 février 1857 n. 85. Sur le pourvoi contre le tirage d'un jury de session, voyez 27 fév. 1863 n. 69.

389. *Assignation des quarante jurés pour comparaître à l'ouverture des assises.* — C'est la gendarmerie qui assigne les jurés. Loi du 28 germinal, an VI, et article 108 du décret du 1er mars 1854.

395. *La notification de la liste des quarante jurés doit être faite aux accusés.* — En ne faisant pas la notification, on porte atteinte au droit de récusation et de défense, motif pour lequel il y a nullité. 11 octobre 1832 n. 408.. 8 septembre 1853 n. 449. — La renonciation de l'accusé à se prévaloir du défaut de notification est inefficace et ne peut couvrir la nullité. 8 septembre 1853 n. 449.

Il y a nullité si l'acte de signification n'est pas signé par l'huissier. 25 sept. 1862 n. 235.

Si la copie de l'exploit de notification est sans indication de date, il y a nullité (9 avril 1864 n. 94); peu importerait la régularité de l'original dudit exploit. 5 mars 1836 n. 71.

Il y a nullité si une rature (ou une surcharge) non approuvée rend la date incertaine. 20 janv. 1854 n. 15.. 5 fév. 1857 n. 47.. 10 avril 1862 n. 107. — Sur l'effet de l'enregistrement relativement à la constatation de la date, en cas de surcharge, voyez 10 nov. 1849 n. 298.. 11 mai 1854 n. 142.. 5 fév. 1857 n. 47.

L'exploit de notification de la liste des jurés n'est pas nul : pour avoir été fait un jour férié (6 décembre 1850 n. 413); — pour n'avoir pas été enregistré en temps utile. 24 juillet 1845 n. 239.

La liste des jurés doit être notifiée à chaque accusé (12 mars 1818 n. 31.. 22 août 1850 n. 266.. 16 février 1860 n. 39), et séparément. 7 avril et 6 oct. 1864 n. 86 et 240.

Il y a nullité : s'il n'est pas régulièrement établi que l'accusé a reçu personnellement la notification de la liste des jurés, 10 août 1839 n. 257; — si l'huissier, dans l'acte de signification, se borne à dire parlant à..., 1 août 1851 n. 317.. 6 mai 1859 n. 118; — si la liste des jurés a été remise au concierge de la prison, 13 nov. 1818 n. 137; — si la liste destinée à un accusé a été remise à son co-accusé. 29 juillet 1825 n. 138. — L'accusé à qui la notification a été faite, est sans qualité pour se plaindre du défaut de notification à son co-accusé. 16 mars 1820 n. 42.

Dire que la liste des jurés a été signifiée aux accusés en parlant à leurs personnes, c'est exprimer suffisamment que la notification a été individuelle. 10 janv. 1833. D. 1834, p. 434.. 29 mars 1838 n. 87.

La preuve de la notification ne peut résulter que de la production de l'original de l'exploit, lorsque la copie n'est pas représentée. 6 novembre 1851 n. 464.

C'est la liste originaire des quarante jurés qui doit être notifiée aux accusés. Indications inexactes.

La prohibition de l'art. 372 ne s'étend pas à la liste des jurés, qui doit être jointe à l'exploit de notification ; cette liste peut être imprimée. 11 juillet 1839 n. 224.. 23 janvier 1851 n. 31.

C'est la liste originaire des 40 jurés, tirés au sort conformément à l'art. 388, qui doit être notifiée à l'accusé, et il n'est nullement prescrit de lui notifier les noms des jurés appelés par la voie du sort pour compléter le nombre de trente. 29 juin 1833 n. 249.. 25 août 1859 n. 211.. 11 janvier 1867 n. 4.

S'il est désirable que les accusés aient une connaissance préalable des changements survenus dans le jury, la loi n'a pu faire une obligation au ministère public de les indiquer ; ce mode de signification serait souvent impraticable, puisque ces changements ne sont d'ordinaire constatés qu'immédiatement avant le jugement de chaque affaire, de telle sorte qu'il ne s'écoulerait pas entre la notification et l'examen des accusés l'intervalle de 24 heures, prescrit par l'art. 395. 16 janv. 1835 n. 211.. 31 mars 1866 n. 90.

Si, par une induction tirée de l'art. 395, on a jugé qu'il est permis de ne notifier à l'accusé que les noms de trente jurés (à cause des dispenses accordées aux autres), ce ne peut être que sous la condition que ces trente jurés sont capables. 11 oct. 1827 n. 257.. 22 juin 1843 n. 153.

L'omission du nom de l'un des 40 jurés de la liste ordinaire dans la copie notifiée à l'accusé, emporte nullité. 16 février 1832 n. 58. Dans l'espèce, le juré omis avait fait partie du jury de jugement.

L'omission du nom de l'un des 40 jurés sur l'original de la copie notifiée à l'accusé emporte nullité; la copie (qui n'est pas représentée), est présumée conforme à l'original. 16 fév. 1832 n. 58. Dans l'espèce, le juré omis avait fait partie du jury de jugement.

L'accusé ne peut valablement consentir à ce que le juré dont le nom a été omis, fasse partie du jury de jugement. 10 juillet 1823 n. 94.

Les indications inexactes, et les surcharges dans l'acte de notification, ne sont une cause de nullité que si l'accusé a pu être induit en erreur sur l'identité des jurés, et par suite entravé dans son droit de récusation. 27 janv. 1853 n. 34.. 15 déc. 1855 n. 581.. 14 juill. 1859 n. 176.. 5 oct. 1866 n. 224.

Des inexactitudes de nature à induire l'accusé en erreur relativement à un juré, ne sont pas une cause de nullité, s'il y avait 30 jurés capables, et si ce juré inexactement indiqué n'est pas tombé au sort, ou s'il a été récusé. Voyez 9 sept. 1841. D. 1841, p. 437.. 18 avril 1845 n. 141.. 6 avril 1865 n. 88.

Lorsque le nom d'un juré, inexactement désigné sur la liste de service, a été rectifié par la cour d'assises, il faut faire la rectification sur la liste notifiée à l'accusé. 18 nov. 1841 n. 328.

(Voir ci-contre la suite des notes)

381. Nul ne peut remplir les fonctions de juré, à peine de nullité, s'il n'est âgé de 30 ans accomplis, s'il
1, loi du ne jouit des droits politiques, civils et de famille, et s'il est dans l'un des cas d'incapacité et d'incompa-
4 juin 1853. tibilité prévus par les deux articles suivants. (Les art. 2 et 3.)

2, *idem.* Sont incapables d'être jurés : 1° les individus qui ont été condamnés, soit à des peines afflictives ou infamantes, soit à des peines infamantes seulement; — 2° ceux qui ont été condamnés à des peines correctionnelles, pour fait qualifié crime par la loi; — 3° les militaires condamnés au boulet ou aux travaux publics; — 4° les condamnés à un emprisonnement de trois mois au moins; — 5° les condamnés à l'emprisonnement, quelle que soit sa durée, pour vol, escroquerie, abus de confiance, soustraction commise par des dépositaires publics, attentats aux mœurs prévus par les art. 330 et 334 du code pénal, outrage à la morale publique et religieuse, attaque contre le principe de la propriété et les droits de la famille, vagabondage ou mendicité, pour infraction aux dispositions des art. 38, 41, 43 et 45 de la loi du 21 mars 1832 sur le recrutement de l'armée, et aux dispositions des art. 318 et 423 du code pénal et de l'art. 1er de la loi du 27 mars 1851; — 6° les condamnés pour délit d'usure; — 7° ceux qui sont en état d'accusation et de contumace; — 8° les notaires, greffiers et officiers ministériels destitués; — 9° les faillis non réhabilités; — 10° les interdits et les individus pourvus d'un conseil judiciaire; — 11° ceux auxquels les fonctions de juré ont été interdites, en vertu de l'art. 396 du code d'instruction criminelle et de l'art. 42 du code pénal; — 12° ceux qui sont sous mandat d'arrêt ou de dépôt; — 13° sont incapables, pour cinq ans seulement, à dater de l'expiration de leur peine, les condamnés à un emprisonnement d'un mois au moins.

4, *idem.* Ne peuvent être jurés, les domestiques et serviteurs à gages, ceux qui ne savent pas lire et écrire en français, ceux qui sont placés dans un établissement public d'aliénés, en vertu de la loi du 30 juin 1838.

392. Nul ne peut être juré dans la même affaire où il aura été officier de police judiciaire, témoin, interprète, expert ou partie, à peine de nullité.

383. Les fonctions de juré sont incompatibles avec celles de ministre, de président du sénat, de président
3, de du corps législatif, de membre du conseil d'état, de sous-secrétaire d'état ou secrétaire général d'un
la loi du ministère, de préfet et sous-préfet, de conseiller de préfecture, de juge, d'officier du ministère
4 juin. public près les cours et les tribunaux de première instance, de commissaire de police, de ministre d'un culte reconnu par l'Etat, de militaire de l'armée de terre ou de mer, en activité de service et pourvu d'emploi, de fonctionnaire ou préposé du service actif des douanes, des contributions indirectes, des forêts de l'état et de la couronne, et de l'administration des télégraphes, d'instituteur primaire communal.

5, *idem.* Sont dispensés des fonctions de jurés : 1° les septuagénaires; — 2° ceux qui ont besoin pour vivre de leur travail manuel et journalier.

16, *idem.* Sont excusés sur leur demande 1° les sénateurs et les membres du corps législatif, pendant la durée des sessions seulement; — 2° ceux qui ont rempli les fonctions de juré pendant l'année courante et l'année précédente.

391. La liste des jurés sera comme non avenue après le service pour lequel elle aura été formée.

Hors les cas d'assises extraordinaires, les jurés qui auront satisfait aux réquisitions prescrites par l'article 389 ne pourront être placés plus d'une fois dans la même année sur la liste formée en exécution de l'art. 387. (Voyez note ci-dessous.)

Dans les cas d'assises extraordinaires, ils ne pourront être placés sur cette liste plus de deux fois dans la même année. (Voyez note ci-dessous.)

Ne seront pas considérés comme ayant satisfait auxdites réquisitions ceux qui auront, avant l'ouverture de la session, fait admettre des excuses dont la cour d'assises aura jugé les causes temporaires.

Leurs noms, et ceux des jurés condamnés à l'amende pour la première ou deuxième fois, seront, immédiatement après la session, adressés au premier président de la cour impériale qui les reportera sur la liste en exécution de l'art. 387; et s'il ne reste plus de tirage à faire pour la même année, ils seront ajoutés à la liste de l'année suivante.

Suite des NOTES.

5 et 16 de la loi du 4 juin 1853. *Faculté de se dispenser du service accordée à certains fonctionnaires, à ceux qui vivent de leur travail manuel et journalier, aux septuagénaires et aux jurés ayant déjà fait le service dans l'année courante ou dans l'année précédente.* — D'après l'art. 16 de la loi du 4 juin, nul ne peut être contraint d'être juré plus d'une fois en deux ans.

Il y a en faveur des jurés ayant fait le service (et des septuagénaires, 29 janv. 1863 n. 33) un privilége qui ne peut être réclamé que par eux et nullement invoqué par les accusés. 26 février 1834. D. 1835, p. 139.. 6 juin 1861 n. 113. — Les quatre jurés suppléants peuvent aussi faire valoir la dispense. 17 janv. 1833, p. 349.

Conditions indispensables pour être juré. Incapacités absolues. — Incapacités relatives à l'affaire en discussion. — Fonctions incompatibles avec celles de juré. — Faculté de se dispenser du service accordée à certains fonctionnaires, à ceux qui vivent de leur travail manuel et journalier, aux septuagénaires et aux jurés ayant déjà fait le service dans l'année courante ou dans l'année précédente.

381. *Conditions indispensables pour être juré. Incapacités absolues.* — Il y a nullité, si l'un des jurés
1, 2, 4 était âgé de moins de 30 ans à l'époque où il a rempli ses fonctions. 27 juin 1833 n. 245.. 4 avril
de la loi du 1851 n. 128.. 19 août 1864 n. 221. — Pour être apte à être juré, il suffit d'avoir 30 ans accomplis
4 juin au moment de la formation du tableau des douze jurés de jugement. 20 sept. 1855 n. 323.
1853. L'incapacité absolue produite par la qualité d'étranger ne peut jamais être couverte par la possession d'état. 28 octobre 1824 n. 146.

L'inscription d'un juré sur la liste générale du jury, établit en sa faveur une présomption de capacité, qui ne tombe que devant la preuve contraire. 30 mars 1854 n. 86.. 29 nov. 1866 n. 240.

Les questions qui s'élèvent relativement à la jouissance légale des droits civils et politiques des jurés, sont de la compétence des cours d'assises. 28 oct. 1824 n. 146.

L'exclusion à l'égard de ceux qui ne savent pas lire et écrire, n'est point prononcée à peine de nullité. 8 mars 1855 n. 87.. 18 mai 1854 n. 161.

Celui qui n'entend pas le français ne peut être juré. 30 octobre 1813 n. 238.

392. *Incapacités relatives à l'affaire en discussion.* — Un maire ne peut être juré dans une affaire où il a rempli les fonctions d'officier de police judiciaire. 2 mars 1839 n. 95.

Un greffier ne peut être juré dans une affaire où il a assisté le juge d'inst. 5 oct. 1849. D. 49. T. 81.

L'article 392 s'applique à celui qui a déposé dans l'instruction (11 janvier 1838 n. 10.. 27 juin 1861 n. 130), comme à celui qui est appelé à déposer oralement dans les débats. 29 sept. 1859 n. 229.

On peut maintenir sur la liste de service des jurés cités comme témoins, lorsque ces citations n'ont été qu'une manœuvre pour arrêter le cours de la justice. 18 avril 1861 n. 84.

La composition du jury de jugement, régulière au moment où il a été formé, ne peut être viciée par la circonstance qu'un des 30 jurés de la liste qui a servi à sa formation, a été entendu dans les débats en vertu du pouvoir discrétionnaire. 10 octobre 1840 n. 345.

Un médecin ne peut être juré dans une affaire où il a été expert. 2 mars 1850 n. 78.

L'avocat de l'accusé doit être tiré de la liste; il est partie dans le procès. 27 juin 1835 n. 261.

L'avoué qui a signé une plainte, doit être assimilé à la partie. 30 novembre 1837 n. 416.

Le notaire de l'accusé peut être juré. 21 décembre 1843 n. 325.. 26 janvier 1844 n. 25.

Aucune disposition de la loi ne fait une irrégularité de la parenté qui, à quelque degré que ce soit, peut exister soit entre les jurés eux-mêmes (9 septembre 1852 n. 311.. 11 mars 1865 n. 62); soit entre ceux-ci et les juges ou les témoins (19 avril 1821 n. 64.. 15 octobre 1840. D. 1840, p. 444); — soit entre les jurés et l'accusé. 15 juin 1820 n. 91.. 8 mars 1850 n. 82.. 27 sept. 1860 n. 221.

Ne sont pas incapables : le juré qui précédemment a jugé un accusé compris dans la même accusation (2 mai 1850 n. 142); — le juré qui, au moment où son nom sort de l'urne, déclare être intéressé dans l'affaire et avoir une opinion faite (16 oct. 1846 n. 279); — le juré qui a des parents de l'accusé à son service; le juré qui est le médecin de la femme de l'accusé (11 janv. 1844 n. 9); — le juré qui a été le notaire et le conseil de l'accusé. 26 janv. 1844 n. 25. — Ces diverses circonstances ne peuvent donner lieu qu'à des récusations.

Est incapable le juré qui a déjà connu de l'affaire, lors d'un premier débat suivi d'une ordonnance de renvoi à une autre session. 27 juillet 1866 n. 195.. Contrà 18 avril 1861 n. 84.

383. *Fonctions incompatibles avec celles de juré.* — Les incompatibilités sont de droit étroit et ne peu-
3 de la vent être étendues. 28 février 1839 n. 69.
loi du 4 juin Par le mot juge on n'entend que les magistrats de l'ordre judiciaire. 24 septembre 1825 n. 192.
1853. Un juge de tribunal de commerce ne peut être juré. 22 juin 1839 n. 203.. 10 sept. 1863 n. 245.

L'article 383 n'est pas applicable aux juges suppléants dont les fonctions ne sont qu'accidentelles et momentanées (23 août 1833 n. 331.. 13 avril 1839 n. 126.. 1er oct. 1846 n. 259); — même décision pour les suppléants de juges de paix (10 août 1826, S. 1827, p. 113.. 29 juin 1854 n. 209); — et pour les suppléants d'un tribunal de commerce. 13 avril 1839 n. 126.. 6 avril 1866 n. 94.

Le greffier d'un tribunal de commerce peut être juré. 8 janvier 1846 n. 12.

Un greffier de cour d'assises peut être juré, s'il s'est fait remplacer dans la composition de la cour d'assises par un de ses commis assermentés. 28 février 1839 n. 69.

Peuvent être jurés, les membres de la cour des comptes (10 fév. 1831 n. 25); — les prud'hommes (24 sept. 1825 n. 192); — un conseiller honoraire (19 mai 1842 n. 124); — un premier président honoraire (27 déc. 1855 n. 412); un receveur principal des contributions indirectes (27 sept. 1860 n. 220); un entreposeur des tabacs (16 mai 1863 n. 145) etc.

Un accusé ne peut se plaindre qu'on ait exonéré à tort un juré, pour incompatibilité de fonctions, lorsqu'indépendamment de ce juré, il y avait sur la liste trente jurés capables, à l'égard desquels le droit de récusation a pu être exercé. 27 déc. 1855 n. 412.

(Voir ci-contre la suite des notes.)

396. Tout juré qui ne sera pas rendu à son poste sur la citation qui lui aura été notifiée, sera condamné par la cour d'assises à une amende, laquelle sera :

Pour la première fois, de cinq cents francs;

Pour la seconde fois, de mille francs;

Et pour la troisième fois, de quinze cents francs.

Cette dernière fois, il sera de plus déclaré incapable d'exercer à l'avenir les fonctions de juré. L'arrêt sera imprimé et affiché à ses frais.

19 de la loi du 4 juin. L'amende de 500 francs prononcée par le deuxième paragraphe de l'art. 396 du code d'instruction criminelle, peut être réduite par la cour à 200 francs, sans préjudice des autres dispositions de cet article.

397. Seront exceptés ceux qui justifieront qu'ils étaient dans l'impossibilité de se rendre au jour indiqué. La cour prononcera sur la validité de l'excuse.

398. Les peines portées en l'article 396 sont applicables à tout juré qui, même s'étant rendu à son poste, se retirerait avant l'expiration de ses fonctions, sans une excuse valable qui sera également jugée par la cour.

393. 18 de la loi du 4 juin. Si, au jour indiqué pour le jugement, le nombre des jurés est réduit à moins de trente par suite d'absence ou pour toute autre cause, ce nombre est complété par les jurés suppléants, suivant l'ordre de leur inscription; en cas d'insuffisance, par des jurés tirés au sort, en audience publique, parmi les jurés inscrits sur la liste spéciale (voyez art. 13 de la loi du 4 juin), subsidiairement parmi les jurés de la ville inscrits sur la liste annuelle.

Dans le cas prévu par l'art. 90 du décret du 6 juillet 1810, le nombre des jurés titulaires est complété par un tirage au sort fait en audience publique, parmi les jurés de la ville inscrits sur la liste annuelle.

Suite des NOTES.

La présence de l'accusé au tirage des jurés pour compléter le nombre de 30, n'est pas exigée à peine de nullité. 14 juin 1832. J. P.

La cour a pu ordonner le tirage de 4 jurés au lieu de 2, en statuant qu'ils seraient appelés dans l'ordre du tirage, et selon qu'ils seraient trouvés à domicile. 14 janv. 1841 n. 8.

Le président peut tirer au sort un nombre de jurés supérieur au nombre nécessaire pour compléter celui de trente. Il suffit 1° que ceux qui doivent compléter ce nombre soient désignés par le président en audience publique de la cour d'assises et par la voie du sort; — 2° qu'en définitive, la liste des jurés ne soit pas supérieure au nombre de trente, et que, pour compléter ce nombre, on suive exactement l'ordre dans lequel les noms sont sortis de l'urne, en sorte que les derniers appelés par le sort ne soient désignés pour compléter la liste des trente, qu'autant que ceux appelés avant eux auraient été empêchés ou n'auraient pas été trouvés à domicile. 19 avril 1838 n. 102.

En l'absence de réclamation de l'accusé lors du tirage du jury de jugement, il y a présomption légale que les jurés complémentaires ont été régulièrement appelés pour former le nombre de 30, par suite de l'empêchement ou de l'absence des jurés qui les précédaient. 28 juillet 1853 n. 267.

Les jurés complémentaires, une fois appelés par le tirage au sort, doivent continuer leurs fonctions pendant tout le cours de la session des assises, à moins que l'absence des jurés titulaires qu'ils suppléaient ne vienne à cesser. 2 avril 1840 n. 101.

Lorsque le juré titulaire reparaît, la mission du juré complémentaire qui le suppléait, se trouve terminée (12 novembre 1829 n. 257), à moins qu'à l'instant même un autre juré ne vienne encore à manquer; dans ce cas le juré complémentaire doit continuer à siéger, les fonctions des jurés complémentaires consistant, non point à suppléer tel ou tel membre du jury, mais à compléter le nombre de trente jurés. 22 avril 1852 n. 131.

Condamnation à l'amende des jurés qui ne comparaissent pas ou qui se retirent sans une excuse jugée valable par la cour. Causes diverses d'exoine. — S'il y a moins de trente jurés présents, aptes à connaître de l'affaire, nécessité de compléter ce nombre d'abord par les quatre jurés suppléants, et si cela ne suffit pas, par les jurés complémentaires tirés au sort à l'audience de la cour d'assises.

396
397
398. *Condamnation à l'amende des jurés qui ne comparaissent pas, ou qui se retirent sans une excuse jugée valable par la cour.* — *Causes diverses d'exoine.* — C'est à la cour d'assises, et non au président, qu'il appartient de statuer sur le mérite des excuses proposées par les jurés. 13 mars 1846 n. 72.. 17 sept. 1852 n. 317.

La cour, avant de statuer, n'est pas tenue d'entendre l'accusé. 7 déc. 1821 n. 192.. 23 sept. 1847 n. 231.

Les accusés n'ont pas le droit de critiquer les excuses et dispenses prononcées par la cour, lorsque trente jurés capables ont concouru à la formation du jury de jugement. 14 déc. 1865 n. 226.

La cour d'assises apprécie souverainement les excuses proposées par les jurés. 3 sept. 1835, D. 1836, p. 230.. 31 mars 1836. D. 1836, p. 237.. 23 mars 1854 n. 80. — L'arrêt ne doit pas, à peine de nullité, faire connaître les motifs qui ont fait admettre une excuse; il suffit que cet arrêt exprime que les motifs étaient légitimes. 17 octobre 1833 n. 445.. 28 déc. 1860 n. 304.

La cour ne doit admettre que des excuses graves et bien justifiées. Elle doit rejeter sans examen les certificats de maladie non affirmés devant le juge de paix. Circulaire ministérielle du 27 novembre 1827. — S'il y a eu faux certificat de maladie, voyez les articles 159, 160 et 236 du code pénal.

La cour d'assises peut apprécier elle-même l'état de souffrance d'un juré, et déclarer que ce juré ne peut continuer son service; cette appréciation échappe à la censure de la cour de cassation. 21 sept. 1848 n. 246.. 23 mars 1854 n. 80.

La cour peut autoriser à se retirer un juré qui, dans le cours des débats, apprend que sa mère est sur le point de mourir; le juré ne conserverait pas le calme et la liberté d'esprit nécessaires pour prendre part à une délibération importante. 15 avril 1830. D. 1830, p. 220.

La cour peut exempter un juge suppléant, en vertu de l'article 398, par le motif que sa présence est nécessaire au tribunal auquel il est attaché. 1er juin 1821 n. 85.

La cour d'assises est investie du droit d'excuser des jurés inexactement indiqués, soit dans l'assignation donnée aux jurés, soit dans la notification de la liste à un accusé. 17 fév. 1826. D. 1826, p. 173.

La circonstance alléguée par un juré qu'il a une opinion faite dans l'affaire, n'est pas une cause de dispense; elle ne peut donner lieu qu'à une récusation. 16 octobre 1846 n. 279.

La cour ne peut pas, sans vicier l'opération du tirage, éliminer un juré qui n'a pas demandé à être excusé, par le motif qu'il aurait à son service des parents de l'accusé, — ou qu'il serait le médecin de la femme de l'accusé, — ou qu'il aurait été le notaire de l'accusé. Ce ne sont pas là des causes d'incapacité légale, et l'on a contre les jurés la voie de la récusation. 11 et 26 janv. 1844 n. 9 et 25.

Les jurés excusés momentanément peuvent reprendre leurs fonctions sans qu'un arrêt de la cour les y autorise. 7 janv. 1825 n. 1.. 6 janv. 1853 n. 5. — Les jurés condamnés à l'amende (8 avril 1830 n. 96.. 7 janvier 1825 n. 1), et les jurés rayés de la liste (23 septembre 1842 n. 247), ne peuvent reprendre leurs fonctions qu'en vertu d'un arrêt qui les rétablisse sur la liste du jury.

Les excuses présentées après la clôture de la session, ne peuvent plus être jugées que par la cour d'assises de l'une des sessions suivantes. 25 mars 1826. S. 1826, p. 438.

393. *S'il y a moins de 30 jurés présents, aptes à connaître de l'affaire, nécessité de compléter ce nombre, d'abord par les quatre jurés suppléants, et si cela ne suffit pas, par les jurés complémentaires tirés au sort à l'audience de la cour d'assises.* — Le tirage du jury de jugement doit se faire sur une liste qui ne peut compter moins de 30 jurés, aptes à connaître de l'affaire qui va être jugée. L'incapacité absolue ou relative de l'un des jurés réduirait les droits de récusation. 11 janvier 1838 n. 10.

Il ne peut être joint aux jurés présents que le nombre strictement nécessaire pour compléter celui de trente. Les jurés appelés au delà de ce nombre sont sans qualité, et leur participation à la déclaration du jury la frappe de nullité. 13 janv. 1820 n. 5.. 30 déc. 1841 n. 373.

Il faut, à peine de nullité, que les jurés suppléants soient appelés dans l'ordre de leur inscription. 25 avril 1833 n. 150. — Lorsqu'un des jurés suppléants a été appelé sans que l'empêchement de ceux qui le précédaient dans l'ordre ait été constaté, il y a présomption légale que ces jurés étaient légalement empêchés. 7 oct. 1831 n. 246.

La présence dans le jury de jugement d'un juré suppléant appelé au delà du nombre de trente, est une cause de nullité. 20 déc. 1841. D. 1842, p. 74.. 27 août 1847 n. 198.

Lorsque les jurés titulaires reparaissent, les jurés suppléants qui les remplaçaient, se retirent suivant l'ordre de leur inscription, en commençant par le dernier appelé.

Tirage au sort des jurés complémentaires. — C'est la cour d'assises qui ordonne le tirage; voy. p. 100. L'assistance de la cour d'assises est substantielle pour la légalité du tirage des jurés complémentaires, non moins que la publicité de l'opération. 17 sept. 1838 n. 253. — Le procès-verbal doit, à peine de nullité, constater que le tirage au sort des jurés complémentaires a été fait en audience publique. 21 sept. 1837 n. 280.

(Voir ci-contre la suite des notes.)

394. Le nombre de douze jurés est nécessaire pour former un jury.

Lorsqu'un procès criminel paraîtra de nature à entraîner de longs débats, la cour d'assises pourra ordonner, avant le tirage de la liste des jurés, qu'indépendamment des douze jurés, il en sera tiré au sort un ou deux autres qui assisteront aux débats.

Dans le cas où l'un ou deux des douze jurés seraient empêchés de suivre les débats jusqu'à la déclaration définitive du jury, ils seront remplacés par les jurés suppléants.

Le remplacement se fera suivant l'ordre dans lequel les jurés suppléants auront été appelés par le sort.

332. Dans le cas ou l'accusé, les témoins ou l'un d'eux, ne parleraient pas la même langue ou le même idiome, le président nommera d'office, à peine de nullité, un interprète âgé de vingt-un ans au moins, et lui fera, sous la même peine, prêter serment de traduire fidèlement les discours à transmettre entre ceux qui parlent des langages différents.

L'accusé et le procureur général pourront récuser l'interprète, en motivant leur récusation. La cour prononcera.

L'interprète ne pourra, à peine de nullité, même du consentement de l'accusé ni du procureur général, être pris parmi les témoins, les juges et les jurés.

333. Si l'accusé est sourd-muet et ne sait pas écrire, le président nommera d'office, pour son interprète, la personne qui aura le plus d'habitude de converser avec lui.

Il en sera de même à l'égard du témoin sourd-muet.

Le surplus des dispositions du précédent article sera exécuté.

Dans le cas où un sourd-muet saurait écrire, le greffier écrira les questions et observations qui lui seront faites; elles seront remises à l'accusé ou au témoin qui donneront par écrit leurs réponses ou déclarations. Il sera fait lecture du tout par le greffier.

Suite des NOTES.

Il n'y a pas nullité, si le président a nommé un témoin, même plaignant, pour interprète à un sourd-muet, lorsqu'il est constaté au procès-verbal que ce témoin est la seule personne qui puisse converser avec ce sourd-muet. 3 juillet 1846 n. 173.

Lorsqu'un individu parle un langage inintelligible, le président peut nommer pour interprète la personne avec laquelle cet individu a le plus d'habitude de converser (22 nov. 1855 n. 364); cette personne fut-elle témoin. 15 déc. 1859 n. 275.. 5 avril 1861 n. 72.

L'art. 132 n'impose pas au président l'obligation d'avertir les accusés de la faculté qu'ils ont de récuser l'interprète. 31 mars 1835. D. 1836, p. 237.

Prestation de serment de l'interprète. — Le procès-verbal doit, à peine de nullité, constater que l'interprète a prêté le serment prescrit par l'art. 332 (22 sept. 1837 n. 286) ; la mention que l'interprète a prêté le serment prescrit par la loi, suffit. 8 déc. 1865 n. 220.

La formule de l'article 332 n'est pas sacramentelle. Il suffit que le serment prêté rende parfaitement le même sens et impose exactement les mêmes obligations. 16 avril 1818 n. 52.. 4 fév. 1819 n. 14.

L'interprète qui a prêté serment au moment du tirage du jury, n'est pas obligé de le renouveler lors des débats. 3 fév. 1819 n. 14.. 25 nov. 1837. D. 1838, p. 426.

L'interprète, qui a prêté le serment prescrit par la loi, et dont la présence à toutes les séances de la cour a été constatée, est présumé suffisamment avoir rempli ses fonctions, toutes les fois que son intervention a été nécessaire. 26 avril 1838 n. 111.. 24 juillet 1845 n. 240.. 31 janvier 1867 n. 21.

Lorsque le procès-verbal constate que l'interprète à fait la traduction de toutes les dépositions et de tous les discours pour en faciliter la parfaite intelligence à tous ceux qui parlaient des langages différents, cette mention faite dans les termes de l'article 322 satisfait au vœu de cet article. 15 mars 1840 n. 133.

Le président peut, sans faire prêter à l'interprète le serment de témoin, l'interpeller sur des objets qui ont rapport à l'interprétation des paroles de l'accusé. 25 fév. 1830. D. 1830, p. 141.

Mesures à prendre, si l'accusé (ou le témoin) est un sourd-muet, sachant écrire; voyez le dernier § de l'art. 333.

Mesures à prendre, si l'accusé (ou le témoin) complétement sourd, sait lire. — Si l'accusé est complétement sourd, et s'il sait lire, toutes les communications qui doivent avoir lieu de vive voix, lui sont faites à l'aide de l'écriture. Voyez 29 déc. 1854 n. 358.

Adjonction de jurés aux douze qui sont nécessaires pour former le jury de jugement.
Nomination d'un interprète, si l'accusé n'entend pas le français, ou s'il est sourd-muet et ne sait pas écrire.
Mesures à prendre si l'accusé est un sourd-muet, sachant écrire.

394. *Adjonction de jurés aux douze qui sont nécessaires pour former le jury de jugement.* — C'est à la cour d'ordonner l'adjonction de jurés suppléants. 6 octobre 1854 n. 295.

Lorsque la cour ordonne l'adjonction de jurés et d'un troisième assesseur, il n'y a pas nécessité d'entendre sur ce point les accusés, qui n'ont aucun droit de s'opposer à cette mesure. 28 juin 1858 n. 187.

Il ne faut pas, à peine de nullité, que l'arrêt d'adjonction soit rendu publiquement. 10 juin 1830 n. 164.. 3 sept. 1840 n. 247.. 13 janv. 1853 n. 14.. 11 février 1860 n. 35.

L'arrêt peut être rendu hors de la présence de l'accusé, qui n'a pas la faculté de s'opposer à cette mesure légale (28 juin 1832 n. 235.. 20 fév. 1851 n. 71.. 10 juillet 1863 n. 193); — et hors de la présence du défenseur. 21 août 1840 n. 236. — L'accusé et son défenseur sont encore à temps de présenter leurs réclamations, lorsqu'ils sont appelés pour le tirage du jury. 19 sept. 1859 n. 301.

L'arrêt qui ordonne l'adjonction d'un 13ᵉ juré est suffisamment motivé, lorsqu'il est dit que le procès est de nature à entraîner de longs débats. 26 juill. 1834. D. 1834, p. 496. — Il suffit que cet arrêt, rendu sur un incident, soit consigné au procès-verbal de la séance. 29 mars 1832 n. 114.

La cour d'assises, si cela n'a pas nui au droit de récusation, a pu n'ordonner l'adjonction d'un 13ᵉ juré qu'après le tirage des 12 jurés de jugement. 5 sept. 1861, n. 203.

La cour peut, par un nouvel arrêt, rapporter l'arrêt d'adjonction, même après le tirage du jury. 21 août 1840 n. 236. Dans l'espèce on s'était aperçu après le tirage, et trop tard pour réparer l'erreur, qu'on n'avait tiré que 12 jurés ; l'accusé avait joui d'ailleurs de son droit de récusation.

Dans le cas où l'un des jurés se trouve indisposé, c'est à la cour d'ordonner son remplacement par un juré adjoint ; c'est là une excuse à apprécier. 10 oct. 1840 n. 245.. 22 nov. 1860 n. 247.

Le législateur s'en est rapporté à la conscience des magistrats sur les moyens de constater les empêchements des jurés. 3 sept. 1835. D. 1836, p. 230. — Voyez notes, art. 296, p. 45.

Lorsque les jurés adjoints n'ont pas été appelés à remplacer des titulaires, le procès-verbal doit constater qu'ils n'ont pas pris part à la déclaration du jury. 29 mars 1832 n. 114. — Jugé que si le procès-verbal n'énonce pas qu'un des jurés titulaires a été empêché de concourir à la déclaration, il y a présomption légale que le juré adjoint n'y a pas pris part. 30 sept. 1836. J. P.

L'entrée d'un juré adjoint dans la chambre des délibérations, alors que le jury est resté complet, entraîne nullité. 10 juin 1830. J. P.

Les jurés adjoints font partie du jury, jusqu'au moment où les jurés de jugement se retirent dans leur chambre pour délibérer. 29 mars 1832 n. 114.

Un juré adjoint a pu, sans nullité, reprendre sa place lors de la lecture du verdict, les fonctions du jury n'étant terminées que lorsque la déclaration est devenue irréfragable. 8 janv. 1846 n. 11.

332. *Nomination d'un interprète, si l'accusé (ou le témoin) n'entend pas le français, ou s'il est sourd-*
333. *muet et ne sait pas écrire. Personnes pouvant être interprète; prestation de serment.* — Si l'accusé n'entend pas le français, il faut, à peine de nullité, lui nommer un interprète, lors de la formation du tableau des 12 jurés, pour l'exercice de son droit de récusation. 17 et 18 août 1832 n. 307 et 312.

La nécessité d'un interprète peut ne se révéler que pendant l'audition des témoins. (Dans l'espèce, l'accusé n'avait pas été assisté d'un interprète au moment du tirage du jury.) 14 mai 1840 n. 132.

Il n'est pas nécessaire de traduire à l'accusé la formule du serment prêté par les témoins. 24 août 1827. D. 1827, p. 490. — Il y a nullité si, l'accusé ayant déclaré ne pas entendre le patois, le président lui a traduit la déposition du témoin. Peu importe qu'après cette traduction, l'accusé ait déclaré que la nomination d'un interprète n'était pas nécessaire. 21 février 1812 n. 39.

Un témoin a pu sans nullité déposer en patois, si cet idiome était compris par les accusés, par la cour, par les jurés et par les témoins présents à l'audience. 30 janv. 1851 n. 39.

Il y a présomption que la déposition d'un témoin a pu être entendue par l'accusé, les jurés et les magistrats, si aucune réclamation ne s'est élevée à cet égard pendant les débats. 23 mai 1839 n. 162.

L'accusé ne peut se pourvoir en cassation pour défaut de nomination d'un interprète, lorsque rien dans la procédure n'en a révélé le besoin. 12 mai 1855 n. 164.

La loi n'exige pas que la nomination de l'interprète soit consignée dans une ordonnance spéciale. Il suffit que le procès-verbal mentionne que le S... a été nommé et agréé interprète. 21 déc. 1854 n. 350.

Personnes pouvant être nommées interprète. — Pour être interprète, il n'est pas nécessaire d'être français et de jouir des droits civils ; un étranger, un domestique peuvent être interprète. 2 mars 1827. S. 1827, p. 433. — L'un des jurés non désignés par le sort pour le jury de jugement peut être interprète. 21 mai 1812. D. A. 1, p. 1138. — Une femme qui a vingt-un ans, peut être appelée à remplir le ministère d'interprète. 16 avril 1818 n. 52.

Il n'est pas nécessaire que l'âge de l'interprète soit énoncé dans le procès-verbal. 9 avril 1846 n. 93.

Un témoin ne peut, à peine de nullité, être nommé interprète. 30 déc. 1853 n. 608.

L'âge de 21 ans n'est pas exigé pour l'interprète des sourds-muets accusés ou témoins. 22 déc. 1824 n. 196. — La disposition de l'article 333 est simplement indicative. 27 mars 1834 n. 102.

(Voir ci-contre la suite des notes.)

266. Le président est chargé de convoquer les jurés et de les tirer au sort. Il pourra déléguer ces fonctions à l'un des juges.

399. Au jour indiqué, et pour chaque affaire, l'appel des jurés non excusés et non dispensés sera fait avant l'ouverture de l'audience, en leur présence, et en présence de l'accusé et du procureur général.

Le nom de chaque juré répondant à l'appel sera déposé dans une urne.

L'accusé premièrement ou son conseil, et le procureur général, récuseront tels jurés qu'ils jugeront à propos, à mesure que leurs noms sortiront de l'urne, sauf la limitation exprimée ci-après.

L'accusé, son conseil, ni le procureur général, ne pourront exposer leurs motifs de récusation.

Le jury de jugement sera formé à l'instant où il sera sorti de l'urne douze noms de jurés non récusés.

400. Les récusations que pourront faire l'accusé et le procureur général, s'arrêteront lorsqu'il ne restera que douze jurés.

401. L'accusé et le procureur général pourront exercer un égal nombre de récusations; et cependant, si les jurés sont en nombre impair, les accusés pourront exercer une récusation de plus que le procureur général.

402. S'il y a plusieurs accusés, ils pourront se concerter pour exercer leurs récusations; ils pourront les exercer séparément.

Dans l'un et l'autre cas, ils ne pourront excéder le nombre de récusations déterminé pour un seul accusé par les articles précédents.

403. Si les accusés ne se concertent pas pour récuser, le sort réglera entre eux le rang dans lequel ils feront les récusations. Dans ce cas, les jurés récusés par un seul, et dans cet ordre, le seront pour tous, jusqu'à ce que le nombre de récusations soit épuisé.

404. Les accusés pourront se concerter pour exercer une partie des récusations, sauf à exercer le surplus suivant le rang fixé par le sort.

405. L'examen de l'accusé commencera immédiatement après la formation du tableau.

Suite des NOTES.

Moment où le jury est formé. — Le président déclare le jury formé, lorsqu'il est sorti de l'urne 12 noms de jurés non récusés (art. 399 § 5), ou lorsqu'il ne reste que 12 noms dans l'urne. Art. 400.

Irrégularités dans l'opération du tirage. Contestations. — Si le tirage du jury donne lieu à des contestations, la cour est appelée à intervenir. 25 juin 1840 n. 187.

Lorsqu'après le tirage, on s'aperçoit qu'on a omis d'avertir l'accusé de son droit de récusation, la cour peut annuler l'opération et ordonner que le tirage sera recommencé, après que l'accusé aura reçu l'avertissement. 19 fév. 1841 n. 48.. 10 janv. 1861 n. 10.

L'erreur par suite de laquelle on a tiré 13 jurés au lieu de douze, peut être réparée à l'instant, en ordonnant que le 13e juré se retirera. 7 janv. 1830. D. 1830, p. 49.

Lorsqu'après le tirage, le président s'aperçoit que le nom de l'un des jurés ayant répondu à l'appel n'a pas été mis dans l'urne, il faut annuler l'opération et la recommencer. 18 juill. 1856 n. 255.

Lorsque, pendant le tirage, on s'aperçoit que la liste des jurés ne contient pas trente noms, la cour doit annuler ce qui a été fait, et ordonner une nouvelle formation du jury. 18 avril 1861 n. 84.

Dans un arrêt rendu le 14 déc. 1854 n. 341, la cour de cassation a posé en principe qu'on ne peut annuler la formation du jury de jugement qu'autant qu'il y a impossibilité de réparer autrement l'erreur commise dans le tirage. En conséquence, elle a jugé que dans le cas où l'erreur provient de la mise dans l'urne du nom d'un juré excusé (20 juin 1867 n. 143) ou d'un juré absent et qu'on croyait avoir répondu à l'appel (16 juin 1855 n. 215), il suffit de tirer de l'urne un autre nom de juré. — Voyez aussi 19 juin 1862 n. 150.

L'opération du tirage au sort du jury est indivisible ; il y a nullité, si les actes qui la constituent n'ont pas été exécutés de suite, et sans désemparer. 5 janvier 1850 n. 4.

Procès-verbal du tirage. Voyez art. 372, page 98.

405. *Après le tirage du jury, commencement de l'affaire.* — L'art. 405 n'est pas prescrit à peine de nullité; et, après avoir tiré le jury, on peut renvoyer l'affaire au lendemain. 13 fév. 1846 n. 49.

Il suffit, pour l'exécution de l'art. 405, que les débats se soient ouverts dans un temps fort rapproché du moment du tirage du jury, et qu'une fois commencés, ils aient été continués sans interruption et sans renvoi à une autre affaire, jusqu'à ce qu'ils se soient terminés. 8 mars 1838 n. 59.

Tirage du jury de jugement. — Opérations préliminaires. — Appel des jurés de service. Dépôt dans une urne des noms des jurés répondant à l'appel. — Avertissement au sujet du droit de récusation. Tirage des noms hors de l'urne. Récusations par l'accusé et par le ministère public. Moment où le jury de jugement est formé. — Procès-verbal du tirage. — Après le tirage du jury, commencement de l'examen.

266. Le président est chargé de convoquer les jurés et de les tirer au sort; voyez ci-contre l'art. 266.
399 Avant le tirage, la cour d'assises statue sur les conclusions qui peuvent être prises. — Elle ordonne,
à s'il y a lieu, l'adjonction de jurés (art. 394 p. 46) et l'adjonction d'un troisième assesseur; voyez les
405. notes p. 13. — Elle tire de la liste de service les jurés incapables (voyez p. 42), et les jurés ayant des motifs d'exoine; voyez p. 45. — Elle condamne à l'amende les jurés défaillants, art. 396, p. 44.

S'il n'y a pas 30 jurés présents, elle ordonne de tirer au sort des jurés complémentaires, art. 393, p. 44.

Le président peut procéder seul au tirage du jury, l'art. 299 n'exigeant pas que cette opération ait lieu en présence de la cour d'assises. 12 septembre 1833 n. 375.. 31 mai 1867 n. 130.

Le président, pour ménager le temps des jurés, peut tirer successivement les jurys qui doivent connaître des affaires de la journée. 13 avril 1837 n. 109. Cette manière d'agir est dangereuse.

On peut procéder au tirage pendant la suspension de l'audience d'une autre affaire. 16 juil. 1863 n. 196.

Le tirage peut avoir lieu, soit à huis-clos soit en audience publique; la publicité est une garantie de plus accordée à l'accusé. 13 avril 1837 n. 109.. 8 oct. 1834 n. 337.. 14 sept. 1865 n. 182.

Si l'accusé refuse de comparaître, voyez la loi du 9 sept. 1835, et les notes, art. 310, p. 51.

S'il faut nommer un interprète à l'accusé, voyez les art. 332 et 333, p. 46.

La présence du conseil au tirage n'est pas prescrite à peine de nullité; il suffit qu'il n'y ait pas été apporté d'obstacle et que l'accusé ne l'ait pas réclamée. 16 fév. 1837. D. 1837, p. 488.. 13 janv. 1853 n. 14.

Le défenseur des parties civiles peut assister au tirage. 30 mai 1839 n. 168.

Appel des jurés. Nécessité qu'il y ait au moins trente jurés présents, aptes à connaître de l'affaire. — Lorsqu'il y a plusieurs jurés du même nom, il faut les désigner de telle sorte que, si l'un d'eux tombe au sort, l'accusé ne puisse être induit en erreur sur l'identité. 17 mars 1854 n. 74.

Si, au moment de l'appel, des jurés exoinés ou condamnés pour absence se présentent, les jurés qui les remplaçaient, se retirent en commençant par le dernier appelé; voyez les notes, art. 396, p. 45.

Il y a nullité, si l'appel des noms des jurés n'a pas été fait en présence de l'accusé, avant le dépôt des bulletins dans l'urne. 8 déc. 1853 n. 574 . 19 janv. 1850 n. 28.

Le nombre des jurés répondant à l'appel et aptes à connaître de l'affaire, ne peut être au-dessous de trente. 1er fév. 1855 n. 28. — Voyez l'art. 393, p. 44 et les notes.

Le concours d'un juré incapable à la formation du tableau, n'annule pas les débats, si la liste comprenait trente jurés aptes à connaître de l'affaire, et si le juré incapable n'est pas tombé au sort ou a été récusé. 9 sept. 1841. D. 1841, p. 437.. 18 avril 1845 n. 141.. 12 juill. 1851 n. 283.

Dépôt dans une urne des noms des jurés répondant à l'appel. — On ne peut substituer un mode de tirage à celui qui est prescrit par l'art. 399. Ainsi, on ne peut pas, au lieu des noms des jurés, déposer dans l'urne des numéros correspondants aux noms. 2 juill. 1839 n. 144.. 14 sept. 1829 n. 211.

Avertissement au sujet du droit de récusation. — Le droit de récuser appartient également à ceux qui sont accusés de crimes, ou prévenus de délits. 3 déc. 1836. D. 1837, p. 473.

Le président doit avertir l'accusé de son droit de récusation. 17 janv. 1856 n. 20.

S'il y a des jurés adjoints, le nombre des récusations est forcément restreint. 29 mars 1832 n. 114.

Un accusé ne peut se plaindre qu'il ait été admis à exercer trop de récusations. 22 mars 1845 n. 107.

S'il y a plusieurs accusés, le président doit leur dire qu'ils peuvent se concerter pour exercer les récusations, et non qu'ils doivent. 2 mars 1850 n. 78.

L'obligation de prévenir les accusés qu'ils peuvent se concerter entre eux, n'est pas imposée au président, à peine de nullité. 12 juin 1835. D. 1836, p. 392.. 29 juill. 1853 n. 374.

Si les accusés ne se concertent pas entre eux, le sort règle le rang dans lequel ils feront les récusations, et la part de récusation pour chacun étant déterminée, les accusés, à mesure du tirage des noms des jurés, sont interpellés successivement dans l'ordre établi, et chacun peut récuser jusqu'à ce que sa part aux récusations soit épuisée (art. 403). Voyez 26 fév. 1841 n. 53, et 2 fév. 1833. S. 1833, p. 479.

Les conseils des accusés étant admis par l'art. 399 à exercer personnellement le droit de récusation, ils peuvent se concerter pour le déléguer à l'un d'eux. 10 janvier 1834. D. 1834, p. 178.

Tirage des noms hors de l'urne. Récusations par l'accusé et par le ministère public. — Il faut que les récusations soient faites à mesure que les noms sortent de l'urne. Un juré ne peut plus être récusé, lorsque le nom du juré suivant a été extrait de l'urne et proclamé par le président. 12 juill. 1833 n. 268.. 1er sept. 1836 n. 289. — Une récusation, une fois déclarée, ne peut être postérieurement rétractée sous prétexte d'erreur. 31 juill. 1829. D. 1829, p. 317.

Si les récusations soulèvent des difficultés, la cour statue. 3 déc. 1836 S. 1838, p. 82.

La circonstance que l'accusé a cessé de récuser, avant d'avoir épuisé son droit, n'autorise pas le ministère public à excéder le nombre des récusations qui lui sont propres. 24 déc. 1813. D. A. 1, p. 1122.

L'art. 400, qui dispose que les récusations s'arrêteront lorsqu'il ne restera que douze noms dans l'urne, suppose que l'accusé et le ministère public ont épuisé leur droit. 29 nov. 1811. D. A. 1, p. 1121.

(Voir ci-contre la suite des notes)

CHAPITRE V.

Entrée en séance de la cour d'assises. 309, p. 50. — Comparution de l'accusé; interpellation sur ses nom, prénoms, etc. 310, p. 50. — Fixation de l'ordre des débats, s'il y a plusieurs accusés. 334, p. 50. — Avertissement au défenseur. 311, p. 50. — Serment des jurés. 312, p. 52. — Intervention de la partie civile. 67, p. 54. — Interdiction de compte-rendu. Art. 17 de la loi du 17 février 1852, p. 54. — Huis-clos. Art. 81 de la constitution de 1848, p. 54. — Avis a l'accusé d'être attentif a la lecture de l'arrêt de renvoi et de l'acte d'accusation; lecture de ces pièces par le greffier. 313, p. 56. — Résumé de l'acte d'accusation par le président. 314, p. 56. — Exposé de l'affaire par le procureur général. 315, p. 56. — Appel des témoins; témoins a l'audition desquels on peut s'opposer. 315, p. 56. — En cas d'absence de témoins, faculté pour la cour de renvoyer l'affaire a une autre session. 354, p. 56. — Condamnation a l'amende des témoins absents, et mesures extraordinaires dont ils peuvent être l'objet. 355, 356, p. 56. — Retraite des témoins dans leur chambre. 316, p. 56.

309. Au jour fixé pour l'ouverture des assises, la cour ayant pris séance, douze jurés se placeront, dans l'ordre désigné par le sort, sur des siéges séparés du public, des parties et des témoins, en face de celui qui est destiné à l'accusé.

310. L'accusé comparaîtra libre, et seulement accompagné de gardes pour l'empêcher de s'évader.

Le président lui demandera son nom, ses prénoms, son âge, sa profession, sa demeure et le lieu de sa naissance.

334. Le président déterminera celui des accusés qui devra être soumis le premier aux débats, en commençant par le principal accusé, s'il y en a un. Il se fera ensuite un débat particulier sur chacun des autres accusés.

311. Le président avertira le conseil de l'accusé qu'il ne peut rien dire contre sa conscience ou contre le respect dû aux lois, et qu'il doit s'exprimer avec décence et modération.

Suite des NOTES.

L'accusé principal peut être soumis le dernier aux débats. 28 sept. 1865 n. 186.

Il est laissé à la sagesse du président d'établir ou de ne pas établir de débats particuliers, lorsqu'il y a plusieurs accusés. 28 mai 1818 n. 71., 4 août 1843 n. 196.

311. *Avertissement au défenseur. — Devoirs des avocats; peines disciplinaires.* — L'art. 311 n'est pas prescrit à peine de nullité. 14 sept. 1837. D. 1838, p. 416., 27 sept. 1849. D. 1849, T. 100.

La disposition de l'article 311 a pour but de fixer les limites que ne doit pas dépasser la défense, soit qu'elle ait été confiée à des membres du barreau, soit qu'elle ait été remise à d'autres personnes, qui peuvent être autorisées à cet effet, en matière criminelle. 25 janv. 1834 n. 35.

Les membres du barreau plus spécialement sont tenus par l'article 31 de la loi du 22 ventôse, an XII (13 mars 1804), de ne rien dire ou publier comme défenseurs ou conseils, de contraire aux lois, aux règlements, aux bonnes mœurs, à la sûreté de l'état et à la paix publique, et de ne jamais s'écarter du respect dû aux tribunaux et aux autorités publiques. L'art. 43 de l'ordonnance du 20 novembre 1822 veut que toute attaque qu'un avocat se permettrait de diriger dans ses plaidoiries contre la religion, contre les principes de la monarchie, la charte, les lois du royaume ou les autorités établies, soit réprimée immédiatement, sur les conclusions du ministère public, par le tribunal saisi de l'affaire, et que ce tribunal prononce l'une des peines prescrites par l'article 18, sans préjudice de poursuites extraordinaires, s'il y a lieu. L'art. 103 du règlement du 30 mars 1808 attribue à chaque chambre des cours et tribunaux la connaissance des fautes de discipline qui auraient été commises ou découvertes à son audience. Il appartient aux tribunaux saisis d'apprécier la nature des fautes qui sont imputées aux membres du barreau, de proportionner les peines disciplinaires à la gravité des infractions; et il n'entre pas dans les attributions de la cour de cassation de se livrer à une nouvelle appréciation de ces faits, lorsque ces tribunaux ont régulièrement et compétemment procédé. 25 janv. 1834 n. 35.

Les peines de discipline sont l'avertissement, la réprimande, l'interdiction temporaire, la radiation du tableau; l'interdiction ne peut excéder le terme d'une année. Art. 18 de l'ord^ce du 20 nov. 1822.

Si le conseil de l'accusé s'écarte du respect dû à la loi, son infraction peut provoquer contre lui, soit une injonction du président qui, en vertu du droit de police d'audience, le rappelle à ses devoirs, soit, en cas d'insuffisance, l'application d'une peine disciplinaire. 25 mars 1835. D. 1836, p. 246.

De nombreux arrêts relatifs aux droits et aux devoirs de la défense sont relatés en marge des articles auxquels ils se rapportent. — Si le défenseur tombe malade, voyez les notes de l'art. 406, p. 59. — Si le défenseur ne se présente pas, s'il refuse de plaider, s'il est témoin, etc., voyez les notes de l'art. 294, p. 25.

Entrée en séance de la cour d'assises. — Comparution de l'accusé ; interpellation sur ses nom, prénoms, etc. — Si l'accusé refuse de comparaître. Si l'accusé fait du tumulte. — Fixation de l'ordre des débats, s'il y a plusieurs accusés. — Avertissement au défenseur.

309. *Entrée en séance de la cour d'assises. — Publicité de l'audience. — Police de l'audience.* — Le procès-verbal doit, à peine de nullité, indiquer les noms des personnes composant la cour d'assises. 26 janvier 1832 n. 27.. 15 janvier 1848 n. 13. — Relativement à la régularité de la composition de la cour, voy. page 12 et suiv. et surtout page 19. — Si l'affaire dure plusieurs séances, il suffit que le procès-verbal énonce que la cour était composée comme à la séance précédente. 31 mars 1831 n. 67.

Il ne résulte pas de nullité de ce que les jurés ne se sont pas placés dans l'ordre fixé par le sort. 27 sept. 1822 n. 136.. 21 sept. 1848 n. 246.

Publicité de l'audience. — La publicité est une formalité substantielle (18 nov. 1830 n. 250); le procès-verbal doit, à peine de nullité, en faire mention. 14 juin 1866 n. 132. — Si l'examen d'un procès occupe plusieurs séances, le greffier doit constater la publicité pour chacune d'elles. 18 nov. 1830 n. 250.. 24 juin 1831 n. 144. — La publicité de l'audience résulte de ces expressions du procès-verbal : l'audience étant publique, l'audience étant publiquement reprise. 27 avril 1838 n. 115.

Police de l'audience. — Voyez à la page 33 ce qui se rattache à la police de l'audience, les permissions pour entrer dans l'enceinte réservée, l'autorisation aux parents de l'accusé de se placer au banc de la défense, les mesures à prendre pour maintenir l'ordre, la répression des différents délits qui peuvent se commettre dans l'auditoire.

310. *Comparution de l'accusé ; interpellation sur ses nom, prénoms, etc.* — Il n'est pas prescrit, à peine de nullité, de constater que l'accusé a été amené libre. 13 août 1829. D. 1829, p. 334.

Lorsque le procès-verbal constate que l'accusé a été amené libre à la première séance, il y a présomption, faute d'énonciation contraire, qu'il a comparu libre aux séances suivantes. 12 oct. 1848 n. 252.

La cour d'assises n'a pas à se préoccuper des mesures de secret qui ont pu être prises en dehors de l'audience. 20 mars 1862 n. 88.

L'art. 310 n'est pas prescrit à peine de nullité ; toutefois la nullité pourrait être prononcée *s'il résultait des faits constatés que* l'entrave corporelle à laquelle a été soumis l'accusé, *a pu être de nature* à compromettre la liberté physique et morale dont il a besoin pour sa défense. 2 janvier 1857 n. 1.

Si l'accusé refuse de comparaître ou s'il fait du tumulte. — Voyez ci-après les articles 8, 9, 10 et 11 de la loi du 9 septembre 1835.

Art. 8. Au jour indiqué pour la comparution à l'audience, si les prévenus ou quelques-uns d'entre eux refusent de comparaître, sommation d'obéir à justice leur sera faite au nom de la loi, par un huissier commis à cet effet par le président de la cour d'assises et assisté de la force publique. L'huissier dressera procès-verbal de la sommation et de la réponse des prévenus.

Art. 9. Si les prévenus n'obtempèrent point à la sommation, le président pourra ordonner qu'ils soient amenés par la force devant la cour ; il pourra également, après lecture faite à l'audience du procès-verbal constatant leur résistance, ordonner que, nonobstant leur absence, il soit passé outre aux débats. Après chaque audience, il sera, par le greffier de la cour d'assises, donné lecture aux prévenus qui n'auront pas comparu, du procès-verbal des débats ; et il leur sera signifié copie des réquisitoires du ministère public ainsi que des arrêts rendus par la cour, qui seront tous réputés contradictoires.

Art. 10. La cour pourra faire retirer de l'audience et reconduire en prison tout détenu qui, par des clameurs ou par tout autre moyen propre à causer du tumulte, mettrait obstacle au libre cours de la justice; et, dans ce cas, il sera procédé aux débats et au jugement, comme il est dit aux deux art. précédents.

Art. 11. Tout prévenu ou toute personne présente à l'audience d'une cour d'assises, qui causerait du tumulte pour empêcher le cours de la justice, sera, audience tenante, déclaré coupable de rébellion et puni d'un emprisonnement qui n'excédera pas deux ans, sans préjudice des peines portées au code pénal contre les outrages et violences envers les magistrats.

L'art. 8 de la loi du 9 sept. 1835 veut qu'il soit dressé procès-verbal de la sommation de comparaître ; ce procès-verbal néanmoins n'est un acte essentiel de la procédure, que dans le cas où la sommation est suivie de résistance de la part de l'accusé. 21 juill. 1859 n. 184.

Lorsque la cour, en vertu de l'art. 10 de la loi du 9 sept. 1835, fait expulser un accusé qui, par ses clameurs et ses outrages, entrave le cours de la justice, il n'est pas nécessaire de le sommer de comparaître pour entendre la déclaration du jury et l'arrêt de condamnation. 29 janv. 1857 n. 37.

Lorsque le président ordonne qu'il sera passé outre aux débats, nonobstant l'absence de l'accusé, il faut que ce magistrat constate, par une appréciation de faits ou de circonstances, laquelle est souveraine de sa part, qu'il y a eu refus de l'accusé de se présenter à l'audience. 4 juill. 1850 n. 209.

Il suffit de donner connaissance à l'accusé de ce qui s'est passé à l'audience, depuis le moment où il a cessé d'y paraître (art. 9 de la loi du 9 sept.) 12 sept. 1840 n. 350. — Il n'est pas nécessaire de notifier à l'accusé le réquisitoire tendant à l'application de la loi du 9 sept.. 12 sept. 1840 n. 350.

334. *Fixation de l'ordre des débats s'il y a plusieurs accusés.* — Lorsque le président n'a pas déterminé lequel des accusés sera soumis le premier aux débats, il y a présomption légale que l'on a suivi l'ordre indiqué par l'acte d'accusation ou par le ministère public. 3 mai 1834. D. 1834, p. 434.

(Voir ci-contre la suite des notes.)

312. Le président adressera aux jurés debout et découverts, le discours suivant :

Vous jurez et promettez, devant Dieu et devant les hommes, d'examiner avec l'attention la plus scrupuleuse les charges qui seront portées contre N... ; de ne trahir ni les intérêts de l'accusé, ni ceux de la société qui l'accuse ; de ne communiquer avec personne jusqu'après votre déclaration; de n'écouter ni la haine ou la méchanceté, ni la crainte ou l'affection ; de vous décider d'après les charges et les moyens de défense, suivant votre conscience et votre intime conviction, avec l'impartialité et la fermeté qui conviennent à un homme probe et libre.

Chacun des jurés, appelé individuellement par le président, répondra en levant la main, *je le jure;* à peine de nullité.

Suite des NOTES.

ration et dans l'intervalle des audiences, s'est adressé au défenseur pour avoir des explications sur un des points de la cause. 21 sept. 1832 n. 306.

Lorsqu'un juré de jugement a, dans le cours des débats, échangé quelques paroles avec un autre juré qui ne siégeait pas dans l'affaire, il n'y a pas nullité, si rien n'établit que ces paroles fussent relatives au procès. 12 septembre 1833. D. 1833, p. 365. — Les jurés adjoints peuvent, pendant les débats, communiquer avec les jurés titulaires. 29 mars 1832. D. 1833, p. 257.

La communication pendant les débats entre un juré de service et une personne étrangère à l'affaire ne vicie pas la procédure, si cette communication n'avait aucun rapport avec le procès; et à cet égard le juré peut être cru sur son affirmation. 25 nov. 1837. D. 1838, p. 427.

La remise d'une lettre à un juré de jugement pendant le cours des débats, n'établit pas suffisamment contre ce juré la présomption d'incapacité résultant d'une communication, qui aurait eu pour objet l'affaire soumise à sa décision. 11 nov. 1836. D. 1837, p. 188. — Dans une affaire soumise à la cour de cassation (19 avril 1844 n. 144), le juré avait fourni des explications, et la lettre avait été jointe à la procédure, afin de bien établir qu'elle n'était pas relative à l'affaire. — Voyez aussi 28 janv. 1848 n. 26.

La communication involontaire n'entraine pas de nullité; autrement il pourrait dépendre d'un tiers en faisant, hors de l'audience, à des jurés des communications qu'ils ne peuvent éviter d'entendre et dont ils ont eux-mêmes signalé l'irrégularité, d'arrêter le cours de la justice et de les placer ainsi en dehors du serment qu'ils ont prêté. 3 novembre 1836 n. 362. — Et le président en empêchant ces jurés de déclarer aux débats les paroles qu'ils ont entendues fortuitement, ne fait que se conformer à la règle, qui interdit à un individu d'être à la fois juré et témoin dans la même affaire. 29 novembre 1838 n. 373.

La cour peut refuser d'interroger les jurés sur des faits de communication qui auraient eu lieu hors de l'audience; elle ne fait qu'user du droit d'appréciation qui lui appartient. 21 juillet 1843 n. 188.

Les faits de communication antérieurs à la formation du jury ne peuvent être une cause de nullité, l'accusé pouvant exercer son droit de récusation. 12 déc. 1840 n. 350.. 13 oct. 1843 n. 265.

Un fait de communication reproché à l'un des jurés ne peut donner ouverture à cassation, lorsqu'il n'est point consigné au procès-verbal et qu'il n'a donné lieu à aucune réclamation à l'audience. 30 juin 1838 n. 187.. 12 décembre 1840 n. 350.

Après que la déclaration du jury a été lue et est devenue irréfragable, la cour doit rejeter les conclusions de la défense demandant acte d'un fait de communication d'un juré avec un témoin dans le cours des débats et pendant une suspension d'audience. La cour ne peut constater l'existence d'un fait qui n'a pas eu lieu en sa présence, dont elle n'a pas une connaissance personnelle et qu'elle ne peut vérifier, les débats ne pouvant plus être rouverts. 29 sept. 1853 n. 603.

Des faits de communication de la part des jurés sont une cause du renvoi de l'affaire à une autre session. 16 juin 1836. J. P. — S'il y a 13 jurés, la cour peut ordonner que le juré qui a communiqué s'abstiendra, et sera remplacé par le juré suppléant. 16 juillet 1857 n. 268.

Serment des jurés, leurs devoirs. — Défense de manifester son opinion. — Défense de communiquer.

312. *Serment des jurés; leurs devoirs.* — Il faut, à peine de nullité, que le procès-verbal constate que le président a adressé aux jurés le discours contenu en l'art. 312, et que les jurés ont répondu individuellement, en levant la main : *Je le jure*. 8 nov. 1832 n. 437.

Il n'y a pas nullité, parce qu'un juré, en prêtant serment, a levé la main gauche. 30 avril 1847. D. 1847. T. 440.

L'appel nominal des jurés pour la prestation de serment peut être fait par le greffier. L'obligation de faire lui-même cet appel n'est pas imposée au président à peine de nullité. 16 juin 1836 n. 195.

Les jurés adjoints doivent prêter serment comme les autres. 27 juillet 1820 n. 106.. 20 sept. 1849 n. 251.

Un juré appartenant au culte israélite satisfait pleinement à la loi en prêtant le serment prescrit par l'art. 312, et il suffit qu'il n'ait pas réclamé contre ce mode de serment, pour qu'il ait été interdit de le soumettre à tout autre. 10 juillet 1828 n. 206.

Le serment est une formalité substantielle que rien ne peut suppléer. Si, dans le cours d'une affaire, on s'aperçoit que cette formalité a été omise, il faut, après qu'elle a été remplie, recommencer les débats à partir de la prestation de serment, sous peine de nullité ; vainement l'accusé aurait consenti à ce qu'il en fût autrement. 10 déc. 1831 n. 316.

Le juré qui se laisse corrompre est passible des articles 181 et suivants du code pénal.

Le fait de la part d'un juré de lire un journal pendant l'audience, ne peut être l'objet que d'une observation d'ordre de la part du président, et il n'est pas de nature à donner ouverture à cassation. 30 juin 1838. D. 1838, p. 297.

Défense de manifester son opinion. — Lorsque, dans le cours des débats, un des jurés manifeste son opinion sur la culpabilité de l'accusé, il ne peut plus concourir légalement au jugement du procès. 18 janvier 1855 n. 13. — Le juré qui a manifesté son opinion, peut être remplacé par un des jurés adjoints. 19 juillet 1866 n. 184.

La demande d'un juré tendant à l'éclaircissement de la vérité, ne peut être considérée comme une manifestation de son opinion. 6 février 1840 n. 46.

Les jurés peuvent adresser aux témoins toutes les questions qu'ils croient utiles à la manifestation de la vérité, lors même que ces questions ne ressortiraient ni des débats ni de l'instruction écrite. On ne peut pas en conclure qu'il y ait eu de la part des jurés communication contrairement à l'art. 312. 22 mars 1839.. D. 1839, p. 397.

Une question adressée par un juré à un témoin ne peut être une cause de nullité, que si elle indique de la part du juré un parti pris sur l'accusation portée contre l'accusé. 18 déc. 1856 n. 400.

L'observation par un juré qu'à une question du ministère public l'accusé avait pâli, toute irrégulière qu'elle est, peut ne pas impliquer la manifestation de son opinion. 14 juin 1855 n. 204.

Cette exclamation d'un juré « mais il y a alors préméditation, » a pu être considérée par la cour d'assises comme rentrant dans l'exercice légitime du droit d'interpellation, et non comme la manifestation d'une opinion arrêtée. 15 déc. 1859 n. 275.

Pour que les observations d'un juré soient une cause d'illégalité, il faut qu'elles soient l'expression d'une opinion arrêtée sur la culpabilité de l'accusé. 16 avril 1857 n. 150. — Un juré a pu, sans nullité, exprimer son opinion sur un point théorique de la science médicale. 11 oct. 1847. D. 1847, p. 348.

Un juré peut demander que l'un des accusés soit éloigné de l'autre, à cause de l'influence qu'il pourrait exercer. La demande de ce juré tend à l'éclaircissement de la vérité, et ne peut être considérée comme une manifestation de son opinion. 6 févr. 1840 n. 46.

Défense de communiquer. — La peine de nullité ne peut être prononcée indistinctement pour toute communication des jurés au dehors, mais seulement pour celle qui serait relative aux faits du procès, et pourrait par suite exercer sur l'opinion des jurés une influence illégale. 15 mars 1838 n. 68.. 8 oct. 1840 n. 300.. 22 mai 1856 n. 184.. 16 av. 1857 n. 150.. 28 déc. 1860 n. 305.

Il y a nullité si, dans le cours de l'audition des témoins, l'un d'eux s'est approché des jurés et leur a parlé à voix basse. 20 juin 1833 n. 239.

La nullité est encourue si, dans le cours des débats, et en dehors de l'audience, il y a entre un juré et un témoin une communication volontaire, ayant pu exercer sur la conviction du juré une influence préjudiciable à la défense. 19 mai 1842 n. 123.

La communication d'un juré avec un témoin, pendant une suspension d'audience, si cette communication n'est pas de nature à exercer une influence illégale sur l'esprit du jury, ne peut constituer une violation des art. 312 et 353 du code d'instr. 6 fév. 1851 n. 50. — Voyez aussi 24 sept. 1857 n. 350.

Il y a violation du droit de la défense, si des jurés se transportent hors de la présence de la cour, de l'accusé et de son conseil, sur les lieux où s'est passé le fait, objet de l'accusation, et y reçoivent de la partie plaignante et des témoins, des renseignements relatifs à ce fait. 16 fév. 1838 n. 44.

On a pu ne voir qu'une simple tentative de communication dans le fait d'un juré qui, avant la délibé-

(Voir ci-contre la suite des notes.)

67. Les plaignants pourront se porter partie civile en tout état de cause jusqu'à la clôture des débats : mais en aucun cas leur désistement après le jugement ne peut être valable, quoiqu'il ait été donné dans les 24 heures de leur déclaration qu'ils se portent partie civile.

Art. 81, constitution de 1848. Les débats sont publics à moins que cette publicité ne soit dangereuse pour l'ordre et pour les mœurs, et dans ce cas le tribunal le déclare par un jugement.

Loi du 17 fév. 1852. Art. 17. — Dans toutes les affaires civiles, correctionnelles ou criminelles, les cours et tribunaux pourront interdire le compte rendu du procès. Cette interdiction ne s'appliquera pas au jugement qui pourra toujours être publié.

Art. 18. — Toute contravention aux dispositions des art. 16 et 17 de la présente loi sera punie d'une amende de cinquante francs à cinq mille francs, sans préjudice des peines prononcées par la loi, si le compte rendu est infidèle et de mauvaise foi.

Suite des NOTES.

Aucune loi n'impose à la cour l'obligation d'interpeller les accusés ou leurs conseils, avant d'ordonner l'interdiction du compte rendu des débats. 24 fév. 1860 n. 58.

Art. 81, constitution de 1848. *Huis-clos.* — L'art. 81 de la constitution de 1848 (qui a remplacé l'art. 55 de la charte de 1830) a été maintenu par la constitution du 14 janvier 1852. 30 juillet 1852 n. 263.

La mesure du huis-clos est abandonnée à la prudence des magistrats. 14 sept. 1827, n. 240.

L'art. 81 de la constitution de 1848 n'autorise le huis-clos que pour les débats. 5 oct. 1854 n. 293.

Toutes les formalités antérieures à la lecture de l'arrêt de renvoi et de l'acte d'accusation doivent avoir lieu en audience publique. 12 décembre 1825. J. P.

La cour peut ordonner le huis-clos après la lecture de l'arrêt de renvoi et avant la lecture de l'acte d'accusation. 1er oct. 1857 n. 355.

Les cours peuvent ordonner le huis-clos immédiatement après le serment prêté par les jurés et conséquemment avant qu'il ait été procédé à la lecture de l'arrêt de renvoi et de l'acte d'accusation. 17 avril 1834 n. 112.. 4 septembre 1840 n. 250.

La cour peut ordonner le huis-clos après la lecture de l'acte d'accusation. 10 mars 1827. J. P.

Le huis-clos peut n'être ordonné que pour une partie des débats. 25 août 1853 n. 426.

Lorsque la déposition d'un témoin paraît de nature à forcer d'entrer dans des explications dangereuses pour l'ordre et les mœurs, la cour peut ordonner le huis-clos. 19 février 1841 n. 48.

Les portes de la salle d'audience doivent, à peine de nullité, être rouvertes avant le résumé du président. 22 juin 1839 n. 202.

Arrêt de huis-clos. Formalités. — Avant d'ordonner le huis-clos, la cour n'est pas obligée d'entendre ou d'interpeller les parties. 4 avril 1850 n. 120.. 16 juin 1855 n. 214.. 5 juillet 1866 n. 167.

L'arrêt qui ordonne le huis-clos doit être motivé ; il doit contenir, à peine de nullité, la déclaration que la publicité serait dangereuse pour l'ordre et pour les mœurs, sans qu'il soit nécessaire d'employer les termes mêmes de la loi. 9 sept. 1830 n. 213.. 28 avril 1837 n. 136.. 11 janv. 1867 n. 3.

La loi n'exige pas que l'art. 81 de la constitution de 1848 soit textuellement inséré dans l'arrêt ordonnant le huis-clos. 3 janvier 1852 n. 181.

L'arrêt qui ordonne le huis-clos doit être prononcé publiquement. 12 déc. 1823 n. 161.

L'arrêt de huis-clos n'est pas soumis aux formes exigées pour les arrêts définitifs. 27 déc. 1817 n. 122. — Il est suffisamment constaté par son insertion au procès-verbal de l'audience. 13 nov. 1856 n. 347.. 1er octobre 1857 n. 355.

Nécessité de prononcer en audience publique les arrêts incidents rendus dans le cours d'un huis-clos. — Voyez 3 juin 1859 n. 140, et les notes de l'art. 408, p. 37.

Si la cour a rendu sans publicité un arrêt incident, elle peut, tant que le débat n'est pas terminé, réparer cette faute. Il faut rapporter l'arrêt qui a été prononcé à huis-clos et annuler tout ce qui a suivi, prononcer ensuite cet arrêt dans les mêmes termes, en audience publique, et recommencer la procédure. 26 janvier 1844 n. 26.

Les ordonnances que rend le président pour l'exercice de son pouvoir discrétionnaire, peuvent être prononcées sans que l'audience redevienne publique. 6 avril 1854 n. 97.

Personnes pouvant être admises à l'audience en cas de huis-clos. — L'introduction et le maintien dans la salle d'audience de personnes même étrangères au barreau, quand l'un ou l'autre ont été autorisés par le président et n'ont été l'objet d'aucune réclamation de la part de l'accusé ou de son conseil, ne peuvent être réputés préjudiciables à la défense, et ne constituent la violation d'aucun texte de loi. 19 avril 1841 n. 48.

Intervention de la partie civile. — Interdiction de compte-rendu des débats. — Huis-clos.

67. *Intervention de la partie civile. Moment où peut avoir lieu l'intervention.* — La partie lésée peut se constituer partie civile, soit devant le juge d'instruction d'après l'art. 63, soit devant la cour d'assises, avant la clôture des débats, d'après l'art. 67. 11 nov. 1841 n. 146. — Un plaignant, après avoir été entendu comme témoin, peut, jusqu'à la clôture des débats, se constituer partie civile (28 janv. 1833 n. 39); même après l'audition du ministère public. 12 janvier 1828 n. 8.

Lorsqu'un plaignant se constitue partie civile après avoir déposé, le président n'excède pas ses pouvoirs en déclarant au jury que la déposition ne doit plus être considérée que comme de simples renseignements. 5 mai 1854, n. 135.. 24 juin 1858 n. 179.

Aucune disposition du code ne défend aux individus compris dans une seule et même poursuite de se porter partie civile les uns contre les autres. 3 décembre 1836. D. 1837, p. 473.

Aux termes de l'art. 67, les plaignants ne peuvent plus se porter partie civile, après que la clôture des débats a été prononcée. 25 mai 1837 n. 160.. 20 août 1838 n. 255.. 26 déc. 1861 n. 76.

S'il résulte de l'article 67 que la partie civile doit prendre qualité avant la clôture des débats, afin que l'accusé puisse proposer sa défense contre les moyens que la partie civile fera valoir, il ne s'ensuit pas que la partie civile soit tenue de fixer, par ses conclusions, avant la clôture des débats, la quotité de dommages-intérêts auxquels elle prétend, puisque, aux termes de l'art. 358 du code d'instruction criminelle, le président de la cour d'assises, lorsque l'accusé a été déclaré non coupable par le jury, doit prononcer l'ordonnance d'acquittement avant de permettre à la partie civile de prendre des conclusions dans son intérêt personnel. 28 septembre 1858 n. 324.. 11 avril 1861 n. 76.

Formalités auxquelles est soumise l'intervention. — En matière criminelle, la partie civile n'est pas tenue de déposer la somme présumée nécessaire pour les frais. Voy. art. 163 du décret du 18 juin 1811.

Aux assises, la partie civile peut conclure par l'organe de son avocat. 28 sept. 1838 n. 324. — Aucun art. du code n'exige que, devant les cours d'assises, la partie civile ait recours au ministère d'un avoué pour présenter sa demande en dommages. 29 novembre 1851. D. 1852, p. 57.

Faculté pour le plaignant d'appeler dans l'instance les parties civilement responsables. — Le plaignant peut appeler dans l'instance les personnes civilement responsables du crime (art. 190 et 174 du code d'instruction). 18 juin 1847 n. 132. — La partie civile n'est pas tenue d'appeler en cause le tuteur ou le curateur de l'accusé. 15 janvier 1846 n. 21.

Faits sur lesquels peut être fondée une demande en intervention. — Droit d'appréciation de la cour. — Causes de non recevabilité de la demande. — Le code d'instruction criminelle en accordant, par ses articles 63 et 67, ensuite des dispositions des articles 1, 2 et 3 du même code, la faculté de se porter partie civile à ceux qui se prétendraient lésés par un crime ou par un délit, a, par cela même, laissé aux tribunaux saisis de l'action publique la faculté d'apprécier s'il y a lieu d'admettre l'intervention. 19 juillet 1832 n. 271.

Le droit conféré aux cours d'assises de statuer sur les dommages-intérêts est restreint, relativement à la partie civile, aux dommages-intérêts qui peuvent lui être dûs à raison du fait, objet de l'accusation, et par celui qui a été accusé de ce fait. 11 octobre 1817. S. 1819, p. 269.. 17 déc. 1831 n. 319.

La cour d'assises a une compétence absolue pour statuer sur des questions de droit civil, lorsque ces questions se rattachent aux faits de la poursuite et ont pour base une demande en dommages formée dans les termes des articles 358 et 359. 18 novembre 1854 n. 318.

Nul n'est recevable à saisir la juridiction criminelle d'une demande en dommages-intérêts, si déjà il a saisi de cette action la juridiction civile. 11 juin 1846 n. 141.

Sur l'intervention d'une mère tutrice, voyez 5 oct. 1866 n. 225, et 20 février 1863 n. 59.

Sur l'intervention d'un condamné contre son complice poursuivi plus tard, voyez 18 juin 1863 n. 166.

S'il n'apparait pas que la femme plaignante ait été autorisée à se constituer partie civile, la nullité fondée sur le défaut d'autorisation ne peut néanmoins, aux termes de l'article 215 du code civil, être opposée que par la femme, par le mari et par leurs héritiers. 28 septembre 1838 n. 324.

D'après les articles 2 et 3 du code d'instruction criminelle, l'action civile s'éteint par la prescription comme l'action publique. 1er juin 1839 n. 173. — Les tribunaux de répression ne peuvent, d'après les articles 2 et 3, statuer sur l'action civile que lorsqu'ils sont saisis de l'action publique ; ils doivent donc, quand celle-ci se trouve éteinte par la mort du prévenu, se déclarer incompétents pour prononcer, contre ses représentants, la réparation civile du dommage qu'il a occasionné. 23 mars 1839 n. 102.

Si l'accusé n'élève pas de débat contentieux relativement à l'intervention de la partie civile, la cour peut se borner à donner acte de l'intervention. Il n'est nécessaire ni d'entendre le ministère public ni de motiver l'arrêt. 7 avril 1854 n. 99.

L'arrêt qui statue sur l'admission de la partie civile dans une affaire jugée à huis-clos, doit être prononcé publiquement. 16 janvier 1844 n. 19.

Questions du fond ; voyez les articles 358 et 359, p. 89.

[..]i du [..] fév. [..]352. *Interdiction de compte rendu des débats.* — Aux termes de l'art. 17 du décret du 17 fév. 1852, la cour peut d'office, et sans entendre le ministère public, interdire aux journaux de rendre compte d'une affaire. 23 avril 1857 n. 163.

(Voir ci-contre la suite des notes.)

313. Le président avertira l'accusé d'être attentif à ce qu'il va entendre.

Il ordonnera au greffier de lire l'arrêt de la cour impériale portant renvoi à la cour d'assises et l'acte d'accusation. Le greffier fera cette lecture à haute voix.

314. Après cette lecture, le président rappellera à l'accusé ce qui est contenu en l'acte d'accusation et lui dira : voilà de quoi vous êtes accusé; vous allez entendre les charges qui seront produites contre vous.

315. Le procureur général exposera le sujet de l'accusation.

Il présentera ensuite la liste des témoins qui devront être entendus, soit à sa requête, soit à la requête de la partie civile, soit à celle de l'accusé.

Cette liste sera lue à haute voix par le greffier. Elle ne pourra contenir que les témoins dont les noms, profession et résidence auront été notifiés, vingt-quatre heures au moins avant l'examen de ces témoins, à l'accusé par le procureur général ou la partie civile, et au procureur général par l'accusé, sans préjudice de la faculté accordée au président par l'art. 269.

L'accusé et le procureur général pourront, en conséquence, s'opposer à l'audition d'un témoin qui n'aurait pas été indiqué ou qui n'aurait pas été clairement désigné dans l'acte de notification. La cour statuera de suite sur cette opposition.

354. Lorsqu'un témoin qui aura été cité ne comparaîtra pas, la cour pourra, sur la réquisition du procureur général, et avant que les débats soient ouverts par la déposition du premier témoin inscrit sur la liste, renvoyer l'affaire à la prochaine session.

355. Si, à raison de la non comparution du témoin, l'affaire est renvoyée à la session suivante, tous les frais de citation, actes, voyages de témoins, et autres ayant pour objet de faire juger l'affaire, seront à la charge de ce témoin, et il y sera contraint, même par corps, sur la réquisition du procureur général, par l'arrêt qui renverra les débats à la session suivante.

Le même arrêt ordonnera, de plus, que ce témoin sera amené par la force publique devant la cour pour y être entendu; et néanmoins, dans tous les cas, le témoin qui ne comparaîtra pas ou qui refusera soit de prêter serment, soit de faire sa déposition, sera condamné à la peine portée en l'article 80.

356. La voie de l'opposition sera ouverte contre ces condamnations, dans les dix jours de la signification qui en aura été faite au témoin condamné ou à son domicile, outre un jour par 5 myriamètres; et l'opposition sera reçue s'il prouve qu'il a été légitimement empêché, ou que l'amende contre lui prononcée doit être modérée.

316. Le président ordonnera aux témoins de se retirer dans la chambre qui leur est destinée. Ils n'en sortiront que pour déposer. Le président prendra des précautions, s'il est besoin, pour empêcher les témoins de conférer entre eux du délit et de l'accusé, avant leur déposition.

Suite des NOTES.

l'accusé, qui présente des observations s'il le juge convenable. 23 juin 1832 n. 227.. 22 fév. 1855 n. 57. Il est d'usage d'interpeller l'accusé.

Lorsque les parties déclarent renoncer à l'audition de témoins absents, la cour peut se borner à donner acte de ces déclarations, et ordonner la continuation des débats. 19 sept. 1856 n. 318.

En cas d'absence d'un témoin, la cour peut, d'office, renvoyer l'affaire à une autre session (11 nov. 1821 n. 173), malgré l'opposition du ministère public. 12 janv. 1832 n. 12. — La cour, si l'accusé y consent, peut renvoyer l'affaire à un autre jour de la session. Voy. 12 déc. 1850 n. 416, et les notes, art. 406, p. 39.

Lorsque la déposition d'un témoin absent est reconnue indispensable, la cour peut ordonner le renvoi de l'affaire à une autre session, quoique le premier témoin ait prêté serment et commencé sa déposition, 26 nov. 1829. D. 1830, p. 12.

Après avoir ordonné que nonobstant l'absence d'un témoin, il sera passé outre aux débats, la cour peut se rétracter et renvoyer la cause à une autre session. 26 nov. 1829. D. 1830, p. 12.

Voyez à la page 63, plusieurs arrêts relatifs à des témoins refusant de prêter serment ou de déposer.

316. *Retraite des témoins dans leur chambre. Précautions pour les empêcher de communiquer.* — L'article 316 n'est pas prescrit à peine de nullité. 17 mai 1844 n. 173.

Le président peut, en vertu de l'article 316, tenir les témoins enfermés dans leur chambre, pendant la suspension de l'audience. 23 avril 1840 n. 116. — Pas de nullité parce que des témoins sont sortis de leur chambre pour se rafraichir. 12 sept. 1835 n. 357.

Avis à l'accusé d'être attentif à la lecture de l'arrêt de renvoi et de l'acte d'accusation. Lecture de ces pièces par le greffier. — Résumé de l'acte d'accusation par le président. — Exposé de l'affaire par le procureur général. — Appel des témoins. — Faculté pour l'accusé et pour le procureur général de s'opposer à l'audition des témoins qui ne leur ont pas été notifiés 24 heures au moins avant l'examen. — En cas d'absence de témoins, faculté pour la cour de renvoyer l'affaire à une autre session. Condamnation à l'amende des témoins défaillants, et mesures dont ils peuvent être l'objet. Recours ouvert aux témoins condamnés. — Retraite des témoins dans leur chambre. — Précautions pour les empêcher de communiquer.

313. *Avis à l'accusé d'être attentif à la lecture de l'arrêt de renvoi et de l'acte d'accusation. Lecture de ces pièces par le greffier.* — Cette lecture n'est pas prescrite à peine de nullité (13 nov. 1862 n. 246); surtout lorsque l'accusé ne la demande pas. 10 nov. 1849 n. 298.. 8 juin 1866 n. 147.

Si la cour d'assises est saisie par renvoi, on lit d'abord l'arrêt de cassation (13 déc. 1839 n. 380); cette lecture n'est pas prescrite à peine de nullité. 10 nov. 1849 n. 298.

L'art. 313 n'est pas limitatif, et l'on peut lire d'autres pièces. 22 juin 1820 n. 92.. 20 janv. 1848 n. 20.

Lorsque l'accusé n'entend pas le français, il est d'usage de lui traduire l'arrêt et l'acte d'accusation. Jugé que la traduction n'est pas prescrite à peine de nullité. 5 fév. 1836 n. 42.. 13 nov. 1862 n. 246.

Le président peut faire remettre à chaque juré une copie de l'acte d'accusation. 10 déc. 1857 n. 393.

314. *Résumé de l'acte d'accusation par le président.* — Voyez ci-contre l'art. 314.

315. *Exposé de l'affaire par le procureur général et présentation de la liste des témoins. — Appel des témoins par le greffier. — Faculté pour l'accusé et pour le ministère public de s'opposer à l'audition des témoins qui ne leur ont pas été notifiés 24 heures au moins avant l'examen.* — L'exposé de l'accusation n'est pas prescrit à peine de nullité. 5 fév. 1836 n. 42.. 9 fév. 1850 n. 50. — La loi n'ayant pas fixé la forme de cet exposé, le ministère public peut nommer des témoins et faire connaître substantiellement leurs déclarations (3 janv. 1833. D. 1834, p. 434); il peut lire des procès-verbaux renfermant des déclarations de témoins. 2 oct. 1852 n. 333.

Le président peut lui-même exposer l'affaire aux jurés; voy. art. 267, p. 32.

La lecture de la liste des témoins peut être faite par un huissier de service. 23 mars 1843 n. 65. — Cette lecture n'est pas prescrite à peine de nullité. 18 avril 1845 n. 141.. 21 août 1863 n. 226.

Pour qu'un témoin soit reçu à déposer, il suffit que son nom ait été notifié vingt-quatre heures avant l'audition. 16 nov. 1844 n. 376.

Lorsque la liste des témoins a été notifiée la veille de l'ouverture des débats, la présomption légale est que cette notification a été faite au moins 24 heures auparavant. 27 sept. 1832. D. 1833, p. 344.

Jugé implicitement que, lorsque plusieurs affaires ont été jointes, les noms des témoins de toutes les affaires doivent être notifiés à chacun des accusés. 26 déc. 1855 n. 475.

La liste des témoins à décharge remise par le défenseur au ministère public, ne constitue pas la notification exigée par l'art. 315. 16 sept. 1830 n° 215.

La notification des noms des témoins prescrite par l'article 315, n'est pas nécessaire lorsqu'il s'agit de témoins cités par un accusé contre son coaccusé. 22 avril 1841 n. 104.

Il suffit que la désignation des témoins soit telle que l'accusé n'ait pu être induit en erreur sur leur individualité. 14 juin 1838 n. 168. — Les difficultés qui s'élèvent sur l'insuffisance de la désignation des témoins, sont appréciées souverainement par la cour d'assises. 23 avril 1833 n. 149.

L'article 315 ne défend pas, sous peine de nullité, l'audition de témoins qui ne seraient pas portés sur les listes notifiées ou qui n'y seraient pas clairement désignés; seulement il donne à la partie contre laquelle ces témoins sont produits le droit de s'opposer à leur audition (22 juin 1820 n. 92.. 22 janv. 1846 n. 26.. 22 juill. et 24 sept. 1832 n. 243 et 417.. 5 oct. 1866 n. 223), et de demander en conséquence le renvoi de l'affaire à une autre session. 30 sept. 1841 n. 293.

A défaut d'opposition, il doit être passé outre à l'audition des témoins d'après les règles ordinaires prescrites par l'art. 317. 13 mai 1836 n. 144.. 1er av. 1837 n. 99.. 4 janv. 1856 n. 6. — Des témoins assignés par le ministère public depuis l'ouverture des débats, mais dont les noms ne figuraient pas sur la liste notifiée, peuvent être entendus avec serment si l'accusé ne s'y oppose pas. 24 av. 1840 n. 118.

Le ministère public peut, au cours des débats, faire assigner de nouveaux témoins; et, si ces témoins ont été régulièrement notifiés, l'accusé ne peut s'opposer à leur audition. 24 janv. 1850 n. 30.

354. *En cas d'absence de témoins, faculté pour la cour de renvoyer l'affaire à une autre session. —*
355. *Condamnation à l'amende des témoins défaillants, et mesures dont ils peuvent être l'objet. Recours*
356. *ouvert aux témoins condamnés.* — Si le témoin défaillant a allégué une excuse fausse ou produit un faux certificat de maladie, voy. les art. 236, 159 et 160 du code pénal.

Le code (art. 510 à 517) et le décret du 4 mai 1812 désignent les personnes qui, par leur rang ou par leurs fonctions, sont dispensées de comparaître comme témoins et règlent le mode de leur audition. Lorsqu'une de ces personnes refuse de venir déposer, si les parties ne renoncent pas à son audition, la cour procède conformément aux lois ci-dessus. Voy. 29 sept. 1842 n. 250.

La cour saisie de la demande en renvoi, soit par l'accusé, soit par le ministère public, a le droit d'ordonner ce renvoi ou de retenir la cause, suivant qu'elle juge la présence du témoin absent nécessaire ou non à la manifestation de la vérité. 12 janv. 1832 n. 12.. 15 déc. 1833 n. 581.

Avant de statuer sur les réquisitions du ministère public, la cour n'est pas obligée d'interpeller

(Voir ci-contre la suite des notes.)

CHAPITRE VI.

PENDANT L'EXAMEN, FACULTÉ POUR CHACUN DE PRENDRE DES NOTES. 328, p. 58. — INTERROGATOIRE DE L'ACCUSÉ. — SI UN ACCUSÉ A ÉTÉ ÉLOIGNÉ DE L'AUDIENCE PENDANT L'AUDITION D'UN TÉMOIN OU L'INTERROGATOIRE D'UN COACCUSÉ, NÉCESSITÉ DE LUI RENDRE COMPTE DE CE QUI A ÉTÉ FAIT EN SON ABSENCE. 327, p. 58. — OBLIGATION D'ENTENDRE LES TÉMOINS PRODUITS PAR LE PROCUREUR GÉNÉRAL, PAR LA PARTIE CIVILE, ET PAR L'ACCUSÉ, EN FINISSANT PAR LES TÉMOINS A DÉCHARGE. 321, 324, p. 58. — FACULTÉ DE S'OPPOSER A L'AUDITION DES TÉMOINS QUI N'ONT PAS ÉTÉ NOTIFIÉS 24 HEURES AVANT L'EXAMEN (315, p. 56) ET A L'AUDITION DU CONJOINT DE L'ACCUSÉ, DE SES PROCHES PARENTS ET DES DÉNONCIATEURS SALARIÉS. 322, p. 60. — AVIS A DONNER AU JURY RELATIVEMENT AUX DÉNONCIATEURS NON SALARIÉS. 323, p. 60. — OBLIGATION D'ENTENDRE SANS PRESTATION DE SERMENT LES CONDAMNÉS PRIVÉS DU DROIT DE TÉMOIGNER. 28, 34 ET 42 DU CODE PÉNAL, p. 60. — FACULTÉ D'ENTENDRE AVEC OU SANS SERMENT LES ENFANTS AGÉS DE MOINS DE 15 ANS. 79, p. 60. — PRESTATION DE SERMENT PAR LES TÉMOINS QUI, APRÈS AVOIR DIT LEURS NOMS, PRÉNOMS, ETC., DÉPOSENT ORALEMENT (317, p. 62), SANS INTERPELLER LES AUTRES TÉMOINS (325, p. 64), ET SANS ÊTRE INTERROMPUS. 319, p. 64. — FACULTÉ DE QUESTIONNER LES TÉMOINS ET LES ACCUSÉS. 319, p. 64. — INTERPELLATION A L'ACCUSÉ S'IL VEUT RÉPONDRE A CE QUI A ÉTÉ DIT CONTRE LUI. 319, p. 64. — DROIT POUR L'ACCUSÉ ET POUR LE CONSEIL DE DIRE CONTRE LE TÉMOIN CE QUI EST UTILE A LA DÉFENSE. 319, p. 64. — FACULTÉ D'ENTENDRE LES TÉMOINS DE NOUVEAU, SOIT SÉPARÉMENT, SOIT EN PRÉSENCE LES UNS DES AUTRES. 326, p. 64. — FACULTÉ DE FAIRE TENIR NOTE DES VARIATIONS ENTRE LES DÉPOSITIONS ORALES ET CELLES ÉCRITES. 318, p. 64. — REPRÉSENTATION DES PIÈCES DE CONVICTION AUX TÉMOINS ET AUX ACCUSÉS. 329, p. 66. — OBLIGATION POUR LES TÉMOINS DE RESTER DANS L'AUDITOIRE APRÈS LEUR DÉPOSITION. 320, p. 66. — MESURES A PRENDRE SI, D'APRÈS LES DÉBATS, UNE DÉCLARATION PARAIT FAUSSE. 330, 331, p. 66. — AUDITION DE TÉMOINS EN VERTU DU POUVOIR DISCRÉTIONNAIRE. 269, p. 68. — AUDITION DE TÉMOINS CITÉS EN VERTU DE LA LOI DU 22 JANVIER 1851, p. 68. — SI L'ON JUGE UN CONTUMAX REPRIS, NÉCESSITÉ DE LIRE LES DÉPOSITIONS DES TÉMOINS DÉFAILLANTS, ET LES RÉPONSES DES AUTRES ACCUSÉS. 477, p. 68. — NÉCESSITÉ DE LIRE LES DÉPOSITIONS DES PERSONNES DISPENSÉES DE COMPARAITRE COMME TÉMOINS. 512, p. 68. — DÉPOSITIONS ÉCRITES ET AUTRES DOCUMENTS DE LA PROCÉDURE. — PIÈCES NOUVELLEMENT PRODUITES. — EXPERTISE, AUDITION DES EXPERTS, PLAN ET DESCENTE DE LIEUX. P. 70 et 71.

---

328. Pendant l'examen, les jurés, le procureur général et les juges pourront prendre note de ce qui leur paraîtra important, soit dans les dépositions des témoins, soit dans la défense de l'accusé, pourvu que la discussion n'en soit pas interrompue.

327. Le président pourra, avant, pendant ou après l'audition d'un témoin, faire retirer un ou plusieurs accusés, et les examiner séparément sur quelques circonstances du procès; mais il aura soin de ne reprendre la suite des débats généraux qu'après avoir instruit chaque accusé de ce qui sera fait en son absence, et de ce qui en sera résulté.

324. Les témoins produits par le procureur général ou par l'accusé seront entendus dans le débat, même lorsqu'ils n'auraient pas préalablement déposé par écrit, lorsqu'ils n'auraient reçu aucune assignation, pourvu, dans tous les cas, que ces témoins soient portés sur la liste mentionnée dans l'article 315.

321. Après l'audition des témoins produits par le procureur général et par la partie civile, l'accusé fera entendre ceux dont il aura notifié la liste, soit sur les faits mentionnés dans l'acte d'accusation, soit pour attester qu'il est homme d'honneur, de probité, et d'une conduite irréprochable.

Les citations faites à la requête des accusés seront à leurs frais, ainsi que les salaires des témoins cités, s'ils en requièrent; sauf au procureur général à faire citer à sa requête les témoins qui lui seront indiqués par l'accusé, dans le cas où il jugerait que leur déclaration pût être utile pour la découverte de la vérité.

Suite des NOTES.

La cour n'est pas tenue, à peine de nullité, d'entendre tous les témoins, surtout lorsque l'accusé ne réclame pas leur audition. 18 mars 1826 n. 51. Voy. 19 avril 1821 n. 64.. 23 fév. 1843 n. 42.

315. *Faculté pour les parties de s'opposer à l'audition des témoins qui ne leur ont pas été dénoncés vingt-quatre heures au moins avant l'examen.* — Voy. les notes, art. 315, p. 57.

Interrogatoire de l'accusé. — Si un accusé a été éloigné momentanément de l'auditoire, nécessité de lui rendre compte de ce qui a été fait en son absence. — Obligation d'entendre les témoins produits par le ministère public, par la partie civile et par l'accusé, en finissant par les témoins à décharge. — Faculté pour les parties de renoncer à l'audition d'un témoin. — Faculté pour les parties de s'opposer à l'audition des témoins qui ne leur ont pas été notifiés 24 heures au moins avant l'examen.

27. *Interrogatoire de l'accusé. Si un accusé a été éloigné de l'audience, pendant l'interrogatoire d'un coaccusé, ou pendant la déposition d'un témoin, nécessité de lui rendre compte de ce qui a été fait en son absence.* — Il appartient au président d'apprécier l'ordre dans lequel il doit être procédé aux interrogatoires. 4 sept. 1841. D. 1841, p. 436. — L'interrogatoire d'un accusé répondant en français doit être traduit au coaccusé qui n'entend pas cette langue.

Le président pourra demander à l'accusé tous les éclaircissements qu'il croira nécessaires à la manifestation de la vérité. Les juges, le procureur général et les jurés auront la même faculté en demandant la parole au président. La partie civile ne pourra faire de questions à l'accusé que par l'organe du président. Art. 319, p. 64. — Quant à la représentation à l'accusé des pièces de conviction, voy. p. 66.

Il y a nullité si, au cours de l'interrogatoire de l'accusé et avant l'audition orale des témoins, le président a donné lecture de leurs déclarations écrites. 13 déc. 1867 n. 254.

L'accusé ou son défenseur peuvent faire quest^rs^ un coaccusé après son interrog^re^. 30 août 1866 n. 214.

Il y a nullité si le procès-verbal fait mention des réponses des accusés (art. 372). 2 janv. 1840 n. 2.

L'art. 327 n'est pas limitatif du nombre d'accusés qu'il autorise le président à éloigner de l'audience, ni du nombre de témoins qu'il l'autorise à faire entendre en l'absence des accusés. 28 mars 1829 n. 69.

Le président n'est obligé de donner connaissance à l'accusé de ce qui s'est passé pendant son absence qu'après que celui-ci a subi son interrogatoire. S'il en était autrement, la faculté donnée au président par l'article 327 serait inutile et dérisoire. 8 avril 1833 n. 143.. 16 juin 1836 n. 195.

Le président, s'il est fatigué par la longueur des débats, peut charger l'un des membres de la cour de rendre compte aux accusés de ce qui s'est passé en leur absence. 26 mai 1826. S. 1827, p. 177.

L'obligation de rendre compte à l'accusé de ce qui s'est fait pendant son absence, est substantielle pour l'exercice de la légitime défense et pour la publicité du débat. 17 sept. 1829 n. 221.. 10 mars 1831 n. 46.

Il est satisfait au vœu de la loi, si le témoin entendu en l'absence des accusés, répète ensuite sa déposition en leur présence. 24 avril 1840. D. 1840, p. 413. — Lorsqu'en l'absence d'un accusé, on a lu l'interrogatoire d'un autre accusé, la lecture de cet interrogatoire faite de nouveau après la rentrée de l'accusé dans l'auditoire, satisfait à ce qui est prescrit par l'article 327. 22 juin 1820 n. 92.

Jugé qu'on avait agi régulièrement dans les deux espèces suivantes : dans la première (10 janv. 1833. J. P.), le président s'étant aperçu, aussitôt après avoir clos les débats, qu'il avait omis de rendre compte à l'accusé de ce qui s'était fait en son absence, avait rouvert les débats, et après avoir rempli la formalité omise et demandé à l'accusé s'il n'avait rien à ajouter à sa défense, il avait prononcé de nouveau la clôture des débats. — Dans la deuxième espèce (21 janv. 1841 n. 18), l'omission ayant été reconnue dans le cours des dépositions, la cour avait annulé les débats et ordonné qu'ils seraient recommencés après que la formalité omise aurait été accomplie.

Le procès-verbal doit constater que le président a satisfait à l'art. 327. 2 juill. 1835 n. 263.

4. *Obligation d'entendre les témoins produits par le ministère public, par la partie civile et par*
1. *l'accusé, en finissant par les témoins à décharge.* — Un témoin produit par l'une des parties, ne peut sans motifs légitimes, être rejeté du procès. 29 sept. 1842 n. 250. — Ce n'est pas au président mais à la cour, d'ordonner qu'un témoin ne sera pas entendu. 13 déc. 1867 n. 254.

Un témoin produit par le procureur général et dont le nom n'a pas été porté sur la liste notifiée à l'accusé doit être entendu avec serment, si l'accusé ne s'est pas opposé à son audition. 3 nov. 1836 n. 338.. 23 fév. 1854 n. 48.. 6 oct. 1864 n. 257. Voy. les notes de l'article 315, p. 57.

Les témoins produits par le procureur général doivent être entendus dans le débat, même lorsqu'ils n'auraient reçu aucune assignation, pourvu qu'ils soient compris dans la liste dressée par ce magistrat, conformément à l'art. 315. 8 août 1851 n. 332.

Les témoins à décharge peuvent n'être pas entendus les derniers. 6 mai 1824. D. A. 12, p. 603.

Les témoins à décharge dont les noms n'ont pas été notifiés, doivent être entendus avec prestation de serment, si le ministère public ne s'oppose pas à leur audition. 7 juin 1839 n. 182.

On peut faire entendre comme témoins : le magistrat qui a participé à l'instruction (23 janv. 1835 n. 30.. 9 janv. 1840 n. 11.. 11 déc. 1851 n. 519); — des individus précédemment accusés et acquittés de l'accusation même sur laquelle ils sont appelés en témoignage (29 mars 1852 n. 113); — des personnes qui, plus tard, déposeront sur un autre chef d'accusation reproché à l'accusé. 21 sept. 1837 n. 285.. 15 mai 1840 n. 133. — On peut entendre des témoins sur des faits relatifs à un procès criminel dans lequel l'accusé a été acquitté précédemment. 28 avril 1838 n. 116.

Faculté pour les parties de renoncer à l'audition d'un témoin. — Le ministère public, la partie civile et l'accusé peuvent renoncer à l'audition de témoins qu'ils avaient fait citer, lorsque d'ailleurs il ne s'élève aucune réclamation des parties en cause. 4 mars 1853 n. 80.. 18 avril 1867 n. 92.

Lorsque des témoins à décharge n'ont pas été entendus, il y a, dans le silence du procès-verbal, présomption légale que l'accusé a renoncé à leur audition. 22 janv. 1841 n. 19.

(Voir ci-contre la suite des notes.)

322. Ne pourront être reçues les dépositions :

1° Du père, de la mère, de l'aïeul, de l'aïeule, ou de tout autre ascendant de l'accusé, ou de l'un des accusés présents et soumis au même débat;

2° Des fils, fille, petit-fils, petite-fille ou de tout autre descendant ;

3° Des frères et sœurs ;

4° Des alliés aux mêmes degrés ;

5° Du mari et de la femme, même après le divorce prononcé ;

6° Des dénonciateurs dont la dénonciation est récompensée pécuniairement par la loi ;

Sans néanmoins que l'audition des personnes ci-dessus désignées puisse opérer une nullité, lorsque, soit le procureur général, soit la partie civile, soit les accusés, ne se sont pas opposés à ce qu'elles soient entendues.

323. Les dénonciateurs autres que ceux récompensés pécuniairement par la loi pourront être entendus en témoignage; mais le jury sera averti de leur qualité de dénonciateurs.

Code pénal. 28. La condamnation à la peine des travaux forcés à temps, de la détention, de la réclusion et du bannissement, emportera la dégradation civique.

La dégradation civique sera encourue du jour où la condamnation sera devenue irrévocable, et, en cas de condamnation par contumace, du jour de l'exécution par effigie.

Idem. 34. La dégradation civique consiste : 3° dans l'incapacité..... de déposer en justice autrement que pour y donner de simples renseignements.

Idem. 42. Les tribunaux jugeant correctionnellement pourront, dans certains cas, interdire .... 8° l'exercice du droit de témoignage en justice, autrement que pour y faire de simples déclarations.

79. Les enfants de l'un et l'autre sexe, au-dessous de l'âge de 15 ans, pourront être entendus par forme de déclaration et sans prestation de serment.

Suite des NOTES.

Lorsque, sur l'interpellation du président, un témoin déclare qu'il a subi une peine afflictive et infamante, il peut être entendu sans prestation de serment, sans que l'exactitude de cette déclaration ait été vérifiée, lorsque d'ailleurs elle n'a pas été contestée. 23 oct. 1840 n. 314.. 26 fév. 1857 n. 78.

Il appartient au président d'annihiler l'effet du serment indûment prêté par un témoin condamné, dont le défenseur signale l'incapacité. (Dans l'espèce, pas de débat). 9 juill. 1852 n. 234.

Le témoin repris de justice qui refuse de déposer sous la forme de simples renseignements (dans l'espèce, devant le juge d'instruction), doit être condamné à l'amende de l'art 80. 13 janv. 1838 n. 15.

Si un individu privé du droit de déposer avec serment cèle son incapacité et vient, sous la foi du serment, porter contre l'accusé ou en sa faveur un témoignage contraire à la vérité, il se rend coupable du crime de faux témoignage. 29 juin. 1843 n. 164.

L'audition avec serment d'un individu condamné à une peine afflictive et infamante n'entraine pas nullité, si l'audition a eu lieu sans opposition de la part de l'accusé. 13 oct. 1832 n. 414.. 22 mai 1852 n. 168.. 15 sept. 1853 n. 464.. 15 juin 1860 n. 135.

Si, par erreur, on a entendu, sans prestation de serment, un témoin qu'on croyait dégradé civiquement, il faut lui faire réitérer sa déposition avec serment, 7 oct. 1830. D. 1830, p. 12.

79. *Faculté d'entendre avec ou sans serment les enfants âgés de moins de 15 ans.* L'audition avec serment d'un enfant âgé de moins de 15 ans n'entraine pas nullité. 22 août 1867 n. 201.

L'art. 79 s'en réfère à la conscience et à la prudence du juge pour entendre le témoin de moins de quinze ans, avec ou sans prestation de serment. 1er oct. 1857 n. 355.. 18 sept. 1862 n. 234 ; et dans le cas où ils jugent que les enfants ne doivent pas déposer sous la foi du serment, aucun article du code n'oblige ces magistrats à avertir le jury que la déposition ne doit être reçue qu'à titre de simples renseignements. 15 avril 1841 n. 97. 7 janv. 1860 n. 7.. 13 sept. 1866 n. 219.

Faculté pour les parties de s'opposer à l'audition du conjoint de l'accusé, de ses proches parents et des dénonciateurs salariés. — Avis à donner au jury relativement aux dénonciateurs non salariés. Obligation d'entendre sans serment les condamnés privés du droit de témoigner. — Faculté d'entendre avec ou sans serment les enfants de moins de quinze ans.

322. *Faculté pour les parties de s'opposer à l'audition avec serment du conjoint de l'accusé, de ses proches parents et des dénonciateurs salariés.* — La prohibition de l'art. 322 ne peut être étendue au delà des degrés de parenté et d'alliance qui y sont déterminés. 13 janv. 1820 n. 6. — L'art. 322 n'établit pas de distinction entre les enfants légitimes et les enfants naturels. 19 sept. 1832. D. 1833 p. 70. — Le gendre de l'accusé ne peut être entendu, si l'une des parties s'y oppose. 9 déc. 1852 n. 398. — L'époux de la sœur de la femme de l'accusé n'est pas beau-frère de l'accusé. 16 mars 1821 n. 50. — L'oncle de l'accusé peut être entendu ; il n'est pas compris dans les exceptions de l'art. 322. 13 janv. 1820 n. 6. — Le neveu n'est pas compris dans les prohibitions de l'art. 322. 23 janv. 1835 n. 30. — Aucune disposition de loi ne fait cesser d'une manière absolue l'alliance par le décès, sans enfants, de la personne qui l'avait produite (10 oct. 1840 n. 245;. 10 mai 1843 n. 100) ; ni par le décès de l'époux qui la formait et des enfants issus du mariage. 10 sept. 1840 n. 263. — Le fils d'un premier lit d'un homme marié en secondes noces est évidemment l'allié de la seconde femme de son père. 8 mai 1862 n. 126.

Lorsqu'un témoin déclare qu'il est parent des accusés sans pouvoir dire à quel degré, il y a présomption qu'il n'est pas parent au degré prohibé, et il doit prêter serment. 17 oct. 1836 n. 349.

Ne sont point incompatibles les fonctions de témoin dans une affaire criminelle et celles d'huissier à l'audience où cette affaire est portée. 18 mars 1864 n. 73.

Le plaignant, lorsqu'il s'est constitué partie civile, est assimilé au dénonciateur salarié. 18 mars 1852 n. 95. — Devant une cour saisie par renvoi, on peut entendre celui qui, *pendant les débats*, s'était porté partie civile devant la première cour, son intervention ne devant plus être considérée comme subsistante, tout ayant été anéanti par la cassation. 11 nov. 1841. D. 1842, p. 106. — Le plaignant qui ne s'est pas constitué partie civile peut être entendu comme témoin. 15 nov. 1833 n. 454.. 1er sept. 1832 n. 340.. 2 avril 1853 n. 315. — On ne peut pas, en vertu de l'art. 322, repousser le témoin qui, avant son audition, a formé devant le tribunal civil une demande en dommages fondée d'ailleurs sur le même fait ; ce témoin n'est pas partie dans l'instance criminelle. 27 janv. 1853 n. 32. — Les parents ou alliés de la partie civile peuvent être entendus comme témoins. 8 août 1851 n. 332.

On peut entendre des témoins qui rapportent les dires des personnes que la loi ne permet pas d'entendre. 30 mai 1818 n. 68.

Un témoin reprochable (dans l'espèce la partie civile) peut être entendu avec serment, lorsqu'il n'y a pas d'opposition. 18 mars 1852 n. 95.. 7 oct. 1853 n. 499.

Le ministère public et l'accusé peuvent, en vertu de l'art. 322, s'opposer à l'audition de témoins qu'ils auraient eux-mêmes appelés aux débats. 13 janv. 1853 n. 14.

L'accusé ne peut faire valoir la récusation particulière à son co-accusé. 15 octobre 1829. J. P.

L'accusé peut s'opposer à l'audition des témoins repoussés par l'art. 322 jusqu'au moment où ils vont commencer leur déposition. Peu importe que ces témoins aient déjà prêté serment et qu'antérieurement l'accusé ait consenti à leur audition. 15 septembre 1831, n. 223.

L'opposition formée par l'accusé à l'audition d'un témoin, en vertu de l'art. 322, constitue un incident contentieux sur lequel la cour d'assises peut seule statuer. 5 déc. 1850 n. 409. — Jugé depuis que le président a pu, sur l'opposition des accusés, et en l'absence d'incident, ordonner que les enfants de l'un d'eux ne seraient pas entendus sous la foi du serment. 8 avril 1858 n. 118.

Quoique personne ne s'oppose à l'audition de la femme de l'accusé, le président des assises peut ordonner que ce témoin ne sera pas entendu. 20 déc. 1861, n. 276.

Lors même que personne ne s'est opposé à l'audition d'un témoin repoussé par l'art. 322, le président a pu n'entendre ce témoin que par forme de simples renseignements. 20 mars 1856 n. 115.

323. *Avis à donner au jury relativement aux témoins dénonciateurs non salariés.* — Le simple plaignant ne peut pas être assimilé au dénonciateur, de la qualité duquel l'art. 323 veut que le jury soit averti. 12 janv. 1828 n. 8.. 30 avril 1835 n. 161. — Voyez au code les articles 30 et 31.

L'avertissement que le témoin est un dénonciateur n'est pas prescrit à peine de nullité. 24 déc. 1840 n. 364.. 9 déc. 1852 n. 398.. 2 avril 1863 n. 102. — La cour ne fait qu'user de son droit en décidant qu'un témoin ne doit pas être considéré comme dénonciateur. 11 nov. 1830 n. 247.

28, 34, 42 du code pénal. *Obligation d'entendre sans prestation de serment les condamnés privés du droit de témoigner.* — L'individu condamné à une peine afflictive ou infamante, et qui n'a point été réhabilité, ne peut déposer avec serment (13 janv. 1838 n. 15); mais pas de nullité, si l'on ne s'est pas opposé à l'audition. 15 juin 1860 n. 135.. 4 oct. 1860 n. 222.

L'amnistie rétablit un condamné dans l'exercice des droits dont il avait été privé par l'article 28. 28 juin 1829 n. 140.

Le témoin qui s'est pourvu contre l'arrêt qui le prive du droit de témoignage, est *integri status* et doit prêter serment. 20 janv. 1844 n. 22.

(Voir ci-contre la suite des notes.)

317. Les témoins déposeront séparément l'un de l'autre, dans l'ordre établi par le procureur général. Avant de déposer, ils prêteront, à peine de nullité, le serment de parler sans haine et sans crainte, de dire toute la vérité et rien que la vérité.

Le président leur demandera leurs noms, prénoms, âge, profession, leur domicile ou résidence, s'ils connaissaient l'accusé avant le fait mentionné dans l'acte d'accusation, s'ils sont parents ou alliés soit de l'accusé, soit de la partie civile, et à quel degré; il leur demandera encore s'ils ne sont pas attachés au service de l'un ou de l'autre; cela fait les témoins déposeront oralement.

Suite des NOTES.

La promesse de secret garantie sous serment, hors le cas de l'art. 378 du code pénal, n'est jamais un motif de refuser à la justice les révélations qu'elle demande dans l'intérêt de la société. 8 mai 1828 n. 193.

Un prêtre n'est pas tenu de révéler ce qu'il a appris par la confession. 30 nov. 1810 n. 151.

L'obligation de l'avocat de ne pas révéler les faits venus à sa connaissance dans l'exercice de sa profession, est d'ordre public. 11 mai 1844 n. 170.. 24 mai 1862 n. 139. Idem à l'égard des avoués. 18 juin 1835 n. 241. — Mais les avocats (14 sept. 1827. S. 1828, p. 391), et les avoués (18 juin 1835 n. 241.. 6 janv. 1855 n. 6) peuvent être obligés à prêter serment, si la cour restreint leur déposition aux faits qu'ils ont appris autrement que dans l'exercice de leurs fonctions.

La dispense établie par la jurisprudence pour les avocats et les avoués, mesure toute exceptionnelle en faveur du droit sacré de la défense, ne peut être étendue aux notaires que leur profession n'appelle pas à défendre l'accusé. 23 juillet 1830 n. 195. — Les notaires peuvent être dispensés de déposer des faits qui leur ont été révélés sous le sceau du secret. 10 juin 1853 n. 209.

L'art. 378 du code pénal ne dispense pas les médecins et les autres personnes qu'il désigne, de déposer des faits à leur connaissance ; l'art. 378 n'a pour objet que de punir les révélations indiscrètes et non celles jugées utiles dans l'intérêt de la société. 23 juillet 1830 n. 195.

Le médecin ne peut se refuser à déposer, sous prétexte que le fait sur lequel on l'interroge est venu à sa connaissance dans l'exercice de sa profession ; mais il en est autrement, quand le fait lui a été confié sous le sceau du secret auquel il est astreint à raison de sa profession. 26 juillet 1845 n. 245.

Interpellation aux témoins sur leurs noms, prénoms, etc. — Le but du législateur, en prescrivant de demander aux témoins s'ils sont parents, etc., a été que la cour et le jury fussent avertis du degré de confiance qu'il convient d'accorder à ces témoins; mais son intention n'a pas été de priver la justice de témoignages souvent nécessaires à la manifestation de la vérité. 5 octobre 1833 n. 427.

Les interpellations au témoin prescrites par le 2ᵉ alinéa de l'art. 317 ne sont point ordonnées à peine de nullité. 30 mai 1839 n. 168.. 30 janvier 1851 n. 39.. 22 novembre 1855 n. 364.

Le président, quand il est fatigué, peut charger un assesseur de faire les interpellations prescrites par les art. 317 et 319. 12 oct. 1843 n. 263.

Les témoins doivent déposer oralement. — Le président use de son droit, lorsqu'avant la déposition il prémunit le témoin contre l'influence qu'on aurait voulu exercer sur lui. 30 janv. 1851 n. 39.

Avant l'audition d'un témoin, il n'est pas permis de lire sa déclaration écrite ; ce serait prévenir ou diriger la conviction des jurés et des juges, et cette conviction ne doit se former que sur les débats et sur ce qui est verbalement déclaré devant eux. D'un autre côté, la déclaration des témoins doit être orale, spontanée, et indépendante de toute l'influence que pourrait exercer, sur l'esprit craintif d'un témoin, la déposition écrite qu'il aurait faite précédemment. S'il peut devenir nécessaire de donner lecture de dépositions écrites, cette lecture ne peut être donnée qu'après l'émission de la déposition orale, et comme moyen de comparaison, ainsi que l'indique l'art. 318. 7 avril 1836 n. 108.

Un témoin peut être autorisé par le président à donner lecture, pendant sa déposition, d'une lettre qui lui a été adressée. 22 janvier 1841 n. 19.

Lorsqu'un témoin s'est aidé, en déposant, d'une note écrite, l'art. 317 n'est pas violé si la cour, après que cette note a été jointe aux pièces, a fait recommencer la déposition. 12 avril 1839 n. 123.

Un médecin déposant des faits qu'il a constatés dans un rapport, peut, avec le consentement du ministère public et de l'accusé, faire usage de notes pour rappeler ses souvenirs. 20 mars 1851 n. 106.

Les témoins ne doivent pas être interrompus ; voyez art. 319, p. 64.
Les témoins ne doivent pas s'interpeller entr'eux ; voyez art. 326, p. 64.
On représente aux témoins et aux accusés les pièces de conviction ; voyez art. 329, p. 66.
On peut questionner les témoins, après qu'ils ont déposé ; voyez art. 319, p. 64.
On peut questionner les accusés ; voyez art. 319, p. 64, et art. 327, p. 58.
Après chaque déposition, on demande à l'accusé ce qu'il a à répondre ; voyez art. 319, p. 64.
L'accusé et son conseil peuvent dire contre les témoins ce qui est utile à la défense ; voy. art. 319, p. 64.
On peut entendre de nouveau les témoins, soit ensemble, soit séparément ; voyez art. 326, p. 64.
On peut faire tenir note des variations entre les dépositions écrites et celles orales ; v. art. 318, p. 64.
Si la déposition d'un témoin paraît fausse ; voyez art. 330 et 331, p. 66.
Après leur déposition, les témoins doivent rester dans l'auditoire ; voyez art. 320, p. 66.

Audition des témoins (relativement aux témoins entendus en vertu du pouvoir discrétionnaire, voy. art. 269, p. 68; et quant aux experts, voy. p.71). — Ordre à suivre dans l'audition des témoins. Témoins à entendre. Témoins reprochables. — Nomination d'un interprète. — Prestation de serment par les témoins. Témoins ne devant pas prêter serment. — Refus par les témoins, soit de prêter serment, soit de déposer. Secret professionnel. — Interpellation aux témoins sur leurs noms, prénoms, etc. — Obligation pour les témoins de déposer oralement. Formalités diverses.

317. *Ordre à suivre dans l'audition des témoins. — Cérémonial à l'égard de certaines personnes.* — L'interversion de l'ordre établi par le procureur général peut être nécessaire pour la manifestation de la vérité, et ne saurait donner ouverture à cassation. 22 juin 1820 n. 92.. 9 avril 1868 n. 98.

La peine de nullité n'est pas attachée à la disposition ordonnant d'entendre les témoins séparément l'un de l'autre. 16 avril 1818 n. 52.. 8 mars et 28 juillet 1855 n. 86 et 266.

Voyez au décret du 4 mai 1812, art. 5, le cérémonial à observer à l'égard de certaines personnes.

On peut faire retirer l'accusé pendant la déposition d'un témoin. Voyez art. 327, p. 58.

Témoins à entendre. — On entend les témoins produits par l'accusation et par la défense; voy. art. 321 et 324, p. 58. — Les parties peuvent d'ailleurs renoncer à l'audition d'un témoin; voyez p. 59.

Témoins reprochables. — Les parties peuvent s'opposer à l'audition des témoins qui n'ont pas été régulièrement notifiés (art. 315, p. 58), et à l'audition du conjoint de l'accusé, de ses proches parents, et des dénonciateurs salariés; art. 322, p. 60. — Relativement aux dénonciateurs non salariés, voyez p. 60.

Nomination d'un interprète, si le témoin (ou l'accusé) n'entend pas le français; ou s'il est sourd-muet et ne sait pas écrire; voyez art. 332 et 333, p. 46.

Prestation de serment par les témoins. Témoins ne devant pas prêter serment. — On entend sans serment les condamnés privés du droit de témoigner; voyez art. 28, 34 et 42 du code pénal, p. 60.

On entend avec ou sans serment les enfants âgés de moins de 15 ans; voyez art. 79, p. 60.

Les témoins doivent, avant de commencer leur déposition, même avant de dire leurs noms, profession, etc., prêter le serment prescrit par la loi. 18 mars 1841 n. 71.

La loi n'exige pas qu'en prêtant serment, le témoin lève la main droite. 8 octobre 1840 n. 299. — Un témoin peut déposer armé (16 juin 1836 n. 195); et la main gantée. 27 janvier 1853 n. 34.

La formule du serment prescrit par l'art. 317 est sacramentelle, et l'omission d'une partie de cette formule opère une nullité radicale. 27 déc. 1860 n. 301.. 6 février 1862 n. 37.

L'erreur, par suite de laquelle un témoin a été affranchi du serment, peut être réparée avant la clôture des débats, en faisant déposer de nouveau le témoin avec prestation de serment. 9 mai 1833 n. 181.

Les personnes entendues comme experts dans l'information, si elles sont appelées comme témoins aux assises, doivent prêter le serment de l'art. 317. 19 fév. et 24 juill. 1841 n. 48 et 219. — Voy. p. 71.

Le témoin qui a assisté à la déposition d'un témoin précédent n'en doit pas moins être entendu avec prestation de serment (19 août 1819 n. 97), nonobstant l'opposition de l'accusé. 23 avril 1835 n. 149. — Il ne peut résulter de cette circonstance qu'un moyen de discussion contre la déclaration des témoins, discussion dont le jury apprécie la gravité. 2 avril 1840. D. 1840, p. 405.

Il faut entendre avec serment les témoins qui n'ont pas été notifiés, lorsque les parties ne se sont pas opposées à l'audition (4 août 1859 n. 196.. 26 déc. 1863 n. 311); ces témoins n'eussent-ils été assignés que depuis l'ouverture des débats. 24 avril 1840 n. 118.

Lorsque des témoins qui n'ont pas répondu à l'appel comparaissent avant la clôture des débats, ils doivent être entendus avec serment (30 juin 1837 n. 195), quoique leur déposition écrite ait été lue en vertu du pouvoir discrétionnaire (29 mars 1832 n. 113.. 28 février 1857 n. 88); quoique le ministère public ait renoncé à leur audition. 17 mai 1844 n. 173.. 30 août 1855 n. 302.

Tout témoin acquis au procès, qui n'a pas été écarté du débat par arrêt de la cour d'assises, doit prêter serment. 30 juin 1831 n. 148. — Voy. 3 fév. 1855 n. 32.. 13 déc. 1867 n. 254.

Il n'y a pas violation des art. 263, 264 et 267, si le président étant malade, mais ayant toujours conservé la direction des débats, le plus jeune des assesseurs, à cause de l'indisposition du plus ancien, a lu aux témoins la formule du serment et leur a fait des questions. 17 déc. 1836. D. 1837, p. 485.

Le procès-verbal doit, à peine de nullité, faire mention de la prestation de serment. 8 avril 1847 n. 74.. 8 juin 1854 n. 186. — Lorsque l'audition des témoins a eu lieu pendant plusieurs séances, il est indispensable que le procès-verbal de chaque séance fasse mention de la prestation de serment. 11 déc. 1824 n. 186. — Il y a nullité si le procès verbal se borne à constater que les témoins ont prêté le serment voulu par la loi. 24 sept. 1847 n. 233.. 24 juin 1865 n. 138. — L'énonciation du procès-verbal que les témoins ont prêté le serment ordonné par l'art. 317 et ont rempli les autres formalités qu'il prescrit, est suffisante. 17 oct. 1832 n. 421.. 17 fév. 1849 n. 40.. 2 mai 1867 n. 105.

Refus par les témoins soit de prêter serment, soit de déposer. Secret professionnel. — Le témoin qui refuse de déposer, parce que la révélation de la vérité l'exposerait à une peine est passible des art. 180, 157 et 189 du code d'instr. 6 fév. 1863 n. 39.. 15 mars 1866 n. 70.

Des témoins qui ne professent pas la religion catholique, peuvent demander à être admis au serment selon le rit établi par leur culte, mais s'ils prêtent le serment en la forme ordinaire, sans réclamation de leur part, il est satisfait au vœu de l'art. 317. 19 mai 1826 n. 101.. 18 novembre 1847 n. 278.

Les témoins qui ne consentent à prêter serment qu'en obtenant l'autorisation d'un tiers, doivent être écartés des débats comme ne jouissant pas de toute leur liberté. 15 décembre 1832, n. 501.

(Voir ci-contre la suite des notes.)

325. Les témoins, par quelque partie qu'ils soient produits, ne pourront jamais s'interpeller entr'eux.

319. Après chaque déposition, le président demandera au témoin si c'est de l'accusé présent qu'il a entendu parler; il demandera ensuite à l'accusé s'il veut répondre à ce qui vient d'être dit contre lui.

Le témoin ne pourra être interrompu.

L'accusé ou son conseil pourront le questionner par l'organe du président, après sa déposition, et dire, tant contre lui que contre son témoignage, tout ce qui pourra être utile à la défense de l'accusé.

Le président pourra également demander au témoin et à l'accusé tous les éclaircissements qu'il croira nécessaires à la manifestation de la vérité.

Les juges, le procureur général et les jurés auront la même faculté, en demandant la parole au président. La partie civile ne pourra faire de questions, soit au témoin, soit à l'accusé, que par l'organe du président.

326. L'accusé pourra demander, après qu'ils auront déposé, que ceux qu'il désignera se retirent de l'auditoire, et qu'un ou plusieurs d'entre eux soient introduits et entendus de nouveau, soit séparément, soit en présence les uns des autres.

Le procureur général aura la même faculté.

Le président pourra aussi l'ordonner d'office.

318. Le président fera tenir note, par le greffier, des additions, changements ou variations qui pourraient exister entre la déposition d'un témoin et ses précédentes déclarations.

Le procureur général et l'accusé pourront requérir le président de faire tenir les notes de ces changements, additions et variations.

Suite des NOTES.

De la combinaison des art. 319, 268 et 270, il résulte que c'est au président qu'il appartient d'apprécier si les observations que le défenseur veut présenter aux jurés, après l'audition d'un témoin, sont de nature à être proposées à ce moment même, ou doivent être ajournées au moment où la défense de l'accusé sera présentée. 21 oct. 1835 n. 402.

Faculté de questionner l'accusé. — Voyez § 4 et 5 de l'art. 319, et art. 327, p. 58.

326. *Après la déposition des témoins, faculté de les faire entendre de nouveau, soit séparément, soit en présence les uns des autres.* — Il y a nullité si, l'accusé ayant requis qu'un témoin se retirât de l'auditoire pendant la déposition d'un autre, rien ne constate que la cour ait statué ou que le témoin ait rendu tout arrêt inutile, en se retirant volontairement. 1er juillet 1814. J. P.

Lorsqu'après l'audition des témoins, le conseil des accusés requiert que des témoins soient entendus de nouveau, la cour d'assises est tenue de prononcer sur cette réquisition, qui a pour objet l'exercice d'un droit accordé à tout accusé par l'art. 326. 11 janvier 1817. D. A. 4, p. 421. — Jugé depuis que le pouvoir d'autoriser ou de refuser la réaudition de témoins déjà entendus, rentre explicitement dans les attributions du président. (Art. 267 et 270.) 27 août 1852 n. 302.

318. *Faculté de faire tenir note des variations entre les dépositions orales et les dépositions écrites.* — Les dispositions de l'article 318 ne sont pas prescrites à peine de nullité ; elles donnent seulement le droit au procureur général et à l'accusé de requérir le président de faire tenir note de ces changements, additions ou variations. 27 mars 1834 n. 102.. 22 septembre 1848 n. 248. — Il n'y a lieu de faire tenir note qu'autant qu'il y a des variations entre les dépositions écrites et les dépositions orales. 11 avril 1817. J. P. — L'article 318 donne nécessairement aux accusés le droit de lire les dépositions écrites, de manière à établir les variations. 19 août 1819 n. 90. — Si des difficultés s'élèvent relativement à l'exercice du droit conféré par l'art. 318, c'est à la cour d'assises de statuer. 19 août 1819 n. 90.

La mention au procès-verbal de simples additions aux dépositions, n'est que l'exécution de l'article 318. 30 mars 1849. D. 1849. T. 89.

Il y aurait nullité, d'après l'art. 372, si le procès-verbal contenait la substance des dépositions de témoins non entendus dans l'instruction écrite. 6 janv. 1838 n. 8.. 10 av. 1835 n. 135.. 23 juil. 1857 n. 31.

La prohibition de l'art. 372 ne met pas obstacle à l'exercice du droit qu'a le ministère public de faire constater au procès-verbal, sans être tenu d'en articuler les motifs, tout fait ou toute déposition pouvant servir de base à une action ultérieure. 12 déc. 1840 n. 350.. 13 déc. 1860 n. 286.

Défense aux témoins de s'interpeller entr'eux. — Défense d'interrompre les témoins. — Interpellation aux témoins après qu'ils ont déposé. — Faculté de questionner les témoins. — Interpellation à l'accusé s'il veut répondre à ce qui a été dit contre lui. — Droit pour l'accusé et pour son conseil de dire contre les témoins tout ce qui peut être utile à la défense. — Faculté de questionner l'accusé. — Après la déposition des témoins, faculté de les faire entendre de nouveau. — Faculté de faire tenir note des variations entre les dépositions orales et les dépositions écrites.

325. *Les témoins ne doivent pas s'interpeller entr'eux.* — L'article 325 ne défend pas, à peine de nullité, que les témoins s'interpellent entr'eux. 11 avril 1817. J. P.

319. *Défense d'interrompre les témoins.* — L'art. 270 faisant un devoir de rejeter tout ce qui tendrait à prolonger inutilement les débats, le président remplit une obligation en invitant le témoin à se renfermer dans l'accusation et à écarter les faits qui lui sont étrangers. 18 sept. 1829 n. 226.

Le président peut scinder la déposition d'un témoin. 31 mai 1867 n. 131.

La question de savoir si la déposition d'un témoin sera interrompue, pour donner lecture de pièces émanées de ce témoin, rentre dans l'exercice du pouvoir discrétionnaire. Si donc il y a des conclusions à cet égard, la cour doit déclarer que c'est au président de statuer. 14 fév. 1835 n. 59. — L'allégation d'un fait portant atteinte à l'honneur d'un citoyen faite par un témoin dans sa déposition, lorsque cette allégation se rapporte soit aux faits qui ont donné lieu à l'instruction, soit à des circonstances relatives à cette instruction, ne peut motiver une plainte en diffamation, mais une plainte en faux témoignage s'il y échet. 1er juill. 1825 n. 125.

Interpellation aux témoins après qu'ils ont déposé. — Le président n'est pas tenu, à peine de nullité, de demander au témoin, si c'est de l'accusé présent qu'il a entendu parler. 20 avril 1838 n. 107.. 6 oct. 1853 n. 495.

Le président, quand il est fatigué, peut charger un assesseur de faire les interpellations prescrites par les art. 317 et 319. 12 octobre 1843 n. 263.

L'énonciation du procès-verbal constatant que le président a rempli, à l'égard des témoins, les dispositions de l'art. 319, est suffisante. 17 oct. 1832 n. 421.

Faculté de questionner les témoins après leur déposition. — Les témoins peuvent être interrogés sur des faits non portés à l'acte d'accusation, mais propres à éclairer les jurés sur la moralité de l'accusé. 28 avril 1838 n. 116.. 15 mai 1840 n. 133.

Les jurés peuvent adresser aux témoins toutes les questions qu'ils croient utiles à la manifestation de la vérité, lors même que ces questions ne ressortiraient ni des débats, ni de l'instruction écrite. Le défenseur ne serait pas fondé à en conclure, devant la cour de cassation, qu'il y a eu de la part du jury communication contrairement à l'art. 312. 22 mars 1839. D. 1839, p. 397.

Il appartient au président comme chargé de la direction des débats, d'apprécier l'utilité et la convenance des questions que l'accusé veut adresser aux témoins (28 nov. 1844 n. 383), sauf le droit réservé à la défense d'en référer, au moyen de conclusions, à l'autorité de la cour d'assises. 16 oct. 1850 n. 361.

C'est à la cour d'assises qu'il appartient, en cas de difficultés, de juger si la question que veut faire l'accusé, est utile ou inutile à la défense. Le législateur l'a voulu ainsi, afin d'éviter que, sous le prétexte de la défense, l'accusé ne se livrât contre les témoins, à des diffamations ou à des injures. 22 sept. 1827 n. 244.

Le président peut se refuser à questionner un témoin sur la moralité d'un autre témoin ; et, sur les conclusions de l'accusé, la cour use de son droit en décidant que la question ne sera pas adressée au témoin, attendu qu'elle n'est pas de nature à faciliter la manifestation de la vérité. 14 avril 1837. D. 1837, p. 512. — Ce débat entre des témoins pourrait dégénérer en récrimination réciproques et distraire de l'objet de l'accusation. 5 oct. 1832. D. 1834, p. 385.

La cour d'assises ne peut refuser à l'accusé de poser des questions à des témoins, par le motif que ces questions compromettraient d'autres témoins ; c'est violer l'art. 319. 18 sept. 1824 n. 116.

Interpellation à l'accusé s'il veut répondre à ce qui a été dit contre lui. — L'interpellation à l'accusé s'il veut répondre, n'est pas prescrite à peine de nullité. 18 mars 1852 n. 99.

Droit pour l'accusé et pour son conseil de dire contre les témoins tout ce qui peut être utile à la défense. — Si l'accusé, dans ce qu'il dit contre le témoin et contre sa déposition, sort des bornes d'une légitime défense, la cour d'assises a le droit, en vertu de l'art. 181, de prononcer, sur la réquisition du ministère public ou sur celle du témoin outragé, les peines et les dommages-intérêts qui peuvent être encourus. 25 août 1838 n. 287. — Voyez les notes de l'art. 505, p. 35.

Le président remplit un devoir en interrompant le défenseur qui se livre à des allégations diffamatoires contre un témoin à charge, sans utilité pour la défense. 28 déc. 1837. D. 1838, p. 429. — Il appartient à la cour d'assises de prononcer les peines de la loi contre les excès d'une défense injurieuse ou diffamatoire qui n'aurait pas été justifiée par la nécessité de combattre les charges résultant des dépositions des témoins. 11 août 1820 n. 115. — Voyez les notes de l'art. 311, p. 51.

Ces expressions : « Ce que le témoin vient de dire est une invention et une fausseté, » ne dépassent pas les bornes de la défense. 5 mars 1838 n. 78.

(Voir ci-contre la suite des notes.)

329. Dans le cours ou à la suite des dépositions, le président fera représenter à l'accusé toutes les pièces relatives au délit et pouvant servir à conviction ; il l'interpellera de répondre personnellement s'il les reconnaît : le président les fera aussi représenter aux témoins, s'il y a lieu.

320. Chaque témoin, après sa déposition, restera dans l'auditoire, si le président n'en a ordonné autrement, jusqu'à ce que les jurés se soient retirés pour donner leur déclaration.

330. Si, d'après les débats, la déposition d'un témoin paraît fausse, le président pourra, sur la réquisition soit du procureur général, soit de la partie civile, soit de l'accusé, et même d'office, faire sur le champ mettre le témoin en état d'arrestation. Le procureur général, et le président ou l'un des juges par lui commis, rempliront à son égard, le premier, les fonctions d'officier de police judiciaire ; le second, les fonctions attribuées aux juges d'instruction dans les autres cas.

Les pièces d'instruction seront ensuite transmises à la cour impériale, pour y être statué sur la mise en accusation.

331. Dans le cas de l'article précédent, le procureur général, la partie civile ou l'accusé, pourront immédiatement requérir, et la cour ordonner, même d'office, le renvoi de l'affaire à la prochaine session.

Suite des NOTES.

Lorsque le ministère public a requis l'arrestation d'un témoin, le président n'est pas tenu d'interpeller à cet égard l'accusé, à qui il est loisible de prendre la parole sur cet incident. 22 janv. 1840 n. 19.

Le président peut rapporter l'ordre d'arrestation, si le témoin s'est rétracté en temps utile (Voyez ci-contre *). 11 nov. 1858 n. 264.

Le président peut ordonner qu'un témoin suspect de faux témoignage sera gardé à vue par la gendarmerie jusqu'à la fin des débats. 28 déc. 1838 n. 391.. 11 avril 1840 n. 111.

Le président qui fait mettre un témoin en état de surveillance, n'est pas tenu d'énoncer ses motifs. 24 janv. 1831 n. 32.

Le président, après avoir ordonné à l'audience la mise en surveillance d'un témoin dans l'enceinte du palais, peut, dans l'intervalle de deux audiences, et pour assurer la surveillance, ordonner le dépôt de ce témoin à la maison d'arrêt. 23 avril 1840 n. 116.

Lorsqu'un témoin est arrêté comme suspect de faux témoignage, sa déclaration doit être retenue au procès-verbal de la séance, conformément à l'art. 372.

Un témoin suspect de faux témoignage ne peut, avant de signer sa déposition, être autorisé par le président à conférer secrètement avec le défenseur. 29 janv. 1841 n. 31. Dans l'espèce, le témoin avait rétracté en partie ce qu'il avait dit à la décharge de l'accusé.

Le président peut, en vertu du pouvoir discrétionnaire, donner lecture de l'interrogatoire subi depuis son arrestation par le témoin suspecté de faux témoignage. 30 sept. 1841. D. 1842, p. 122.

Le renvoi d'une affaire à une autre session fondé sur l'existence d'un faux témoignage est purement facultatif. 10 mai 1839 n. 153. — Si l'affaire est renvoyée à la session suivante, la priorité appartient à l'accusation de faux témoignage. 20 mai 1813 n. 107. — L'accusation de faux témoignage doit recevoir jugement, avant l'affaire dans laquelle le faux témoignage a été porté. 20 déc. 1843 n. 369. — Voyez aussi 18 février 1841 n. 44.

Témoin suspecté d'une coopération coupable dans un acte faux. — La cour d'assises est compétente pour déclarer les indices de faux qui lui paraissent résulter des débats à la charge d'un témoin ; elle doit renvoyer l'affaire devant le juge d'instr. du lieu du délit ou du lieu où le prévenu pouvait être saisi : la mise en arrestation du témoin ne peut être ordonnée que par l'officier chargé du ministère public ou par le président lui-même (art. 462 du code d'instr.). 26 février 1847 n. 43.

Représentation des pièces de conviction aux témoins et aux accusés. — Obligation pour les témoins de rester dans l'auditoire après leur déposition. — Mesures à prendre si, d'après les débats, la déposition d'un témoin paraît fausse. Renvoi de l'affaire à une autre session. — Témoin suspecté d'une coopération coupable dans un acte faux.

329. *Représentation des pièces de conviction aux témoins et aux accusés.* — L'art. 329 ne prescrit pas la représentation des pièces de conviction à peine de nullité. 1er mai 1852 n. 145.. 28 sept. 1865 n. 186.. 2 janv. 1868 n. 1.

L'interpellation que le président doit faire à l'accusé de déclarer s'il reconnaît les pièces de conviction, n'est pas une formalité prescrite à peine de nullité. 2 avril 1840 n. 101.. 2 oct. 1845 n. 310.

Il y aurait nullité si, sur la demande de l'accusé, le président ne lui représentait pas les pièces de conviction. 1er oct. 1829 n. 246.. 1er mai. 1852 n. 145.. 1er oct. 1863 n. 249.. 28 sept. 1865 n. 186.

L'accusé qui a consenti à ce qu'il fût passé outre aux débats malgré l'absence des pièces à conviction, ne peut ensuite exciper de cette absence, comme d'un moyen de nullité. 10 octobre 1861 n. 215.

Le procès-verbal peut contenir la substance des réponses de l'accusé à l'interpellation prescrite par l'art. 329, sans violer la prohibition de l'art. 372. 13 oct. 1843 n. 263.

Aux débats, on peut faire tel usage des pièces de conviction que peuvent le prescrire les nécessités imprévues de l'instruction orale. 17 janv. 1839 n. 24.

Une pièce de conviction relative à un vol qui n'est pas compris dans l'accusation peut être, à titre de renseignement, mise sous les yeux des jurés. 20 juill. 1837. D. 1838, p. 400.

La représentation des pièces de conviction aux témoins est, comme l'indique la note *s'il y a lieu,* purement facultative pour le président ; mais l'accusé a le droit de conclure à ce que cette représentation soit faite à chaque témoin, et dans ce cas le président est tenu d'obtempérer à la demande de l'accusé. 7 janv. 1842. D. 1842, p. 159.

Si, sur le refus du président de communiquer une pièce à un témoin, il est pris des conclusions par l'accusé, c'est à la cour de statuer après avoir entendu le ministère public. 11 janv. 1851 n. 21.

La reconnaissance d'une pièce de conviction par un témoin est une partie essentielle de sa déposition, et ne peut avoir lieu qu'après que ce témoin a prêté serment. 18 mars 1841. D. 1841, p. 208.

Si les formalités prescrites par les articles 35, 38, 39 et 89 du code d'instruction criminelle, relativement aux pièces de conviction, n'ont pas été remplies, l'accusé peut s'opposer à leur production dans le débat comme pièces de conviction. 25 mai 1839. D. 1839, p. 403. — Mais ces pièces peuvent être placées sous les yeux des jurés qui sont mis en situation d'avoir seulement tel égard que de raison à cette nature de preuves. 8 fév. 1838 n. 38.. 9 juin 1865 n. 139.

Un plan des lieux n'est pas une pièce à conviction, mais une pièce de l'instruction, ce qui écarte l'application de l'art. 329. 28 février 1857 n. 88.

320. *Obligation pour les témoins de rester dans l'auditoire, après leur déposition.* — La circonstance que des témoins sont sortis, sans la permission du président, ne peut donner ouverture à cassation. 23 avril 1835. D. 1835, p. 294. — L'article 320 n'est pas prescrit à peine de nullité. 18 janvier et 8 mars 1855 n. 14 et 86.

Un témoin a pu être autorisé à se retirer avant la clôture des débats, si cette permission ne lui a été accordée qu'après sa déposition orale et du consentement des parties. 7 avril 1827 n. 79.

330.
331. *Mesures à prendre si, d'après les débats, la déposition d'un témoin paraît fausse. Renvoi de l'affaire à une autre session.* — Le témoin qui dépose seulement par forme de renseignements, ne peut jamais être poursuivi et puni comme faux témoin. 28 avril 1851 n. 96.

En droit on ne peut considérer comme constituant le crime de faux témoignage, la déposition contraire à la vérité faite volontairement par un témoin devant une cour d'assises, s'il a rétracté cette déposition avant la clôture des débats. En effet, les différentes parties d'une déposition forment un tout indivisible qui ne peut être considéré comme complet et recevoir la qualification légale de témoignage, qu'autant qu'il est devenu irrévocable, c'est-à-dire lorsque les débats de l'affaire à laquelle cette déposition se rapporte, ont été définitivement clos, parce qu'en rétractant une déclaration mensongère avant qu'elle ait porté à la société ou à l'accusé un préjudice irréparable, le témoin, par son retour à la vérité, a volontairement arrêté les conséquences funestes que sa déposition fausse aurait pu avoir. Il serait aussi difficile que dangereux d'examiner si cette rétractation a été l'effet de la crainte des peines portées par la loi contre le faux témoin, ou si elle a été le résultat d'un remords salutaire ou de souvenirs recueillis et coordonnés avec plus de maturité et de réflexion; et il suffit que la rétractation de la fausse déclaration ait été faite en temps utile pour que le crime de faux témoignage n'existe pas. 19 avril 1839 n. 129. — Le faux témoin n'est plus admis à rétracter sa déclaration, après que l'affaire a été renvoyée à une autre session 18 mars 1841 n. 69.

L'article 330 n'accorde qu'au président le droit de statuer sur l'arrestation d'un témoin, soit d'office, soit sur les demandes à lui adressées. 23 avril 1840 n. 116. — S'il y a des conclusions prises relativement à l'arrestation d'un témoin, la cour doit décider qu'attendu la compétence exclusive du président, elle n'a point à prononcer. 30 mai 1818 n. 68.. 11 janv. 1867 n. 4. — Jugé cependant que la cour a pu, sans nullité, ordonner elle-même l'arrestation d'un témoin. 12 mars 1831 n. 50.

(Voir ci-contre la suite des notes)

269. Le président pourra, dans le cours des débats, appeler, même par mandat d'amener, et entendre toutes personnes, ou se faire apporter toutes nouvelles pièces qui lui paraîtraient, d'après les nouveaux développements donnés à l'audience, soit par les accusés, soit par les témoins, pouvoir répandre un jour utile sur le fait contesté.

Les témoins ainsi appelés ne prêteront point serment, et leurs déclarations ne seront considérées que comme renseignements.

30 de la loi du 22 janvier 1851. Les présidents des cours d'assises pourront, même avant le jour fixé pour l'audience, ordonner l'assignation des témoins qui leur seront indiqués par l'accusé indigent, dans le cas où la déclaration de ces témoins serait jugée utile pour la découverte de la vérité.

Pourront également être ordonnées d'office toutes productions et vérifications de pièces.

477. (Lorsqu'on juge un contumax repris) si, pour quelque cause que ce soit, des témoins ne peuvent être produits aux débats, leurs dépositions écrites et les réponses écrites des autres accusés du même délit, seront lues à l'audience : il en sera de même de toutes les autres pièces qui seront jugées par le président être de nature à répandre la lumière sur le délit et les coupables.

512. Dans l'examen devant le jury, les dépositions (celles des personnes qui seront dispensées de comparaître comme témoins; voyez décret du 4 mai 1812 et code art. 520 à 517) seront lues publiquement aux jurés et soumises aux débats, sous peine de nullité.

Suite des NOTES.

La déclaration d'une personne entendue en vertu du pouvoir discrétionnaire, ne peut avoir l'autorité d'une déposition reçue sous la foi du serment. 4 avril 1833 n. 123.

La prestation de serment d'un témoin entendu en vertu du pouvoir discrétionnaire, n'entraine pas cassation, lorsqu'elle a lieu sans opposition de la part de l'accusé. 2 mai 1840 n. 123.. 3 déc. 1837 n. 386.

Loi de 1851. *Faculté pour le président de faire citer des témoins sur la demande de l'accusé.*

Le président est libre de citer ou de ne pas citer les témoins indiqués par la défense (23 juillet 1863 n. 202); il n'est pas obligé de rendre une ordonnance pour faire connaître son refus à l'accusé. 23 mars 1855 n. 107.

477. *Nécessité, lorsqu'on juge un contumax repris, de lire les interrogatoires des coaccusés et les dépositions écrites des témoins cités qui ne comparaissent pas.*— Lorsque l'accusé a déjà été jugé par contumace, il doit être donné lecture, à peine de nullité, des déclarations écrites des témoins cités et qui ne comparaissent pas aux débats. 6 janv. 1833 n. 2.. 19 mars 1853 n. 102.. 7 fév. 1835 n. 33.. 3 avril 1836 n. 135.. 1er avril 1838 n. 113.

L'obligation de lire les dépositions des témoins qui, pour quelque cause que ce soit, ne peuvent être produits aux débats, ne doit s'entendre que des témoins qui, ayant déposé dans l'instruction, seraient ensuite appelés aux débats à la requête de l'une des parties, et n'auraient pu y comparaître pour un motif quelconque. 10 mai 1843 n. 101.. 24 déc. 1852 n. 417.. 27 sept. 1866 n. 222.

Il y a nullité, si l'interrogatoire d'un coaccusé n'a pas été lu à l'audience. 24 juin 1843 n. 161.. 7 juill. 1849 n. 151.

La loi prescrit ces lectures pour remplacer les déclarations orales qu'auraient faites les témoins et les coaccusés s'ils eussent été présents aux débats ; elle les considère comme un des éléments dont la connaissance est absolument nécessaire à l'accusé pour établir sa défense, et au ministère public pour justifier l'accusation. Ainsi cette formalité est substantielle, et le procès-verbal doit, à peine de nullité, en constater l'accomplissement. 26 juill. 1832 n. 284.. 17 mai 1838 n. 128.. 7 mars 1850 n. 79.. 13 juill. 1854 n. 223.

L'accusé peut renoncer à la lecture de l'interrogatoire et des dépositions. 15 sept. 1833 n. 463.. 7 fév. 1835 n. 33.

La renonciation à l'audition des témoins n'emporte pas renonciation à la lecture de la déposition écrite. 19 mars 1833 n. 102.. 3 avril 1836 n. 135.. 1er avril 1838 n. 113.

Le président peut ordonner la lecture de dépositions écrites de témoins *non cités*, lorsqu'il reconnait que ces dépositions peuvent répandre la lumière. Il se conforme aux prescriptions de l'art. 477. 18 déc. 1832 n. 410.

512. *Nécessité de lire les dépositions écrites des fonctionnaires qui sont dispensés de comparaître comme témoins* — Les dépositions écrites dont il s'agit dans l'art. 312, ont dû être reçues avec prestation du serment de l'art. 317. Voyez arrêt du 29 sept. 1842 n. 230.

Audition de témoins en vertu du pouvoir discrétionnaire. — Faculté pour le président de faire citer des témoins sur la demande de l'accusé. — Nécessité, lorsqu'on juge un contumax repris, de lire les interrogatoires des coaccusés et les dépositions écrites des témoins cités qui ne comparaissent pas. — Nécessité de lire les dépositions écrites des dignitaires et des fonctionnaires qui sont dispensés de comparaître comme témoins.

269. *Audition de témoins en vertu du pouvoir discrétionnaire. — Personnes pouvant être entendues. Formalités à observer.* — Il n'appartient qu'au président d'ordonner qu'un témoin sera entendu à titre de renseignements. 5 oct. 1850 n. 345.

Le président peut faire assigner à l'avance les personnes qu'il veut faire entendre en vertu du pouvoir discrétionnaire. 14 juillet 1853 n. 359.

Aucune loi ne détermine la manière dont le président fera comparaître à l'audience les personnes qu'il veut faire entendre en vertu du pouvoir discrétionnaire. 28 avril 1838 n. 116.

Lorsque l'appel d'un témoin en vertu de l'art. 269 donne lieu à des conclusions, la cour se conforme aux règles de compétence en déclarant que la contestation rentre dans l'exercice du pouvoir discrétionnaire. 17 août 1821 n. 155.. 22 déc. 1842 n. 335.

Le président, en demandant aux jurés s'ils désirent l'appel de certains témoins, ne subordonne pas à leur réponse l'exercice de son pouvoir discrétionnaire. 13 oct. 1832 n. 414.

Le président, lorsqu'il refuse de faire entendre un témoin en vertu de l'art. 269, n'est pas obligé de donner des motifs; le pouvoir discrétionnaire s'exerce sans contrôle ni partage. 16 janv. 1836 n. 19.

Le président, après avoir ordonné l'audition d'un témoin, peut ensuite décider que l'audition n'aura pas lieu. 17 août 1821 n. 155.

Lorsqu'on entend des témoins en vertu du pouvoir discrétionnaire, on agit régulièrement en les prévenant qu'ils ne sont entendus qu'à titre de renseignements, qu'en conséquence ils ne prêtent pas serment, mais qu'ils n'en doivent pas moins dire toute la vérité. 16 juill. 1835 n. 292.

Le président ne peut, en vertu du pouvoir discrétionnaire, faire entendre des témoins que dans le cours des débats. 27 février 1834 n. 60. — Il peut faire entendre des témoins jusqu'à la clôture des débats. 1er fév. 1839. J. P. 1840, 1, p. 200.

Lorsqu'après les plaidoiries, le président fait entendre un témoin en vertu du pouvoir discrétionnaire, il faut, à peine de nullité, que l'accusé ou son conseil soient mis en demeure de s'expliquer sur cette nouvelle déclaration. 9 avril 1835 n. 134.. 14 oct. 1851 n. 460.

L'article 269 autorise le président à faire entendre aux débats toutes personnes. Cette expression est générale, indéfinie, et comprend dès lors la faculté de faire entendre même tous ceux qui, d'après l'art. 322, ne peuvent être admis comme témoins. 29 mars 1832 n. 114.. 29 mai 1840 n. 152. — Ainsi le président peut faire entendre : le père de l'accusé (9 juill. 1846 n. 178); la fille de l'accusé (14 juill. 1853 n. 359); la belle-sœur et le beau-frère de l'accusé (29 mars 1832 n. 114); les enfants de l'accusé (27 mars 1828 n. 94.. 27 avril 1838 n. 115); la femme de l'accusé (4 nov. 1830 n. 245.. 25 août 1864 n. 222); la partie civile (20 avril 1838 n. 107); le juré non tombé au sort, alors même que le tirage n'a eu lieu que sur une liste de 30 (10 oct. 1839. J. P. 1840, 1, p. 14); des personnes qui auraient assisté aux débats et entendu la déposition de tous les témoins (18 fév. 1830 n. 48.. 20 mars 1863 n. 93); des personnes dont la cour aurait défendu l'audition avec prestation de serment (15 sept. 1831 n. 223.. 4 avril 1851 n. 132.. 13 août 1863 n. 219); le procureur impérial présent à l'audience. 20 mars 1863 n. 93.

Si le président fait entendre, en vertu de l'art. 269, un témoin dont l'audition a été défendue après la prestation de serment, il doit prévenir les jurés que cette déposition ne doit être considérée que comme renseignement et sans égard au serment déjà prêté. 4 avril 1833 n. 123.

Lorsqu'un des dignitaires ou fonctionnaires désignés au décret du 4 mai 1812, se dispense de comparaître, si ce refus n'a donné lieu à aucun incident, et si personne n'a demandé l'exécution de l'art. 4 du décret et des art. 512 et 516 du code, le fonctionnaire n'est pas acquis à la cause comme témoin, et il peut être plus tard entendu en vertu du pouvoir discrétionnaire. 13 oct. 1832 n. 414. — Voyez une espèce jugée le 29 oct. 1842 n. 280.

Un témoin acquis au procès ne peut être entendu en vertu du pouvoir discrétionnaire, à moins qu'il n'ait été écarté du débat. 22 mai 1835 n. 198.. 17 mai 1844 n. 173.

Un témoin, quoique son nom n'ait pas été notifié, ne peut être entendu sans serment, en vertu du pouvoir discrétionnaire, que dans le cas où les parties se sont opposées à l'audition ou y ont renoncé. 23 février 1854 n. 48. — Voyez les notes. art. 317, p. 65.

On ne peut pas entendre sans serment, en vertu du pouvoir discrétionnaire, un témoin défaillant qui comparaît avant la clôture des débats (30 juin 1837 n. 195); quoique les parties aient renoncé à son audition (17 mai 1844 n. 173); quoique sa déposition ait été lue en vertu du pouvoir discrétionnaire. 29 mars 1832 n. 113.. 28 février 1857 n. 88.

L'interprète ne peut, à peine de nullité, être entendu comme témoin en vertu du pouvoir discrétionnaire, même du consentement de l'accusé et du ministère public. 16 janv. 1851 n. 22.

Si le ministère public requiert la position d'une question à une personne entendue en vertu du pouvoir discrétionnaire, et si l'accusé s'y oppose, il y a là un débat contentieux que le président ne peut seul résoudre, et c'est à la cour de statuer. 27 juin 1833. D. 1833, p. 381.

(Voir ci-contre la suite des notes)

Lecture des dépositions écrites et des autres documents écrits du dossier. — Documents nouveaux produits dans le cours des débats ; lecture de ces documents et jonction, s'il y a lieu, à la procédure. — Expertise, plan et descente de lieux ordonnés à l'audience.

LECTURE DES DÉPOSITIONS ÉCRITES ET DES AUTRES DOCUMENTS ÉCRITS DE LA PROCÉDURE.

Le président peut, en vertu de l'article 268, ordonner la lecture de toutes les pièces propres à favoriser la manifestation de la vérité. 29 juin 1833 n. 249. — Lorsque le président ordonne la lecture d'une pièce en vertu du pouvoir discrétionnaire, il n'est pas astreint à avertir les jurés que cette communication ne leur est faite qu'à titre de renseignement. 16 janvier 1836 n. 18.. 26 avril 1838 n. 111.. 20 juin 1854 n. 200.. 20 septembre 1855 n. 323. — La lecture d'une pièce ordonnée en vertu du pouvoir discrétionnaire peut être faite par le ministère public. 1er juillet 1837. D. 1838, p. 177.

Il y a nullité, si les pièces dont on ordonne la lecture n'ont pas été traduites aux accusés n'entendant pas le français. 3 mars 1836 n. 64.

Lorsque la lecture d'une pièce a eu lieu avec l'autorisation du président, elle doit être considérée comme ayant eu lieu en vertu du pouvoir discrétionnaire. 24 juill. 1841 n. 219.. 28 déc. 1860 n. 304.. 25 juillet 1867 n. 168.

Lecture des dépositions écrites des témoins comparants. — En principe, sauf l'exception portée en l'article 477, les déclarations écrites des témoins ne doivent pas être lues à l'audience; c'est d'après le débat oral que le jury doit former sa conviction, et c'est conformément à cette règle qu'aux termes de l'article 341 les déclarations écrites ne doivent pas être remises aux jurés lors de leur délibération. 30 juillet 1836 n. 253. — Cependant le président peut, en vertu du pouvoir discrétionnaire que lui confère l'article 268, ordonner la lecture de la déposition d'un témoin comparant; mais il faut, à peine de nullité, que le témoin ait déjà déposé oralement. 24 avril 1840 n. 118.. 12 déc. 1867 n. 252.. 14 fév. 1868 n. 41. — Le président (3 février 1843 n. 24), l'accusé et le ministère public peuvent donner lecture des dépositions écrites des témoins comparants pour faire ressortir les contradictions avec les dépositions orales. Ce droit résulte pour eux de l'art. 318 (p. 64). 11 août 1819 n. 90.

Lecture des dépositions écrites des témoins non comparants. — Quant à la lecture de la déposition écrite d'un témoin non comparant, elle ne peut avoir lieu qu'en vertu du pouvoir discrétionnaire; c'est au président seul que la loi remet le soin de juger s'il est utile à la manifestation de la vérité de déroger à la règle du débat oral dans lequel le jury doit puiser sa conviction. 24 décembre 1835 n. 469. — Le président peut, en vertu du pouvoir discrétionnaire, faire lire les dépositions d'un témoin non comparant (11 avril 1840 n. 111); — fût-ce le fils de l'accusé. 26 mai 1831. S. 1831, p. 361.. 18 mai 1865 n. 115. — Mais le président ne peut, sous peine de nullité, donner lecture d'une déposition insérée au procès-verbal de débats antérieurs annulés par un arrêt de la cour de cassation, l'effet de la cassation étant de remettre l'accusé dans l'état où il était auparavant et de rendre nuls, comme non avenus, lesdits débats et ce qui s'en est suivi. 10 juin 1841 n. 172.

Il y a nullité si la lecture de la déposition écrite d'un témoin absent ou décédé a lieu en vertu d'un arrêt de la cour; c'est un empiétement sur les attributions du président, une violation de la compétence. 24 décembre 1835 n. 469. — Il y aurait nullité lors même que l'arrêt eût été rendu avec l'adhésion de l'accusé, par suite d'un pacte avec le ministère public pour que l'affaire ne fut pas renvoyée à une autre session. 22 sept. 1831 n. 231.. 13 juin 1839 n. 188.

S'il était pris des conclusions relativement à la lecture de la déposition écrite d'un témoin non comparant, la cour, après avoir entendu l'accusé et le ministère public, devrait décider qu'elle n'a point à statuer, le président seul pouvant, d'après l'art. 268, décider si la pièce en question sera ou ne sera pas lue. Voyez art. 268, p. 34.

Jugé que le ministère public peut, sans autorisation du président, donner lecture de la déposition écrite d'un témoin non comparant, lorsque l'accusé et le défenseur ne s'y opposent pas (9 juillet 1840 n. 199); — fût-ce même une déclaration faite dans une affaire autre que celle dont la cour est saisie. 7 février 1833 n. 43.

Lecture des autres documents écrits du dossier. — Le président peut, en vertu de l'art. 268, donner lecture : de l'interrogatoire d'un accusé décédé avant les débats (4 nov. 1830 n. 245); de l'interrogatoire du père de l'accusé, co-prévenu dans l'origine, et depuis élargi. 10 avril 1828 n. 101. — Il peut faire lire des lettres missives existant au dossier. 28 mars 1833 n. 116. 13 octobre 1832 n. 414.

Les documents écrits du dossier, autres que les dépositions, étant des pièces qui, d'après l'art. 341, doivent être mises sous les yeux des jurés, il en résulte que le ministère public et l'accusé ont le droit d'en faire usage. Jugé en conséquence que le ministère public et l'accusé peuvent lire les interrogatoires des coaccusés qui sont ou ont été en cause, et tirer de ces pièces de la procédure tel argument qu'ils aviseront. 28 décembre 1838. D. 1839, p. 136. — Même décision relativement à l'interrogatoire du frère de l'accusé, prévenu, mis hors d'accusation. 27 juin 1823 n. 74.

L'officier du ministère public qui lit une pièce du dossier sans opposition de personne, est réputé en avoir reçu l'autorisation du président. 20 sept. 1851 n. 399.

Relativement aux expertises, et aux plans de lieux faisant partie des dossiers, voyez p. 71.

DOCUMENTS NOUVEAUX PRODUITS DANS LE COURS DES DÉBATS ; LECTURE DE CES DOCUMENTS, ET JONCTION, S'IL Y A LIEU, A LA PROCÉDURE.

Le président est investi par l'art. 269, du droit d'ordonner l'apport de toutes nouvelles pièces pouvant répandre un jour utile sur l'affaire.

Il n'appartient qu'au président des assises, en vertu de son pouvoir discrétionnaire, d'ordonner la jonction à la procédure d'une pièce nouvelle, produite aux débats. 5 avril 1861 h. 72.

L'art. 269 n'oblige pas le président de prévenir les jurés que les documents nouvellement produits ne doivent être considérés que comme renseignements. 2 juillet 1841. D. 1841, p. 418.

S'il est fait une demande afin d'apport de pièces, la cour d'assises doit décider qu'au président seul est dévolue l'appréciation de cette demande ainsi que la faculté discrétionnaire d'y faire droit. 15 mai 1840 n. 133. — Voyez art. 268 et 269, p. 34.

Le président peut ordonner l'apport de lettres missives. Jugé implicitement le 28 mars 1833 n. 116. — L'art. 37, qui autorise la saisie de papiers pouvant servir à conviction ou à décharge, ne distingue pas entre les lettres missives et les autres papiers. 13 octobre 1832 n. 414.

Le président peut, en vertu du pouvoir discrétionnaire, ordonner la lecture de notes trouvées sur un témoin. 17 mars 1842 n. 64.. 6 juin 1861 n. 115. — Le président peut donner lecture d'une déposition de témoin reçue par un juge de paix depuis l'ouverture des débats. 4 août 1854 n. 250.

Le président peut ordonner la lecture et la jonction à la procédure : d'une lettre de l'accusé interceptée à la prison (16 mars 1866 n. 72), d'une lettre de l'accusé produite par un témoin. 24 juin 1853 n. 224.

Le président peut, en vertu de son pouvoir, donner lecture de la déposition faite par un témoin, dans une affaire autre que celle soumise à la cour d'assises. 15 novembre 1843, n. 291.. 18 février 1855 n. 38. 18 fév. 1864 n. 43.

Une pièce de conviction relative à un vol qui n'est pas compris dans l'accusation, peut être, à titre de renseignements, mise sous les yeux des jurés. 20 juillet 1837. D. 1838, p. 400.

Le président peut donner lecture de la déclaration faite par le jury dans un autre procès intenté à l'accusé. 7 janvier 1836 n. 5. — Il peut donner lecture d'un arrêt rendu contre l'accusé. 28 mars 1829 n. 69.

Lorsque, dans une accusation de faux, un témoin annonce avoir en sa possession un billet écrit par l'accusé, le président peut, en vertu de son pouvoir, inviter le témoin à déposer le billet; et si l'écriture est déniée par l'accusé, le billet peut être joint au dossier et mis sous les yeux des jurés, non comme pièce de comparaison conformément à l'art. 456, mais comme document utile à la conviction des jurés. 2 avril 1831 n. 72.

Le maître clerc d'un notaire qui ne comparaît ni comme témoin, ni en vertu du pouvoir discrétionnaire, n'a aucun caractère légal pour être introduit dans l'auditoire et être admis à déposer une nouvelle pièce. 30 décembre 1830 n. 255.

Le président agit régulièrement si, après avoir fait lire une pièce nouvelle à titre de simple renseignement, il ordonne qu'elle sera jointe au dossier et communiquée à l'accusé. 27 août 1852 n. 302.

Il y a nullité si de nouveaux documents produits dans le cours des débats ont été joints au dossier et remis au jury, sans avoir été communiqués aux accusés ou discutés en leur présence. 29 avril 1853 n. 146. — Lorsqu'une pièce nouvelle est produite dans la cause, elle doit être communiquée à l'accusé ou à son conseil. 30 novembre 1848 n. 296.

Le ministère public, l'accusé et la partie civile peuvent, sans l'autorisation du président, donner lecture d'un document ne faisant pas partie du dossier, lorsqu'il n'y a pas eu d'opposition à cette lecture. 17 février 1843 n. 35.. 30 juillet 1847 n. 168. — Jugé que le ministère public n'a pas besoin de l'autorisation du président pour produire tous les documents qui lui paraissent utiles, sauf le droit au défenseur de combattre les documents produits. 18 janvier 1855 n. 14. — Le ministère public peut donner lecture d'un procès-verbal de gendarmerie ne faisant pas partie du dossier, sauf à l'accusé à en demander communication. 5 mars 1852 n. 80.

Voyez plusieurs décisions rapportées à l'art. 335, page 73.

EXPERTISE.

Le pouvoir discrétionnaire du président lui attribue le droit de faire faire une expertise (dans l'espèce, une vérification d'écriture). 5 février 1819 n. 17.

L'expert appelé aux débats en vertu du pouvoir discrétionnaire ne doit pas prêter le serment de l'art. 44. L'interdiction de serment de l'art. 269 porte tout aussi bien sur celui prescrit par l'art. 44, que sur celui déterminé par l'art. 317. 16 janv. 1836 n. 19.. 29 mai 1840 n. 152.. 1er mars 1855 n. 69.. 4 juin 1864 n. 144.. 24 janv. 1868 n. 22.

Mais il n'y a pas nullité si l'expert appelé en vertu du pouvoir discrétionnaire prête le serment de l'art. 44 sans opposition de l'accusé. 2 janvier 1868 n. 1.

Lorsqu'il y a des conclusions prises, la cour, après avoir entendu l'accusé et le ministère public, peut ordonner une expertise et par suite l'audition d'experts aux débats. C'est un incident sur lequel il lui appartient de statuer. 12 janv. 1833 n. 13.. 17 janv. 1839 n. 24.. 12 mars 1857 n. 110.

Lorsque, pour procéder à une expertise, le défenseur et le ministère public ont proposé chacun une personne différente, c'est à la cour d'assises de prononcer sur l'incident. 27 avril 1832 n. 147.

L'expert, appelé aux débats par suite d'un arrêt de cour d'assises qui a ordonné une vérification, doit, à peine de nullité (et avant de procéder à l'expertise, 17 mars 1864 n. 71), prêter le serment prescrit par l'art. 44. 27 déc. 1834 n. 421.. 19 janv. 1827 n. 12.. 17 fév. 1848 n. 43.

D'après l'art. 44, les experts doivent prêter serment de faire leur rapport et de donner leur avis en leur honneur et conscience.

Le témoin qui, sous la foi du serment de l'art. 317, a rendu compte des vérifications dont il a été chargé dans le cours de l'instruction écrite, doit, à peine de nullité, prêter le serment de l'art. 44, lorsqu'aux débats il vient à être chargé par la cour d'une nouvelle expertise. 4 sept. 1840 n. 251.. 30 juin 1855 n. 237. — Le double serment garantit la sincérité de ses dépositions comme témoin, et la fidélité de ses opérations comme expert. 13 août 1838 n. 318.

L'expert cité comme témoin doit seulement prêter le serment de l'article 317, quelles que soient les questions qui puissent lui être adressées et les réponses qu'il puisse faire. 16 janv. 1836 n. 19.. 2 mai 1867 n. 105. — On ne doit prêter le serment de l'art. 44 que lorsqu'on est appelé par la cour à procéder à une expertise. 21 août 1835 n. 325.

D'après l'art. 392, il y a nullité si un juré de jugement fait une expertise. 22 mai 1819 n. 62.

Aucune disposition de loi n'interdit soit à un témoin, soit à un juré qui ne fait pas partie du jury de jugement, de procéder à une expertise ordonnée dans le cours des débats. 29 août 1833 n. 344.

Les nouveaux experts peuvent être autorisés à conférer avec les anciens. 21 juill. 1843 n. 188.

La communication des experts avec quelques témoins n'est pas interdite à peine de nullité. 3 fév. 1843 n. 24.

Le président agit dans les limites de ses attributions en refusant d'admettre à une expertise qu'il a ordonnée, les fondés de pouvoirs des accusés. 30 août 1844 n. 305.

On ne saurait étendre à une expertise ordonnée à l'audience comme une nécessité du débat, les règles ordinaires qui s'appliquent à la vérification d'écritures et dont la stricte observation serait inconciliable avec la rapidité de cette instruction supplétive. 12 janv. 1833 n. 13.

On peut faire aux débats tel usage des pièces de conviction que peuvent le prescrire les nécessités imprévues de l'instruction orale. 17 janv. 1839 n. 24. Dans l'espèce, le président avait autorisé l'expert à détacher un fragment de l'enveloppe qui fermait l'une des pièces de conviction.

Le rapport d'experts suivant la législation criminelle actuelle, n'est autre chose qu'un simple document destiné à éclairer la religion du jury. 2 avril 1831 n. 72.

Le président peut ordonner la lecture d'un rapport d'expert (l'expert n'avait pas été cité). 23 janvier 1868 n. 19.

Est une cause de nullité la remise aux jurés d'une expertise ordonnée depuis l'arrêt de renvoi, et nulle parce que le procès-verbal de prestation de serment n'est pas signé par le magistrat instructeur. 8 août 1867 n. 181.

Les médecins et experts appelés devant la cour d'assises pour s'expliquer sur les travaux qui leur ont été confiés, seront taxés, non comme simples témoins, mais comme experts, conformément au décret du 18 juin 1811. Circulaire du 7 déc. 1861.

PLAN DE LIEUX.

Le président peut, en vertu du pouvoir discrétionnaire, ordonner la confection d'un plan. 26 juin 1828. J. P. 28 fév. 1857 n. 88. — Le président peut, en vertu du pouvoir discrétionnaire, distribuer aux jurés des copies d'un plan de lieux faisant partie de la procédure. 30 janv. 1851 n. 39.. 17 sept. 1857 n. 11.

La cour n'empiète pas sur les pouvoirs du président lorsque, sur les réquisitions du ministère public, et après avoir entendu l'accusé, elle ordonne que des copies d'un plan existant au dossier soient distribuées aux jurés, au défenseur et aux membres de la cour. 27 déc. 1860 n. 302.

Un plan, faisant partie du dossier, a pu être mis sous les yeux des jurés, sans avoir été communiqué à l'accusé, la défense ayant pu prendre connaissance de ce plan aux débats, et en réclamer alors la communication. 26 déc. 1851 n. 540.

Le président peut soumettre aux jurés le plan qu'il a dressé lui-même pour s'aider dans la direction des débats (dans l'espèce, l'exactitude du plan avait été reconnue par l'accusé). 26 juin 1828. S. 1828, p. 252.

Un plan des lieux dressé par l'officier du ministère public peut, en vertu du pouvoir discrétionnaire, être mis sous les yeux des jurés (dans l'espèce, l'accusé et son conseil avaient pris connaissance du plan et avaient déclaré ne pas s'opposer à la communication). 22 juill. 1842. D. 1842, p. 427.

La cour d'assises peut décider qu'un plan, dont la communication est offerte par l'accusé, ne sera pas soumis aux jurés comme ne présentant pas, pour certains motifs exprimés dans l'arrêt, une garantie suffisante d'exactitude. 29 mars 1832 n. 114.

DESCENTE DE LIEUX.

Le président peut, en vertu du pouvoir discrétionnaire, ordonner une descente de lieux, pourvu que le transport s'effectue avec toutes les conditions requises pour la constitution de la cour d'assises et pour l'observation du principe de la publicité. 23 mars 1843 n. 65.

L'arrêt d'une cour qui, en statuant sur les conclusions d'un accusé, déclare qu'il n'y a lieu à ordonner une descente sur les lieux, doit être motivé aux termes de l'art. 7 de la loi du 20 avril 1810. 15 janv. 1829. D. 1829, p. 109.

Une cour d'assises, en se transportant avec les jurés, l'accusé et son défenseur, dans une cour attenant au palais, et en y procédant publiquement à des opérations jugées nécessaires à la manifestation de la vérité, et en revenant ensuite dans le lieu de ses séances, ne viole aucune loi. 22 mai 1834 n. 156.

Mais il y aurait violation du droit de la défense si les jurés, même avec l'autorisation du président et entourés de la garde pour empêcher toute communication, s'étaient transportés seuls hors de l'audience pour se livrer à des vérifications que l'accusé n'aurait pas été mis en situation de combattre. 25 sept. 1828 n. 279.

CHAPITRE VII.

335. A la suite des dépositions des témoins, et des dires respectifs auxquels elles auront donné lieu, la partie civile ou son conseil et le procureur général seront entendus, et développeront les moyens qui appuient l'accusation. L'accusé et son conseil pourront leur répondre. La réplique sera permise à la partie civile et au procureur général, mais l'accusé ou son conseil auront toujours la parole les derniers.

Le président déclarera ensuite que les débats sont terminés.

336. Le président résumera l'affaire. Il fera remarquer aux jurés les principales preuves pour et contre l'accusé. Il leur rappellera les fonctions qu'ils auront à remplir.

Il posera les questions ainsi qu'il sera dit ci-après.

Suite des NOTES.

contentieux ne s'est élevé à cette occasion. 26 août 1841. D. 1841, p. 435.. 12 fév. 1858 n. 49.. 12 fév. 1858 n. 49. — Si des conclusions sont prises à ce sujet, c'est à la cour de statuer. 30 août 1817 n. 81.

Le président a pu, de sa propre autorité, faire rouvrir les débats pour entendre un témoin qui demandait à se rectifier, l'accusé et le ministère public ayant déclaré ne pas s'y opposer. 27 août 1852 n. 302.

336. *Résumé.* — Si les débats ont eu lieu à huis-clos, il faut, à peine de nullité, que les portes soient rouvertes avant le résumé du président. 26 mai 1831 n. 118.. 29 sept. 1859 n. 377.. 18 juin 1868 n. 147.

L'objet du résumé est de réduire l'affaire à ses points les plus simples, de faire remarquer aux jurés les principales preuves produites pour et contre l'accusé, d'éclairer le jury, de fixer son attention et de guider son jugement sans gêner sa liberté. Instruction du 29 sept. 1791.

Le résumé est le complément nécessaire de l'accusation et de la défense, et son omission produit une nullité radicale. 14 oct. 1831 n. 254.. 8 janv. 1836 n. 7.. 24 juin 1847 n. 136. — Il n'y a pas de résumé et par conséquent il y a nullité si, à cause de son état de souffrance, le président se borne à inviter les jurés à rappeler dans leurs souvenirs les impressions qu'ont produites sur eux les moyens de l'accusation et ceux de la défense. 14 oct. 1831 n. 254.

La cour d'assises est sans droit pour s'expliquer sur la manière dont est fait le résumé. 18 juin 1863 n. 165. — L'article 336 s'en remet à la conscience du président sur la forme et le fond du résumé. 28 avr. 1838 n. 116.. 5 oct. 1866 n. 225. — Le président doit suppléer aux omissions de l'accusation et de la défense. 29 août 1844 n. 303. — Il peut se livrer à une appréciation personnelle des charges de l'accusation. 22 juin 1839 n. 204.. 27 mai 1852 n. 170.

Le président peut donner lecture d'une pièce de la procédure (10 juillet 1863 n. 193) d'une déposition qui n'a pas été lue, mais l'accusé peut présenter des observations. 3 juill. 1856 n. 239.

Le président peut faire remarquer aux jurés que la peine n'est pas celle indiquée par le défenseur et il peut dire quelle est cette peine. 10 sept. 1833 n. 354.. 18 avril 1850 n. 129.

En principe, le résumé ne peut être interrompu par aucune réclamation. Lorsqu'il est terminé, il ne peut être présenté d'observations que si le président a énoncé des faits nouveaux. Dans ce cas, l'accusé ou le ministère public seraient fondés à conclure à ce que les débats fussent rouverts et continués, quant aux faits sur lesquels ils n'avaient pas été mis à même de présenter leurs moyens. 22 juin 1839 n. 204. Voyez aussi 29 juillet 1853 n. 374. — Après les explications, le président déclare les débats définitivement terminés et résume de nouveau l'affaire. 27 mars 1834 n. 102.

Les interruptions faites au résumé du président ou les conclusions contre ce résumé peuvent, d'après les circonstances, donner lieu contre le défenseur à des peines disciplinaires. 28 avril 1820 n. 59.

Aucune loi n'exige que l'on traduise à l'accusé le résumé du président. 29 fév. 1844 n. 69.

Il suffit que le procès-verbal constate que le président a fait le résumé. 8 janv. 1836 n. 7.

Position et lecture des questions. Signature de la feuille des questions par le président. Approbation des interlignes, ratures et renvois. — La position des questions prescrite par la loi implique nécessairement le devoir d'une lecture publique, ou tout au moins d'une connaissance des questions donnée à l'accusé, afin que celui-ci soit mis à même de présenter ses observations. 5 fév. 1857 n. 47.

Le président peut charger un des assesseurs de donner lecture des questions. 12 août 1858 n. 227.

Lorsque les questions sont conformes à l'arrêt de renvoi, le défaut de traduction à l'accusé ne constitue pas une atteinte à la défense. 5 juin 1851 n. 207.

De la combinaison des art. 336 et 341, il ressort que le président doit signer les questions, mais cette formalité n'est pas textuellement prescrite à peine de nullité. 30 avril 1851 n. 160.

Relativement à l'approbation des interlignes, renvois et surcharges, voyez page 74.

Il suffit que le procès-verbal constate que le président a posé les questions. 19 août 1852 n. 290.. 22 mai 1868 n. 134.. 16 juillet 1868 n. 166.

Ordre de la discussion. Plaidoirie de la partie civile. — Réquisitoire du ministère public. — Défense de l'accusé ; conclusions de l'accusé, tendant à ce qu'il lui soit donné acte de certains faits. — Conclusions des personnes responsables. — Clôture des débats. — Résumé. — Position des questions.

335. *Ordre des plaidoiries.* — Il appartient au président d'apprécier l'ordre dans lequel il doit être procédé aux plaidoyers (4 sept. 1841. D. 1841, p. 436.); pourvu qu'il n'y ait pas violation des droits de la défense. 8 juin 1850. S. 1850, p. 483.. 18 mars 1852 n. 99.

Le président peut donner la parole au procureur général avant la partie civile. 18 mars 1852 n. 99.

En réglant l'ordre de la discussion, et en donnant le premier rang aux moyens de forme, le président se renferme dans l'exercice de ses pouvoirs. 26 juin 1851 n. 249.

Plaidoirie de la partie civile. — Voyez art. 67, p. 55, et art. 358, 359, p. 89.

Réquisitoire du ministère public. — L'audition du ministère public est prescrite à peine de nullité. 29 sept. 1853 n. 484.

Dans les causes importantes et ardues, les avocats généraux communiqueront au procureur général les conclusions qu'ils se proposent de donner. Ils feront aussi cette communication dans toutes les affaires dont le procureur général voudra prendre connaissance. Art. 48 du décret du 6 juillet 1810.

Dans son réquisitoire, le ministère public doit parler en homme juste et impartial ; l'intérêt public doit constamment présider à ses démarches comme à ses discours ; une conduite passionnée lui est principalement interdite. Instruction du 29 sept. 1791.

Il est de l'essence du ministère public d'être indépendant dans l'exercice de ses fonctions. Les tribunaux ne peuvent restreindre le droit qu'il a de produire tous les documents et de fournir toutes les explications qu'il croit utiles. 20 janv. 1848 n. 17. — Voyez surtout 18 janv. 1855 n. 14.

Relativement à l'usage que le ministère public peut faire soit de documents nouveaux, soit des pièces de la procédure, voyez pages 70 et 71. — La loi n'ordonne pas de traduire à l'accusé le réquisitoire. 29 fév. 1844 n. 69.. 13 nov. 1862 n. 246. — Voyez cependant 24 juill. 1841. D. 41, p. 425.

Défense de l'accusé ; conclusions de l'accusé tendant à ce qu'il lui soit donné acte de certains faits. Une cour d'assises peut interdire une défense en vers. 13 juin 1834, S. 1834, p. 482.

La distribution d'écrits pour la défense des accusés devant la cour d'assises serait contraire au débat oral, principe fondamental de la juridiction criminelle. 11 août 1820 n. 113. Voyez p. 39, 32e ligne.

Relativement à l'usage que le défenseur peut faire soit des documents écrits de la procédure, soit des documents nouveaux, voyez pages 70 et 71.

Le défenseur peut lire une consultation qu'il a demandée à des médecins, sauf au ministère public à la combattre et au président des assises à appeler les signataires. 20 juill. 1826 n. 141.

L'article 270 autorise le président à ne pas permettre au défenseur de lire des articles de journaux relatifs à des décisions portées par le jury dans des affaires étrangères à celles en discussion. 28 août 1829 n. 202.. 12 janv. 1845 n. 362.

Une cour d'assises peut interdire à un défenseur d'entrer dans des discussions générales de droit, étrangères aux attributions du jury. 20 mars 1831. D. 1831, p. 218. — La cour d'assises peut interdire au défenseur de plaider sur un point de droit, avant la déclaration du jury. 1er août 1851 n. 320.

Le défenseur contrevient aux art. 342 et 311, s'il indique aux jurés la peine que l'accusé encourt. 18 fév. 1831 n. 31.— Les jurés ne doivent pas se préoccuper de la peine. 25 mars 1835. D. 1836, p. 246.

Des paroles prononcées dans la défense peuvent constituer un délit que la cour, d'après l'art. 181, a le droit de punir sans désemparer. 27 fév. 1832 n. 19. Voyez notes, art. 505, p. 33.— Relativement aux fautes disciplinaires, voyez art. 311, p. 50.

L'accusé n'a pas le droit de demander acte à la cour des imputations dirigées contre lui par le ministère public à l'occasion de faits étrangers à la poursuite. 11 janv. 1851 n. 21.

L'accusé ne peut se plaindre de n'avoir pas eu la parole le dernier, lorsque rien n'établit qu'il a demandé à répliquer. 22 déc. 1847. S. 1848 p. 301.. 15 oct. 1847 n. 258.

Lorsque l'accusé prend des conclusions pour qu'il lui soit donné acte d'un fait, c'est à la cour de statuer, après avoir entendu le ministère public. 12 avril 1855 n. 123.. 22 janv. 1857 n. 31.

La cour, en refusant de donner acte de certains faits, ne peut mieux motiver son arrêt que par la déclaration que ces faits n'existent pas. 3 janv. 1851 n. 5.

Si la défense articule qu'un juré a communiqué avec un témoin, voyez les notes page 53.

Lorsque la cour, après enquête, déclare ne pas se rappeler si une formalité a été remplie, il y a présomption que la formalité a été omise. 16 août 1862 n. 210.

Lorsqu'après la déclaration du jury, l'accusé demande la constatation d'un fait dont la cour n'a pas une connaissance personnelle, et qu'on ne puisse vérifier qu'en rouvrant un débat qui n'est plus possible, la cour peut rejeter les conclusions de la défense. 29 déc. 1853 n. 603. Voy. 16 janv. 1863 n. 20.

Conclusions des personnes civilement responsables. — Les personnes mises en cause comme civilement responsables, peuvent prendre part aux débats dans la mesure de leur intérêt. 18 juin 1847 n. 132.

Clôture des débats. — L'article 335 n'impose pas au président l'obligation d'interpeller l'accusé avant de prononcer la clôture des débats pour savoir de lui s'il n'a rien à ajouter à sa défense. 16 juin 1836 n. 195.. 27 janv. 1853 n. 34.. 11 déc. 1857 n. 394.

Le président peut, de sa seule autorité, rouvrir les débats qu'il avait déclaré clos, lorsqu'aucun

(Voir ci-contre la suite des notes.)

337. La question résultant de l'acte d'accusation sera posée en ces termes : l'accusé est-il coupable d'avoir commis tel vol ou tel autre crime, avec toutes les circonstances comprises dans le résumé de l'acte d'accusation ?

Suite des NOTES

Il résulte des articles 341 et 345 du code d'instruction criminelle et des article 1, 2 et 3 de la loi du 13 mai 1836, que le président a l'obligation d'interroger distinctement le jury sur le fait principal et sur chacune des circonstances qui l'aggravent. 23 septembre 1837 n. 289.. 4 janvier 1839 n. 5 et 8.. 16 janvier 1841 n. 12 . 12 juin 1845 n. 193 et 194.

On ne peut pas dans la même question, demander si un individu a empoisonné son père et sa mère (4 avril 1845 n. 122), ou s'il a donné la mort à deux enfants nouveau-nés (18 juillet 1856 n. 255) ; ce sont des questions complexes.

On peut dans une même question, interroger le jury sur le vol de plusieurs objets imputés à un accusé, lorsque le détournement en a été pratiqué au même lieu, dans le même moment et à l'aide des mêmes moyens ; ce n'est qu'un chef unique d'accusation de vol. 20 avril 1838 n. 107.. 15 mai 1840 n. 133.

On peut, dans la même question et sans qu'il y ait complexité, demander si, de telle époque à telle autre (l'accusé s'est rendu coupable des mêmes faits vis-à-vis de la même personne (dans l'espèce des attentats à la pudeur). 21 décembre 1840 n. 363.

On ne peut soumettre cumulativement au jury des faits successifs et indépendants les uns des autres (dans l'espèce des faits d'usage de pièces fausses, faits accomplis à des jours différents et chez différentes personnes). 30 mars 1839 n. 108.

S'il y a plusieurs accusés, il faut poser des questions distinctes sur la culpabilité de chacun d'eux ; cette manière de procéder est substantielle, puisqu'elle est établie comme une garantie contre les erreurs que pourraient entraîner des questions complexes. 21 septembre 1839 n. 305.

On ne peut renfermer dans la même question : ni le fait principal avec la circonstance aggravante (8 mars et 14 juin 1855 n. 85 et 205) ; ni deux circonstances aggravantes. 8 et 13 juillet 1837, n. 202 et 204.

Dans une accusation de parricide, crime spécial, on peut comprendre dans la même question le fait de l'homicide volontaire, et la qualité de la victime. 16 juillet 1842 n. 184. Voyez ci-dessous, n. 7 et 8.

Le président peut renfermer dans une seule question deux circonstances, lorsque leur concours est nécessaire pour amener une aggravation de peine ; ainsi, l'on peut dans la même question, demander si un vol a été commis dans une église, par deux personnes (30 juin 1853 n. 233), — ou s'il a été commis à l'aide de fausses clefs dans une maison. 25 février 1847 n. 42., 12 sept. 1861 n. 206

Lorsqu'un même vol est imputé à plusieurs personnes, il n'est pas indispensable de questionner le jury séparément, pour chaque accusé, sur les circonstances aggravantes de nuit, de maison habitée, etc., ces circonstances ne pouvant exister pour un accusé sans exister en même temps pour les autres. 30 juillet 1847 n. 169.. 4 avril 1863 n. 105. — Jugé toutefois que, s'il y a plusieurs accusés, le jury peut écarter une circonstance aggravante à l'égard de l'un d'eux (dans l'espèce, l'escalade). 27 août 1831 n. 197.

On ne peut pas interroger le jury par une seule question, commune à plusieurs accusés, lorsqu'il s'agit de la préméditation ou du guet-apens, circonstances personnelles et morales. 16 novembre 1854 n. 315.. 4 avril 1863 n. 105.

Tous les caractères de complicité spécifiés dans l'art. 60, entraînant les mêmes conséquences pénales, peuvent être réunis dans une seule et même question, sans qu'il en résulte un vice de complexité préjudiciable à l'accusé. 16 avril 1842 n. 91.. 6 avril 1854 n. 97 . 15 sept. 1864 n. 232 — Mais il ne faut pas, dans la même question, demander au jury si l'accusé s'est rendu coupable de complicité par assistance ou par recelé. 23 novembre 1848 n. 285.. 19 avril 1860 n. 99.. 15 sept. 1864 n. 232. — On ne peut poser de questions alternatives qu'autant que les conséquences pénales d'une réponse affirmative sont les mêmes dans l'une ou l'autre hypothèse. 9 avril 1846 n. 92.. 18 mai 1855 n. 166.

On peut, dans la même question, demander si l'accusé s'est rendu coupable d'attentat à la pudeur, consommé ou tenté. 11 avril 1840 n. 111.

On peut, dans la même question, demander sous forme alternative si l'accusé a apposé ou fait apposer une fausse signature au bas d'un acte, puisque la culpabilité de l'accusé est évidemment la même, qu'il se soit servi de sa propre main ou qu'il ait emprunté comme instrument la main d'un autre. 4 sept. 1840 n. 251.. 3 avril 1847 n. 72.

On peut demander si l'accusé a donné ou fait donner des instructions pour commettre un crime. 23 mai 1844, n. 179.

7. — *Distinction des circonstances aggravantes et des circonstances constitutives.* — Les circonstances aggravantes sont celles qui, lorsqu'elles sont résolues affirmativement par le jury, exposent l'accusé à une peine plus grave. 15 juin 1842 n. 183. — Lorsqu'un fait est prévu par la loi pénale, toute circonstance qui entraîne une augmentation de peine est aggravante. 10 mars 1839 n. 149.

La circonstance est aggravante lorsqu'indépendamment d'elle, le fait principal constitue un fait puni par la loi. 28 septembre 1837 n. 289.

Les circonstances constitutives sont celles sans l'existence desquelles le fait reproché n'est puni par la loi, ni comme crime, ni comme délit. 14 mars 1842 n. 48.

Les circonstances aggravantes, comme on l'a vu plus haut, n. 6, doivent être posées séparément. Quant aux circonstances constitutives, elles doivent être comprises dans le fait principal ; car, si l'on détachait du fait principal une circonstance constitutive pour la ranger parmi les circonstances aggravantes, on dépouillerait ce fait de toute criminalité (28 septembre 1838 n. 322) ; — et le fait principal doit toujours être punissable soit comme crime, soit comme délit. 22 mars 1821 n. 40.

La cour de cassation range parmi les circonstances constitutives certaines circonstances qui, d'après les définitions ci-dessus, pourraient paraître aggravantes : la paternité dans une accusation de parricide (16 juillet 1842 n. 184), la qualité de nouveau-né dans une accusation d'infanticide (21 août 1840 n. 237), la qualité de commerçant attribué à celui dont la signature a été contrefaite dans une accusation de faux en écriture de commerce. 4 septembre 1840 n. 251. — Voici les motifs de la cour de cassation : lorsque des circonstances sont présentées par la loi comme éléments constitutifs du crime spécial qu'elle définit, alors elles se confondent dans l'existence de ce crime qu'elles caractérisent, et on ne saurait les en détacher sans changer la nature du fait qui forme l'objet de l'accusation, 16 juillet 1842 n. 184. — Voyez toutefois ci-après, n. 8.

8. — *Faculté de diviser une question en plusieurs paragraphes qui deviennent autant de questions.* — Un fait principal, une circonstance peuvent être divisés en paragraphes qui deviennent l'objet de réponses distinctes.

La déclaration du jury se formant aujourd'hui à la majorité de plus de 7 voix tant sur le fait principal que sur les circonstances aggravantes, il en résulte que l'on peut, sans nuire à l'accusé, détacher du fait principal une circonstance constitutive, et la poser comme circonstance aggravante. 24 mars 1853 n. 110. Dans l'espèce, il s'agissait de la question de paternité dans une accusation de parricide.

9. — *Droit pour l'accusé et pour le ministère public de faire des observations sur la position des questions.* — Le ministère public et les accusés ont le droit de faire des observations sur la position des questions ; ce droit a été accordé par l'art. 376 du code du 3 brumaire an IV, et cet article n'a pas été abrogé explicitement par le nouveau code. 28 avril 1820, n. 59.

Lorsque, sur la position des questions il est pris des conclusions, soit verbalement, soit par écrit, il en résulte un contentieux sur lequel il appartient à la cour de statuer (23 décembre 1858 n. 316), après avoir entendu l'accusé et le ministère public. Voyez 20 mai 1839 n. 167.. 22 janvier 1857 n. 32. — Lorsque la cour est appelée à statuer sur la position des questions, elle use de son droit en déterminant, suivant sa conscience, dans quels termes les questions doivent être rédigées. 23 février 1853 n. 67. — L'arrêt doit être motivé à peine de nullité. 14 avril 1826 n. 68. — Il est suffisamment constaté par son insertion au procès-verbal. 20 avril 1838 n. 107.

10. — *Nécessité pour le président d'approuver dans les questions les interlignes, ratures et renvois.* — Voyez l'article 78, p. 84 ; voyez aussi 13 juillet 1854 n. 225.. 2 juillet 1857 n. 249.

Position des questions résultant de l'acte d'accusation.

Pour plus d'explications, voyez les notes accompagnant les formules des questions, pages 107 et suivantes.

Relativement aux questions d'excuse, de discernement et aux questions résultant des débats, voyez page 76.

Liberté laissée au président pour la position des questions, n. 1. — C'est à l'arrêt de renvoi qu'on se réfère pour les questions à poser, n. 2. — Il faut demander si l'accusé est coupable d'avoir etc., n. 3. — Observations relatives à la date du crime, n. 4. — Il faut poser les questions en fait, et ne pas soumettre au jury des questions de droit, n. 5. — Il faut poser des questions séparées pour chaque fait principal et pour chaque circonstance aggravante; questions complexes, questions alternatives, n. 6 — Distinction des circonstances aggravantes et des circonstances constitutives, n. 7. - Faculté de diviser une question en plusieurs paragraphes qui deviennent autant de questions, n. 8. — Droit pour l'accusé et pour le ministère public de faire des observations sur la position des questions, n. 9. — Nécessité pour le président d'approuver dans les questions les interlignes, ratures et renvois, n. 10.

1. *Liberté laissée au président pour la position des questions.* — L'article 337 n'est qu'indicatif de la manière dont les questions doivent en général être soumises au jury. 12 mars 1831 n. 50.

Les présidents ont le droit de poser les questions qui sont soumises au jury dans l'ordre qu'ils jugent le plus utile à la manifestation de la vérité et au triomphe de la justice, et il ne saurait résulter de la classification par eux adoptée une ouverture à cassation, lorsqu'ils se sont renfermés dans les limites de l'acte d'accusation et des débats. 8 avril 1830 n. 96.

S'il est plus régulier, en général, de poser les questions telles qu'elles l'ont été dans l'arrêt de renvoi, rien ne s'oppose néanmoins à ce que le président les pose dans les termes différents (21 juillet 1841 n. 219.. 22 juillet 1858 n. 207); il suffit qu'elles soient rédigées de manière à soumettre à la déclaration du jury, le fait qui sert de base à l'accusation avec toutes les circonstances qui s'y rattachent. 14 février 1817 n. 11.

2. *C'est à l'arrêt de renvoi qu'on se réfère pour les questions à poser.* — Si devant la cour d'assises les questions soumises au jury sont puisées dans le résumé de l'acte d'accusation, c'est parce qu'il doit être exactement conforme à l'arrêt de renvoi qui saisit la cour d'assises; il suit de là que lorsque ces deux actes diffèrent dans des points importants, c'est l'arrêt de renvoi qui doit déterminer la position des questions. 1er septembre 1836 n. 289.. 18 décembre 1858 n. 312.

Il faut que les questions soumises au jury reproduisent toutes celles résultant de l'arrêt de renvoi (15 mars 1838 n. 67); — à moins que la cour n'étant saisie que par un arrêt de renvoi de cassation, il n'y ait, sur certains faits, une déclaration acquise à l'accusé. Assises de la Meurthe, 5 août 1833. J. P. Voyez 15 mai 1856 n. 176.

Si dans le dispositif de l'arrêt de renvoi et dans le résumé de l'acte d'accusation, on a omis des circonstances constitutives, les mots *avec connaissance* dans une accusation de complicité (4 janvier 1836 n. 2), le mot *volontairement* dans une accusation de coups (28 décembre 1827 n. 321), le président doit rétablir ces circonstances dans les questions.

D'après l'article 271, le procureur général ne peut porter contre le prévenu aucune autre accusation que celle retenue dans l'arrêt de renvoi 22 juin 1832 n. 223.

3. — *Il faut demander si l'accusé est coupable d'avoir etc.* — Dans la position des questions, il faut demander au jury si l'accusé est coupable d'avoir fait telle ou telle chose; c'est la moralité d'un fait et non sa simple matérialité qui le constitue crime ou délit, et le mot coupable est une expression complexe qui exprime la moralité d'un fait en même temps que sa matérialité. 13 mars 1826 n. 95.. 26 janvier 1827 n. 16.. 4 janvier 1839 n. 2.

4. — *Observations relatives à la date du crime* — Dans la position des questions, le président ne fait qu'user de son droit en changeant la date de l'époque du crime, s'il résulte des débats qu'à cet égard il y a eu erreur dans l'arrêt de renvoi et dans l'acte d'accusation (19 mai 1831 n. 113.. 19 mars 1853 n. 105.. 23 déc. 1865 n. 228); — ce n'est pas soumettre aux jurés un autre fait que celui pour lequel le prévenu a été mis en accusation. 4 janvier 1836 n. 2. — Le président peut, s'il ne s'élève aucune contestation, rectifier la date du crime sans le concours de la cour d'assises. 29 juillet 1852 n. 258. — Aux mots en 1845, on a pu substituer ceux-ci : à une époque qui ne remonte pas à plus de trois ans 25 janvier 1849 n. 21.

Le président a le droit de préciser l'époque à laquelle le crime aurait été commis 4 décembre 1856 n. 386.

Lorsqu'un individu est accusé d'avoir commis des vols de telle époque à telle autre, le président ne peut décomposer les faits servant de base à l'accusation, et leur ôter le caractère successif résultant de l'arrêt de renvoi, en leur donnant des dates séparées et distinctes 3 mars 1853 n. 76.

On ne saurait imposer à l'accusation la nécessité d'indiquer d'une manière précise l'époque à laquelle un crime a été commis; c'est souvent impossible. Il suffit que les indications soient de nature à mettre l'accusé en position de se défendre. 30 décembre 1830 n. 258.

Lorsque le fait principal dépouillé de la circonstance aggravante ne constitue qu'un délit (prescriptible par 3 ans), il faut, autant que possible, éviter de demander s'il a été commis depuis moins de 10 ans. — La déclaration du jury qu'un délit a été commis depuis moins de 10 ans, laisse dans le doute s'il a été commis depuis moins de 3 ans, et ne peut servir de base à l'application de la loi pénale. 19 mars 1846 n. 74.

5. — *Il faut poser les questions en fait, et ne pas soumettre aux jurés des questions de droit.* — Les questions de fait et de moralité du fait sont les seules qui doivent être soumises au jury, et les seules sur lesquelles il soit compétent pour faire sa déclaration. C'est à la cour d'assises qu'il appartient, après la déclaration du jury, de classer le crime ou le délit, dont l'accusé est déclaré coupable, en conformité des principes du droit et d'appliquer par suite la peine fixée par la loi. 3 juillet 1828 n. 193.. 11 mars 1830 n. 63.. 6 octobre 1836 n. 330.

Ainsi on ne peut pas demander si un accusé s'est rendu coupable de faux en écriture de commerce; cette énonciation ne saurait suppléer l'indication des faits constitutifs de l'écriture commerciale, et ce serait soumettre au jury une question de droit qui ne lui appartient pas de décider. 5 janvier 1833 n. 2.

Dans une accusation d'attentat à la pudeur, la question de savoir si un oncle a autorité sur sa nièce est une question de droit qui ne peut être soumise au jury. Il faut questionner le jury sur l'âge de la nièce et sur les rapports domestiques qui existaient entr'elle et l'accusé. 4 avril 1833. D. 1833, p. 208.

Il ne faut pas demander si un individu est coupable de meurtre; c'est une expression complexe dont les jurés peuvent ignorer le sens légal, et l'on doit décomposer la question dans les termes simples des faits élémentaires du crime. 20 juin 1823. J. P. 17, 1202.

La cour de cassation décide que les circonstances de la préméditation, de l'effraction, de l'escalade, etc., peuvent être posées, soit dans ces propres termes, soit en énonçant les faits qui constituent ces circonstances; ainsi, dans une accusation de meurtre, on peut demander si l'accusé a agi avec préméditation, ou bien si l'accusé avait, avant l'action, formé le dessein d'attenter à la personne de... — Ce dernier mode a l'avantage de mettre les jurés à même de répondre en plus parfaite connaissance de cause. 14 septembre 1843 n. 240. — On peut ajouter qu'il a encore l'avantage d'éviter des discussions de droit devant le jury. Enfin il permet à la cour de cassation de juger si les faits présentés comme constituant l'effraction, l'escalade, etc., rentrent bien dans les termes de la loi pénale. — Voyez arrêt du 9 août 1813. D. A. 12, p. 1062.

6. — *Il faut poser des questions séparées pour chaque fait principal et pour chaque circonstance aggravante. Questions complexes; questions alternatives.* Il faut que le président pose des questions séparées pour chaque fait principal, pour chaque circonstance aggravante, résultant de l'accusation et des débats, de même que pour les faits d'excuse ou d'absence de discernement. 13 juillet 1837 n. 204.

(Voir ci-contre la suite des notes.)

338. S'il est résulté des débats une ou plusieurs circonstances aggravantes non mentionnées par l'acte d'accusation, le président ajoutera la question suivante :
L'accusé a-t-il commis le crime avec telle ou telle circonstance ?

339. Lorsque l'accusé aura proposé pour excuse un fait admis comme tel par la loi, le président devra, à peine de nullité, poser la question ainsi qu'il suit :
Tel fait est-il constant ?

340. Si l'accusé a moins de 16 ans, le président posera, à peine de nullité, cette question :
L'accusé a-t-il agi avec discernement ?

Suite des NOTES.

Lorsque la position d'une question d'excuse légale est demandée, le président, et après lui la cour, ne peuvent refuser de la soumettre au jury (15 juin 1855 n. 210.. 24 sept. 1857 n. 349) ; quoique le fait allégué ne résulte pas du débat (28 juillet 1839 n. 211.. 2 oct. 1862 n. 237); — quelqu'ait été le langage de l'accusé à une autre époque des débats. 31 mars 1842 n. 74.

La cour doit poser la question d'excuse conformément à la loi, quelqu'incomplète que soit la rédaction de la question proposée par l'accusé. 2 mai 1833 n. 171. — Jugé depuis que la cour peut poser la question dans les termes requis, sauf à en apprécier ultérieurement les conséquences légales. 20 avril 1860 n. 104.

La cour, lorsqu'elle pose une question d'excuse à la demande de l'accusé, n'a pas le droit d'exprimer son opinion sur le défaut de preuve des faits servant de base à la demande. 2 juillet 1863 n. 186.

Si la question d'excuse se fonde sur des faits qui sont nouveaux, la cour peut faire rouvrir les débats. 8 nov. 1832 n. 439.

Le ministère public a le droit de requérir la position d'une question d'excuse (28 juil. 1839 n. 211), malgré l'opposition formelle de l'accusé. 6 juill. 1826 n. 135. — Mais dans ce dernier cas, la cour peut refuser de poser la question, si elle n'en reconnait ni la nécessité, ni l'opportunité. 16 mars 1844 n. 108.

Après la lecture de la déclaration du jury, une question d'excuse ne peut plus être posée. 16 juin 1820. J. P.

Pour qu'une question d'excuse doive être posée, il suffit qu'elle puisse produire effet, par suite d'une réponse négative du jury sur les circonstances aggravantes. 26 déc. 1856 n. 405.

Le caractère d'excuse appartient à tout fait qui, d'après les dispositions de la loi, est de nature à atténuer, à modifier ou à supprimer la peine encourue. 8 juin 1839 n. 211.. 5 oct. 1833 n. 424. — Voyez aux articles 100 et 138 du code pénal, des faits d'excuse qui suppriment la peine. — On ne doit pas considérer comme excuses, dans le sens de la loi, les faits qui anéantissent le délit, qui suppriment la culpabilité. 12 nov. 1841 n. 322. — Jugé en conséquence qu'on a pu se refuser à poser une question de démence (même arrêt et 1er mars 1855 n. 71), ou une question de légitime défense (19 mars 1835 n. 102 et 12 sept. 1850 n. 302), ces questions étant comprises dans celle relative à la culpabilité.

La circonstance que le crime a été commis en pays étranger, n'est pas une excuse légale (7 mai 1846 n. 113); c'est un moyen d'incompétence et l'on n'est pas obligé de la poser. 11 août 1838 n. 275.

340. *Question de discernement.* — La solution de la question de l'âge de l'accusé rentre dans les attributions du jury. 4 mai 1839 n. 145. — Dans le doute sur l'âge, il faut demander au jury 1° si l'accusé avait moins de seize ans à l'époque de l'action, 2° s'il a agi avec discernement (même arrêt). — Lorsqu'il n'y a aucune incertitude sur l'âge, on se borne à demander si l'accusé, âgé de moins de seize ans à l'époque de l'action, a agi avec discernement.

Sur les conclusions du défenseur, la cour ne peut refuser de poser au jury la question de l'âge de l'accusé et par suite, celle de discernement. 26 sept. 1846 n. 258.

Lorsqu'un mineur de seize ans est accusé de plusieurs crimes, il faut poser au jury autant de questions de discernement qu'il y a de chefs d'accusation. 9 fév. 1854 n. 30.

L'arrêt qui rejette la demande de l'accusé tendant à une question de discernement, doit être motivé. 14 octobre 1826. J. P.

Défense de poser une question sur les circonstances atténuantes. — Le président commet un excès de pouvoir si, ne se bornant pas à donner au jury l'avertissement prescrit par l'art. 341, il pose une question relative aux circonstances atténuantes, la loi ne voulant pas provoquer la déclaration du jury sur l'existence de ces circonstances. 9 août 1832 n. 299. — Mais l'accusé n'a pas le droit de se plaindre de ce vice de procédure qui ne lui est pas préjudiciable. 17 août 1832 n. 309.

Position des questions résultant des débats. — Position des questions d'excuse. — Position de la question de discernement. — Défense de poser une question sur les circonstances atténuantes.

338. *Position des questions résultant des débats.* — S'il ne s'élève pas d'incident contentieux, c'est au président de poser les questions résultant des débats. 23 déc. 1858 n. 316.

Le président qui prévoit que des questions seront posées comme résultant des débats, doit l'annoncer aux accusés, afin de favoriser leur défense. 29 déc. 1832 n. 523. — Jugé que le président n'est pas obligé, à peine de nullité, de prévenir qu'il posera une question comme résultant des débats, l'accusé pouvant, au moment de la lecture des questions, réclamer la parole et demander la réouverture des débats. 23 avril 1859 n. 100. — Voyez aussi 4 déc. 1856 n. 386 et 18 mai 1865 n. 114.

L'accusé doit être prêt à se défendre tant sur l'accusation que sur les questions qui peuvent légalement résulter des débats. 26 déc. 1839. D. 1842. T. 71.

On peut poser comme résultant des débats une circonstance aggravante, quoiqu'elle ait été écartée par la chambre d'accusation. 2 janv. 1829 n. 3. — Mais on ne le pourrait pas, si la chambre d'accusation, après avoir reconnu l'existence du fait, avait décidé qu'il ne constituait pas en droit une circonstance aggravante. 11 juin 1841. D. 1841, p. 389.

Dans une accusation d'homicide volontaire, on ne pourrait pas poser comme résultant des débats la circonstance que la victime était le père de l'accusé. Dans ce cas, la qualité de la victime ne forme pas une circonstance aggravante du meurtre, mais bien un élément constitutif d'un crime différent ; ce serait changer l'accusation. Voyez 16 juillet 1842 n. 184, et les notes n. 7, p. 74.

On peut poser, comme résultant des débats, un crime ou un délit qui, par sa réunion avec le crime objet de l'accusation, appelle sur le coupable une peine plus sévère ; c'est évidemment une circonstance aggravante dans le sens de l'article 338. Jugé en conséquence, qu'on a pu poser, comme circonstance aggravante d'un meurtre, un fait de vol que le meurtre aurait précédé, accompagné ou suivi (14 nov. 1822 n. 165) ; ou un fait de viol. 5 avril 1845 n. 121.

Les questions qui se rattachent à des faits compris dans l'accusation, peuvent être proposées, pourvu qu'elles ne soient qu'une modification de l'accusation formulée par l'arrêt de renvoi et qu'il n'en résulte pas une accusation différente. 29 déc. 1832 n. 523. — Une question de complicité (24 sept. 1835 n. 368.. 7 avril 1860 n. 97) ; une question de tentative (23 sept. 1830 n. 222) peuvent être posées comme résultant des débats : ce ne sont que des modifications du crime.

On peut poser, comme résultant des débats, toute question qui, quoique formulant une accusation différente de la première, en ce sens qu'elle est prévue par une autre disposition de la loi, n'est toutefois que la reproduction du fait primitif envisagé sous un autre point de vue et présentant un autre caractère pénal. Ainsi, dans une accusation de meurtre, on peut poser, comme résultant des débats, une question de coups et blessures portés volontairement et qui ont occasionné la mort sans intention de la donner. 16 mai 1840 n. 138.

L'article 338 n'est pas limitatif dans ses dispositions, et n'exclut pas la possibilité de poser des questions séparées pour des faits qui, sans être aggravants du fait principal, ressortent soit des débats, soit de l'accusation comme pouvant être détachés du fait principal de l'accusation. 10 déc. 1836 n. 386. Jugé dans l'espèce qu'on peut, dans une accusation de vol avec violence, poser comme résultant des débats, la question de coups et blessures. — Mais on ne peut pas poser comme résultant des débats un fait constituant une accusation nouvelle et distincte, une question d'escroquerie dans une affaire de faux (7 mai 1851 n. 165), une question d'avortement dans une affaire d'infanticide. 30 janv. 1851 n. 37.

Lorsque, relativement à la position d'une question, il est pris des conclusions, c'est à la cour de décider si la question résulte ou non des débats et doit, par suite, être ou n'être pas posée. 26 mai 1839 n. 167.. 9 nov. 1848 n. 271.. 25 janv. 1849 n. 19.

Lorsqu'un fait est soumis au jury comme circonstance aggravante résultant des débats, le président doit prévenir les jurés qu'ils ne doivent s'en occuper qu'en cas de réponse affirmative sur le fait principal. 5 avril 1845 n. 121.

Lorsque le jury a répondu affirmativement à la question qui lui est posée, il n'est pas tenu de s'expliquer sur la question subsidiaire posée comme résultant des débats. 2 oct. 1845 n. 310.

Il n'est pas nécessaire que le procès-verbal constate de quelle partie des débats sont résultées les questions posées comme résultant des débats. 15 janv. 1825 n. 5. — Lorsqu'une question qui n'était pas comprise dans l'accusation, a été posée au jury, il y a présomption légale qu'elle est résultée des débats. 19 sept. 1833. D. 1834, p. 145. — Il suffit que le procès-verbal constate que le président a posé les questions résultant de l'acte d'accusation et des débats. 30 juin 1831. D. 1831, p. 271.

339. *Position des questions d'excuse.* — Il faut poser autant de questions d'excuse qu'il y a de chefs d'accusation. 29 mars 1857 n. 210. — Le président n'est pas obligé de poser une question d'excuse, lorsque l'accusé ne l'a pas demandé. 12 sept. 1833 n. 373.

Lorsque, relativement à une question d'excuse, il est pris des conclusions, il en résulte un contentieux sur lequel il appartient à la cour de statuer (26 mai 1839 n. 167) ; mais l'accusé n'a pas à se plaindre si le président a posé la question. 8 déc. 1865 n. 221.

(Voir ci-contre la suite des notes.)

CHAPITRE VIII.

---

341. *Loi du 9 juin 1853.* En toute matière criminelle, même en cas de récidive, le président, après avoir posé les questions résultant de l'acte d'accusation et des débats, avertit le jury, à peine de nullité, que s'il pense, à la majorité, qu'il existe, en faveur d'un ou de plusieurs accusés reconnus coupables, des circonstances atténuantes, il doit en faire la déclaration en ces termes: « A la majorité, il y a des circonstances atténuantes en faveur de l'accusé. »

Ensuite le président remet les questions écrites aux jurés dans la personne du chef du jury; il y joint l'acte d'accusation, les procès-verbaux qui constatent les délits, et les pièces du procès autres que les déclarations écrites des témoins.

Le président avertit le jury que tout vote doit avoir lieu au scrutin secret.

Il fait retirer l'accusé de l'auditoire.

Suite des NOTES.

Un plan dressé dans le cours des débats, en vertu du pouvoir discrétionnaire du président a pu être joint à la procédure, et remis aux jurés conformément à l'art. 341. 28 fév. 1857 n. 88.

Des registres produits aux débats en vertu du pouvoir discrétionnaire, sur la tenue desquels s'est élevée une discussion contradictoire, et dont communication a été faite aux jurés sans opposition, peuvent être considérés comme pièces du procès et remis à ce titre au jury. L'art. 341, deuxième §, n'est pas d'ailleurs prescrit à peine de nullité. 14 mars 1839 n. 87.

Il ne résulte pas de nullité de ce que des pièces en langue étrangère ont été remises aux jurés sans être accompagnées d'une traduction, lorsque l'accusé n'a pas requis cette mesure. 6 fév. 1840. D. 1840 p. 398.

Il y a nullité pour atteinte aux droits de la défense, lorsque des pièces nouvelles produites dans le cours des débats ont été jointes au dossier et remises aux jurés, sans avoir été communiquées à l'accusé ou discutées en sa présence. 29 avril 1853 n. 146. — Voyez pièces nouvelles, pages 70 et 71.

Le président n'est pas tenu de remettre au jury les pièces de conviction, lorsque cette remise n'est réclamée ni par les jurés ni par les parties, les pièces de conviction ne sont pas des pièces du procès dans le sens de l'art. 341. 16 mars 1854 n. 71.

Lorsqu'il n'a été fait aucune réclamation, il y a présomption que toutes les pièces nécessaires ont été remises aux jurés. 27 janv. 1838. J. P. 1840. 1, p. 209.

Il y a violation du droit de la défense, si la cour ayant à prononcer sur des conclusions du défenseur qui avaient pour objet la remise d'une pièce au jury, a statué en l'absence de l'accusé. 22 mai 1857 n. 202.

Lorsqu'on renvoie les jurés dans leur chambre pour délibérer de nouveau, il faut leur rendre les pièces de la procédure. 8 sept. 1853 n. 450.

Il suffit que le procès-verbal constate que le président a remis aux jurés les questions et les pièces du procès autres que les dépositions écrites des témoins. 23 avril 1846 n. 101.

Sortie de l'accusé hors de l'auditoire. — La sortie de l'accusé n'est pas prescrite à peine de nullité. 24 mars 1831 n. 59.

Avertissement donné aux jurés par le président. — Remise aux jurés de la feuille des questions et des pièces du procès. — Sortie de l'accusé hors de l'auditoire.

341 *Avertissement donné aux jurés par le président, concernant le droit de discuter avant de* Loi du 9 juin 1853. *voter, le secret du vote, les réponses contre l'accusé, et la déclaration de circonstances atténuantes.* — Si l'art. 5 du décret du 6 mars 1848 qui dispose que la discussion dans l'assemblée du jury avant le vote est de droit, impose par là même au président le devoir de rappeler aux jurés cette règle de leurs fonctions, il n'en résulte pas que cet avertissement soit prescrit à peine de nullité. 27 mai 1852 n. 170.. 18 mars 1853 n. 99.. 5 oct. 1866 n. 224.

L'avertissement que le vote doit avoir lieu au scrutin secret est prescrit à peine de nullité. 30 juin 1853 n. 228.. 31 mars 1854 n. 90.. 22 mai 1863 n. 149. — Il y a nullité, si le président s'est borné à prévenir le jury qu'il devait voter au scrutin, sans ajouter secret. 16 janv. 1858 n. 11.

Il faut, à peine de nullité, que le président donne aux jurés l'avertissement relatif aux circonstances atténuantes. 22 janv. 1835 n. 26. — Le président est obligé de donner l'avertissement, lors même que l'accusé n'ayant pas 16 ans, ne serait point exposé à une peine infamante. 28 janv. 1847 n. 14.. 27 mai 1852 n. 169. — Le président ne limite pas le droit qui appartient aux jurés en les avertissant d'énoncer à quels chefs se rapporterait leur déclaration. 23 janv. 1834. J. P. — S'il y a plusieurs accusés, le président fera bien de prévenir le jury qu'il ne peut admettre de circonstances atténuantes en leur faveur par une déclaration collective, et qu'il faut une déclaration personnelle pour chaque accusé. Voyez arrêts, p. 83, art. 347. — Le défaut d'avertissement n'entraîne pas nullité, si les jurés ont déclaré des circonstances atténuantes en faveur de l'accusé. 7 et 21 janvier 1848 n. 3 et 21.

Indépendamment des avertissements prescrits par l'art. 341, le président rappelle au jury les dispositions de l'art. 347 et le décret de 1848, art. 5. — Voici une formule d'avertissement :

« Messieurs les jurés, vous avez le droit de discuter avant de voter. — Votre vote doit avoir lieu au » scrutin secret.— Vos décisions contre l'accusé (ou les accusés) doivent se former à la majorité et votre » déclaration doit constater l'existence de la majorité, sans que le nombre de voix puisse être exprimé.

» Si vous pensez, à la majorité, qu'il existe, en faveur de l'accusé (ou des accusés) reconnus » coupables, des circonstances atténuantes, vous devez le déclarer en ces termes : A la majorité il y a » des circonstances atténuantes en faveur de l'accusé (ou en faveur de tel et tel accusé, en faisant » une déclaration spéciale pour chacun). » . . . .

Lorsque la cour renvoie le jury dans la chambre des délibérations pour régulariser sa déclaration, le président n'est pas tenu de renouveler l'avertissement prescrit par l'art. 341. 8 sept. 1853 n. 450.

Il suffit que le procès-verbal énonce que le président a donné aux jurés les avertissements prescrits par les art. 341 et 347 modifiés par la loi du 9 juin 1853. 21 déc. 1854 n. 350. — Il n'est pas nécessaire de rappeler les termes mêmes dont s'est servi le président. 30 août 1849 n. 227.. 23 déc. 1865 n. 228.

Lorsque le procès-verbal constate que le président a donné aux jurés les avertissements prescrits par l'art. 341, il y a là présomption légale que c'est du nouvel article 341 que le président a donné connaissance au jury. 23 oct. 1840 n. 314.

Remise aux jurés de la feuille des questions. — Il n'est pas nécessaire que les questions posées au jury soient signées par le greffier ; il suffit qu'elles soient signées par le président qui est personnellement chargé de la position des questions. 15 sept. 1843 n. 245. — La signature du président n'est pas, d'ailleurs, prescrite à peine de nullité. 5 oct. 1833. D. 1834, p. 405.. 21 sept. 1849 n. 256.. 30 avril 1850 n. 160. — La signature du président suffit pour certifier les changements qu'il juge convenable de faire aux questions. 10 mai 1845 n. 101. — Dans les questions, les interlignes, ratures et renvois non approuvés sont réputés non avenus. 20 mars 1845 n. 104.

Remise aux jurés de l'acte d'accusation, des procès-verbaux constatant les délits, et des pièces du procès autres que les déclarations écrites des témoins. — Pièces nouvelles jointes au dossier. Pièces à conviction. — La remise des pièces n'est pas prescrite à peine de nullité. C'est surtout d'après les débats que la conviction du jury doit se former, et l'art. 342 ne la fait pas dépendre de l'examen des pièces que le président doit remettre au jury, d'après l'art. 341. 26 août 1830 n. 209.. 3 sept. 1868 n. 204.

Le président doit remettre l'acte d'accusation tel qu'il est ; peu importe que cet acte contienne des déclarations de témoins. 3 fév. 1843 n. 24.

La remise aux jurés des dépositions écrites des témoins n'étant pas défendue sous peine de nullité, ne peut donner ouverture à cassation. 31 oct. 1817 n. 107.. 21 sept. 1848 n. 246.

Le président, en remettant aux jurés les pièces de la procédure antérieures à l'arrêt de renvoi, n'a pas à distinguer entre celles qui sont régulières et celles qui pourraient ne pas l'être. 16 janv. 1836 n. 18.. 10 janv. 1850 n. 7. Dans l'espèce, il s'agissait d'expertise.

Des procès-verbaux de médecins (18 août 1837. D. 1838, p. 413), des lettres anonymes existant au dossier, sont des pièces du procès, et l'on ne peut les assimiler à des dépositions écrites de témoins. 7 janv. 1836 n. 5.

Un plan des lieux existant au dossier peut être remis aux jurés. 28 fév. 1857 n. 88.

(Voir ci-contre la suite des notes.)

342. Les questions étant posées et remises aux jurés, ils se rendront dans leur chambre pour y délibérer.

Leur chef sera le premier juré sorti par le sort ou celui qui sera désigné par eux et du consentement de ce dernier.

Avant de commencer la délibération, le chef des jurés leur fera lecture de l'instruction suivante qui sera, en outre, affichée en gros caractères dans le lieu le plus apparent de leur chambre:

« La loi ne demande pas compte aux jurés des moyens par lesquels ils se sont » convaincus; elle ne leur prescrit pas de règles desquelles ils doivent faire » particulièrement dépendre la plénitude et la suffisance d'une preuve; elle leur » prescrit de s'interroger eux-mêmes dans le silence et le recueillement et de » chercher dans la sincérité de leur conscience, quelle impression ont faite sur » leur raison les preuves rapportées contre l'accusé et les moyens de sa défense. » La loi ne leur dit pas: vous tiendrez pour vrai tout fait attesté par tel ou » tel nombre de témoins; elle ne leur dit pas non plus: vous ne regarderez » pas comme suffisamment établie toute preuve qui ne sera pas formée de tel » procès-verbal, de telles pièces, de tant de témoins ou de tant d'indices; elle » ne leur fait que cette question qui renferme toute la mesure de leurs devoirs: » avez-vous une intime conviction?

» Ce qu'il est bien essentiel de ne pas perdre de vue, c'est que toute la délibération » du jury porte sur l'acte d'accusation; c'est aux faits qui le constituent et qui » en dépendent qu'ils doivent uniquement s'attacher, et ils manquent à leur » premier devoir lorsque, pensant aux dispositions des lois pénales, ils considèrent » les suites que pourra avoir, par rapport à l'accusé, la déclaration qu'ils ont » à faire. Leur mission n'a pas pour objet la poursuite ni la punition des délits; » ils ne sont appelés que pour décider si l'accusé est ou non coupable du crime » qu'on lui impute. »

343. Les jurés ne pourront sortir de leur chambre qu'après avoir formé leur déclaration.

L'entrée n'en pourra être permise pendant leur délibération, pour quelque cause que ce soit, que par le président et par écrit.

Le président est tenu de donner au chef de la gendarmerie de service l'ordre spécial et par écrit de faire garder les issues de leur chambre, ce chef sera dénommé et qualifié dans l'ordre.

La cour pourra punir le juré contrevenant d'une amende de cinq cents francs au plus. Tout autre qui aura enfreint l'ordre, ou celui qui ne l'aura pas fait exécuter pourra être puni d'un emprisonnement de 24 heures.

Suite des NOTES.

éclaircissements, il y a présomption de droit que les jurés avaient demandé ces éclaircissements. 14 sept. 1827. D. 1827, p. 495.

Circonstances dans lesquelles les jurés peuvent être rappelés à l'audience avant d'avoir formé leur déclaration. — Si l'article 343 porte que les jurés ne pourront sortir de leur chambre qu'après avoir formé leur déclaration, cette disposition n'a trait qu'à la défense qui leur est faite de communiquer avec personne pendant le cours de leur délibération, mais ne fait point obstacle à leur retour dans l'auditoire en exécution d'un arrêt de la cour d'assises qui les y rappelle. Si la cour d'assises s'aperçoit, peu de temps après la retraite des jurés dans leur chambre, qu'il s'est glissé dans les questions posées au jury une erreur matérielle dont la rectification paraît nécessaire, elle peut, sans attendre qu'il ait terminé sa délibération, rentrer en séance, et après s'être assurée, tant par la déclaration du chef du jury, que par l'inspection de la feuille des questions qu'aucune décision n'était encore formée, opérer cette rectification. Les droits de la défense sont garantis par le soin que l'on a de procéder contradictoirement avec l'accusé et son défenseur. (Dans l'espèce il s'agissait de la rectification de la date du crime.) 4 janv. 1836 n. 2. Voyez aussi 26 déc. 1856 n. 406.

La circonstance que la délibération serait terminée, et les réponses prêtes à être lues, n'empêcherait pas la cour d'ordonner que, sur une nouvelle position de questions, le jury rendît une nouvelle déclaration; mais il faudrait annexer aux pièces la première déclaration, afin que la cour de cassation pût examiner s'il y avait lieu de faire délibérer de nouveau les jurés. 19 nov. 1835 n. 432.

En l'absence d'incident contentieux, le président a pu annuler lui-même l'ordonnance de clôture des débats et faire revenir les jurés à l'audience, afin de rectifier les questions. 12 fév. 1858 n. 49.

Relativement aux formalités à observer si l'on fait délibérer les jurés de nouveau, voyez les notes, art. 350, p. 87.

Retraite des jurés dans leur chambre. — Chef du jury. Son remplacement. — Loi et instruction devant être affichées dans la chambre du jury. — Lecture de l'instruction par le chef du jury. — Défense aux jurés de sortir de leur chambre avant d'avoir formé leur déclaration. — Mesures pour empêcher les communications avec les jurés pendant leur délibération. — Ordre à donner à la gendarmerie.

342. *Retraite des jurés dans leur chambre. — Chef du jury. Son remplacement. — Loi et instruction devant être affichées dans la chambre du jury. — Lecture de l'instruction par le chef du jury avant la délibération.* — L'entrée d'un juré adjoint dans la chambre des délibérations, alors que le jury est resté complet, entraîne nullité. 10 juin 1830. J. P. — Lorsqu'il y a des jurés adjoints et qu'ils n'ont pas été appelés à remplacer des titulaires, le procès-verbal doit constater qu'ils n'ont point pris part à la délibération du jury. 29 mars 1832 n. 114. — Voyez les notes, art. 394, p. 47.

Les jurés pourraient, en vertu de l'art. 342, choisir un autre chef, immédiatement après le tirage du jury. Voyez arrêt du 27 septembre 1832. D. 1833, p. 344.. 12 janvier 1860 n. 11.

Il résulte d'un arrêt du 8 juillet 1836 n. 224, que, dans le 2e paragraphe de l'article 342, il s'agit du consentement du premier juré sorti par le sort.

Relativement à la désignation du chef du jury, voyez les arrêts rapportés à l'art. 348, p. 85.

L'observation des dispositions de l'article 342 ne peut être constatée par le procès-verbal des débats, puisque les formalités qu'elles concernent, ne s'accomplissent que dans la chambre des délibérations du jury, hors des débats et du lieu des séances de la cour d'assises; d'ailleurs la loi n'a pas attaché de nullité à l'inobservation dudit article. Ainsi jugé le 8 juillet 1836 n. 224, en ce qui concerne la désignation du chef du jury; — même décision en ce qui concerne l'affiche de l'instruction dans la chambre des délibérations, et la lecture de cette instruction par le chef du jury. 16 sept. 1831 n. 229.. 12 oct. 1849 n. 274.. 27 mai 1852 n. 170.. 2 sept. 1852 n. 306.

La lacération partielle de l'instruction ne peut donner ouverture à cassation, l'apposition de cette affiche n'étant pas prescrite à peine de nullité. 2 sept. 1852 n. 306.

Il résulte d'un arrêt du 12 oct. 1849 n. 274, qu'il y aurait nullité, s'il était établi qu'on eût substitué à l'instr. de l'art. 342 une autre affiche ayant pu induire les jurés en erreur sur la nature de leurs devoirs.

La loi du 13 mai 1836 doit être affichée en gros caractères dans la chambre des délibérations du jury; voyez article 6 de cette loi, page 82.

Il y a nullité si, la loi du 9 sept. 1835 étant affichée dans la chambre des délibérations du jury au lieu de celle du 13 mai 1836, il a pu en résulter un préjudice pour l'accusé. 24 juill. 1845 n. 237.. 7 août 1845 n. 254.

343. *Défense aux jurés de sortir de leur chambre, avant d'avoir formé leur déclaration. — Mesures pour empêcher les communications avec les jurés pendant leur délibération. — Ordre à donner à la gendarmerie.* — Un juré a pu, sans nullité, sortir de la chambre des délibérations, pour aller prévenir le président que le jury réclamait son assistance (22 mars 1844 n. 102); pour aller dans la salle d'audience prendre des notes qu'il y avait oubliées. 28 déc. 1832. D. 1833, p. 346.

Un juré a pu, pour des motifs légitimes, sortir de la salle des délibérations sous l'escorte d'un gendarme. 31 janvier 1851. D. 1851. T. 155.

Pour que l'inobservation de l'art. 343 entraîne nullité, il faut que de l'infraction il résulte une communication qui porte sur l'affaire, et qui soit de nature à exercer une influence illégale sur la conviction des jurés. 26 mars 1840. D. 1840, p. 407.

L'inobservation de l'article 343 (1er paragraphe) n'entraîne pas nullité, puisqu'au lieu de la peine de nullité, la loi ne prononce qu'une amende. 31 octobre 1817 n. 107.

L'article 343 n'est pas prescrit à peine de nullité, en ce qui touche l'ordre de garder les issues de la chambre des jurés. 26 avril 1838 n. 111.. 27 août 1852 n. 302.. 20 sept. 1866 n. 221.

Il suffit que le procès-verbal constate que l'ordre a été donné à la gendarmerie. 30 mai 1839 n. 168.. 21 sept. 1848 n. 246.

Il est satisfait aux prescriptions de l'article 343, lorsque le procès-verbal établit qu'un gendarme a été placé aux issues de la chambre des jurés pour empêcher les communications. 24 septembre 1840. D. 1840, p. 443.

Circonstances dans lesquelles le président peut entrer dans la chambre du jury, pendant la délibération. — Si le président de la cour d'assises ne peut, à peine de nullité, entrer dans la chambre des jurés pour leur donner des explications qu'ils n'auraient pas demandées, il n'en est pas de même lorsque ce sont des jurés qui, par l'organe de leur chef et par écrit, ont invité le président à venir leur donner un éclaircissement nécessaire à leur délibération, puisqu'en ce cas le secret de la délibération des jurés n'est pas violé. 13 oct. 1826. D. 1827, p. 30.

La publicité du débat et le secret de la délibération des jurés sont substantiels, et leur violation opère une nullité radicale. En conséquence, il y a nullité si le président s'est introduit dans la chambre des jurés pour leur donner des éclaircissements, lorsque rien n'établit que le jury a provoqué ces éclaircissements. 3 mars 1826 n. 38.. 1er oct. 1846 n. 261.

Il suffit qu'il résulte du procès-verbal que c'est sur l'invitation des jurés que le président est entré dans leur chambre. 3 mai 1827. D. 1827, p. 231.

Lorsqu'un président de cour d'assises est entré dans la chambre des jurés pour leur donner des

(Voir ci-contre la suite des notes.)

344. Les jurés délibéreront sur le fait principal et ensuite sur chacune des circonstances.

345. Le chef du jury lira successivement chacune des questions posées comme il est dit en l'article 336, et le vote aura lieu ensuite au scrutin secret tant sur le fait principal et les circonstances aggravantes que sur l'existence des circonstances atténuantes.

346. Il sera procédé de même, et au scrutin secret, sur les questions qui seraient posées dans les cas prévus par les articles 339 et 340.

347. Loi du 9 juin 1853. La décision du jury, tant contre l'accusé que sur les circonstances atténuantes, se forme à la majorité.

La déclaration du jury constate cette majorité sans que le nombre de voix puisse y être exprimé : le tout à peine de nullité.

Art. 5 du décret du 6 mars 1848. La discussion dans le sein du jury avant le vote est de droit.

Loi du 13 mai 1836, sur le mode du vote du jury au scrutin secret.

Art. 1er. — Le jury votera par bulletins écrits et par scrutins distincts et successifs sur le fait principal d'abord, et s'il y a lieu, sur chacune des circonstances aggravantes, sur chacun des faits d'excuse légale, sur la question de discernement et enfin sur la question de circonstances atténuantes que le chef du jury sera tenu de poser toutes les fois que la culpabilité de l'accusé aura été reconnue.

Art. 2. — A cet effet, chacun des jurés, appelé par le chef du jury, recevra de lui un bulletin ouvert, marqué du timbre de la cour d'assises et portant ces mots : sur mon honneur et ma conscience, ma déclaration est.... Il écrira à la suite ou fera écrire secrètement par un juré de son choix le mot *oui* ou le mot *non*, sur une table disposée de manière à ce que personne ne puisse voir le vote inscrit au bulletin. Il remettra le bulletin écrit et fermé au chef du jury, qui le posera dans une urne ou boîte destinée à cet usage.

Art. 3. — *Loi du 9 juin* 1853. — Le chef du jury dépouille chaque scrutin en présence des jurés, qui peuvent vérifier les bulletins.

Il constate sur le champ le résultat du vote en marge ou à la suite de la question résolue.

La déclaration du jury, en ce qui concerne les circonstances atténuantes, n'est exprimée que si le résultat du scrutin est affirmatif.

Art. 4. — S'il arrivait que dans le nombre des bulletins il s'en trouvât sur lesquels aucun vote ne fût exprimé, ils seraient comptés comme portant une réponse favorable à l'accusé. Il en serait de même des bulletins que six jurés au moins auraient déclarés illisibles.

Art. 5. — Immédiatement après le dépouillement de chaque scrutin, les bulletins seront brûlés en présence du jury.

Art. 6. — La présente loi sera affichée en gros caractères dans la chambre des délibérations du jury.

Suite des NOTES.

1848 n. 255.. 31 janvier et 15 février 1850 n. 59 et 61. — Les accusés ne peuvent se plaindre de cette irrégularité, si la cour les a tous fait jouir du bénéfice de la déclaration. 5 janvier 1854 n. 1.

Lorsque la déclaration de circonstances atténuantes n'est pas conforme à la loi, la cour d'assises doit renvoyer le jury dans la chambre des délibérations pour régulariser cette déclaration. 23 sept. 1847 n. 230 — Le ministère public peut se pourvoir dans l'intérêt de la loi. 31 janv. 1850 n. 59.

Lorsqu'à la suite de plusieurs chefs d'accusation, le jury déclare des circonstances atténuantes, le bénéfice ne peut en être restreint au dernier chef d'accusation. 22 février 1846 n. 57.

Le jury peut admettre l'existence de circonstances atténuantes relativement à un seul des chefs d'accusation (16 janv. 1862 n. 20); il importe peu que sa déclaration ne puisse sortir effet, le jury n'ayant pas à se préoccuper des conséquences pénales de ses décisions. 20 déc. 1841. D. 1842, p. 153.

Lorsqu'il y a incertitude sur celui des accusés à qui s'applique la déclaration de circonstances atténuantes, la cour peut renvoyer le jury dans la chambre des délibérations. 19 mars 1853 n. 105.

La déclaration de circonstances atténuantes à six voix contre six voix doit être réputée non écrite. 21 juin 1838 n. 173. — Il n'y a pas nullité, parce que le jury a déclaré qu'il n'y a pas de circonstances atténuantes. 11 juin 1840 n. 168.. 2 octobre 1857 n. 338.. 18 déc. 1858 n. 315.

Lorsque le fait ne constitue plus qu'un délit (dans l'espèce, un meurtre excusable) c'est à la cour d'assises à reconnaître les circonstances atténuantes. 20 juin 1867 n. 142. Voy. aussi 15 fév. 1834 n. 55.

Il n'y aurait pas lieu à renvoyer les jurés dans leur chambre si, après que la réponse est devenue irrévocable par la lecture faite à l'accusé par le greffier, ils déclaraient avoir omis de délibérer sur les circonstances atténuantes. 2 janv. 1854 n. 2.. 26 déc. 1853 n. 520.. 15 sept. 1853 n. 462.

Les réponses du jury sont constatées par écrit en marge ou à la suite des questions. — Voyez ci-dessus la loi de 1836, art. 3.

La déclaration du jury est signée par le chef. — Voyez art. 349, p. 84.

S'il y a interlignes, ratures et renvois, le chef les approuve. — Voyez art. 78, p. 84.

Délibération et réponse du jury.

344. *Délibération du jury.* — La délibération a pu n'avoir lieu que le lendemain du jour où les questions
345. ont été posées. 14 sept. 1848 n. 242.
346. Avant la délibération, le chef du jury donne lecture de l'instruction de l'art. 342. Voyez p. 80. —
347. Les jurés ont d'ailleurs sous les yeux la loi du 13 mai 1836 qui est affichée dans leur chambre.
Loi du *Les jurés ont le droit de discuter avant de voter.* — Voyez ci-contre l'art. 3 du décret de 1848.
13 mai
1836. *Les jurés doivent voter au scrutin secret, par bulletins écrits et par scrutins distincts et successifs sur chacune des questions posées.* — La loi n'ordonne pas qu'il soit justifié que les jurés ont voté au scrutin secret. 24 déc. 1835 n. 470.

L'accusé n'est pas recevable à demander à faire preuve de la durée plus ou moins longue de la délibération du jury, pour en conclure qu'il n'a pas été satisfait à l'article 345. 8 juill. 1836 n. 224.

Les jurés doivent faire des réponses distinctes aux questions qui leur sont posées. — *Forme des réponses.* — Les jurés doivent faire des réponses distinctes et séparées à chacune des questions qui leur sont soumises, ce mode pouvant seul garantir, à l'égard de chacun des éléments de l'accusation déclarée constante, l'existence de la majorité légale. 31 mai 1838 n. 145.. 9 janv. 1840 n. 9 et 10.

En conséquence, il y a nullité si, au moyen du signe abréviatif d'une accolade, le jury ne fait qu'une seule et unique réponse à plusieurs questions (6 février 1840 n. 45.. 17 janvier 1836 n. 21); — si au lieu de réponses distinctes, il fait une réponse collective telle que celle-ci : Oui, l'accusé est coupable avec les circonstances relatées dans l'acte d'accusation. 31 mai 1838 n. 146.

Si la loi du 13 mai 1836 impose au jury l'obligation de répondre par oui ou par non, sur chacune des questions qui lui sont soumises, l'application de cette règle ne va pas jusqu'à mettre les jurés dans l'impossibilité de faire une réponse exacte et sincère. Jugé en conséquence que les jurés, interrogés par une seule question sur le vol de plusieurs objets, ont pu répondre oui pour tel objet, non pour tel autre. 11 août 1853 n. 395.

Lorsque le jury a répondu affirmativement à la question principale (d'homicide volontaire), il n'est pas tenu de répondre à la question subsidiaire (d'homicide par imprudence). 2 oct. 1845 n. 310.

Le jury n'est pas obligé de répondre aux questions qui sont résolues implicitement par les réponses faites aux autres questions. 26 juin 1845 n. 203.

Les jurés doivent se renfermer dans la solution des questions qui leur sont soumises ; ils ne peuvent répondre à des questions qu'ils se feraient eux-mêmes. Voyez plusieurs arrêts, page 86 n. 7.

Les questions posées au jury ne peuvent être résolues contre l'accusé que par la majorité, c'est-à-dire par 7 voix au moins. — *Lorsqu'une question a été résolue contre l'accusé, la réponse doit constater que la décision à eu lieu à la majorité, sans faire connaître le nombre de voix.* — En cas de partage des voix, l'accusé doit être déclaré non coupable. 23 juin 1814 n. 27.

Toute réponse affirmative du jury contre l'accusé doit avoir lieu à la majorité des voix ; et il doit en être fait mention dans la déclaration, à peine de nullité. 31 janv. 1837 n. 43.. 1er juin 1867 n. 134.

Il y a nullité si le mot majorité a été écrit en abrégé. 17 avril 1862 n. 114.

La décision négative d'un fait d'excuse est une décision contre l'accusé ; dès lors la déclaration par laquelle le jury résout négativement une telle question, doit exprimer, à peine de nullité, que la décision a été prise à la majorité. 14 sept. 1854 n. 280.. 19 mars 1857 n. 112.. 20 déc. 1866 n. 266.

La loi ne veut pas que, dans les décisions contre l'accusé, le nombre réel des voix soit exprimé, afin que toutes les déclarations soient environnées du même respect et de la même confiance. 19 août 1851 n. 187. — Ainsi il y a nullité si, dans la réponse à une question résolue contre l'accusé, les jurés déclarent que la décision a été prise à la majorité de dix voix (7 juillet 1831 n. 157) ou à l'unanimité. 30 juin 1831 n. 150.. 15 fév. 1861 n. 40.. 18 déc. 1862 n. 283.

Si l'article 347 interdit aux jurés, à peine de nullité, d'exprimer le nombre de voix qui forme leur décision, il ne s'agit que des décisions du jury contre l'accusé ; et dans le silence de cet article sur les décisions favorables à l'accusé, la peine de nullité ne peut être étendue. 18 avril 1834 n. 115.

La réponse négative à une question de discernement équivaut à une déclaration de non culpabilité, et il n'est pas nécessaire qu'elle soit déclarée avoir eu lieu à la majorité. 5 sept. 1833. D. 1833, p 437.

Lorsque l'accusé est déclaré coupable, la majorité peut admettre en sa faveur des circonstances atténuantes, et la déclaration s'en fait en ces termes : à la majorité, il y a des circonstances atténuantes en faveur de l'accusé. — *S'il y a plusieurs accusés, il faut une déclaration spéciale pour chaque accusé.* — La déclaration de circonstances atténuantes doit être constatée avoir eu lieu à la majorité (21 juin 1838 n. 173); mais le condamné ne peut se prévaloir de ce défaut de mention qui ne lui est pas préjudiciable. 28 août 1846 n. 223 . 23 sept. 1847 n. 230. . 27 juin 1867 n. 147.

Le jury, en déclarant qu'il existe des circonstances atténuantes, ne doit pas faire connaître le nombre de voix qui ont formé la majorité ; toutefois l'accusé ne peut s'en faire un moyen de cassation. 26 janvier 1838 n. 25, 28 et 29.

La déclaration du jury qu'il existe des circonstances atténuantes en faveur des accusés est nulle comme ne constatant pas qu'il y a eu un scrutin séparé pour chaque accusé ; il faut une déclaration spéciale, personnelle pour chaque accusé. 1er avril 1842 n. 76.. 31 juillet 1847 n. 170.. 14 octobre

(Voir ci-contre la suite des notes.)

348. Les jurés rentreront ensuite dans l'auditoire et reprendront leurs places.

Le président leur demandera quel est le résultat de leur délibération.

Le chef du jury se lèvera et, la main placée sur son cœur, il dira : Sur mon honneur et ma conscience, devant Dieu et devant les hommes, la déclaration du jury est : Oui, l'accusé, etc.; Non, l'accusé, etc.

349. La déclaration du jury sera signée par le chef et remise par lui au président, le tout en présence des jurés.

Le président la signera et la fera signer par le greffier.

78. Aucune interligne ne pourra être faite : les ratures et les renvois seront approuvés et signés..... Les interlignes, ratures et renvois non approuvés seront réputés non avenus.

352. Loi du 9 juin 1853. Dans le cas où l'accusé est reconnu coupable, et si la cour est convaincue que les jurés, tout en observant les formes, se sont trompés au fond, elle déclare qu'il est sursis au jugement et renvoie l'affaire à la session suivante pour y être soumise à un nouveau jury dont ne peut faire partie aucun des jurés qui ont pris part à la décision annulée.

Nul n'a le droit de provoquer cette mesure. La cour ne peut l'ordonner que d'office, immédiatement après que la déclaration du jury a été prononcée publiquement.

Après la déclaration du second jury, la cour ne peut ordonner un nouveau renvoi, même quand cette déclaration serait conforme à la première.

Suite des NOTES.

La rectification d'une erreur dans la date peut s'effectuer à l'audience, sur la simple invitation du président; ce n'est pas une rectification de la délibération du jury. 4 avril 1850 n. 120.

Si les signatures du chef du jury, du président des assises et du greffier sont exigées, à peine de nullité, sur la déclaration du jury, c'est qu'elles donnent à cet acte l'authenticité qui lui est nécessaire. 25 avril 1835 n. 151.. 13 mars 1856 n. 102.. 7 nov. 1861 n. 218.

78. *Approbation par le chef du jury des interlignes, ratures et renvois.* — Si dans les réponses des jurés, il y a des surcharges, ratures, renvois et interlignes, il faut aux termes de l'art. 78, que le chef du jury les approuve à peine de nullité. 17 déc. 1835 n. 458.. 10 août 1848 n. 215.. 17 juin 1852 n. 196.. 12 déc. 1861 n. 274. — D'après l'article 78, les interlignes, ratures, surcharges et renvois non approuvés, sont réputés non avenus. 17 déc. 1835 n. 458.. 11 avril 1845 n. 131.. 9 oct. 1851 n. 444.. 2 janv. 1857 n. 2. — Les mots raturés, lorsque les ratures ne sont pas approuvées, doivent être maintenus. 5 janv. 1844 n. 3. — Lorsqu'une surcharge a été approuvée, le mot surchargé, quoique lisible, doit être considéré comme n'existant plus. 16 mai 1840 n. 137.

Il ne résulte pas de nullité de ce qu'on n'a pas approuvé des mots surchargés, lorsque ces mots ne constatent aucune des formalités que la loi prescrit à peine de nullité, mais servent seulement à compléter le sens des phrases où ils sont placés sans être indispensables à leur intelligence. 11 avril 1840 n. 111.. 10 juin 1852 n. 187.

352. *Dans le cas d'une déclaration de culpabilité, faculté pour la cour de renvoyer l'affaire à la session suivante.* — La condition essentielle du droit exceptionnel attribué aux cours d'assises par l'art. 352 du code d'instruction criminelle, est que leur décision soit prise d'office et sans provocation, le mot *immédiatement* employé par cet article n'a d'autre objet que de garantir l'accomplissement de cette condition ; une décision prononçant renvoi n'en est pas moins le résultat de la libre inspiration de la conscience des juges, pour n'être intervenue qu'après la lecture de la déclaration du jury à l'accusé, les réquisitions du ministère public tendantes à l'application de la peine et les observations présentées à ce sujet par l'accusé ou son défenseur. Le droit de la cour d'assises ne devant porter que sur une déclaration entraînant condamnation, il peut être utile qu'elle ne l'exerce que lorsque ce caractère ressort des conclusions respectives sur l'application de la loi pénale, et qu'elle n'apprécie le mérite au fond de la réponse du jury, que lorsqu'elle est appelée à lui faire sortir effet. 16 août 1839 n. 261.

L'article 352 est applicable aussi bien quand l'erreur porte sur les circonstances aggravantes que quand elle porte sur le fait principal. 3 mars 1848. D. 1848. T. 77.

Le renvoi à la session suivante ne peut avoir lieu qu'en faveur de l'accusé, et l'on ne peut soumettre à un nouvel examen que les questions sur lesquelles il y a eu déclaration de culpabilité. 16 juin 1814 n. 25.. 19 sept. 1828. D. 1828, p. 422.

L'accusé déclaré coupable comme auteur et non comme complice, peut, devant la nouvelle cour, être déclaré coupable comme complice et non comme auteur. 10 juin 1845 n. 227.

Lorsque plusieurs accusés ont été déclarés coupables, la cour peut user seulement à l'égard de quelques-uns de la faculté que lui donne l'art. 352. 15 sept. 1843 n. 245.. 18 avril 1845 n. 141.

Le nouvel art. 352 n'exige pas l'unanimité des juges pour ordonner le renvoi.

Rentrée des jurés à l'audience. Lecture de la déclaration par le chef du jury. Termes de la déclaration. — Signature de la déclaration par le chef du jury, par le président et par le greffier. Indication de la date de la déclaration. — Approbation par le chef du jury des interlignes, ratures et renvois. — Dans le cas d'une déclaration de culpabilité, faculté pour la cour de renvoyer l'affaire à une autre session.

348. *Rentrée des jurés à l'audience. Lecture de la déclaration par le chef du jury.* — La lecture et la signature de la déclaration doivent être faites avec le concours et en la présence des douze jurés. L'absence de l'un d'eux anéantit le jury et lui ôte tout caractère. 2 nov. 1811. J. P.. 4 avril 1829. J. P. 22, p. 881. — Lorsque le procès-verbal établit que les jurés sont entrés dans la chambre de leurs délibérations, et qu'après leur retour dans l'auditoire, le président leur a demandé le résultat de leurs votes, il en résulte la preuve que tous les jurés étaient présents. 10 juin 1830. J. P.

Lorsque le premier juré désigné par le sort a rempli les fonctions attribuées au chef du jury par les art. 342 et 345, il peut, en cas d'indisposition et du consentement des autres jurés, désigner un de ses collègues pour faire la lecture de la déclaration, et la déclaration n'en est pas moins signée régulièrement par le chef du jury. 12 avril 1839 n. 123.. 20 août 1857 n. 310.

Lorsqu'un juré, autre que le premier sorti par le sort, a donné lecture de la déclaration, la constatation au procès-verbal que ce juré a rempli les fonctions de chef du jury sans aucune réclamation prouve suffisamment que les choses se sont passées conformément à l'art. 342. 26 juin 1835. D. 1836, p. 403.. 28 fév. 1852 n. 77.. 14 janv. 1853 n. 17. — Voyez les notes de l'art. 342, p. 81.

L'article 348 ne prescrit pas, à peine de nullité, au chef du jury de placer la main sur le cœur au moment de la lecture de la déclaration. 24 nov. 1832. D. 1833, p. 226.

Il n'y a pas nullité parce que le chef du jury, en lisant la déclaration, n'a pas prononcé la formule tracée par l'article 348. 26 août 1842 n. 221.. 11 sept. 1851 n. 382.. 11 juin 1857 n. 220.

Il n'est pas nécessaire que la formule « sur mon honneur et ma conscience » soit transcrite en tête de la déclaration du jury. Il suffit qu'il résulte du procès-verbal que les formalités prescrites par l'art. 348 ont été observées. 28 avril 1831 n. 97.

La formule « sur mon honneur et ma conscience etc., » peut être imprimée sur la feuille des questions pour rappeler au chef du jury qu'il doit la prononcer. 17 octobre 1832 n. 421.. 18 mai 1849 n. 113.

Il n'y a pas nullité, parce que l'accusé a été présent à la lecture de la déclaration. 20 mars 1856 n. 114.

Lorsque les jurés, après avoir été renvoyés dans leur chambre, font une seconde lecture de leur déclaration, il n'est pas nécessaire de répéter la formule de l'art. 348 (2 sept. 1852 n. 306); et il suffit de relire les réponses qui ont été rectifiées. 12 avril 1839 n. 123.

Termes dans lesquels doit être conçue la déclaration. — A ce sujet, consultez les notes, page 83, et voyez aux pages 86 et 87 de nombreux exemples de déclarations vicieuses.

La formule « oui, l'accusé est coupable, » n'a rien de sacramentel ; jugé en conséquence que les jurés ont pu se borner à répondre : oui, à la majorité (8 sept. 1853 n. 450), ou répondre : l'accusé est coupable, à la majorité. 24 déc. 1852 n. 416.

Le chef du jury a pu, sans nullité, déclarer que sur toutes les questions, la réponse du jury était affirmative à la majorité. Ce mode de lecture, s'il est irrégulier, ne met pas en péril la défense de l'accusé. 15 juin 1850 n. 200.

Lorsqu'au moment de la lecture de la déclaration, les jurés annoncent que le résultat du scrutin a été constaté d'une manière inexacte, la cour doit renvoyer les jurés dans leur chambre pour rectifier leur réponse. 14 juin 1838 n. 168.. 18 juill. 1839. D. 1839 p. 411. Voyez page 86.

Si les jurés déclarent qu'ils ont omis de délibérer sur les circonstances atténuantes, voyez page 82.

349. *Signature de la déclaration par le chef du jury, par le président et par le greffier. — Indication de la date de la déclaration.* — Le chef du jury n'est pas tenu d'écrire lui-même la déclaration du jury; il suffit qu'il la signe. 24 déc. 1829. S. 1830, p. 115.

Est nulle la déclaration qui n'est pas signée par le chef du jury. 27 sept. 1855 n. 334.

La déclaration peut être signée par le chef du jury, quoique celui-ci n'en ait pas donné lecture à l'audience. 12 avril 1839 n. 123.

Un juré autre que le chef peut, sans irrégularité, signer la déclaration du jury, lorsqu'il annonce agir du consentement du chef du jury, et qu'il n'y a de réclamation de la part d'aucun juré. 16 sept. 1831. D. 1831, p. 334. — La déclaration du jury peut être signée à l'audience par le chef du jury, après avoir été lue. 10 fév. 1843 n. 32.

Le chef du jury peut, sans nullité, signer après le président. 12 oct. 1849 n. 274.. 12 sept. 1861 n. 209.

La déclaration peut être signée dans la chambre des délibérations. La disposition qui veut que la signature soit apposée à l'audience, n'est pas à peine de nullité. 25 août 1831. D. 1831, p. 305.

La loi n'a pas déterminé la place que doit occuper la signature du chef du jury (30 av. 1841 n. 121); elle peut être apposée à la suite de la totalité des réponses. 27 août 1868 n. 198. — Il suffit que la signature soit placée de telle sorte qu'elle s'applique sans équivoque à la déclaration du jury. 28 fév. 1867 n. 50.

Lorsque les réponses sont sur plusieurs feuilles, il suffit que le chef du jury, le président et le greffier signent à la suite de la dernière réponse. 22 avril 1839. D. 1839, p. 383.. 23 janv. 1851 n. 31.

La loi n'exige pas que la déclaration soit datée. 14 sept. 1848 n. 242.. 28 fév. 1852 n. 77. —

(Voir ci-contre la suite des notes.)

350. La déclaration du jury ne pourra jamais être soumise à aucun recours.

Suite des NOTES.

Si, pendant que les jurés délibèrent, le président s'aperçoit que les questions ont été mal posées, il peut faire revenir les jurés à l'audience, pour rectifier les questions. Voyez les notes au bas de la page 80.

Réponses ne constatant pas d'une manière exacte le résultat des votes du jury. — Si, au moment de la lecture de la déclaration du jury, le chef déclare qu'il a constaté d'une manière inexacte le résultat du scrutin et que cela soit confirmé par les autres jurés, il y a lieu de renvoyer les jurés dans leur chambre. Si l'on admettait qu'une erreur ne pût être réparée, il pourrait dépendre du chef du jury de changer la décision. 14 juin 1838 n. 168. — Serait illégale et sans force une protestation faite après coup par les jurés de jugement contre l'exactitude de la déclaration. Voyez 13 juin 1816 n. 32, et 26 juin 1846 n. 165.

Réponses irrégulières. — Réponse conçue en termes collectifs. Voyez les notes, p. 83. — Réponse ne constatant pas qu'elle a été rendue à la majorité ou le constatant d'une façon irrégulière. Voyez les notes, p. 83. — Réponses irrégulières en ce qui concerne les circonstances atténuantes. Voyez les notes, p. 83. — Réponses contenant des ratures, renvois et interlignes non approuvés. Voyez art. 78, p. 84.

Réponses incomplètes. — Il y a lieu de renvoyer les jurés si, interrogés sur une question de complicité, ils se bornent à répondre que l'accusé est complice, la complicité ne se trouvant pas caractérisée (3 déc. 1835 n. 443); — si, sur une question de recélé fait sciemment, ils se bornent à déclarer l'accusé coupable de recélé (14 septembre 1832 n. 346); — s'ils répondent que l'accusé a commis le crime, au lieu de dire qu'il est *coupable d'avoir commis le crime*. 28 fév. 1833 n. 79. — Mais la réponse, *oui, l'accusé est coupable (à la majorité)*, satisfait complétement à la loi. 29 mars 1832 n. 114.

Réponses contradictoires. — Il y a lieu de renvoyer les jurés pour cause de contradiction dans la réponse, s'ils déclarent qu'il y a eu guet-apens et pas de préméditation (16 août 1844 n. 292., 26 sept. 1867 n. 212); — mais il peut y avoir préméditation sans guet-apens. 3 juillet 1845. D. 1846. T. 142. — Il y a lieu de renvoyer les jurés si, reconnaissant l'accusé coupable d'avoir donné des instructions pour commettre un crime, ils répondent négativement sur la préméditation (19 janv. 1838 n. 18); — s'ils déclarent un individu à la fois auteur et complice du même crime (27 août 1831 n. 197); — s'ils déclarent l'accusé coupable d'avoir volé un objet et coupable de l'avoir recélé (16 mai 1850 n. 161); — si, déclarant un individu coupable de vol sans la circonstance de deux personnes, ils reconnaissent en même temps qu'une autre personne s'est rendue complice par aide et assistance (23 mai 1846 n. 128); si, reconnaissant l'accusé coupable de meurtre (ou homicide volontaire), ils ajoutent qu'il a agi sans intention (et par conséquent sans volonté). 18 juin 1830 n. 177. — Mais il n'y a pas contradiction s'ils déclarent l'accusé coupable d'avoir donné la mort, mais involontairement (4 janvier 1832. J. P.); — ou coupable d'une soustraction, mais sans intention frauduleuse (20 mars 1812 n. 68); — ou coupable d'un crime, en ajoutant que l'accusé était en démence. 4 janv. 1817. — Il n'y a pas contradiction si les jurés, déclarant deux accusés auteurs d'un même crime, écartent une circonstance aggravante à l'égard de l'un deux. 27 août 1831 n. 197. — Mais, il y a contradiction dans la réponse du jury qui déclare l'auteur d'un vol coupable avec certaines circonstances aggravantes, et le complice coupable sans ces circonstances. 4 juill. 1850 n. 211., 21 mars 1857 n. 118., 20 juin 1861 n. 126. — Deux accusés peuvent être déclarés à la fois auteurs et complices du même vol. 3 juillet 1856 n. 242. — Si les jurés, après avoir répondu négativement sur le fait principal, répondent affirmativement sur les circonstances aggravantes, leur déclaration doit s'entendre en ce sens que le crime a été commis, mais que l'accusé n'en est pas l'auteur. 26 fév. 1841 n. 51. — Il n'y a pas nécessairement contradiction dans la réponse qui reconnait la mère coupable d'infanticide, et le père coupable seulement d'homicide par imprudence. 19 août 1841 n. 251.

Réponses d'office à des questions qui n'ont pas été posées. — Il y a lieu de renvoyer les jurés, s'ils déclarent d'office qu'il y a eu provocation. 9 mai 1834 n. 136., 11 juill. 1833 n. 266. — Mais ils peuvent d'office déclarer qu'il y a eu légitime défense. 29 avril 1819 n. 54., 13 janv. 1827. J. P. — Il y a lieu de renvoyer les jurés si, dans une accusation d'attentat à la pudeur, ils répondent qu'il n'y a pas eu violence physique (9 mars 1821 n. 34), ou qu'il y a eu seulement violence morale, substituant à la question indéfinie de la violence une distinction que la question n'énonce pas. 28 oct. 1830 n. 239.

Il n'y a pas lieu de renvoyer les jurés lorsqu'après avoir résolu *négativement* les questions qui leur sont soumises, ils répondent d'office à d'autres questions qu'ils se sont faites à eux-mêmes, ces réponses devant être considérées comme non avenues; voyez arrêt du 15 janv. 1824 n. 7, relatif à une déclaration de complicité; — arrêt du 8 juill. 1836 n. 223, relatif à une déclaration d'homicide par imprudence; — arrêt du 15 janv. 1835 n. 18, relatif à une déclaration de coups ayant causé la mort sans intention de la donner; — arrêt du 2 déc. 1825, S. 1826, p. 295, relatif à une déclaration des circonstances constitutives de la criminalité, lesquelles avaient été omises dans la question; — arrêt du 26 déc. 1820 n. 139, relatif à une déclaration d'attentat à la pudeur avec violence. — Doit aussi être réputée non écrite la déclaration que l'accusé n'a pas connu les circonstances aggravantes du vol (hors le cas de l'art. 63), 27 mars 1834 n. 101; — ou qu'il a agi par ignorance (ce qui n'exclut pas l'intention criminelle), 14 juillet 1831 n. 161; — ou qu'il a agi sans discernement, si l'accusé a plus de seize ans. 1er sept. 1826. S. 1827, page 263.

Irrévocabilité de la déclaration du jury, sauf le droit pour la cour de faire délibérer les jurés de nouveau, lorsque la déclaration ne peut servir de base légale à une décision. — Réponses à des questions qui ont été mal posées par le président. – Réponses ne constatant pas d'une manière exacte le résultat des votes du jury. — Réponses irrégulières, incomplètes, contradictoires. — Réponses d'office à des questions qui n'ont pas été posées.

350. *Irrévocabilité de la réponse du jury.* — La déclaration régulière du jury est irrévocable (8 février 1862 n. 42) ; et il ne peut s'ouvrir de débats sur cette déclaration devant la cour d'assises. 14 sept. 1865 n. 181.

La foi due à la déclaration du jury ne peut être infirmée par une protestation des jurés de jugement déposée, soit chez un notaire (26 juin 1846 n. 165), soit au greffe. 13 juin 1816 n. 52.

Renvoi des jurés dans leur chambre, lorsque la déclaration ne peut servir de base légale à une décision.

Le renvoi des jurés dans leur chambre est une mesure extraordinaire, contentieuse, qui ne rentre pas dans les attributions du président. C'est à la cour de l'ordonner, puisque la cour étant appelée à délibérer sur la déclaration du jury, c'est à elle qu'il appartient d'examiner si cette déclaration peut servir de base légale à une décision. 9 sept. 1837 n. 268.. 15 févr. 1844 n. 47.. 5 déc. 1850 n. 408.. 1er août 1851 n. 318.. 12 juill. 1855 n. 248.

La disposition de l'article 350 d'après laquelle la déclaration du jury ne peut être soumise à aucun recours, ne doit s'entendre que d'une déclaration complète, claire et non contradictoire ; lorsque la déclaration manque de l'un de ces caractères, la cour d'assises n'ayant pas de base pour sa décision, doit prescrire au jury de délibérer de nouveau. 5 mars 1835 n. 77.. 12 avril 1861 n. 78.

Si le vice de la déclaration du jury n'est reconnu qu'après qu'elle a été signée par le président et par le greffier et lue à l'accusé, cette circonstance ne fait pas obstacle à ce que la cour renvoie les jurés dans leur chambre. 5 mars 1835 n. 77.. 27 janv. 1842 n. 17.. 4 janv. 1844 n. 1.

Le renvoi des jurés dans la chambre de leurs délibérations pour compléter ou régulariser leurs réponses, peut être ordonné en l'absence des accusés, qui ont le droit de dénoncer à la cour de cassation les décisions dont ils auraient à se plaindre. 11 mai 1841 n. 59.. 12 avril 1861 n. 78.

La cour peut renvoyer le jury dans la chambre de ses délibérations, sans que le ministère public et le défenseur de l'accusé soient interpellés sur l'opportunité de cette mesure, alors que ce renvoi a été ordonné en présence du ministère public et du défenseur et sans aucune réclamation de leur part. 26 mars 1840. D. 1840, page 407.. 2 mai 1845. D. 1845. T. 119.. 27 déc. 1855 n. 414.

Le défenseur peut porter la parole dans un incident qui s'élève à l'occasion de la lecture de la déclaration du jury ; c'est une question qui intéresse l'accusé. 28 janv. 1830 n. 25.. 12 juill. 1855 n. 248.

Le défenseur peut demander que l'accusé soit ramené à l'audience pour se concerter avec lui sur les observations à présenter. 13 février 1851 n. 62.

La cour d'assises, en renvoyant le jury dans la chambre des délibérations pour régulariser sa déclaration, doit énoncer dans son arrêt l'espèce d'irrégularité qui motive ce renvoi, puisque la loi exige que tous les arrêts soient motivés. 24 décembre 1852 n. 414.. 24 mars 1859 n. 83.

Lorsqu'on renvoie les jurés dans leur chambre pour délibérer de nouveau, il faut leur rendre les pièces de la procédure. 8 sept. 1853 n. 450. — Voyez notes, art. 341, p. 79.

Il faut toujours que les jurés retournent dans leur chambre pour rectifier leurs réponses. Il est de principe immuable qu'une déclaration du jury ne peut être rectifiée qu'en observant les formes dans lesquelles elle a été délibérée. 27 juin 1839 n. 205.

Les jurés renvoyés à délibérer de nouveau, rentrent en pleine possession de la faculté d'examen, et peuvent modifier leur réponse au fond comme en la forme. 3 sept. 1858 n. 249.. 24 déc. 1852 n. 416.. 17 déc. 1837 n. 400.. 6 janv. 1837 n. 4.

Lorsque les jurés ont été renvoyés dans leur chambre, il suffit qu'à leur retour à l'audience, ils donnent lecture des questions et des réponses concernant les faits à l'égard desquels la déclaration a été rectifiée. 12 avril 1830 n. 123.. 2 mai 1867 n. 105.

Lorsque la nouvelle déclaration ne renferme plus que des réponses précises et concordantes, elle devient, aux termes de l'art. 350, la base nécessaire de l'arrêt définitif à rendre ; 6 août 1840 n. 221.. 4 avril 1822 n. 51.. 9 octobre 1823 n. 141.

La déclaration du jury, qui a été annulée à tort, conserve toute sa force. 15 février 1834 n. 53.

L'arrêt, par lequel une cour d'assises renvoie le jury dans la chambre, est un arrêt incident qui est suffisamment constaté par son insertion au procès-verbal de la séance. 20 avril 1838 n. 107.

Réponses à des questions qui ont été mal posées par le président. — Lorsque le président a omis de consulter le jury sur une circonstance constitutive du crime (dans l'espèce la volonté), le jury peut être renvoyé dans sa chambre pour délibérer sur de nouvelles questions, même après que la déclaration a été lue par le greffier en présence de l'accusé. 7 nov. 1850 n. 500. — Mais la première déclaration doit être annexée aux pièces, pour que la cour de cassation puisse examiner s'il y avait lieu de faire délibérer de nouveau les jurés. 19 nov. 1835 n. 432.

Lorsque la déclaration du jury donne lieu à la rectification d'une question posée, cette rectification ne peut être faite qu'en présence de l'accusé, qui a le droit de faire ses observations ; il ne suffit pas qu'elle soit faite en présence du défenseur. 11 janvier 1840 n. 14.

(Voir ci-contre la suite des notes.)

CHAPITRE IX.

---

357. Le président fera comparaître l'accusé, et le greffier lira en sa présence la déclaration du jury.

358. Lorsque l'accusé aura été déclaré non-coupable, le président prononcera qu'il est acquitté de l'accusation, et ordonnera qu'il soit mis en liberté, s'il n'est retenu pour autre cause.

La cour statuera ensuite sur les dommages-intérêts respectivement prétendus après que les parties auront proposé leurs fins de non-recevoir ou leurs défenses, et que le procureur général aura été entendu. La cour pourra néanmoins, si elle le juge convenable, commettre l'un des juges pour entendre les parties, prendre connaissance des pièces, et faire son rapport à l'audience, où les parties pourront encore présenter leurs observations, et où le ministère public sera entendu de nouveau.

L'accusé acquitté pourra aussi obtenir des dommages-intérêts contre ses dénonciateurs, pour fait de calomnie; sans néanmoins que les membres des autorités constituées puissent être ainsi poursuivis à raison des avis qu'ils sont tenus de donner, concernant les délits dont ils ont cru acquérir la connaissance dans l'exercice de leurs fonctions, et sauf contre eux la demande en prise à partie, s'il y a lieu.

Le procureur général sera tenu, sur la réquisition de l'accusé, de lui faire connaître ses dénonciateurs.

359. Les demandes en dommages-intérêts formées soit par l'accusé contre ses dénonciateurs ou la partie civile, soit par la partie civile contre l'accusé ou le condamné, seront portées à la cour d'assises.

La partie civile est tenue de former sa demande en dommages-intérêts, avant le jugement; plus tard, elle sera non recevable.

Il en est de même de l'accusé, s'il a connu son dénonciateur.

Dans le cas où l'accusé n'aurait connu son dénonciateur que depuis le jugement, mais avant la fin de la session, il sera tenu sous peine de déchéance, de porter sa demande à la cour d'assises : s'il ne l'a connu qu'après la clôture de la session, sa demande sera portée au tribunal civil.

A l'égard des tiers qui n'auraient pas été partie au procès, ils s'adresseront au tribunal civil.

Retour de l'accusé dans l'auditoire. Lecture de la déclaration du jury par le greffier. — Déclaration de non-culpabilité par le jury. — Ordonnance d'acquittement et de mise en liberté de l'accusé. — Demande en dommages-intérêts formée, soit par la partie civile contre l'accusé et les personnes civilement responsables, soit par l'accusé contre ses dénonciateurs ou contre la partie civile.

357. *Retour de l'accusé dans l'auditoire. Lecture de la déclaration du jury par le greffier.* — La lecture de la déclaration du jury par le greffier en présence de l'accusé, est une formalité substantielle dont l'omission restreint le droit qui appartient à la défense de réclamer contre la déclaration du jury. 29 nov. 1834 n. 386.. 15 sept. 1836 n. 299.. 10 août 1848 n. 214.. 24 juill. 1851 n. 301. — Cette lecture doit avoir lieu en présence des jurés. 26 avril 1839 n. 140.

La présence de l'accusé dans l'auditoire avant l'instant fixé par la loi, est favorable au droit de la défense ; l'accusé ne peut donc s'en plaindre. 24 mars 1831 n. 59.. 20 mars 1856 n. 114.

Le président peut, si l'accusé est un homme violent, autoriser sa traduction à l'audience avec des menottes pour entendre la déclaration du jury. 7 oct. 1830 n. 231.

Si l'accusé a été expulsé de l'audience ou s'il refuse de comparaître, voyez les notes, art. 310 p. 51.

Déclaration de non-culpabilité par le jury. Ordonnance d'acquittement et de mise en liberté de l'accusé. Opposition à la mise en liberté par le ministère public.

Voyez à la page 91 la formule de l'ordonnance d'acquittement.

C'est seulement lorsque l'accusé est déclaré non-coupable, qu'il appartient au président de prononcer l'acquittement. 2 juin 1851. J. P. — Le président n'a pas à consulter les autres juges. *Idem.*

Lorsque la cour d'assises est saisie, par les réquisitions du ministère public, d'une question relative à l'application d'une peine, elle est seule compétente tant pour y statuer que pour ordonner, s'il y a lieu, que l'accusé sera mis en liberté s'il n'est retenu pour autre cause. 26 mai 1826 n. 105.

Lorsqu'un individu accusé de vol avec violences a été acquitté, le ministère public ne peut s'opposer à son élargissement, sous prétexte que les jurés ne s'étant pas expliqués sur la circonstance des violences, il y a là un délit pour lequel l'accusé peut être poursuivi correctionnellement. 14 juin 1855 n. 208.

Le ministère public peut s'opposer à l'élargissement d'un accusé, lorsque celui-ci est prévenu d'un délit qui a été l'objet de réserves devant la chambre d'accusation. 10 mars 1853 n. 78.

Demande en dommages-intérêts formée, soit par la partie civile contre l'accusé et les personnes civilement responsables, soit par l'accusé contre ses dénonciateurs ou contre la partie civile.

Voyez à la page 55, art. 67, de nombreux arrêts relatifs à la demande en dommages.

Lorsque l'accusé a été déclaré non coupable, le président doit prononcer l'ordonnance d'acquittement, avant que la partie civile soit admise à prendre des conclusions. 21 oct 1835 n. 402.

L'accusé acquitté ne peut pas faire défaut sur la demande en dommages. 27 nov. 1857 n. 381.

Le chiffre des dommages-intérêts réclamés par la partie civile peut n'être fixé par des conclusions expresses qu'après l'ordonnance d'acquittement. 3 mars 1842 n. 46.. 27 nov. 1857 n. 381.

La cour ne peut statuer sur les dommages qu'après avoir entendu le ministère public (7 oct. 1853 n. 499.. 7 avril 1854 n. 90); — et celui-ci doit prendre la parole après les parties. 1er juin 1859 n. 173.

La cour d'assises peut, à titre de dommages, annuler un acte de vente. 18 nov. 1855 n. 318.

Aucun délai n'est fixé pour statuer sur l'action civile. 6 oct. 1853 n. 497. — La cour peut renvoyer le jugement au delà du lendemain de la dernière audience (25 mai 1849 n. 119), et même à la session suivante. 24 juin 1825 n. 120. — Les magistrats qui statuent sur l'action civile, peuvent n'être pas les mêmes que ceux qui ont prononcé sur l'action criminelle. 7 oct. 1853 n. 499.

La cour peut statuer sur les dommages nonobstant le pourvoi en cassation. 1er juin 1859 n. 173.

L'accusé acquitté peut être condamné à des dommages-intérêts envers la partie civile ; la déclaration de non-culpabilité n'exclut pas la possibilité d'un préjudice causé à la partie civile. 27 nov. 1857 n. 381.

Il faut que l'arrêt de la cour d'assises qui condamne l'accusé acquitté à des dommages, ne contredise d'aucune manière la déclaration du jury, et que, d'autre part, il trouve sa base dans les circonstances mêmes qui ont été l'objet de l'accusation. 17 fév. 1866 n. 44. Il y a nullité, si la cour, en accordant des dommages, déclare le prévenu acquitté *coupable* d'un homicide volontaire, au lieu de le déclarer simplement *auteur* d'un homicide. 25 juillet 1841 n. 218. Voyez des espèces, 7 mai 1864 n. 124.. 25 février 1865 n. 44.

Lorsque l'arrêt d'une cour d'assises qui a statué sur une demande en dommages a été annulé, l'affaire est renvoyée devant un tribunal civil. 7 oct. 1853 n. 499.. 15 fév. 1862 n. 44.

Pour condamner les dénonciateurs à des dommages envers l'accusé acquitté, il faut que les inculpations ne puissent être imputées qu'au dessein coupable de nuire, ou qu'au moins elles aient été l'effet de l'indiscrétion ou de la légèreté. 23 mars 1831 n. 42.

Si le dénonciateur est aux débats en qualité de témoin, l'accusé peut conclure contre lui à des dommages-intérêts par une simple réquisition à l'audience. 31 mai 1816. S. 1816, p. 271.

Aucune loi n'exige que la femme mariée soit autorisée par son mari pour défendre sur la demande en dommages formée contre elle comme dénonciatrice. 31 mai 1816. S. 1816, p. 271.

Une demande en dommages-intérêts peut être formée par l'accusé contre son dénonciateur, immédiatement après la déclaration du jury. 31 mai 1816. S. 1816, p. 271.

(Voir ci-contre la suite des notes)

361, 366, 368, 478 Voyez le texte de ces articles à la page 92.

409. Dans le cas d'acquittement de l'accusé, l'annulation de l'ordonnance qui l'aura prononcé et de ce qui l'aura précédé, ne pourra être poursuivie par le ministère public que dans l'intérêt de la loi et sans préjudicier à la partie acquittée.

412. Dans aucun cas la partie civile ne pourra poursuivre l'annulation d'une ordonnance d'acquittement ou d'un arrêt d'absolution; mais, si l'arrêt a prononcé contre elle des condamnations civiles supérieures aux demandes de la partie acquittée ou absoute, cette disposition de l'arrêt pourra être annulée sur la demande de la partie civile.

374. Dans les cas prévus par les art. 409 et 412 du présent code, le procureur général ou la partie civile n'auront que vingt-quatre heures pour se pourvoir.

362. Lorsque l'accusé aura été déclaré coupable, le procureur général fera sa réquisition à la cour pour l'application de la loi.

La partie civile fera la sienne pour restitution et dommages-intérêts.

363. Le président demandera à l'accusé s'il n'a rien à dire pour sa défense.

L'accusé ni son conseil ne pourront plus plaider que le fait est faux, mais seulement qu'il n'est pas défendu ou qualifié délit par la loi, ou qu'il ne mérite pas la peine dont le procureur général a requis l'application, ou qu'il n'emporte pas de dommages-intérêts au profit de la partie civile, ou enfin que celle-ci élève trop haut les dommages-intérêts qui lui sont dûs.

369. Les juges délibéreront et opineront à voix basse, ils pourront, pour cet effet, se retirer dans la chambre du conseil; mais l'arrêt sera prononcé à haute voix par le président, en présence du public et de l'accusé. Avant de le prononcer, le président est tenu de lire le texte de la loi sur laquelle il est fondé. Le greffier écrira l'arrêt; il y insérera le texte de la loi appliquée, sous peine de cent francs d'amende.

370 La minute de l'arrêt sera signée par les juges qui l'auront rendu à peine de cent francs d'amende contre le greffier, et s'il y a lieu, de prise à partie tant contre le greffier que contre les juges.

Elle sera signée dans les vingt-quatre heures de la prononciation de l'arrêt.

Suite des NOTES

Pas de nullité si le procès-verbal constate qu'à l'interpellation du président, l'accusé a répondu négativement. 12 avril 1861 n. 78 — *Secus*, si le procès-verbal constate qu'il a protesté de son innocence. 6 mai 1854 n. 140.. 14 mars 1856 n. 109. — Mais si l'accusé soutient que les faits reprochés ne constituent pas le crime indiqué par le ministère public, ces conclusions sont inscrites au procès-verbal, et la cour est tenue d'en délibérer. Voyez 29 sept. 1853 n. 485.

369. *Délibération de la cour. — Prononciation et rédaction de l'arrêt.*

370. La mention au procès-verbal que le président a pris à voix basse l'avis des juges, constate suffisamment le délibéré. 6 déc. 1838. J. P. 1839, 2, p. 645.

Le prononcé de l'arrêt peut être remis au lendemain. 16 février 1850 n. 65.

Il suffit que l'arrêt reproduise en substance les réponses du jury sur lesquelles cet arrêt est motivé. 5 mai 1849. D. 1849. T. 72.

Il suffit que le président donne lecture des textes de la loi prononçant la peine. 18 février 1841. D. 1841, p. 393. — Dans le concours de plusieurs délits, on peut se borner à lire la peine la plus forte. 16 sept. 1831. J. P. — Il est inutile de lire le texte de la loi relative à la contrainte par corps. 3 déc. 1836. J. P. 1838, 1, p. 37 — Le président n'est pas tenu, à peine de nullité, de lire le texte de la loi. 16 juin 1832. D. 1832, p. 86.. 23 avril 1846 n. 101.. 31 mars 1866 n. 90.

D'après l'art. 411, la citation inexacte de la loi pénale ne peut servir d'ouverture à cassation, lorsque la peine prononcée est celle portée par la loi. 14 janv. 1841. D. 1841, p. 413.. 26 juil. 1866 n. 191.

Le président qui, après avoir prononcé l'arrêt et déclaré l'audience levée, s'aperçoit qu'on a commis une erreur peut reprendre l'audience, si de fait elle n'est pas encore levée, et, d'accord avec ses collègues, prononcer de nouveau l'arrêt en le rectifiant. 20 mai 1837. D. 1838, p. 430.

Le procès-verbal est valable, bien qu'il n'énonce pas la peine appliquée, s'il énonce formellement la prononciation de l'arrêt, lequel est annexé au procès-verbal en due forme. 11 avril 1840 n. 111.

L'art. 369 n'exige pas la présence des jurés à la prononciation de l'arrêt. 30 juillet 1829 n. 168.

Le défaut d'insertion dans l'arrêt de condamnation du texte de la loi n'entraîne pas la nullité de cet arrêt. 18 février 1841. D. 1841, p. 393.

Il n'y a pas nullité parce que tous les magistrats n'ont pas signé l'arrêt (2 avril 1840 n. 101), ou parce qu'ils ne l'ont pas signé dans les vingt-quatre heures. 25 juin 1840 n. 187. — La signature du greffier n'est pas prescrite à peine de nullité. 31 mai 1849. D. 1849. T. 72.

Il y a nullité si les magistrats énoncés dans l'arrêt ne sont pas les mêmes que ceux portés dans le procès-verbal des débats. 7 octobre 1831 n. 246.. 15 janvier 1848. D. 1848. T. 81.

Ordonnance d'acquittement. — Dommages-intérêts. — Restitution des effets pris. — Frais. — Frais de la contumace. — Poursuite ordonnée pour un nouveau fait. — Pourvoi contre l'ordonnance d'acquittement. Déclaration de culpabilité par le jury. — Réquisitions du ministère public. Conclusions de la partie civile. Interpellation à l'accusé. — Délibération de la cour. Prononciation et rédaction de l'arrêt.

ORDONNANCE D'ACQUITTEMENT. *(Dans les indications ci-après, prendre ce qui a rapport à l'affaire. On a supposé l'accusé passible de dommages-intérêts.)*

« Vu la déclaration du jury portant que... n'est pas coupable du fait qui lui est imputé ;
» Vu l'art. 358 du code d'instr. (p. 88) nous déclarons l'accusé acquitté de l'accusation portée contre lui ;
» Ordonnons en conséquence qu'il soit mis en liberté, s'il n'est retenu pour autre cause ;
» Ou, vu l'art. 361 (voyez ci-dessous), attendu que etc., nous ordonnons qu'il sera pousuivi, etc.

(S'il y a lieu à délibérer de la part de la cour, le président donne la parole à qui de droit et la cour statue.)

» La cour, ouï le ministère public dans ses réquisitions, la partie civile dans ses conclusions, » l'accusé et la personne responsable dans leurs moyens de défense, après en avoir délibéré, vu les art...

** » Vu l'art. 366 (voyez ci-dessous), relativement aux dommages-intérêts demandés par la partie civile, attendu que etc., la cour condamne l'accusé (ou les accusés) à payer à titre de dommages à la partie civile, 1° la somme de... et 2° le montant des frais dus à l'État ;

» Vu l'art. 366 (voyez ci-dessous), ordonne que les effets pris seront restitués au propriétaire ;

** » Vu l'art 368 du code d'instr. (voy. ci-dessous) et les art. 157 et 159 du décret de 1811, condamne » la partie civile aux frais envers l'État, sauf son recours contre l'accusé (ou les accusés).

» Vu l'art. 478 (voyez ci-dessous), condamne l'accusé aux frais occasionnés par sa contumace ;

» Vu l'art. 1384 du code civil, déclare N... civilement responsable, par tels motifs, et le » condamne à payer les dommages-intérêts et les frais. »

---

361. *Poursuite ordonnée pour un nouveau fait révélé à l'audience.* — Voy. l'art. 361 p. 92. — Lorsque l'accusé est inculpé dans le cours des débats sur un autre fait, le président (s'il y a des réserves) doit, après avoir prononcé l'acquittement, ordonner que l'accusé soit poursuivi à raison du nouveau fait ; et il le renvoie devant le juge d'instr. de l'arrondissement où siége la cour d'assises. 29 fév. 1828 n. 60.

366. *Dommages-intérêts demandés par la partie civile ou par l'accusé ;* voyez l'art. 366 p. 92 et les art. 358 et 359, page 88.

366. *Restitution des effets pris au propriétaire.* — Voyez l'art. 366 page 92 et les notes, page 94.

368. *Frais en cas d'acquittement de l'accusé.* — Voyez l'art. 368 p. 92. L'accusé acquitté et condamné à des dommages, ne peut être passible des frais envers l'État, mais seulement des frais envers la partie civile. 10 janv. 1851 n. 16, et 6 mai 1852 n. 147. — Lorsque l'accusé est acquitté, la partie civile, lors même qu'elle obtient des dommages, doit être condamnée aux frais envers l'État, sauf à obtenir un recours contre l'accusé (art. 368 du code d'instr., et art. 157 et 159 du décret de 1811). 1er déc. 1855 n. 383.

L'accusé acquitté ne peut être condamné à rembourser à la partie civile les frais dont elle est tenue envers l'État, à moins que la cour par arrêt motivé, ne prononce cette condamnation à titre de dommages-intérêts. 5 déc. 1861 n. 265.. 13 fév. 1862, n. 44.

Solidarité, contrainte ; il n'y a lieu en cas d'acquittement, voyez page 94.

478. *Frais occasionnés par la contumace.* — Voyez l'art. 478 p. 92.

409. *Pourvoi en cassation contre l'ordonnance d'acquittement.* — Voyez les art. ci-contre. — L'annu-
412. lation de l'ordonnance d'acquittement ne peut être poursuivie par le ministère public que dans l'intérêt
374 de la loi et sans préjudicier à la partie acquittée. 21 sept. 1839 n. 303.

---

362 *Déclaration de culpabilité par le jury.* — *Réquisitions du ministère public.* — *Conclusions de la partie civile.* — La loi n'exige pas que les réquisitions du ministère public soient traduites à l'accusé qui n'entend pas le français (9 oct. 1846 n. 274). Voyez cependant 29 fév. 1844 n. 69. — L'accusé pourrait demander qu'on lui traduisît les réquisitions. 19 juillet 1852. D. 1853, p. 74.

Les réquisitions sont suffisamment constatées par leur insertion au procès-verbal de la séance. 12 déc. 1840 n. 350.. 16 janv. 1845 n. 12.

Relativement à ce qui concerne la partie civile, voyez les notes, art. 67 p. 55, et art. 358 p. 89.

363. *Interpellation à l'accusé s'il n'a rien à dire pour sa défense.* — La formalité prescrite par l'art. 363 est substantielle au droit sacré de la défense, et son omission emporte nullité (17 mai 1822 n. 176.. 10 juin 1852 n 187) ; — pas de nullité cependant si le défenseur a conclu après les réquisitions du ministère public (26 mai 1838. D. 1839, p. 50), ou si l'accusé n'a été condamné qu'au minimum de la peine, l'inexécution de l'art. 363 ne lui ayant pas nui. (17 juin 1830. S. 1830, p. 370), ou si la peine n'est susceptible d'aucune modification (dans l'espèce la mort). 13 mars 1862 n. 71.

Il suffit que l'interpellation sur l'application de la peine, ait été faite au défenseur, l'accusé ayant gardé le silence. 17 juin 1858 n. 170. — L'absence du défenseur, au moment de l'interpellation, ne serait une cause de nullité que si elle provenait du fait du ministère public ou de celui du président. 16 août 1860, n. 194.

Si, au moment où il prononce l'arrêt de condamnation, le président s'aperçoit qu'il a omis de faire l'interpellation, il faut, après que le président a réparé cette omission, que la cour délibère de nouveau. 17 octobre 1837, n. 315.

(Voir ci-contre la suite des notes)

364. La cour prononcera l'absolution de l'accusé, si le fait dont il est déclaré coupable n'est pas défendu par une loi pénale.

361. Lorsque, dans le cours des débats, l'accusé aura été inculpé sur un autre fait, soit par des pièces, soit par les dépositions des témoins, le président, après avoir prononcé qu'il est acquitté de l'accusation, ordonnera qu'il soit poursuivi à raison du nouveau fait : en conséquence, il le renverra en état de mandat de comparution ou d'amener, suivant les distinctions établies par l'article 91, et même en état de mandat d'arrêt, s'il y échet, devant le juge d'instruction de l'arrondissement où siége la cour, pour être procédé à une nouvelle instruction.

Cette disposition ne sera toutefois exécutée que dans le cas où avant la clôture des débats, le ministère public aura fait des réserves à fin de poursuite.

366. Dans le cas d'absolution comme dans celui d'acquittement ou de condamnation, la cour statuera sur les dommages-intérêts prétendus par la partie civile ou par l'accusé ; elle les liquidera par le même arrêt, ou commettra l'un des juges pour entendre les parties, prendre connaissance des pièces, et faire du tout son rapport, ainsi qu'il est dit article 358.

La cour ordonnera aussi que les effets pris seront restitués au propriétaire.

Néanmoins, s'il y a eu condamnation, cette restitution ne sera faite qu'en justifiant, par le propriétaire, que le condamné a laissé passer les délais sans se pourvoir en cassation, ou, s'il s'est pourvu, que l'affaire est définitivement terminée.

368. L'accusé ou la partie civile qui succombera, sera condamné aux frais envers l'Etat et envers l'autre partie.

Dans les affaires soumises au jury, la partie civile qui n'aura pas succombé, ne sera jamais tenue des frais.

Dans le cas où elle en aura consigné, en exécution du décret du 18 juin 1811, ils lui seront restitués.

478. Le contumax qui, après s'être représenté, obtiendrait son renvoi de l'accusation, sera toujours condamné aux frais occasionnés par sa contumace.

410. L'action en annulation appartiendra au ministère public contre les arrêts d'absolution mentionnés en l'article 364, si l'absolution a été prononcée sur le fondement de la non existence d'une loi pénale qui pourtant aurait existé.

412, 374. Voyez, à la page 90, le texte de ces articles relatifs au pourvoi de la partie civile.

Suite des NOTES.

L'accusé absous, par suite de la prescription, doit être condamné aux frais. 21 août 1845 n. 265.. 17 déc. 1846 n. 320.. 9 fév. 1854 n. 31. — Il en est de même de l'accusé absous pour avoir procuré l'arrestation d'autres coupables. 24 juill. 1840 n. 121. — Un accusé de banqueroute, absous en ce qu'il n'a pas été déclaré négociant failli, succombe sur l'accusation et doit être condamné aux frais. 9 déc. 1830. S. 1831, p. 180.

Celui qui est reconnu avoir été en état de démence au moment de l'action (10 mai 1843. D. 1843. T. 248), ou n'avoir cédé qu'à la contrainte (27 janv. 1838 n. 33), ne succombe pas sur la poursuite et doit être renvoyé sans dépens.

Si l'accusé absous est passible des frais, voyez les notes, art. 368, p. 97. — Si l'accusé absous n'est pas passible des frais, l'absolution équivalant à un acquittement, voyez les notes art. 368, p. 91.

Solidarité. — Il n'y a lieu à prononcer la solidarité (art. 55 du code pénal) que dans le cas où les accusés succombent sur la poursuite ; voyez les notes, page 94.

Contrainte par corps. — Relativement à la contrainte, voyez les notes, page 94.

478. *Frais occasionnés par la contumace.* — L'art. 478 est applicable, quoique l'accusé se soit représenté avant le jugement de la contumace. 2 décembre 1830 n. 242.

Exécution d'un arrêt d'absolution. — L'exécution d'un arrêt qui ordonne la mise en liberté appartient au procureur général ; la cour d'assises n'a point à s'immiscer dans cette partie des fonctions du ministère public. 20 juillet 1827 n. 189. — Le ministère public peut surseoir à l'exécution de l'arrêt de mise en liberté pendant les 3 jours qui sont accordés pour se pourvoir par l'art. 373. 20 juillet 1827 n. 189. — Voyez notes, art. 373, p. 97.

410. *Pourvoi du procureur général contre un arrêt d'absolution ; délai.* — Le procureur général peut, dans les trois jours, se pourvoir contre un arrêt d'absolution, malgré l'exécution spontanée de l'arrêt. 20 sept. 1838. S. 1838, p. 909. — Le pourvoi n'est admissible que si l'absolution est le résultat d'une erreur des juges portant sur l'existence même de la loi pénale. 20 avril 1851 n. 158.

412. *Pourvoi de la partie civile, en cas d'absolution.* — Lorsqu'il y a eu absolution, la partie civile, dans le cas où elle peut se pourvoir, doit le faire dans les 24 heures ; voyez art. 374, p. 90.

Arrêt d'absolution. — Diverses causes d'absolution. — Dommages-intérêts demandés par la partie civile ou par l'accusé. — Restitution des effets pris au propriétaire. — Frais, solidarité, contrainte. — Poursuites ordonnées pour un fait révélé aux débats.
Exécution d'un arrêt d'absolution. — Pourvoi contre un arrêt d'absolution; délai.

ARRÊT D'ABSOLUTION (Dans les indications ci-après, prendre ce qui est applicable à l'affaire. On a supposé que l'accusé quoiqu'absous a succombé sur l'accusation et qu'il est passible de dommages envers la partie civile. Si l'absolution équivalait à un acquittement (voyez ci-après *diverses causes d'absolution*), on statuerait pour les dommages et pour les frais comme en cas d'acquittement, voyez page 91, '', '').

« Vu la déclaration du jury portant que..., ouï le ministère public dans ses réquisitions, la partie civile dans ses conclusions et l'accusé dans ses moyens de défense, — après en avoir délibéré,

» Attendu que etc. (établir que le fait déclaré constant par le jury n'est pas punissable);

» La cour, vu l'art. 364 du code d'instr., déclare... absous de l'accusation portée contre lui; ordonne qu'il soit mis en liberté, s'il n'est retenu pour autre cause;

» Ou vu l'art. 361 (page 92), attendu que etc., ordonne que l'accusé sera poursuivi etc.;

» Vu l'art. 366 (page 92), ordonne que les effets pris seront restitués au propriétaire;

» Vu l'art. 366 (page 92), relativement aux dommages-intérêts demandés par la partie civile, attendu que etc., condamne l'accusé à payer la somme de...;

» Vu l'art. 368 (page 92), condamne l'accusé aux frais envers l'état et envers la partie civile;

» Vu l'art. 55 du code pénal (p. 94), dit que les accusés seront tenus solidairement des dommages-intérêts et des frais;

» Vu l'art. 478 (page 92) condamne l'accusé aux frais occasionnés par sa contumace;

» Vu l'art. 9 de la loi du 22 juillet 1867 (page 94) attendu que les dommages intérêts et les frais dus à la partie civile, s'élèvent à la somme de... fixe la durée de la contrainte par corps à...

» Vu l'art. 1384 du code civil, déclare N... civilement responsable, par tels motifs, et le condamne à payer les dommages-intérêts et les frais. »

---

364. *Diverses causes d'absolution.* — La cour doit prononcer l'absolution de l'accusé, si le fait dont il est déclaré coupable, n'est pas défendu par une loi pénale, ce qui doit s'entendre nécessairement de tous les cas où la loi pénale ne doit pas être appliquée. 2 juin 1831 n. 121.

Voyez à la page 11 plusieurs circonstances où la loi pénale ne peut être appliquée.

Il y a lieu à absolution, si l'accusé âgé de moins de 16 ans, est déclaré avoir agi sans discernement (art. 66 du code pénal), 2 juin 1831, n. 121; — si l'accusé est déclaré coupable d'un fait éteint par la prescription (art. 637 et 638 du code d'instr.). 22 avril 1830 n. 104. — Le crime commis par un individu âgé de moins de 16 ans, n'étant, d'après l'art. 68, passible que de peines correctionnelles, rentre dans la classe des délits, et l'action qui en résulte se prescrit par 3 ans. 22 mai 1841 n. 153.. 25 août 1864 n. 225. — Le contumax repris doit être absous si, reconnu coupable d'un vol simple, puni par l'art. 401, il a été arrêté plus de cinq ans après l'arrêt de contumace. Il a prescrit la peine (art. 476 du code d'instr.). 21 août 1845 n. 261.. 9 fév. 1854 n. 31.. 11 janv. 1861 n. 12. — Lorsqu'un condamné s'est évadé avant l'expiration de la peine, la prescription de la peine ne commence à courir que du jour de l'évasion. 20 juillet 1827 n. 189. — Le condamné par contumace ne peut invoquer la prescription de l'action publique. 17 janv. 1829 n. 13.. 17 avril 1863 n. 124.

L'individu tombé en démence le jour où il comparait aux assises, déposé immédiatement dans une maison de santé, a pu 22 ans après, lorsqu'il eut recouvré la raison, être extrait de cette maison, et traduit aux assises; et la prescription de 10 ans ne peut être opposée au ministère public qui jusque là avait été dans l'impossibilité d'agir. 8 juillet 1858 n. 192.

Le juge doit d'office suppléer la prescription (28 janv. 1843. D. 1847. T. 381); — et il n'est pas au pouvoir des prévenus d'y renoncer (art. 640 du code d'instr.). 29 mai 1847. S. 1847, p. 878.

Il y a lieu à absolution (équivalant à un acquittement), si l'accusé reconnu coupable de complicité est déclaré n'avoir pas agi avec connaissance (4 mai 1827 n. 111); — si l'accusé reconnu coupable de faux, est déclaré n'avoir pas agi frauduleusement (25 fév. 1830 n. 53); — si l'accusé est déclaré coupable d'une tentative de crime, suspendue par des circonstances dépendantes de sa volonté (25 juill. 1817. D. A. 4, p. 513); — si l'accusé reconnu coupable est en même temps déclaré avoir été en état de démence au temps de l'action (2 juin 1831 n. 121); — ou avoir été contraint à l'action par une force à laquelle il n'a pu résister (art. 64 du code pénal). 2 juin 1831 n. 121); — si l'accusé est déclaré avoir agi en état de légitime défense. 19 niv. an VIII. S. c. n. 1, p. 290.

361. *Poursuite ordonnée pour un fait révélé aux débats;* voyez les notes, art. 361, p. 91.

366. *Dommages-intérêts demandés par la partie civile, ou par l'accusé;* voyez art. 358 et 359, p. 89.

366. *Restitution des effets pris au propriétaire;* voyez page 94.

368. *Frais en cas d'absolution de l'accusé.* — D'après les principes posés dans les arrêts du 6 mai 1832 n. 147 et du 1er déc. 1853 n. 383, on ne peut condamner aux frais envers l'Etat que l'accusé qui succombe à l'égard du ministère public.

Le mineur déclaré coupable, et renvoyé de la plainte parce qu'il a agi sans discernement, n'en a pas moins succombé sur l'accusation; il doit être condamné aux frais. 13 av. 1832 n. 134.. 11 oct. 1845 n. 321.. 22 juin 1855 n. 227.

(Voir ci-contre la suite des notes.)

365. 367. — Voyez le texte de ces articles à la page 96.

Suite des NOTES.

» commis un crime passible des travaux forcés à temps? Un autre motif pour appliquer l'art. 463, § 6, au cas qui nous occupe, » c'est que l'art. 57 n'est réellement pas applicable, lorsqu'il s'agit d'un crime passible des travaux forcés à temps ; on ne peut » pas dire en effet que ce crime, au cas de circonstances atténuantes, *devra n'être puni que de peines correctionnelles ;* c'est la » réclusion qui *devra* être prononcée ; les peines correctionnelles n'étant que facultatives. »

Lorsqu'un individu, déjà condamné pour crime à une peine supérieure à une année d'emprisonnement, est déclaré coupable, avec circonstances atténuantes, d'un crime passible de la réclusion, la cour peut prononcer soit cinq ans de prison, maximum de l'art. 401, ou même dix ans, double du maximum, soit, en abaissant la peine, descendre jusqu'à un an de prison (art. 57 et 463 § 7). 15 sept. 1864 n. 233.

La peine de la surveillance est purement facultative en matière criminelle, même en cas de récidive. 26 mai 1864 n. 132.

Lorsqu'un individu, déjà condamné pour crime à une peine supérieure à une année d'emprisonnement, est déclaré coupable d'un délit, la cour applique l'art. 57, et, s'il y a des circonstances atténuantes, les paragraphes 9 et 10 de l'art. 463.

Art. 58. — **Crimes et délits commis par un individu ayant été condamné correctionnellement à un emprisonnement de plus d'une année. Effets des circonstances atténuantes.**

Tout ce qui vient d'être dit relativement au récidiviste de l'art. 57, s'applique au récidiviste de l'art. 58.

Atténuation de la peine à cause des circonstances atténuantes (art. 463 du code pénal modifié par la loi du 13 mai 1863). — Voyez l'effet des circonstances atténuantes ci-dessus pour le cas de la récidive, et ci-après relativement au mineur.

Lorsque plusieurs crimes sont reprochés au même individu, le bénéfice des circonstances atténuantes reconnues par le jury pour un des chefs d'accusation, ne peut être étendu aux autres. 30 août 1833 n. 346. — Le bénéfice des circonstances atténuantes, admises en faveur de l'auteur principal, ne peut être étendu au complice. 20 décembre 1832 n. 503.

Quand le fait déclaré par le jury ne constitue plus qu'un délit, la cour seule peut apprécier s'il existe des circonstances atténuantes. 19 janvier 1833 n. 19. — Lorsque l'accusé a été déclaré excusable, si la peine est celle de l'emprisonnement ou de l'amende, c'est à la cour d'apprécier s'il existe des circonstances atténuantes. 22 juillet 1852 n. 242.

Atténuation de la peine, si l'accusé n'a pas 16 ans accomplis (art. 66, 67 et 69 du code pénal). — Si le mineur de 16 ans a agi sans discernement, voy. l'art. 66 — S'il a agi avec discernement, voy. l'art. 67. — Si le mineur, déclaré avoir agi avec discernement a encouru la peine des travaux forcés à temps, dont la durée est de 5 à 20 ans, il peut être condamné au tiers ou à la moitié de 5 ans, tout comme au tiers ou à la moitié de 20 ans, la cour pouvant d'ailleurs arbitrer du minimum au maximum. 6 juin 1840 n. 164.. 15 j. 1825 n. 4.

Si le jury a reconnu des circonstances atténuantes en faveur du mineur déclaré avoir agi avec discernement, celui-ci doit jouir de la double atténuation introduite par les art. 67 et 463. 6 juin 1840 n. 164.. 27 mai 1852 n. 169. — Dans l'application de la peine à un mineur de 16 ans, déclaré coupable avec circonstances atténuantes, la cour, après avoir fixé la peine eu égard à tous les éléments de la réponse du jury, la modifie ensuite conformément à l'art. 67 du code pénal. 24 mars 1853 n. 111.. 10 août 1866 n. 204. — Voy comment on modifie la peine selon les art. 463 et 67, si le crime entraîne la réclusion (19 sept. 1839 n. 300); si le crime entraîne les travaux forcés (6 juin 1840 n. 164) ; si le crime entraîne la mort, 10 août 1866 n. 204.

Si le mineur n'est déclaré coupable que d'un délit, la condamnation, d'après l'art. 69, ne peut dépasser la moitié de la peine qui aurait pu être prononcée contre un majeur. Quant à la réduction, elle est abandonnée à l'appréciation du juge. 3 fév. 1849. D. 50 T. 58.

Atténuation de la peine, si l'accusé a plus de 60 ans (art. 70 du code pénal et art. 3 et 5 de la loi du 30 mai 1854). — Aux termes des art. 3 et 5 de la loi du 30 mai 1854, les individus âgés de 60 ans accomplis ne peuvent être condamnés aux travaux forcés 14 et 21 décembre 1854, n. 342 et 351. 16 juillet 1857 n. 267.. 5 juillet 1860 n. 148.

D'après l'art. 5 de la loi du 30 mai 1854, la peine des travaux forcés à perpétuité ou à temps doit être remplacée à l'égard des sexagénaires par la peine de la réclusion, soit à perpétuité, soit à temps (18 déc. 1856 n. 401.. 26 juin 1856 n. 224.. 17 déc. 1863 n. 297) ; — la peine n'est pas changée, ce n'est qu'un mode plus doux d'exécution. 7 janv. 1858 n. 3.

Restitution des effets pris au propriétaire. — La cour peut ordonner la restitution, malgré l'acquittement de l'accusé. 30 mars 1843 n. 73 ; — quoique le propriétaire ne soit pas présent et ne réclame pas cette restitution. 30 mars 1843 n. 73.. 21 février 1852 n. 72 ; — quoique l'accusé soutienne que les objets saisis sont sa propriété. 3 février 1858 n. 34. — La cour commet un excès de pouvoir, si elle attribue au plaignant qui ne s'est pas constitué partie civile, des objets ou valeurs saisis, autres que ceux provenant du vol et retrouvés en nature. 6 juin 1845 n. 191.

Frais en cas de condamnation (art. 368, p. 97) ; — **en cas d'absolution** (art. 368, p. 93) ; — **en cas d'acquittement** (art. 368, p. 91).

Honoraires du défenseur. — Quand la cour d'assises est-elle appelée à les fixer? Voy. 22 fév. 1867 n. 42.

Solidarité (art. 55 du code pénal). — Il ne peut y avoir de condamnation solidaire que contre les individus poursuivis collectivement, et déclarés, par suite d'un même débat, coupables des mêmes délits (24 mars et 10 novembre 1855 n. 110 et 355.. 13 mars 1863 n. 87.. 31 déc. 1868 n. 266), ou de délits distincts déclarés connexes. 28 sept. 1849 n. 261.. 5 janv. 1866 n. 5.

Lorsque plusieurs individus ont été poursuivis collectivement pour les mêmes faits, les accusés reconnus coupables doivent être condamnés solidairement à tous les frais, même à ceux concernant les accusés acquittés. 12 oct. 1849. S. 50, 1, 573.

Le mineur de 16 ans, déclaré coupable et acquitté faute de discernement, doit être condamné solidairement avec ses co-accusés condamnés pour les mêmes faits. 25 mars 1843 n. 68.. 16 janvier 1846 n. 23.

Lorsque des individus ont été poursuivis collectivement pour plusieurs délits et condamnés, si l'un d'eux n'est déclaré coupable que d'un seul fait, il ne peut être condamné solidairement qu'aux dépens de ce fait unique. 21 août 1846 n. 218.. 11 avril 1856 n. 150. — Voy. cependant 11 août 1864 n. 211. — Lorsque deux prévenus poursuivis collectivement, sont déclarés coupables de délits distincts, il ne faut pas prononcer la solidarité. 28 sept. 1849 n. 261.. 4 nov. 1854 n. 308.. 17 av. 1863 n. 125.

Quand il n'y a pas lieu à solidarité, la cour détermine la portion de frais afférente à chacun des prévenus qui succombent (7 janv. 1859 n. 4) et cette appréciation échappe à la censure de la cour de cassation. 20 déc. 1851 n. 535.

La solidarité ne peut être prononcée pour les dommages-intérêts auxquels ont été condamnés des individus poursuivis conjointement pour le même crime et acquittés. 6 mars 1868 n. 65.

Contrainte par corps. — Voyez la loi du 22 juillet 1867. — Il faut fixer la durée de la contrainte par corps (23 mai 1868 n. 136) à moins que l'accusé ne soit condamné à une peine perpétuelle. 13 août 1857 n. 300.. 13 janv. 1859 n. 15. La contrainte par corps ne peut être prononcée contre un individu acquitté. 6 mars. 1868 n. 65. — La contrainte ne peut être prononcée que contre un individu déclaré coupable. 25 mars 1843 n. 68.

D'après l'art. 13 de la loi de 1867, la contrainte ne peut être prononcée contre un individu âgé de moins de 16 ans accomplis à l'époque des faits qui ont motivé la poursuite. — D'après l'art. 15 de la loi de 1867, la contrainte ne peut être prononcée au profit du conjoint et de certains parents du condamné.— Voyez relativement au conjoint. 14 fév. 1850 n. 54. — Si le mari et la femme ont été condamnés simultanément, voyez l'art. 16 de la loi de 1867. — Si le condamné a des enfans mineurs, voyez l'art. 17 de la loi de 1867.

D'après l'art. 3 de la loi de 1867, la contrainte ne peut jamais être prononcée pour les frais dus à l'état. — La contrainte ne peut être prononcée que pour l'amende, pour les dommages-intérêts (26 mars 1868 n. 84) et pour les frais dus à la partie civile; art 2 et 4 de la loi de 1867. — On fixe la durée de la contrainte d'après le chiffre total de ces diverses condamnations ; — et, s'il y a plusieurs accusés, d'après le chiffre total des condamnations solidaires. 3 fév. 1843 n. 21.

Le montant des amendes doit être augmenté du chiffre de l'impôt de guerre. 27 août 1868 n. 195.. Contrà, Metz, 19 avril 1868. S. 1868. 2. 206. — L'impôt de guerre est de quinze centimes par franc pour les amendes en matière ordinaire (art. 2 de la loi du 8 juin 1864) ; il est de vingt centimes par franc pour les amendes en matière de douanes. Art. 5 de la loi du 14 juillet 1855.

D'après l'art. 9 de la loi de 1867, la durée de la contrainte est ainsi fixée : — 2 jours à 20, si les condamnations pécuniaires n'excèdent pas 50 fr. ; — 20 jours à 40, si elles sont supérieures à 50 fr. et n'excèdent pas 100 fr. ; — 40 jours à 60, si elles sont supérieures à 100 fr. et n'excèdent pas 200 fr. ; — de 2 mois à 4 mois, si elles sont supérieures à 200 fr. et n'excèdent pas 500 fr. ; — de 4 mois à 8 mois, si elles sont supérieures à 500 fr. et n'excèdent pas 2000 fr. ; d'un an à deux ans, si elles s'élèvent à plus de 2000 fr.

Arrêt de condamnation. — Peines à prononcer. — Prohibition du cumul des peines. — Aggravation de la peine à cause de la récidive. — Atténuation de la peine à cause des circonstances atténuantes. — Atténuation de la peine si l'accusé a moins de 16 ans, ou s'il a plus de 60 ans. — Restitution des effets pris. — Frais. — Honoraires du défenseur. — Solidarité. — Contrainte par corps.

Arrêt de condamnation (voyez la formule, p. 97). — **Peines à prononcer** (voyez p. 107 et suivantes).

La loi pénale doit être appliquée aux faits énoncés dans la déclaration du jury, sans que la cour d'assises puisse rien ajouter aux faits que le jury a déclarés. 31 janvier 1828 n. 27. — La cour d'assises n'est pas liée, pour l'application de la peine, par la qualification donnée aux faits par la chambre d'accusation, et elle doit les caractériser d'après la déclaration du jury. 5 février 1819 n. 17.. 13 janv. et 13 av. 1854 n. 8 et 110. — Lorsqu'un crime a été commis sous l'empire d'une autre loi, il faut appliquer à l'accusé la peine la moins forte, soit de la nouvelle loi, soit de la loi précédente. 27 février 1812 n. 41.. 7 janvier 1813 n. 2.

Prohibition du cumul des peines (art. 365 du code d'instr.). — D'après l'art. 365, en cas de conviction de plusieurs crimes ou délits, la peine la plus forte sera seule prononcée. — On peut reconnaître laquelle des peines encourues, est légalement la plus forte en recourant aux art. 7, 8 et 9 du code pénal. 24 avril 1847 n. 85.

L'art. 365 comprend les peines pécuniaires aussi bien que les peines corporelles. 3 octobre 1835 n. 384.. 28 fév. 1857 n. 89.

L'art. 365 sur le cumul des peines n'est pas applicable aux contraventions de police. 7 mars 1857 n. 107.. 30 août 1866 n. 217.

La prohibition du cumul ne s'applique pas à certaines peines accessoires telles que la surveillance, la confiscation spéciale, la réparation d'honneur, l'affiche et la destitution. 23 septembre 1837 n. 288. — Lorsqu'un prévenu est déclaré coupable de deux crimes ou délits dont le moins grave emporte une peine accessoire (dans l'espèce la surveillance), l'art. 365 ne met pas obstacle à ce que cette peine soit prononcée cumulativement avec la peine principale la plus forte. 24 av. 1847 n. 85.. 13 mai 1853 n. 162.

Pour que l'art. 365 soit applicable, il n'est pas nécessaire que les crimes ou délits soient jugés collectivement et par le même tribunal ; il suffit que le fait incriminé ait été commis antérieurement à une condamnation (définitive) déjà intervenue contre l'accusé pour un fait différent. 24 juin 1837 n. 188. — Mais si le crime, objet des poursuites actuelles, a été commis postérieurement à la condamnation, le cumul n'est plus défendu. 1er juin 1837 n. 167.. 17 mars 1848 n. 70.

Lorsqu'après une condamnation, un individu est poursuivi pour un fait antérieur, entraînant une peine de la *même nature*, on peut prononcer une nouvelle peine, pourvu qu'on n'excède pas le maximum de la loi applicable au fait actuellement incriminé ; et pourvu encore que la peine nouvelle, réunie à l'ancienne, n'excède pas le maximum de la loi applicable au fait jugé précédemment. Voy. 23 juin 1832 n. 228.. 4 juin 1836 n. 181.. 18 oct. 1845 n. 328.. 24 avril 1856 n. 157. — La nouvelle peine peut être moindre que son minimum légal (dans l'espèce, un an de travaux ajouté à une précédente condamnation de 5 ans). 15 mars 1828 n. 83. — On peut aussi déclarer la première peine suffisante et ne condamner qu'aux dépens, voy. 27 avril 1832 n. 148.

Lorsqu'un individu a commis deux délits punissables l'un et l'autre d'amende ou d'emprisonnement, il faut, si la peine d'amende paraît suffisante, prononcer la plus forte des deux amendes, lors même que l'article de loi contenant l'amende la plus forte contiendrait l'emprisonnement le plus faible. 10 avril 1841. D. 1841 p. 365.

Si après une condamnation à l'emprisonnement, le prévenu poursuivi pour un fait antérieur, est condamné aux travaux forcés, peine plus forte et d'une *nature différente*, il faut ordonner que l'emprisonnement se confondra dans les travaux forcés. 8 mars 1833. S. 33, 366. — C'est la peine la plus faible qui doit se confondre dans la plus forte. 18 janv. 1850, n. 25. — Après une condamnation aux travaux forcés, un individu poursuivi pour un fait antérieur, ne peut être condamné à l'emprisonnement, peine moins forte et d'une *nature différente* ; on doit se borner à condamner le prévenu aux frais. 18 juin 1829, n. 130.

Aggravation de la peine, à cause de l'état de récidive du condamné. — Voy. l'art 56, et les art. 57 et 58 modifiés par la loi du 13 mai 1863.

Pour appliquer la peine de la récidive, il faut avoir sous les yeux une expédition de la première condamnation ou une mention authentique de son contenu. 28 février 1846. D 1846, p. 438. — Le certificat du directeur de la prison ne suffit pas (11 sept. 1828, n. 259) ; il en est de même de l'aveu de l'accusé. 18 août 1853 n. 413. — Le ministère public peut prouver par témoins que l'accusé a déjà été condamné sous un autre nom. 10 juillet 1828. J. P.. 23 juin 1853 n. 223. — La récidive a pu être prouvée par la production d'un extrait du casier judiciaire, confirmé par l'aveu du prévenu. 4 fév. 1860 n. 29.

Pour qu'il y ait récidive, la première condamnation doit avoir été prononcée par un tribunal français (27 novembre 1828. S. 1829, p. 16) ; — elle doit être passée en force de chose jugée, au moment où le coupable a commis le nouveau fait pour lequel il est condamné. 6 mai 1826 n. 92. — Pour appliquer la peine de la récidive, on peut s'appuyer sur un jugement par défaut, valablement signifié, et non suivi d'opposition. 8 juin 1860 n. 132. — On ne peut opposer au condamné un jugement par défaut qui ne lui a pas été notifié, et auquel il n'a pas d'ailleurs acquiescé. Même arrêt — Le jugement contre lequel on s'est pourvu en cassation ne peut servir de base à la récidive, tant qu'il n'a pas acquis, par le rejet du pourvoi, l'autorité de la chose jugée. 12 mai 1832. D. 1832, p. 307. — Aucune disposition de la loi n'oblige le ministère public à signifier au condamné l'arrêt de rejet ; et, du moment où cet arrêt est rendu, la décision attaquée reprend toute sa force. 31 mai 1834. D. 34, 367. — L'état de récidive peut résulter d'une condamnation par contumace, quoique la peine ait été prescrite ; la condamnation est irrévocable. 10 mai 1861 n. 102. — La prescription de la peine et les lettres de grâce ou de commutation n'éteignent pas le premier crime et ne peuvent conséquemment dispenser de l'aggravation de la récidive (4 juillet 1828 n. 199.. 19 juillet 1839 n. 235) ; — même décision relativement à la réhabilitation. 6 fév. 1823 n. 21. — Il en est autrement de l'amnistie pleine et entière. 11 juin 1825 n. 114.. 25 nov. 1853 n. 556.

Art. 56. **Crimes et délits commis par un individu ayant été condamné à une peine afflictive ou infamante. Effets des circonstances atténuantes.** — Voy. ci-dessus. — Pour appliquer l'art. 56, il faut que l'accusé déclaré coupable d'un fait qualifié crime, ait été condamné antérieurement à une peine afflictive ou infamante. 6 fév. 1858 n. 37. V. aux art. 7 et 8 du code pénal l'énumération des peines afflictives et infamantes.

Les travaux publics ne sont pas au nombre des peines afflictives et infamantes. 30 septembre 1825 n. 194.. 22 décembre 1826 n. 263. — Est infamante la peine des fers établie par le code pénal de 1791. 12 février 1813 n. 24.. 14 avril 1826. S. 1827, p. 37.

Pour qu'un individu condamné précédemment par un conseil de guerre, soit en récidive aux termes des art. 56, 57 et 58, il faut que les faits qui ont été réprimés en vertu de la loi militaire, soient prévus également par le code pénal. 10 janv. 1861, n. 8.

Dans le cas de récidive, prévu par l'art. 56, la cour ne doit faire état des circonstances atténuantes qu'après avoir déterminé à raison de l'aggravation de la récidive, la peine que l'accusé aurait encourue. 31 janv. 1845. D. 1845, p. 112.. 8 janv. 1848 n. 4.

L'accusé coupable d'un crime ne peut, même en récidive, dans le cas de circonstances atténuantes, être condamné qu'au minimum de la peine ou à la peine inférieure. 1er mars 1838 n. 49.. 21 mars 1840 n. 87. 26 juin 1862 n. 154.. 5 avril 1866 n. 92. — Lorsqu'on applique la peine inférieure, toute latitude est laissée au juge relativement à la durée de la peine, l'infériorité de la deuxième peine résultant uniquement de sa nature (dans l'espèce, dix ans de réclusion au lieu de cinq ans de travaux forcés). 26 mars 1863 n. 96. — La cour ne peut faire état de la récidive vis-à-vis d'un individu déclaré coupable d'un crime entraînant la mort, lors même qu'à cause des circonstances atténuantes, il n'y a lieu à prononcer que les travaux forcés. 15 janv. 1857 n. 25.

Lorsqu'un individu déjà condamné pour crime à une peine afflictive ou infamante commet un délit passible de l'art. 401, la cour applique l'art. 57 ; et, s'il y a des circonstances atténuantes les paragraphes 9 et 10 de l'art. 463.

Art. 57. — **Crimes et délits commis par un individu ayant été condamné pour crime à une peine supérieure à une année d'emprisonnement. Effets des circonstances atténuantes.** — Voyez les notes ci-dessus.

Dans les art. 57 et 58, par les mots « crimes ne devant être punis que de peines correctionnelles, » la loi entend tous les cas où le fait qualifié crime ne devient passible, par la déclaration du jury, que de peines correctionnelles. 26 mars 1864 n. 77.

Avant d'attribuer à l'accusé le bénéfice des circonstances atténuantes, il faut examiner d'une part s'il y a récidive, d'autre part quelles en sont les conséquences légales ; et la modification ne s'applique qu'à la peine ainsi déterminée. 24 janvier 1867 n. 16.

Lorsqu'un individu, déjà condamné pour crime à une peine supérieure à une année d'emprisonnement, est déclaré coupable avec circonstances atténuantes, d'un crime passible des travaux forcés à temps, la cour doit appliquer la peine de la réclusion, ou les dispositions de l'art. 401, sans pouvoir réduire la durée de l'emprisonnement au-dessous de cinq ans. (art. 57 et 463). 26 mars 1864 n. 77. — Nota. Cette décision a donné lieu à des observations ; on a dit « il est impossible que le législateur ait » voulu punir de cinq ans de prison le récidiviste de l'art. 57, lorsque le récidiviste de l'art. 58, qui est beaucoup plus coupable, » peut n'être puni que de deux ans de prison, art. 463 § 6. La cour de cassation applique l'art. 463 § 7 au récidiviste de l'art. 57 » qui a commis un crime passible de la réclusion : pourquoi ne pas appliquer l'art. 463 § 6 au récidiviste de l'art. 57 qui

(Voir ci-contre la suite des notes.)

365. Si le fait est défendu, la Cour prononcera la peine établie par la loi même dans le cas où, d'après les débats, il se trouverait n'être plus de la compétence de la cour d'assises. — En cas de conviction de plusieurs crimes ou délits, la peine la plus forte sera seule prononcée.

367. Lorsque l'accusé aura été déclaré excusable, la Cour prononcera conformément au code pénal.

366. Dans le cas d'absolution comme dans celui d'acquittement ou de condamnation, la Cour statuera sur les dommages-intérêts prétendus par la partie civile ou par l'accusé; elle les liquidera par le même arrêt, ou commettra l'un des juges pour entendre les parties, prendre connaissance des pièces, et faire du tout son rapport, ainsi qu'il est dit article 358.

La Cour ordonnera aussi que les effets pris seront restitués au propriétaire.

Néanmoins, s'il y a eu condamnation, cette restitution ne sera faite qu'en justifiant par le propriétaire, que le condamné a laissé passer les délais sans se pourvoir en cassation, ou, s'il s'est pourvu, que l'affaire est définitivement terminée.

368. L'accusé ou la partie civile qui succombera, sera condamné aux frais envers l'État et envers l'autre partie.

Dans les affaires soumises au jury, la partie civile qui n'aura pas succombé, ne sera jamais tenue des frais.

Dans le cas où elle en aura consigné, en exécution du décret du 18 juin 1811, ils lui seront restitués.

379. Lorsque pendant les débats qui auront précédé l'arrêt de condamnation, l'accusé aura été inculpé, soit par des pièces, soit par des dépositions de témoins, sur d'autres crimes que ceux dont il était accusé, si ces crimes, nouvellement manifestés, méritent une peine plus grave que les premiers, ou si l'accusé a des complices en état d'arrestation, la Cour ordonnera qu'il soit poursuivi à raison de ces nouveaux faits, suivant les formes prescrites par le présent code.

Dans ces deux cas le procureur général surseoira à l'exécution de l'arrêt qui a prononcé la première condamnation, jusqu'à ce qu'il ait été statué sur le second procès.

371. Après avoir prononcé l'arrêt, le président pourra, selon les circonstances, exhorter l'accusé à la fermeté, à la résignation où à réformer sa conduite.

Il l'avertira de la faculté qui lui est accordée de se pourvoir en cassation et du délai dans lequel l'exercice de cette faculté est circonscrit.

373. Le condamné aura trois jours francs après celui où son arrêt lui aura été prononcé pour déclarer au greffe qu'il se pourvoit en cassation.

Le procureur général pourra, dans le même délai, déclarer au greffe qu'il demande la cassation de l'arrêt.

La partie civile aura aussi le même délai, mais elle ne pourra se pourvoir que quant aux dispositions relatives à ses intérêts civils.

Pendant ces trois jours, et s'il y a eu recours en cassation, jusqu'à la réception de l'arrêt de la cour de cassation, il sera sursis à l'exécution de l'arrêt de la cour d'assises.

375. La condamnation sera exécutée dans les vingt-quatre heures qui suivront les délais mentionnés en l'article 373, s'il n'y a point de recours en cassation; ou, en cas de recours, dans les vingt-quatre heures de la réception de l'arrêt de la cour de cassation, qui aura rejeté la demande.

376. La condamnation sera exécutée par les ordres du procureur général. Il aura le droit de requérir directement, pour cet effet, l'assistance de la force publique.

377. Si le condamné veut faire une déclaration, elle sera reçue par un des juges du lieu de l'exécution, assisté du greffier.

378. Le procès-verbal d'exécution sera, sous peine de cent francs d'amende, dressé par le greffier et transcrit par lui dans les vingt-quatre heures au pied de la minute de l'arrêt. La transcription sera signée par lui et il fera mention du tout, sous la même peine, en marge du procès-verbal. Cette mention sera également signée, et la transcription fera preuve comme le procès-verbal même.

Suite des NOTES.

l'art. 377. Cette mesure ne peut être ordonnée d'office. La déclaration ne doit pas être provoquée, et il suit de là qu'il n'y a jamais lieu à un procès-verbal négatif. 4 janvier 1845 n. 6.

ARRÊT DE CONDAMNATION *(dans les indications ci-après, prendre ce qui a rapport à l'affaire. On a supposé l'accusé passible de dommages-intérêts envers la partie civile).*

« Vu la déclaration du jury portant que l'accusé s'est rendu coupable de etc., ouï le ministère public dans ses réquisitions, la partie civile dans ses conclusions, l'accusé et la personne responsable dans leurs moyens de défense; — après en avoir délibéré, — attendu que le fait déclaré constant par le jury est prévu et réprimé par les art... du code pénal, lesquels sont ainsi conçus... *(lire seulement les art. prononçant la peine; voyez art. 369, p. 91)*;

» La cour condamne... à la peine de... (voyez les notes, art. 365 et 367, page 95).

» Vu l'art. 366 (page 96), ordonne que les effets pris seront restitués au propriétaire, après que la condamnation sera devenue définitive;

» Vu l'art. 366 (page 96), relativement aux dommages-intérêts demandés par la partie civile, attendu que etc., condamne l'accusé à payer la somme de...;

» Vu l'art. 368 (page 96), condamne l'accusé aux frais envers l'Etat et envers la partie civile;

» Vu l'art. 55 du code pénal (page 94), dit que les condamnés seront tenus solidairement des amendes, dommages-intérêts et frais;

» Vu l'art. 9 de la loi du 22 juillet 1867 (page 94), attendu que l'amende, les dommages et les frais dus à la partie civile s'élèvent à la somme de... fixe la durée de la contrainte par corps à...;

» Vu l'art. 1384 du code civil, déclare N... civilement responsable, par tels motifs, et le condamne à payer les dommages-intérêts et les frais;

» Vu l'art. 379 (page 96), attendu que etc., ordonne que l'accusé sera poursuivi etc... »

Si le condamné est chevalier de la Légion d'honneur, et que la peine soit infamante, le président prononce la formule suivante: « Vous avez manqué à l'honneur, je déclare au nom de la légion que vous avez cessé d'en être membre (art. 38 de l'ord. du 26 mars 1816 et art. 43 du décret du 6 mars 1852). »

En cas de condamnation emportant la dégradation d'un décoré de médaille, le président prononce, après la lecture du jugement, la formule suivante: *Vous avez manqué à l'honneur, je déclare que vous cessez d'être décoré de la médaille militaire, de la médaille de Sainte-Hélène, de Crimée, de la Baltique, d'Italie, de Chine, etc.*

Après avoir prononcé l'arrêt, le président dit au condamné: « Vous avez trois jours francs pour vous pourvoir en cassation contre le présent arrêt, si vous vous y croyez fondé » (art. 371 page 96).

---

366. *Dommages-intérêts.* — Voyez notes, art. 358 et 359, page 89.

366. *Restitution des effets pris au propriétaire.* — Voyez page 94.

368. *Frais, solidarité, contrainte par corps.* — D'après l'art. 368, on ne peut condamner aux frais envers l'Etat que l'individu qui succombe vis-à-vis du ministère public. — Lorsqu'un individu poursuivi pour deux délits, n'est déclaré coupable que d'un seul, c'est faire justice de le condamner seulement à une partie des frais. 19 avril 1860 n. 103. — L'individu poursuivi pour un crime et pour un délit connexes, déclaré coupable sur un chef et acquitté sur l'autre, peut être condamné à tous les frais, si les incriminations se confondent. 3 fév. 1835 n. 31.. Voy. aussi 27 janv. 1838. J. P. — Lorsque plusieurs individus sont poursuivis pour le même fait, celui qui est condamné doit supporter tous les frais, les débats sont indivisibles et la ventilation des frais impossible. 18 avril 1850 n. 129. — Lorsque de trois accusés poursuivis collectivement pour les mêmes faits, un est acquitté et deux sont condamnés, ceux-ci doivent supporter tous les frais; la distinction ne peut être admise. 17 août 1861 n. 186. — Consultez plusieurs arrêts au mot *solidarité*, page 94.

On ne peut mettre à la charge de l'accusé condamné les frais d'une première procédure annulée par la cour de cassation (27 av. 1850 n. 139), ni les frais de l'arrêt de cassation. 21 déc. 1849 n. 352.

Relativement à la solidarité, et à la contrainte par corps, voyez page 94.

379. La cour renvoie le condamné devant le juge d'instr. compétent d'après l'art. 65. V. 29 fév. 1828 n. 60.

371. *Avertissement à l'accusé condamné relativement au pourvoi.* — Le défaut d'avertissement ne constitue pas une nullité, si l'accusé s'est pourvu dans le délai de la loi. 24 juill. 1834. D. 1834, p. 426.

373. *Pourvoi du procureur général, de l'accusé et de la partie civile contre l'arrêt de condamnation; délai.* Les trois jours accordés pour se pourvoir sont francs, et l'accusé jugé le 15 octobre, s'est pourvu utilement le 19. 7 décembre 1832 n. 480. — Le pourvoi du ministère public profite au condamné non demandeur en cassation ou personnellement non recevable. 2 sept. 1830 n. 210.

375. *Exécution de la condamnation.* — Ce n'est pas aux tribunaux de pourvoir à l'exécution de la con-
376. damnation: la loi s'est reposée, quant à ce soin, sur le ministère public. 6 avril 1827 n. 73.

Les cours d'assises sont autorisées par l'art. 26 du code pénal, à déterminer la commune où doivent se faire les exécutions capitales; la désignation de l'emplacement appartient à l'autorité municipale. 17 sept. 1857 n. 399. — L'art. 26 n'est pas prescrit à peine de nullité. Dans le silence de l'arrêt, l'exécution doit se faire dans le lieu où siége la cour d'assises. 17 nov. 1859 n. 247.. 20 mars 1862 n. 88.

377. *Déclaration du condamné.* — Lorsque l'exécution se fait dans un lieu où ne siégent ni cour d'assises,
378. ni tribunal de première instance, l'article 377 doit naturellement s'entendre du juge de paix du canton: cependant le procureur général peut requérir la cour d'assises, ou le tribunal de première instance de l'arrondissement, de charger un de ses membres de recevoir, le cas échéant, la déclaration dont parle

(Voir ci-contre la suite des notes.)

372. Le greffier dressera un procès-verbal de la séance, à l'effet de constater que les formalités prescrites ont été observées.

Il ne sera fait mention au procès-verbal, ni des réponses des accusés ni du contenu aux dépositions, sans préjudice toutefois de l'exécution de l'article 318 concernant les changements, variations et contradictions dans les déclarations des témoins.

Le procès-verbal sera signé par le président et le greffier, et ne pourra être imprimé à l'avance.

Les dispositions du présent article seront exécutées à peine de nullité.

Le défaut du procès-verbal et l'inexécution des dispositions du troisième paragraphe qui précède, seront punis de 500 francs d'amende contre le greffier.

NOTES.

372. *Procès-verbal de la séance.* Voyez à la page 99 le procès-verbal du tirage du jury.

Par qui doit être dressé et signé le procès-verbal? Approbation des renvois et surcharges.

L'art. 372 ne fixe pas le délai dans lequel il doit être procédé à la rédaction du procès-verbal, accordant à cet égard les facilités compatibles avec le service de la cour d'assises. 31 juillet 1841 n. 224.

Le président des assises n'est pas exempt de reproches sur les irrégularités du procès-verbal, puisque la loi lui prescrit d'en certifier la vérité par sa signature ; mais la faute doit être principalement imputée au greffier, qui est chargé de la rédaction. 4 janv. 1821 n. 1.

En cas de dissidence entre le greffier et le président sur la manière dont certains faits se sont passés, c'est le président, investi seul du caractère de juge, dont le témoignage doit prévaloir sur celui du greffier, qui n'est qu'un officier public. 30 sept. 1824 n. 122.

Le procès-verbal des débats doit, à peine de nullité, être signé par le greffier ; c'est une formalité substantielle. 19 nov. 1829 n. 260. — Le procès-verbal peut être écrit par une autre personne que par le greffier qui a tenu la plume à l'audience ; il suffit que le greffier signe. 31 juill. 1841 n. 224.

Lorsque le greffier, subitement indisposé, s'est retiré dans le cours d'une affaire, c'est le président qui, par sa signature donne l'authenticité à cette partie du procès-verbal. 14 juill. 1864 n. 184. —

Lorsque, par suite d'un événement extraordinaire (tel que la mort subite du greffier), celui-ci n'a pas pu faire le procès-verbal, le président peut le rédiger lui-même ; et, dans ce cas, le procès-verbal est valable, bien que non revêtu de la signature du greffier. 28 janv. 1843 n. 18.

Le greffier en chef, qui a assisté à tous les débats, a qualité pour signer le procès-verbal, quoiqu'il y soit exprimé qu'un commis-greffier tenait la plume. 7 oct. 1831 n. 246.

Lorsque, dans une affaire ayant occupé plusieurs séances, le greffier a dressé un procès-verbal distinct pour chacune des audiences, il faut que chaque procès-verbal soit signé par le président et par le greffier (1er fév. 1866 n. 29); les signatures au bas du procès-verbal de la dernière séance ne suffisent pas. 22 janv. 1857 n. 31. — Un seul procès-verbal peut comprendre le tirage du jury, et les débats. 6 fév. 1851 n. 50. — Voyez aussi 23 mai 1846. S. 1846, p. 508.

Il y a nullité, si le procès-verbal est signé par un commis-greffier, lorsque le greffier seul est annoncé présent. 28 janv. 1847 n. 15.

Le procès-verbal des débats doit, à peine de nullité, être signé par le président. 29 août 1816. S. 1817, p. 268. — En cas de décès du président, le procès-verbal peut être signé par l'assesseur le plus ancien, commis conformément à l'art. 38 du décret du 30 mars 1808. 7 fév. 1852 n. 56.

Il n'y a pas nullité, parce que le procès-verbal a été rédigé et signé dans une autre ville et à une autre époque que celles qu'il indique. 12 décembre 1840 n. 350.

L'erreur dans la date du procès-verbal n'est pas une cause de nullité, lorsque d'autres indications y suppléent. 6 juillet 1852 n. 249.

Les renvois en marge doivent être approuvés par les signatures du président et du greffier. 26 janv. 1827. D. 1827, p. 374. — Le procès-verbal est valable, bien qu'il contienne des surcharges non approuvées, si les mots surchargés ne constataient aucune des formalités substantielles, mais servaient seulement à compléter le sens des phrases où ils sont placés sans toutefois qu'ils fussent indispensables pour les rendre intelligibles. 11 avril 1840 n. 111.. 2 mai 1850 n. 142.

Défense de se servir de procès-verbaux imprimés. — La disposition de l'art. 372, qui prohibe, sous peine de nullité, les procès-verbaux imprimés, s'applique aux procès-verbaux rédigés et écrits à l'avance. 22 avril 1841 n. 105.. 14 sept. 1854 n. 281.

Défense de mentionner les réponses des accusés et les dépositions des témoins. Il y a nullité si le procès-verbal mentionne les réponses des accusés, lorsqu'aucun incident n'a rendu cette mention nécessaire. 10 juin 1852 n. 186.. 6 mai 1854 n. 140.. 14 mars 1856 n. 109.. 11 mars 1864 n. 66.

Il y a nullité si le procès-verbal contient la substance de dépositions de témoins qui n'ont pas été entendus dans l'instruction écrite, ce fait ne rentrant pas dans la disposition de l'art. 318. 6 janv. 1858 n. 8.. 23 juill. 1857 n. 284. Voyez l'art. 318 p. 64.

La prohibition de l'art. 372 ne met pas obstacle à l'exercice du droit qu'a le ministère public de faire constater au procès-verbal, sans être tenu d'en articuler les motifs, tout fait ou toute déposition qui lui paraît devoir être retenu comme pouvant servir de base à une action ultérieure. 12 déc. 1840 n. 350.

Le président peut faire constater par note, en dehors du procès-verbal, les faits étrangers à l'accusation, lorsque ces faits peuvent être l'objet d'une poursuite. 23 avril 1846 n. 101. (Dans l'espèce il s'agissait d'un vol reproché par un témoin à un autre témoin.) Voyez 13 août 1863 n. 219.

Constatation des formalités. — Réclamation. — Foi due au procès-verbal. — Inscription de faux.

On trouvera, dans le cours de l'ouvrage, en regard des articles auxquels ils se rapportent, les arrêts relatifs à la constatation des diverses formalités.

Quoiqu'il soit plus conforme à l'esprit de la loi de détailler les formalités, il n'y a cependant pas de nullité, si le procès-verbal se borne à énoncer que les formalités prescrites par tel article ont été accomplies. 23 avril 1839. D. 1839, p. 383. — Voyez aussi 5 oct. 1866 n. 224.

Les formalités qui ne sont pas déclarées dans le procès-verbal des débats, sont présumées de droit avoir été omises; et, lorsque ces formalités se réfèrent à l'exercice du droit de légitime défense, leur omission constitue une nullité. 20 sept. 1828 n. 275.. 22 sept. 1837 n. 286.

L'accusé qui veut se plaindre que telle chose a eu lieu ou n'a pas eu lieu, doit faire consigner sa réclamation au procès-verbal. 30 juin 1838 n. 187.. 3 nov. 1836 n. 362. — Il n'entre pas dans les attributions de la cour de cassation d'ouvrir des enquêtes sur des faits allégués par l'accusé, et dont le procès-verbal ne contient aucune trace. 12 décembre 1840 n. 350.. 30 juillet 1840 n. 219.

L'offre de l'accusé de prouver l'inexactitude des mentions du procès-verbal est sans valeur, si elle n'est pas suivie d'une demande en inscription de faux et de la consignation de l'amende. 18 fév. 1841 n. 44.

Jusqu'à inscription de faux, tout ce que constate un procès-verbal régulier est admis comme vrai, et les faits non portés au procès-verbal sont légalement présumés n'avoir pas existé. 3 avril 1828 n. 97.

On ne peut être admis à s'inscrire en faux contre un procès-verbal, que quand les faits allégués sont pertinents et admissibles, c'est-à-dire quand d'une part ces faits sont de nature, si la preuve en est faite, à entraîner l'annulation de l'acte attaqué, et quand de l'autre ils se produisent avec un caractère de vraisemblance suffisant pour ébranler la foi due à un acte authentique. 30 juin 1838 n. 187.

Il n'y a pas lieu à admettre la demande en inscription de faux tendant à prouver, contrairement au procès-verbal, qu'un témoin n'a pas prêté serment, si l'accusé n'a pas demandé acte de cette irrégularité dans la séance même où elle a été commise. L'admission de la preuve de ce fait serait aussi incertaine que périlleuse pour la justice. 22 janvier 1841 n. 19.

PROCÈS-VERBAL DU TIRAGE DU JURY.

Malgré le silence de la loi, il faut, à peine de nullité, qu'il soit dressé un procès-verbal du tirage du jury. 11 juin 1835 n. 231.. 27 mars 1845 n. 111. — Ce procès-verbal peut n'être pas séparé du procès-verbal de la séance. 13 août 1835 n. 318.. 6 févr. 1851 n. 50.

Ce procès-verbal peut être imprimé, la nullité que prononce l'art. 372 devant se restreindre au cas qu'il spécifie. 10 août 1837 n. 232.. 18 septembre 1845, n. 293.. 24 décembre 1852 n. 416.

La signature du greffier au procès-verbal de la formation du jury de jugement est une formalité substantielle. 11 juin 1835 n. 231.

Le procès-verbal de tirage du jury doit, à peine de nullité, être signé par le président et le greffier. 14 mai 1847 n. 101.. 12 juillet 1866 n. 174. — En cas de décès du président, rien ne peut suppléer à sa signature sur le procès-verbal du tirage du jury. 7 février 1852 n. 56.

Il n'est pas nécessaire que le procès-verbal du tirage du jury mentionne les prénoms, âge, domicile et profession des jurés que le sort a désignés. 1er février 1839. D. 1839, p. 378. — Mais s'il y a plusieurs jurés du même nom, le procès-verbal doit constater qu'on les a désignés de telle sorte que l'accusé n'a pu être induit en erreur à l'égard de ceux tombés au sort. 17 mars 1854 n. 74.

Le procès-verbal doit constater que les jurés de service étaient au nombre exigé. 13 mai 1841 n. 138.

Formules de Procès-Verbaux.

Nota. On pourra se reporter aux articles du code d'instruction, que l'on a indiqués entre parenthèses, pour vérifier si les formalités sont constatées selon le vœu de la loi.

PROCÈS-VERBAL D'OUVERTURE DE LA SESSION.

Aujourd'hui (mettre la date et l'heure en toutes lettres), s'est assemblée publiquement au palais de justice, à (dire la ville), la cour d'assises, composée de M. N..., président, MM. N... et N..., assesseurs, M. N..., procureur général, et M. N..., greffier.

Le président a déclaré la session ouverte.

Le greffier a fait l'appel des jurés inscrits sur la liste de service de la session.

Après cette opération, le procureur général a pris les réquisitions suivantes:

Le Sr..., n'ayant pas répondu à l'appel, le procureur général a conclu à ce que ce juré fût condamné à l'amende. — La cour, après avoir délibéré, a prononcé en ces termes: « Vu les articles 396 du code » d'instruction (p. 44), et 19 de la loi du 4 juin 1853 (p. 44), lesquels sont ainsi conçus (copier ces » art.), attendu que le Sr... ne comparait pas, la cour le condamne à... fr. d'amende et aux frais. »

Le Sr... étant incapable d'être juré, le procureur général a conclu à ce que son nom fût tiré de la liste. — La cour après avoir délibéré, a prononcé en ces termes: « Vu l'art. 1, 2, 3 ou 4 de la » loi du 4 juin 1853, ou vu l'art. 392 du code d'inst. (p 42), attendu que le S'..., est par tel motif,

» incapable d'être juré, la cour ordonne que le nom du S^r... sera tiré de la liste. » (Dans le cas de l'art. 392, ajouter : pour l'affaire qui va être jugée).

Le S^r..., ayant demandé à être dispensé, le procureur général a conclu à ce que etc. — La cour, après avoir délibéré, a prononcé en ces termes : « Vu l'article 5 ou 16 de la loi du 4 juin » 1853 (p. 42), attendu que le S^r... est dans telle position qui l'autorise à demander d'être » dispensé, la cour ordonne que le nom du S^r... sera tiré de la liste de service. »

Le S^r..., ayant demandé à être exoiné, le procureur général a conclu à ce que etc. — La cour après avoir délibéré, a prononcé en ces termes : « Vu l'art. 397 ou 398 du code d'instr. (p.44), vu la de- » mande d'excuse présentée par le S^r..., attendu que les motifs donnés à l'appui sont de nature à être » accueillis, la cour ordonne que le S^r... sera exoiné pour tant de jours ou pour toute la session. »

A la suite de ces décisions, le nombre des jurés présents y compris les supplémentaires, étant réduit à ... (moins de 30), la cour d'assises, siégeant en audience publique, a rendu l'arrêt suivant : « Attendu qu'il n'y a que tant de jurés présents, la cour ordonne que pour compléter le nombre de 30 exigé par l'art. 393 (p. 44), il sera tiré au sort, par M. le président, tant de jurés sur la liste spéciale dressée conformément à l'art. 14 de la loi du 4 juin 1853. »

Le président a fait apporter du greffe l'urne contenant les noms des jurés de ladite liste spéciale ; et, après avoir brisé les scellés qui étaient intacts, il a ouvert l'urne, mêlé les bulletins et tiré au sort, publiquement, les noms des jurés ci-après : (noms, prénoms, âges, professions, domiciles). Le président a ordonné à l'huissier d'assigner ces jurés à comparaître immédiatement devant les assises; et après avoir scellé l'urne de son sceau et de celui de M. le procureur général, il en a ordonné la réintégration au greffe de la cour.

Et a été le présent procès-verbal signé par le président et par le greffier (art. 372, p. 98). *Signatures.*

ASSISES DU DÉPARTEMENT DE . . .

Accusation contre les nommés X... *et* X.... *accusés de...*

Nota. On a mis entre crochets les indications nécessitées par l'adjonction de magistrats et de jurés, la nomination d'interprète, la défense de rendre compte de l'affaire, la prononciation de huis-clos et l'intervention de la partie civile.

PROCÈS-VERBAL D'ADJONCTION DE JURÉS ET DE MAGISTRATS (*art 394 p. 46 ; — art. 252 p. 13 et 253 p. 15*).

Aujourd'hui (mettre la date et l'heure en toutes lettres, jour fixé pour l'affaire des nommés X... et X... accusés de..., s'est assemblée publiquement au palais de justice, à (dire la ville), la cour d'assises, composée de M. N... président, MM. N... et N... assesseurs, M. N... procureur général et M. N... greffier (art. 309, p. 30).

Les accusés étant présents, ainsi que leurs défenseurs, M. le procureur général a requis que, vu la longueur présumée des débats, il fut adjoint un magistrat et un juré. — Les accusés n'ont fait aucune observation, ou ont conclu à ce que etc.

La cour, après avoir délibéré, a prononcé en ces termes : « Attendu que le procès criminel instruit » contre les nommés... paraît de nature à entraîner de longs débats, la cour ordonne qu'il sera adjoint » un 3e assesseur (art. 252, p. 13, et 253, p. 15), et qu'indépendamment des 12 jurés, il en sera tiré » au sort un 13e qui assistera aux débats, jusqu'à la déclaration définitive du jury (art. 394, p. 46). »

Et a été le présent procès-verbal signé par le président et par le greffier (art. 372, p. 98). *Signatures.*

PROCÈS-VERBAL DU TIRAGE DU JURY (*art. 399 à 404, p. 48*).

Aujourd'hui (mettre la date et l'heure en toutes lettres), jour fixé pour l'affaire des nommés X... et X..., accusés de..., nous..., conseiller à la cour impériale de..., président des assises, assisté de M. N..., greffier, en présence de M. N..., procureur général, avons, avant l'ouverture de l'audience, procédé au tirage du jury en présence des jurés, et en présence des accusés et de leurs défenseurs (art. 399, p. 48).

[Les accusés ne parlant pas français, nous avons nommé d'office, pour servir d'interprète, le sieur... qui a prêté le serment prescrit par l'art. 332 du code d'instruction criminelle. Art. 332 et 333, p. 46.]

Le greffier a fait l'appel des jurés non excusés et non dispensés. — Le nombre des jurés présents étant réduit à tant (moins de trente), nous avons, en suivant l'ordre de la liste, appelé à faire partie des titulaires le sieur..., juré supplémentaire (art. 392, p. 44).

Nous avons déposé dans une urne le nom de chaque juré répondant à l'appel (art. 399, p. 48) et nous avons mêlé les bulletins.

Le nombre des jurés étant de..., nous avons annoncé que les accusés ou leurs conseils pouvaient récuser *tant* de jurés, et que M. le procureur général pouvait en récuser *tant* (art. 401, p. 48).

Les accusés se sont concertés pour exercer les récusations (art. 402, p. 48).

Nous avons procédé au tirage, et à mesure que les noms sortaient de l'urne, N... pour les accusés a récusé MM..., M. le procureur général a recusé MM... (art. 399, p. 48).

Nous avons déclaré le jury formé à l'instant où il est sorti de l'urne douze noms de jurés non récusés [treize, à cause de l'adjonction d'un juré]. Ces jurés sont messieurs... (art. 372, p. 98).

Et a été le présent procès-verbal signé par le président et par le greffier (art. 372, p. 99). *Signatures.*

PROCÈS-VERBAL DES DÉBATS.

Aujourd'hui (mettre la date et l'heure en toutes lettres), après le tirage du jury de jugement pour l'affaire des nommés X... et X..., s'est assemblée publiquement, au palais de justice, à (dire la ville), la cour d'assises de... composée de M. N..., président, MM. N... et N..., assesseurs, [M. N..., assesseur adjoint], M. N..., procureur général, et M. N... greffier (art. 309, p. 50); [le sieur N..., désigné au procès-verbal du tirage, remplissant les fonctions d'interprète. Art. 332, p. 46].

Les douze jurés [et le juré adjoint] désignés dans le procès-verbal de ce jour, se sont placés dans l'ordre réglé par le sort sur des siéges séparés du public et des témoins, en face de ceux destinés aux accusés (art. 309, p. 50).

Les accusés ont comparu libres et seulement accompagnés de gardes (art. 310, p. 50).

Sur l'interpellation du président, ils ont déclaré, le premier se nommer X..., âgé de... ans, profession de..., demeurant à..., né à..., et le second se nommer X..., etc. (art. 310, p. 50).

Le président a déterminé que les accusés seraient soumis aux débats dans l'ordre ci-dessus (art. 334 p. 50).

Il a rappelé aux conseils des accusés les dispositions de l'art. 311 du code d'instruction (art. 311, p. 50).

Il a adressé aux jurés debout et découverts le discours contenu en l'art. 312 ; chacun des jurés appelés individuellement par le président a répondu en levant la main, *je le jure* (art. 312, p. 52).

[Le S^r... a déclaré se porter partie civile ; la cour a donné acte de l'intervention (art. 67, p. 54)].

[La cour, après avoir délibéré, a rendu l'arrêt suivant : « Vu l'art. 17 de la loi du 17 fév. 1852, attendu que la publicité serait dangereuse pour l'ordre, la cour interdit de rendre compte du procès. »]

[La publicité pouvant être dangereuse pour l'ordre et pour les mœurs, le procureur général a requis que, conformément à l'art. 81 de la constitution de 1848, les débats eussent lieu à huis-clos ; les accusés n'ont fait aucune observation, ou ont conclu à ce que etc. La cour, après délibéré, a rendu l'arrêt suivant : « Vu l'art. 81 de la constitution de 1848, lequel est ainsi conçu (copier cet article) ; attendu que la publicité serait dangereuse pour l'ordre et pour les mœurs, la cour ordonne que les débats auront lieu à huis-clos, » p. 54. — Le président a ordonné aux huissiers de faire retirer le public.]

Le président a averti les accusés d'être attentifs à ce qu'ils allaient entendre (art. 313, p. 56).

Le greffier a donné lecture de l'arrêt de renvoi et de l'acte d'accusation (art. 313, p. 56).

Le président s'est ensuite conformé à l'art. 314 (art. 314, p. 58).

Le procureur général a exposé l'affaire et a présenté la liste des témoins devant être entendus à sa requête et à celle des accusés. Cette liste a été lue à haute voie par le greffier (art. 315, p. 56).

Le sieur... n'ayant pas répondu à l'appel, le procureur général a requis que ce témoin fût condamné à l'amende, conformément aux art. 355 et 80 du code d'instruction criminelle, et il a d'ailleurs déclaré ne pas s'opposer à ce qu'il fût passé outre aux débats ; les accusés n'ont fait aucune observation, ou ont conclu à ce que... [le président a fait ouvrir les portes, et l'audience étant devenue publique] ; la cour, après avoir délibéré, a prononcé en ces termes : « Attendu que le sieur..., quoique cité régulièrement,
» ne comparait pas à cette audience, vu les art. 355 et 80, lesquels sont ainsi conçus (copier ces art.),
» la cour condamne le S^r.. à.. fr. d'amende; et attendu que la présence de ce témoin n'est pas indispensable
» pour la manifestation de la vérité, ordonne qu'il sera passé outre aux débats (art. 354 et 355, p. 56). »

[Après cet arrêt, l'affaire a été reprise à huis-clos].

Le procureur général ayant déclaré renoncer à l'audition du S^r..., et l'accusé ayant consenti à ce que ce témoin ne fût pas entendu [le président a fait ouvrir les portes et l'audience étant devenue publique] la cour, après avoir délibéré, a prononcé en ces termes : Attendu que le ministère public et l'accusé renoncent à l'audition du S^r... dont la déposition n'est pas d'ailleurs nécessaire, la cour ordonne que ce témoin ne sera pas entendu (art. 321, p. 59). [Après cet arrêt, l'affaire a été reprise à huis-clos].

Le président a ordonné aux témoins de se retirer dans la chambre qui leur est destinée (art. 316, p. 56).

Chacun ayant besoin de repos, le président a continué l'affaire à tel jour, à telle heure (art. 353, p. 36).

[Dans le cours de cette séance, l'interprète a prêté son ministère quand il a été utile. Art. 332, p. 46].

[Le magistrat adjoint n'a pas pris part aux délibérations de la cour. Art. 252, p. 13].

Et a été le présent procès-verbal signé par le président et par le greffier (art. 372, p. 98). *Signatures.*

Aujourd'hui (mettre la date et l'heure en toutes lettres), la cour étant composée comme il est dit au commencement du procès-verbal [et l'interprète toujours présent], l'audience a été reprise (dire si c'est à huis-clos ou publiquement. Art. 309, p. 61).

Le président a procédé à l'interrogatoire des accusés ; il les a fait retirer l'un après l'autre pour les examiner séparément, et il a eu soin, avant de reprendre la suite des débats généraux, de les instruire de ce qui s'était fait en leur absence et de ce qui en était résulté (art. 327, p. 58).

Les témoins ont ensuite été introduits successivement dans l'auditoire, et ils ont été entendus séparément l'un de l'autre dans l'ordre établi par le procureur général ; ils ont déposé oralement. — Avant de déposer, ils ont prêté le serment prescrit par l'art. 317 et ont satisfait aux autres indications de cet article (art. 317, p. 62).

Le président a rempli à l'égard des témoins et des accusés, les formalités de l'art. 319, p. 64.

Les pièces servant à conviction ont été représentées aux accusés et aux témoins (art. 329, p. 66).

La déposition du sieur... ayant paru mensongère, le président a ordonné l'arrestation de ce témoin et a fait inscrire au procès-verbal sa déposition dont voici les termes : ... Cette déposition a été lue au sieur..., qui a déclaré qu'elle contenait la vérité. — Le président a commis M. N... pour remplir les fonctions de juge d'instruction (art. 330, p. 66).

Les accusés ayant été condamnés par contumace, le président, conformément à l'art. 477 du code d'instr., a ordonné de lire les interrogatoires des autres accusés et la déposition écrite du sieur..., témoin qui n'a pu être produit aux débats. — Les accusés se sont expliqués à cet égard (art. 477, p. 68).

Le président, pour se conformer à l'art. 512, a ordonné de lire la déposition écrite de..., témoin dispensé de comparaître aux termes de la loi ; les accusés se sont expliqués sur cette déposition (art. 512, p. 68).

Le sieur..., l'un des témoins, ayant demandé à se retirer, le président l'y a autorisé, sans opposition de la part des accusés ni du procureur général (art. 320, p. 66).

A la suite des dépositions des témoins et des dires respectifs auxquels elles ont donné lieu, le procureur général a développé les moyens qui appuient l'accusation. Les défenseurs lui ont répondu (art. 335, p. 72).

Le président a ensuite déclaré les débats terminés (art. 335, p. 72).

[Il a fait ouvrir les portes, et, l'audience ayant été rendue publique], il a résumé l'affaire, a fait remarquer aux jurés les principales preuves pour et contre les accusés, et il a posé les questions (art. 336, p. 72).

Le président a ensuite donné au jury les avertissements prescrits par l'art. 5 du décret du 6 mars 1848, et par les art. 341 et 347 du code d'instruction criminelle, modifiés par la loi du 9 juin 1853. Il a remis au chef du jury les questions écrites, l'acte d'accusation, les procès-verbaux constatant le délit et les pièces du procès autres que les déclarations écrites des témoins (art. 341, p. 78).

[Le président a averti le juré adjoint qu'il devait rester dans la salle sans communiquer de l'affaire avec personne, jusqu'après la déclaration définitive du jury. Art. 394, p. 46].

Il a ensuite fait retirer l'accusé de l'auditoire (art. 341, p. 78).

Les douze jurés se sont rendus dans leur chambre pour y délibérer (art. 342, p. 80).

Le président a donné au chef de la gendarmerie l'ordre prescrit par l'art. 343 (art. 343, p. 80).

Les jurés sont ensuite rentrés dans l'auditoire et ont repris leurs places. — Le président leur a demandé quel était le résultat de leur délibération. — Le chef du jury ou le sieur... désigné par ses collègues et du consentement du premier juré sorti par le sort (art. 342, p. 80), s'est levé, et, la main placée sur son cœur, il a lu la déclaration du jury après avoir prononcé la formule de l'art. 348 (art. 348, p. 84).

La déclaration du jury, signée par le chef, a été remise par lui au président, le tout en présence des jurés (art. 349, p. 84).

Après cette lecture, le procureur général a conclu à ce qu'il plût à la cour ordonner que les jurés délibéreront de nouveau, attendu que, dans leur réponse, ils ont commis telle irrégularité; les défenseurs n'ont fait aucune observation, ou ont conclu à ce que... — La cour, après avoir délibéré, a prononcé en ces termes : « Vu tel article du code d'instruction criminelle, considérant que les jurés, en répondant de telle manière à telle question, ont contrevenu au vœu de la loi, ordonne qu'ils se retireront dans leur chambre pour y délibérer de nouveau. » — A la suite de cet arrêt, les jurés se sont retirés dans leur chambre ; ils sont ensuite revenus à l'audience, et leur chef a lu de nouveau la déclaration en se conformant à l'art. 348 (art. 350, p. 86).

Le président et le greffier ont signé la déclaration qui est annexée au présent procès-verbal (349, p. 84).

Le président a fait comparaître les accusés, et le greffier a lu la déclaration du jury en leur présence et en présence des jurés (art. 357, p. 88).

La déclaration du jury portant que le nommé X... n'est pas coupable, le président a prononcé en ces termes : « Vu la déclaration du jury, portant que X... n'est pas coupable, vu l'art. 358, nous déclarons que X... est acquitté de l'accusation portée contre lui, et ordonnons qu'il soit mis en liberté, s'il n'est retenu pour autre cause (art. 358, p. 88).

[La partie civile a conclu à ce que le nommé X... fût condamné à tels dommages-intérêts. L'accusé a présenté tels moyens de défense. Le ministère public a pris telles conclusions (art. 358, p. 88) ; et la cour, après avoir délibéré, a rendu l'arrêt qui a été prononcé à haute voix par le président en présence du public et de l'accusé. Art. 369, p. 90].

Le nommé X... ayant été déclaré coupable par le jury, le procureur général a pris telles réquisitions pour l'application de la peine; la partie civile a pris telles conclusions pour dommages (art. 362, p. 90).

Le président a demandé à l'accusé s'il n'avait rien à dire pour sa défense (art. 363, p. 90); l'accusé n'a fait aucune observation ou a conclu à ce que etc. [Après les explications des parties relativement aux dommages-intérêts, le ministère public a donné ses conclusions. Art. 358, p. 88].

La cour, après avoir délibéré, a rendu l'arrêt de condamnation qui a été prononcé à haute voix par le président en présence du public et de l'accusé. Avant de le prononcer, le président a lu le texte de la loi sur laquelle il est fondé (art. 369, p. 90).

Le président a prévenu le condamné qu'il avait trois jours francs pour se pourvoir en cassation (art. 371, p. 96).

[Dans le cours de cette affaire, l'interprète a prêté son ministère quand il a été utile. Art. 332, p. 46].

[Le magistrat adjoint n'a pas pris part aux délibérations de la cour. Art. 252, p. 13].

Et a été le présent procès-verbal signé par le président et par le greffier (art. 372, p. 98.)

(*Signatures.*)

DE LA RECONNAISSANCE D'IDENTITÉ.

518. La reconnaissance de l'identité d'un individu condamné, évadé et repris, sera faite par la cour qui aura prononcé sa condamnation.

Il en sera de même de l'identité d'un individu condamné à la déportation ou au bannissement, qui aura enfreint son ban et sera repris ; et la cour, en prononçant l'identité, lui appliquera, de plus, la peine attachée à son infraction.

519. Tous ces jugements seront rendus sans assistance de jurés, après que la cour aura entendu les témoins appelés tant à la requête du procureur général qu'à celle de l'individu repris, si ce dernier en a fait citer.

L'audience sera publique et l'individu repris sera présent, à peine de nullité.

520. Le procureur général et l'individu repris pourront se pourvoir en cassation, dans la forme et dans le délai déterminé par le présent code contre l'arrêt rendu sur la poursuite en reconnaissance d'identité.

---

518. 519. NOTES. — La question d'identité d'un accusé est une question préjudicielle sur laquelle il doit être statué par la cour d'assises sans assistance des jurés, avant les débats sur le fond. 29 juin 1854 n. 210.

La cour d'assises est légalement saisie de la reconnaissance d'identité par la poursuite du ministère public, il n'est pas nécessaire de dresser et de notifier un acte d'accusation. 21 août 1818. J. P. — La reconnaissance d'identité est attribuée à la cour qui a prononcé la condamnation. 1er juin 1854 n. 178. — Il n'y a lieu à procéder d'après l'art. 518, que si le prévenu nie son identité. 23 juil. 1835 n. 302.

L'identité d'un individu arrêté comme contumax doit être constatée par la cour d'assises, sans assistance de jurés, en la forme prescrite par l'art. 519, aussi bien que l'identité d'un individu condamné, évadé et repris (4 nov. 1865 n. 191), sauf, dans le cas d'une décision affirmative sur l'identité, à procéder sur le fond de l'accusation avec assistance de jurés et dans la forme ordinaire, tous moyens de défense demeurant réservés à l'accusé, notamment celui de soutenir que, lors même que les faits incriminés seraient constants, il n'en est pas l'auteur. 24 janv. 1834 n. 31.. 5 août 1834 n. 265. — La cour d'assises ne peut statuer sur l'identité qu'en audience publique, en présence de l'individu repris, et après une instruction orale (art. 519). 20 juin 1851 n. 236.. 1er juin 1854 n. 178.

Une cour d'assises, après avoir déclaré que l'identité n'était pas constante, viole l'autorité de la chose jugée, si plus tard, par un autre arrêt, elle décide le contraire. 12 août 1825 n. 154.

La prétention élevée par un accusé que les désignations de l'acte d'accusation ne s'appliquent pas à lui, constitue un moyen de défense qui ne peut être apprécié que par le jury. 29 nov. 1833 n. 481.

ARRÊT DE RECONNAISSANCE D'IDENTITÉ.

La cour, ouï le ministère public dans ses réquisitions, l'accusé dans ses moyens de défense, après en avoir délibéré, attendu que des dépositions des témoins et des autres documents de la cause, il résulte la preuve que l'accusé X..., ici présent, est le même que le nommé..., condamné à la peine de..., par arrêt de la cour d'assises, en date du..., déclare qu'il y a identité entre X... et le nommé..., condamne X... aux frais.

PROCÈS-VERBAL DE RECONNAISSANCE D'IDENTITÉ.

Aujourd'hui (mettre la date et l'heure en toutes lettres), s'est assemblée publiquement au palais de justice, à (dire la ville), la cour d'assises de..., composée de M. N..., président, MM. N... et N..., assesseurs, M. N..., procureur général, et M. N..., greffier.

L'accusé a comparu libre. — Il a déclaré se nommer X..., âgé de... ans, profession de..., demeurant à..., né à... — Le président a rappelé au défenseur les dispositions de l'art. 311.

Le procureur général a exposé que X... comparaissait à l'audience de ce jour pour voir statuer sur la poursuite en reconnaissance de son identité avec le nommé... condamné par contumace par arrêt de la cour d'assises de..., en date du...

Le greffier a fait l'appel des témoins assignés à la requête du ministère public et de l'accusé.

Le président a ordonné aux témoins de se retirer dans la chambre qui leur est destinée. — Après l'interrogatoire de l'accusé, les témoins ont été introduits successivement dans l'auditoire, et ils ont été entendus séparément l'un de l'autre dans l'ordre établi par le procureur général ; ils ont déposé oralement. — Avant de déposer, ils ont prêté le serment prescrit par l'art. 317 et ont satisfait aux autres indications de cet art. — Le président a rempli, à l'égard des témoins et de l'accusé, les formalités de l'art. 319.

Après les dépositions des témoins, le procureur général a présenté les moyens de l'accusation, et a conclu à ce qu'il plût à la cour de décider qu'il y a identité entre X... ici présent, et le nommé..., condamné à telle époque par la cour d'assises de... à la peine de... — Le défenseur a fait valoir les moyens à l'appui de la défense. — Le président a ensuite demandé à l'accusé s'il avait quelque chose à ajouter ; l'accusé a été entendu dans ses observations.

La cour, après avoir délibéré, a rendu l'arrêt de reconnaissance d'identité qui a été prononcé à haute voix par le président, en présence du public et de l'accusé. — Avant de le prononcer, le président a lu le texte de la loi sur laquelle il est fondé.

Le président a averti le condamné qu'il avait trois jours francs pour se pourvoir en cassation.

Et a été le présent procès-verbal signé par le président et par le greffier. (*Signatures.*)

DES CONTUMACES.

465. Lorsqu'après un arrêt de mise en accusation, l'accusé n'aura pu être saisi, ou ne se représentera pas dans les dix jours de la notification qui en aura été faite à son domicile, ou lorsqu'après s'être présenté ou avoir été saisi, il se sera évadé,

Le président de la cour d'assises, ou, en son absence, le président du tribunal de première instance, et, à défaut de l'un et de l'autre, le plus ancien juge de ce tribunal, rendra une ordonnance portant qu'il sera tenu de se représenter dans un nouveau délai de dix jours; sinon qu'il sera déclaré rebelle à la loi, qu'il sera suspendu de l'exercice des droits de citoyen, que ses biens seront séquestrés pendant l'instruction de la contumace, que toute action en justice lui sera interdite pendant le même temps, qu'il sera procédé contre lui, et que toute personne est tenue d'indiquer le lieu où il se trouve.

Cette ordonnance fera de plus mention du crime et de l'ordonnance de prise de corps.

466. Cette ordonnance sera publiée à son de trompe ou de caisse, le dimanche suivant, et affichée à la porte du domicile de l'accusé, à celle du maire et à celle de l'auditoire de la cour d'assises.

Le procureur général ou son substitut adressera aussi cette ordonnance au directeur des domaines et droits d'enregistrement du domicile du contumax.

467. Après un délai de dix jours, il sera procédé au jugement de la contumace.

468. Aucun conseil, aucun avoué ne pourra se présenter pour défendre l'accusé contumax.

Si l'accusé est absent du territoire européen de la France, ou s'il est dans l'impossibilité absolue de se rendre, ses parents ou ses amis pourront présenter son excuse et en plaider la légitimité.

469. Si la cour trouve l'excuse légitime, elle ordonnera qu'il sera sursis au jugement de l'accusé et au séquestre de ses biens pendant un temps qui sera fixé, eu égard à la nature de l'excuse et à la distance des lieux.

470. Hors ce cas, il sera procédé de suite à la lecture de l'arrêt de renvoi à la cour d'assises, de l'acte de notification de l'ordonnance ayant pour objet la représentation du contumax, et des procès-verbaux dressés pour en constater la publication et l'affiche.

Après cette lecture, la cour, sur les conclusions du procureur général ou de son substitut, prononcera sur la contumace.

Si l'instruction n'est pas conforme à la loi, la cour la déclarera nulle, et ordonnera qu'elle sera recommencée, à partir du plus ancien acte illégal.

Si l'instruction est régulière, la cour prononcera sur l'accusation et statuera sur les intérêts civils, le tout sans assistance ni intervention de jurés.

471. Si le contumax est condamné, ses biens seront, à partir de l'exécution de l'arrêt, régis comme biens d'absent; et le compte du séquestre sera rendu à qui il appartiendra, après que la condamnation sera devenue irrévocable par l'expiration du délai donné pour purger la contumace.

472 et loi du 2 janvier 1850. Extrait du jugement de condamnation sera, dans les 8 jours de la prononciation, à la diligence du procur. géné. ou de son substitut, inséré dans l'un des journaux du départ. du dernier domicile du condamné.

Il sera affiché, en outre 1° à la porte de ce dernier domicile; 2° de la maison commune du chef-lieu d'arrondissement où le crime a été commis; 3° du prétoire de la cour d'assises.

Pareil extrait sera, dans le même délai, adressé au directeur de l'administration de l'enregistrement et des domaines du domicile du contumax.

Les effets que la loi attache à l'exécution par effigie seront produits à partir de la date du dernier procès-verbal constatant l'accomplissement de la formalité de l'affiche prescrite par le présent article.

Pareil extrait sera, dans le même délai, adressé au directeur des domaines et droits d'enregistrement du domicile du contumax.

473. Le recours en cassation ne sera ouvert, contre les jugements de contumace, qu'au procureur général et à la partie civile en ce qui la regarde.

474. En aucun cas la contumace d'un accusé ne suspendra ni ne retardera de plein droit l'instruction à l'égard de ses coaccusés présents.

La cour pourra ordonner, après le jugement de ceux-ci, la remise des effets déposés au greffe comme pièces de conviction, lorsqu'ils seront réclamés par les propriétaires ou ayants-droit.

Elle pourra aussi ne l'ordonner qu'à charge de les représenter, s'il y a lieu.

Cette remise sera précédée d'un procès-verbal de description dressé par le greffier, à peine de cent francs d'amende.

475. Durant le séquestre, il peut être accordé des secours à la femme, aux enfants, au père ou à la mère de l'accusé, s'ils sont dans le besoin.

Ces secours seront réglés par l'autorité administrative.

476. Si l'accusé se constitue prisonnier, ou s'il est arrêté avant que la peine soit éteinte par la prescription, le jugement rendu par contumace et les procédures faites contre lui depuis l'ordonnance de prise de corps ou de se représenter, seront anéantis de plein droit, et il sera procédé à son égard dans la forme ordinaire.

Si cependant la condamnation par contumace était de nature à emporter la mort civile, et si l'accusé n'a été arrêté ou ne s'est représenté qu'après les cinq ans qui ont suivi l'exécution du jugement de contumace, ce jugement, conformément à l'art. 30 du code civil, conservera, pour le passé, les effets que la mort civile aurait produits dans l'intervalle écoulé depuis l'expiration des cinq ans jusqu'au jour de la comparution de l'accusé en justice.

477. Voyez p. 68, et **478**, voyez p. 92.

465. L'accusé ne peut pas se plaindre du défaut de notification de l'arrêt de renvoi et de l'acte d'accusation,
466. lorsque la notification de ces actes a été faite à son domicile. 7 févr. 1839 n. 36. — Lorsque le domicile du contumax est inconnu, il suffit que la notification de l'arrêt de renvoi soit faite dans la forme prescrite par l'art. 69, n. 8, du code de procédure civile. 8 avril 1826 n. 64. Voyez art. 242, p. 23.

Pour que l'ordonnance de se représenter soit *légalement exécutée*, d'après la combinaison des articles 466, 470 du code d'instruction criminelle, et 68, 69, n. 8, et 70 du code de procédure civile, il faut:

1° Que cette ordonnance soit notifiée au contumax conformément aux susdits articles 68 ou 69, n. 8, du code de procédure civile; — 2° qu'elle soit publiée à son de trompe ou de caisse, et affichée à la porte du domicile de l'accusé, à celle du *domicile* du maire et à celle de l'auditoire de la cour d'assises; — 3° que ces publications d'affiches aient lieu chacune le dimanche; — 4° que les procès-verbaux dressés pour justifier qu'il a été satisfait à ces deux dernières conditions, soient visés comme l'exigent, selon les circonstances, lesdits articles 68 et 69, n. 8; ces formalités sont substantielles. 29 juin 1833 n. 248.

Ni les articles 466 et 470, ni aucune autre disposition de loi, n'exigent que la notification de l'ordonnance du président à l'accusé contumax, soit faite par un acte distinct et séparé de celui qui constate la publication et l'affiche de ladite ordonnance aux lieux déterminés par la loi. 2 avril 1836 n. 107.

470. Lorsqu'il y a une irrégularité dans une procédure par contumace, la cour doit déclarer l'instruction nulle, et ordonner qu'elle sera recommencée à partir du plus ancien acte illégal. 29 juin 1833 n. 248.

La cour ne peut déclarer des circonstances atténuantes en faveur d'un contumax. 14 sept. 1843 n. 238.

476. L'art. 476 ne déclarant anéanti que ce qui est postérieur à l'ordonnance de se représenter, laisse par conséquent subsister l'arrêt de renvoi et l'acte d'accusation. 19 fév. 1819 n. 27.. 17 mars 1831 n. 52.

Le contumax qui se représente ou qui est arrêté doit être de nouveau mis en jugement, aux termes de l'art. 476. Il ne pourrait pas, par son acquiescement, donner à l'arrêt de contumace une existence que la loi ne lui accorde que dans le seul cas où la peine serait éteinte par la prescription. 27 août 1819 n. 95.

Lorsque le contumax est arrêté avant que la peine soit éteinte par la prescription, l'arrêt de condamnation est anéanti de plein droit dans toutes ses parties, et l'accusé doit de nouveau être mis en jugement sur le fait de l'accusation avec toutes ses circonstances. 1 juill. 1820 n. 95. — Jugé que l'arrêt d'une cour d'assises qui, saisie d'une accusation de banqueroute frauduleuse, a déclaré le contumax coupable seulement de banqueroute simple, n'a plus aucun effet, dès que l'accusé se représente (30 janv. 1847 n. 18); mais le contumax ne peut être de nouveau mis en jugement sur les faits principaux à l'égard desquels il a été acquitté par l'arrêt de la cour (art. 360 et 476). 15 nov. 1821 n. 177.

Lorsqu'une condamnation par contumace a été prononcée contre un accusé, la loi ne reconnait point d'autre prescription que celle de la peine qui a été infligée. 23 janv. 1840 n. 29.. 1er avril 1858 n. 112.. 17 avril 1863 n. 124. — Lorsque, par le résultat de la déclaration du jury, le fait dont le contumax était accusé ne constitue plus qu'un délit, la prescription établie pour les délits par l'art. 636 peut être invoquée, si plus de cinq ans se sont écoulés depuis la condamnation par contumace. Mêmes arrêts. — Même décision si, d'après la loi nouvelle, le fait imputé au contumax ne constitue plus qu'un délit. 25 nov. 1830 n. 253. — La déclaration de circonstances atténuantes ne fait que réduire la peine, et ne change pas la nature du crime déclaré constant; la prescription de cinq ans ne peut donc pas être admise. 18 avril 1834 n. 113. — Si le contumax reste 20 ans sans se représenter, il ne peut purger sa contumace (art. 635).

Les héritiers d'un contumax ont qualité pour demander l'annulation de l'arrêt, par le motif que le condamné était mort avant l'arrêt. La demande doit être portée devant la cour d'assises qui a prononcé la condamnation. 25 oct. 1821. S. 1822, p. 94.

ARRÊTS DE CONTUMACE.

1er Arrêt. — Vu l'arrêt de la cour impériale, chambre des mises en accusation, qui renvoie devant les assises le nommé... (art. 465), — vu l'ordonnance de se représenter rendue par le président des assises (art. 465), — vu l'acte de notification de cette ordonnance (art. 465), et les procès-verbaux dressés pour en constater la publication et l'affiche (art. 466).

Attendu que, depuis l'accomplissement de ces formalités, plus de dix jours se sont écoulés (art. 467),

La cour, ouï le ministère public, après avoir délibéré, déclare la procédure régulière (art. 470), et ordonne la lecture des pièces.

2e Arrêt. — La cour, ouï le ministère public dans ses réquisitions, après avoir délibéré,

Attendu que des pièces de la procédure, il résulte la preuve que l'accusé s'est rendu coupable d'avoir etc.,

Attendu que ce fait est prévu et réprimé par les art... du code pénal, lesquels sont ainsi conçus :...

Vu aussi les art. 368, 472 du code d'instruction criminelle, et 36 du code pénal,

Condamne..... à la peine de..... et aux frais;

Ordonne qu'un extrait du présent arrêt sera, dans les huit jours de la prononciation, inséré dans un journal du département de...., qu'il sera affiché en outre à la porte du dernier domicile du condamné, de la maison commune de..., chef-lieu de l'arrondissement où le crime a été commis, et à la porte du prétoire de la cour d'assises, que pareil extrait sera, dans le même délai, adressé au directeur des domaines du domicile du condamné;

Ordonne que le présent arrêt sera affiché dans les lieux déterminés par la loi.

COMPTE RENDU PAR LE PRÉSIDENT DES ASSISES.

Extrait de la lettre ministérielle du 31 déc. 1850. On a mis entre parenthèses quelques extraits d'autres circulaires.

(Les présidents doivent rendre compte au ministère des résultats de chaque session. 31 mai 1813.) Il ne doit pas s'écouler plus de quinze jours entre la clôture de la session et l'envoi du rapport.

Composition de la cour d'assises. — Les présidents doivent s'expliquer sur la composition de la cour, sur le concours qu'ils ont trouvé dans leurs collègues, sur l'ordre et l'exactitude du service.

(Il faut dire les motifs pour lesquels un juge de tribunal a été dispensé de siéger. Lettre du 26 janv. 1857).

Liste du jury. — Les présidents doivent signaler toutes les irrégularités qu'ils y auront constatées.

Jury. — Le jury en lui-même, ses éléments, sa composition, son esprit doivent fixer l'attention des présidents (la lettre de 1857 indique les moyens par lesquels les présidents peuvent contribuer à l'amélioration des listes). — Le rapport doit indiquer la manière dont les jurés ont rempli leurs fonctions, le nombre de jurés qui ont comparu, ainsi que les motifs de dispense ou d'excuse, qui ont été invoqués.)

Visite des prisons.— Les présidents doivent signaler tout ce qui leur paraît contraire à la loi, aux règlements, à l'intérêt de la justice ou de la bonne administration. Le ministre appelle l'attention sur le retard dans la translation des condamnés et sur le séjour des enfants dans les prisons. (D'après la lettre de 1857, les présidents doivent visiter les prisons avant l'ouverture de la session et à la fin.)

Compte général de la session. — Les présidents doivent préciser : 1° le nombre et le sexe des accusés à juger ; 2° le nombre des accusés jugés contradictoirement ; 3° le nombre des accusés jugés par contumace ; 4° le nombre des condamnés à des peines criminelles ou à des peines correctionnelles ; 5° le nombre des acquittés ; 6° le nombre des affaires où le jury aura admis des circonstances atténuantes.

Renvoi d'une affaire à une autre session. — Les présidents doivent indiquer les causes du renvoi d'une affaire à une autre session, mesure à laquelle il ne faut consentir que pour les motifs les plus graves.

Compte particulier de chaque affaire. — Le rapport doit indiquer : 1° les noms, âge, profession et domicile de l'accusé, son degré d'instruction et ses antécédents judiciaires ; 2° la nature de l'accusation; 3° l'époque précise du crime, afin qu'en la rapprochant de celle où l'accusé a comparu devant le jury, on puisse voir à l'instant la durée de l'instruction. — L'exposé, sans être fort étendu, doit cependant retracer avec exactitude le fait lui-même, les circonstances qui viennent l'aggraver ou le rendre moins coupable et le résultat de l'affaire.

(On doit faire connaître les incidents auxquels l'affaire a donné lieu, les questions qui se sont élevées, les motifs présumés qui ont déterminé les jurés à déclarer l'accusé non coupable, lorsque le contraire paraissait peu douteux, ou à écarter des circonstances aggravantes, lorsqu'elles étaient établies par les débats.) — Il faut indiquer le tribunal où l'instruction s'est faite, et les observations en bien ou en mal auxquelles cette instruction a donné lieu. (On doit indiquer : les divers actes d'information avec leurs dates et les noms des magistrats signataires, les dates de l'ordonnance de soit communiqué, du réquisitoire de compétence, de l'ordonnance de mise en prévention, de l'arrêt et de l'acte d'accusation, de la signification de ces dernières pièces, et de la communication de la procédure au président. Lettre de 1857.)

Casiers judiciaires. — Les présidents doivent signaler avec exactitude celles des procédures dans lesquelles on n'aurait pas constaté avec soin le lieu et la date de la naissance des prévenus, et chercher à suppléer à cette omission par l'instruction à l'audience, chaque fois que cette mesure sera possible.

Condamnation à mort. — (Lorsqu'il a été prononcé une condamnation à mort, les présidents doivent par une lettre séparée, en rendre compte immédiatement au ministre, et lui faire connaître leur opinion sur la commutation dont cette condamnation pourrait être susceptible. Lettre du 14 août 1838.)

Recours en grâce. — Les présidents indiqueront, après le compte rendu de chaque affaire, si dans un avenir plus ou moins éloigné, et pour le cas de bonne conduite des condamnés, une grâce pourrait être accordée et dans quelle proportion. (Ces avis seront motivés. Lettre de 1857).

(Lorsque les présidents, soit en leur nom, soit au nom de la cour et des jurés, recommandent au ministre les recours en grâce formés par les condamnés, les rapports doivent être adressés aussitôt que la session est terminée, par un envoi séparé du compte général des assises. — Il ne faut pas que la même lettre s'applique à plusieurs individus, à moins qu'ils n'aient été condamnés par le même arrêt. Lettre du 23 mai 1821.)

Forme matérielle du rapport. — Le papier devra être du même format que celui de la circulaire (hauteur, 32°; largeur, 20°).On devra laisser la moitié de la page en blanc, de façon à pouvoir placer en marge les observations que suggérerait l'examen du rapport. — Chaque objet du rapport devra avoir sa feuille distincte. Ainsi il y aura une feuille pour la composition de la cour ; une autre pour les listes du jury ; une troisième pour le jury lui-même ; ainsi de suite sur les divers sujets généraux que doit traiter le rapport. Puis chaque affaire aura aussi sa feuille distincte, donnant d'abord sur chaque accusé les renseignements statistiques, relatant ensuite les faits de l'accusation, s'expliquant sur l'hypothèse d'une mesure de grâce, et se terminant par les observations auxquelles l'instruction aurait donné lieu.

La lettre d'envoi pourrait contenir tout ce qui n'aurait pas une affinité directe avec l'une ou l'autre partie du rapport, ou tout ce que les magistrats pourraient considérer comme étant d'une nature confidentielle, par exemple, les observations qu'ils croiront devoir soumettre sur le personnel de la magistrature et sur les jeunes avocats qui pourraient un jour être appelés dans ses rangs.

APPENDICE.

Renseignements pour la position des questions dans les accusations les plus ordinaires. On trouvera à la page 4 la table alphabétique de ces accusations. — Les principes généraux relatifs à la position des questions sont exposés aux pages 74 et 75.

On trouvera à la page 4 la table alphabétique de ces accusations. — Les principes généraux relatifs à la position des questions sont exposés aux pages 74 et 75.

Nota. — F. P. veut dire *fait principal*, et C. A. *circonstance aggravante*. — Les petits chiffres à côté des articles en désignent le paragraphe.

On indiquera d'abord les formules pour la tentative et la complicité, afin de n'avoir pas à y revenir.

		Code pénal	
			TENTATIVE.
1	TENTATIVE........................	2, 3	F. P. — *N.. est-il coupable d'avoir, à telle époque, dans tel endroit, tenté de etc..., tentative manifestée par un commencement d'exécution, et qui n'a été suspendue ou n'a manqué son effet que par des circonstances indépendantes de la volonté de son auteur?* Notes. Les circonstances indiquées dans l'art. 2 du code pénal sont constitutives de la criminalité de la tentative, et doivent, à peine de nullité, être énoncées dans la question. 22 juin 1857 n. 153. — Les trois éléments de la tentative peuvent être compris dans la même question. 23 avril 1846 n. 99.. 8 sept. 1853 n. 450. — L'omission des mots *qui n'a été suspendue* entraîne nullité. 1 sept. 1853 n. 441. — La loi n'ayant pas défini les circonstances formant le commencement d'exécution, en a confié l'appréciation à la conscience des jurés. 28 juill. 1828 n. 145. — Voyez les notes particulières à chaque accusation.
			COMPLICITÉ.
2	COMPLICITÉ en provoquant par dons, promesses etc., et en donnant des instructions.	59, 60^1	F. P. — *N... est-il coupable d'avoir, à telle époque, dans tel endroit, par dons, promesses, menaces, abus d'autorité ou de pouvoir, machinations ou artifices coupables, provoqué à telle action, ou d'avoir donné des instructions pour la commettre?* Notes. Une simple provocation sans aucune des circonstances déterminées par la loi, ne constitue pas la complicité. 3 sept. 1812, n. 200. — Les artifices doivent être qualifiés coupables. 27 oct. 1815, n. 60. — Le mot *machination* présente par lui-même une prévention suffisante de culpabilité. 15 mars 1816 J. P. — Dans la question, il n'est pas nécessaire d'exprimer que les instructions ont été données frauduleusement. 21 août 1845 n. 264. — On peut demander si l'accusé a donné ou fait donner des instructions. 23 mai 1844 n. 179. — Voyez ci-dessous n. 6, observations générales.
3	Complicité en procurant des armes, des instruments, etc.	59, 60^2	F. P. — *N... est-il coupable d'avoir, à telle époque, dans tel endroit, procuré des armes, des instruments ou tout autre moyen qui a servi à telle action, sachant qu'ils devaient y servir?* — Voyez ci-dessous n. 6, observations générales.
4	Complicité en aidant et assistant........	59, 60^3	F. P. — *N... est-il coupable d'avoir, à telle époque, dans tel endroit, avec connaissance, aidé ou assisté l'auteur ou les auteurs de telle action dans les faits qui l'ont préparée ou facilitée, ou dans ceux qui l'ont consommée?* Notes. La circonstance que c'est avec connaissance qu'on a aidé ou assisté, est constitutive de la complicité. 2 juin 1832 n. 200. 14 oct. 1846 n. 255.. 9 juin 1866 n. 149. — Il est inutile de spécifier en quoi a consisté l'aide et l'assistance. 5 mars 1841 n. 55. — Le seul fait de n'avoir pas empêché de commettre un crime, ne suffit pas pour constituer la complicité par aide ou assistance. 13 mars 1812 n. 57. — Voyez ci-dessous, n. 6, observations générales.
5	Complicité en fournissant un lieu de retraite aux malfaiteurs.	59, 61	F. P. — *N... est-il coupable d'avoir, à telle époque, dans tel endroit, fourni habituellement logement, lieu de retraite ou de réunion au nommé... dont il connaissait la conduite criminelle, et qui s'est rendu coupable de telle action?* Notes. Les recéleurs devant être punis de la même peine que les malfaiteurs, il faut que ces derniers soient nommés dans la question, et qu'ils aient encouru des condamnations pour crimes ou pour délits. 9 juill. 1841, n. 205. — Voy. notes ci-dessous, n. 6.
		248	Relativement au recélé d'individus qu'on savait avoir commis des crimes emportant peine afflictive, voyez art. 248 du code pénal et 15 oct. 1853 n. 515.
6	Complicité en recélant des choses enlevées.	59, 62	F. P. — *N.. est-il coupable d'avoir, à telle époque, dans tel endroit, recélé sciemment en tout ou en partie les choses enlevées, détournées ou obtenues à l'aide de telle action?* Notes. La circonstance que c'est sciemment que l'on a recélé, est constitutive. 12 janv. 1833, n. 12. — Voyez ci-dessous.
		63	C. A. — *Au temps du recélé, l'accusé avait-il connaissance que le crime a été commis avec la circonstance de...?* (indiquer, par autant de questions, les circonstances qui ont accompagné le crime). Voyez 22 décembre 1836 n. 396. 20 avril 1820 n. 53. Notes. Lorsqu'il s'agit de crimes passibles de la peine de mort, de celle des T. F. à perpétuité et de la déportation, il faut, pour appliquer l'art. 63, que le recéleur soit déclaré avoir eu connaissance de ces circonstances. 5 janv. 1854 n. 1. — Lorsque le jury n'a pas été interrogé sur la question de savoir si l'accusé avait connaissance de ces circonstances aggravantes, la complicité par recélé n'est passible que de la peine des travaux forcés à temps. 10 sept. 1846 n. 252.. 12 oct. 1849 n. 274. *Observations générales.* — La complicité criminelle ne peut se constituer que par les faits qu'a déterminés le code pénal; il faut donc que le jury soit questionné et qu'il s'explique sur ces faits 2 juillet 1813 n. 146.. 28 juin 1816 n. 36. Tous les caractères de complicité spécifiés dans l'art. 60, entraînant les mêmes conséquences pénales, peuvent être compris dans la même question. 16 avril 1842 n. 91.. 6 avril 1854 n. 97. — Mais on ne peut pas comprendre dans une même question les complicités par assistance et par recélé, les conséquences pénales n'étant pas les mêmes. 23 novembre 1848 n. 285. Il y a nullité pour complexité dans la question ci-après : L'accusé est-il coupable d'avoir provoqué, par des promesses, à commettre *les crimes* ci-dessus spécifiés? 30 mai 1856 n. 196. Lorsqu'il y a une question posée relativement à l'auteur principal, il suffit de s'y référer en ce qui concerne le complice; ainsi, par exemple, on demandera si N... est coupable d'avoir, avec connaissance, aidé l'auteur de *l'action ci-dessus spécifiée* dans les faits etc.; mais si l'auteur principal n'est pas en cause, il faut détailler le fait incriminé dans la question relative au complice, et par exemple, on demandera si N... est coupable d'avoir, avec connaissance, aidé l'auteur du vol commis tel jour dans les faits etc.; et on posera ensuite les circonstances aggravantes du vol. Voy. 31 août 1854 n. 272 et 1er mars 1866 n. 50. — Lorsque les circonstances aggravantes ont été posées relativement à l'auteur principal, il n'y a plus à les poser relativement au complice, celui-ci, d'après l'art. 59, devant être puni de la même peine que l'auteur principal. 19 janvier 1838 n. 18. — Mais les jurés, tout en acquittant l'auteur principal, doivent s'expliquer sur les circonstances aggravantes, dans le cas où ils condamnent le complice (8 janvier 1835 n. 4); leur réponse doit alors être comprise en ce sens que le crime a été commis, mais que l'accusé principal n'en est pas coupable. 26 février 1841 n. 51. — Pour qu'un complice soit puni, il n'est pas nécessaire que l'auteur du crime soit présent, ni qu'il ait été poursuivi, ni même qu'il soit connu; il suffit que l'existence du crime soit constatée. 24 sept. 1834 n. 314. — La disposition de l'article 59, portant que les complices seront punis de la même peine que les auteurs, ne doit pas être entendue en ce sens que le complice et l'auteur seront punis identiquement l'un comme l'autre; cela veut dire seulement que les complices seront punis de la peine portée par la loi contre le crime (19 sept. 1839 n. 301); — et la cour peut condamner le complice plus sévèrement que l'auteur. Même arrêt. — Le bourgeois, complice d'un délit militaire, n'est passible que des peines du droit commun. 19 janv. 1856 n. 27 et 28. — Le complice (hors le cas de l'art. 63) est passible de la même peine que l'auteur principal. 15 sept. 1843, n. 245.. 14 sept. 1854 n. 278.. 16 juin 1855 n. 214 — Mais le complice ne subit pas l'aggravation encourue par l'auteur principal à cause de la récidive. 3 juillet 1806. S. Tome 7, 2e partie, page 846. — Les motifs d'atténuation de peine personnels à l'auteur, ne peuvent s'étendre au complice. 20 déc. 1832 n. 303. — Le complice doit être condamné aux peines afférentes au crime, quoique l'auteur soit acquitté. 21 nov. 1839 n. 354. 9 fév. 1855 n. 38. — Lorsque deux accusés sont déclarés avoir commis le même crime en réunion, il en résulte qu'ils se sont rendus complices l'un de l'autre et que chacun est passible de l'aggravation de peine résultant de la qualité de son co-auteur. 22 janv. 1852 n. 28. — Voyez les notes particulières à chaque accusation.

RÉBELLION.

		Code pénal	
1	RÉBELLION par une ou deux personnes (sans armes).	209, 212^2	F. P. — *N... est-il coupable d'avoir, à telle époque, dans tel endroit, commis une attaque, une résistance avec violences et voies de fait envers telles personnes* (indiquer les fonctions), *agissant pour l'exécution des lois, des ordres ou ordonnances de l'autorité publique, des mandats de justice ou jugements?* NOTES Dans la question, on peut poser l'alternative de l'attaque ou de la résistance. 2 juill. 1835 n. 266. — Pour constituer une rébellion, il faut que la résistance ait été accompagnée de violences ou voies de fait. Même arrêt. — Ces expressions ne sont pas sacramentelles et peuvent être remplacées par d'autres présentant la même idée. (Dans l'espèce, on avait constaté qu'il y avait eu opposition avec force et violence à l'exécution des ordres d'un maire, et que la gendarmerie avait été repoussée) 15 oct. 1824 n. 140. — Menacer d'un coup de fusil et coucher en joue un gendarme (16 mai 1817, S. 1817, p. 245); se porter à grands cris sur des gendarmes en tenant levées sur eux des fourches et des faux (28 mai 1807, S. 1807, p. 1161), c'est résister avec violence. — Le délit de rébellion peut résulter de tout acte violent dont le but est d'empêcher l'officier ministériel ou l'agent de l'autorité publique d'accomplir sa mission. 30 août 1849 n. 231. La rébellion cesse-t-elle d'être coupable lorsque les agents de l'autorité n'observent pas les formalités de la loi, ou excèdent leurs pouvoirs? Voyez sur cette question difficile des arrêts du 16 avril 1812 n. 93.. 14 avril 1820 n. 52.. 5 janv. 1821. S. 1821, p. 122.. 3 sept 1824 n. 110.. 15 juill. 1826 n. 440.. 7 avril 1837. J. P. 1838, t. 1 page 428.. 17 août 1849 n. 209; et 29 mars 1854 n. 111. — Les violences envers les agents des administrations, lorsqu'elles ont été suivies d'effusion de sang, blessures, ou maladie, constituent le crime prévu par les art. 230 et 231, et non un simple délit de rébellion. Dans une accusation de rébellion, la cour d'assises peut, sur la demande de l'administration des douanes, partie civile, condamner les accusés à l'amende de 500 francs prévue par les art. 14, titre 13 de la loi du 22 août 1791, et 2, titre 4 de la loi du 4 germinal an XI. Cette amende n'a pas le caractère d'une peine proprement dite, et doit être considérée comme une réparation civile dont la cumulation est même formellement autorisée par l'art. 56 de la loi du 28 avril 1816. 17 déc. 1831 n. 319. — Mais la cour d'assises ne pourrait pas prononcer la confiscation des marchandises saisies, ni la condamnation à l'amende encourue pour le fait de contrebande, la cour ne pouvant statuer que sur les dommages-intérêts dus à raison du fait de l'accusation. Même arrêt.
2	Rébellion par une ou deux personnes avec armes.	212^1, 218 101.	C. A. — *Cette attaque, cette résistance a-t-elle été commise par une ou deux personnes avec armes?* NOTE. Cette circonstance, qui ne peut contribuer à donner au fait un caractère criminel, pourrait être posée subsidiairement comme résultant des débats. — Voyez ci-dessous les notes du n. 7.
3	Rébellion par trois personnes ou plus....	211^2, 218	C. A. — *Cette attaque, cette résistance a-t-elle été commise par une réunion de 3 personnes ou plus?* — Voyez les notes n. 7.
4	Rébellion par plus de vingt personnes ...	210^3	C. A. — *Cette attaque, cette résistance a-t-elle été commise par plus de vingt personnes?* — Voyez ci-dessous les notes du n. 7.
5	Si la réunion était armée..... 210, 211,	214, 101	C. A. — *Dans cette réunion, plus de deux personnes portaient-elles des armes ostensibles?* — Voyez ci-dessous les notes du n. 7.
6	Si l'accusé était muni d'armes cachées....	215, 101	C. A. — *L'accusé était-il alors muni d'armes cachées?* — Voyez ci-dessous les notes du n. 7.
7	Si l'accusé était le chef de la rébellion ... Si l'accusé est coupable d'avoir provoqué etc.	221. 221.	C. A. — *L'accusé était-il le chef de cette attaque, de cette résistance?* C. A. — *L'accusé est-il coupable d'avoir provoqué*, etc.? — Voyez les notes ci-dessous. NOTES Dans une accusation de rébellion avec violences et voies de fait, la circonstance du nombre est aggravante et non constitutive, puisque, suivant l'art. 209, le fait de rébellion est toujours punissable, indépendamment du nombre. 25 février 1843 n. 44. — D'après les dispositions combinées des articles 210 et 214, une réunion de plus de vingt personnes est réputée armée dès qu'il y a plus de deux personnes portant des armes ostensibles; il suffit donc que la circonstance de plus de deux personnes portant des armes ostensibles soit énoncée dans la question. 8 nov. 1832 n. 439. — Un petit bâton dont on s'est servi dans la rébellion doit être considéré comme une arme, aux termes de l'art. 101. 31 juill. 1823 n. 105. — D'après le 2e § de l'art. 101, on doit qualifier armes de grosses pierres dont l'accusé s'est saisi, quoiqu'il n'en ait pas fait usage; ce sont des objets contondants. 30 avril 1824 n. 61. — Il n'est pas nécessaire que la question de port d'armes soit soumise en termes formels au jury. (Dans l'espèce, on avait demandé si des pierres avaient été lancées.) 20 oct. 1831 n. 265 Un individu peut être coupable de provocation à la rébellion par des discours proférés sur la voie publique (loi du 17 mai 1819) et en outre de provocation par des machinations et artifices coupables (art. 60 du code pénal). Voyez 14 déc. 1850 n. 421.
8	Question d'excuse....................	213, 100	QUESTION D'EXCUSE. — *1° L'accusé était-il sans fonctions ni emploi dans la bande? 2° s'est-il retiré au premier avertissement de l'autorité publique; ou, s'étant retiré depuis, a-t-il été saisi hors du lieu de la rébellion, sans nouvelle résistance et sans armes?* NOTES. Cette exception ne s'étend pas à ceux qui ont provoqué la rébellion. 4 janv. 1851 n. 9. — Quant à l'excuse de la provocation, voyez ci-après n. 17.
9	Crimes et délits commis dans le cours d'une rébellion. Voyez art. 216.		

VIOLENCES ENVERS DES FONCTIONNAIRES.

		Code pénal	
10	VIOLENCES envers un magistrat dans l'exercice de ses fonctions, ou à l'occasion de cet exercice.	311, 315 228, 229	F. P. — *N... est-il coupable d'avoir à telle époque, dans tel endroit, volontairement porté des coups au sr...,* ou *d'avoir volontairement commis des violences ou voies de fait envers le sr...?* C. A. — *Ces coups ont-ils été portés au sr..., ou ces violences ou voies de fait ont-elles été commises envers le sr..., dans l'exercice de ses fonctions de..., ou à l'occasion de cet exercice?* NOTES. Il faut dans la question énoncer la nature des fonctions 12 juin 1851, n. 215. — La question de savoir si les violences ont eu lieu envers les fonctionnaires dans l'exercice de leurs fonctions est aggravante, et doit, à peine de nullité, être posée séparément. 12 juin 1845, n. 193 et 194.. 26 juin 1852, n. 211.. 8 mars 1855 n. 85.. 10 janv. 1856 n. 10.. 8 août 1861 n. 173.. 10 janv. 1862 n. 11. — D'après l'art. 222, l'article 228 concerne les magistrats de l'ordre administratif et judiciaire.
11	Si ces violences ont eu lieu à l'audience d'une cour ou d'un tribunal.	228^2, 229	C. A. — *Ces violences ont-elles eu lieu à l'audience d'une cour ou d'un tribunal?*
12	S'il y a eu préméditation..............	232, 297	C. A. — *L'accusé a-t-il agi avec préméditation? — ou l'accusé avait-il, avant l'action, formé le dessein d'attenter à la personne de...?* Voyez notes, page 109, n. 3.
13	S'il y a eu guet-apens................	232, 298	C. A. — *L'accusé a-t-il agi de guet-apens? — ou l'accusé a-t-il attendu un tel, dans tel endroit, pour exercer sur lui ces actes de violences?* — Voyez notes, p. 109, n. 3.
14	Si les violences ont été la cause d'effusion de sang, blessures ou maladie.	231.	C. A. — *Ces violences ont-elles été la cause d'effusion de sang, blessures ou maladie?*
15	Si la mort s'en est suivie dans les quarante jours.	231.	C. A. — *La mort s'en est-elle suivie dans les quarante jours?* Voyez meurtre, p. 110, n. 2.
16	Si les violences ont été commises avec intention de donner la mort.	233.	C. A. — *Ces violences ont-elles été commises avec intention de donner la mort?*
17	Question d'excuse, provocation..........	321, 326	Voyez notes, page 109, n. 9. — L'art. 321 ne peut être invoqué quand il s'agit d'excès commis sur des agents de la force publique dans l'exercice de leurs fontions. Cet art. n'est applicable qu'aux crimes envers les particuliers, ainsi que l'indique le titre où il se trouve placé. 8 avril 1826 n. 65.. 13 avril 1817 n. 20.. 30 avril 1847 n. 93.. 20 nov. 1855 n. 377.. 23 av. 1857 n. 170. — Dans une accusation de coups à un fonctionnaire dans l'exercice de ses fonctions, il faut, si l'accusé le demande, poser la question de provocation, le jury pouvant répondre négativement à la circonstance des fonctions. 26 déc. 1856 n. 405.
18	Coups à un officier ministériel, à un agent de la force publique ou à un citoyen chargé d'un ministère de service public, pendant qu'ils exerçaient leur ministère, ou à cette occasion.	230.	F. P. — *N... est-il coupable d'avoir, à telle époque, dans tel endroit, volontairement porté des coups au sr... ou d'avoir volontairement commis des violences ou voies de fait envers le sr...?* C. A. — *Ces coups ont-ils été portés au sr..., ou ces violences ou voies de fait ont-elles été commises envers le sr...* (dire la qualité), *pendant qu'il exerçait son ministère ou à cette occasion?* NOTES. Les gardes-champêtres et forestiers des particuliers doivent être assimilés aux agents de la force publique. 2 juill. 1846 n. 171. — Même décision relativement à un gardien de prison. 11 sept. 1845 n. 285. — Les violences exercées sur l'individu chargé de la conduite d'un prévenu, rentrent dans les termes de l'art. 230. 9 oct. 1846 n. 274. Voyez ci-dessus les notes du n. 10, et les notes du n. 1, relativement aux dommages réclamés par les administrations intervenant comme partie civile.
19	Circonstances. Question d'excuse..		Relativement aux circonstances et à la question d'excuse, voyez les n. 12, 13, 14, 15, 16 et 17.

		Code pénal	
	Tentative et complicité, voyez p. 107.		**COUPS, BLESSURES, VIOLENCES ENVERS DES PARTICULIERS.**
1	COUPS, BLESSURES, VIOLENCES.....	311, 315	F. P. — *N... est-il coupable d'avoir, à telle époque, dans tel endroit, volontairement porté des coups ou fait des blessures à... ou d'avoir volontairement commis des violences ou voies de fait envers...?* NOTES. On peut, sans qu'il y ait complexité, demander si l'accusé est coupable d'avoir, de telle époque à telle autre, porté volontairement des coups à... 3 juin 1859 n. 141.. 8 août 1840 n. 224. Dans une accusation de coups et blessures, la volonté est constitutive de la criminalité et doit être énoncée dans la question (18 juill. 1840 n. 206.. 20 nov. 1847 n. 282.. 22 juin 1850 n. 202), lors même qu'il y aurait une question sur la préméditation. 12 janv. 1833 J. P.. Contrà, 11 janv. 1856 n. 16. — La pluralité dans les coups ne peut suppléer à l'expression de la volonté. 23 déc. 1841 n. 366. — Jugé que la volonté doit s'inférer de cette circonstance que l'accusé a porté des coups à diverses reprises à la même personne. 20 fév. 1841 n. 49.. 28 déc. 1827 n. 321.. 19 sept. 1828 n. 269. — L'art. 311 est applicable à celui qui, en voulant frapper une personne, en atteint une autre. 7 avril 1853 n. 127. Pour appliquer l'art. 311, il suffit qu'un seul coup ait été porté. 5 mars 1831 n. 42. — L'art. 311 est applicable à un soufflet (9 déc. 1819 n. 135); aux coups portés par un mari à sa femme (9 avril 1825 S. 1826, p. 254); aux coups portés par un père à ses enfants, 17 déc. 1819. J. P. — Saisir un individu au corps et le jeter à terre avec force est un acte de violence duquel il résulte pour lui un coup qui a ou peut avoir les conséquences les plus graves. 22 août 1834 n. 280. L'art. 311 est applicable à celui qui est reconnu coupable d'avoir exercé de mauvais traitements *sur* une personne, mais non à celui reconnu coupable de mauvais traitements *envers* une personne. 10 oct. 1822 n. 141. Sont punissables : les blessures résultant d'un duel (10 sept. 1840 n. 257 et 12 novembre 1840 n. 321); les blessures portées du consentement du blessé (2 juill. 1835 n. 265); la mutilation d'un individu pour le soustraire à la conscription. 13 août 1813. J. P. Les violences légères sont punies par l'art. 605 n. 8 du code du 3 brumaire an IV 14 av. 1821 n. 61.. 7 janv. 1865 n. 6. Dans une accusation de coups et blessures, on peut poser, comme résultant des débats, la question de coups et blessures involontaires ; mais il faut (art. 319 et 320 du code pénal) demander au jury s'il y a eu imprudence, maladresse, etc. 7 juill. 1827, n. 178.
2	Si l'accusé est un fonctionnaire ou un officier public, etc., ayant, sans motif légitime, usé ou fait user de violences envers les personnes, dans l'exercice ou à l'occasion de l'exercice de ses fonctions.	186, 198	C. A. — En deux paragraphes (voir n. 8, p. 74) : 1° *L'accusé a-t-il agi dans l'exercice ou à l'occasion de l'exercice de ses fonctions de? 2° A-t-il agi sans motif légitime?* NOTES. D'après l'art. 186, un agent ou préposé du gouvernement, accusé de violences envers les personnes, n'est passible des peines de l'art. 198 qu'autant qu'il a agi dans l'exercice de ses fonctions, sans motif légitime, d'où suit qu'il faut demander au jury s'il a agi dans l'exercice de ses fonctions, et s'il a agi sans motif légitime (14 oct. 1825 n. 206.. 15 mars 1821, n. 37); ce qui ne dispense pas de poser la question de provocation, si elle est demandée dans l'intérêt de l'accusé. 30 janv. 1835, n. 43.
3	S'il y a eu préméditation.............	310, 311 297.	C. A. — *L'accusé a-t-il agi avec préméditation, — ou l'accusé avait-il, avant l'action, formé le dessein d'attenter à la personne de...?* NOTES. La question de la préméditation peut être posée dans les termes de la définition de l'art. 297. 24 juill. 1841 n. 219. — La préméditation et le guet-apens doivent être l'objet de questions séparées. 3 juill. 1845 n. 217. — Il faut, sur la préméditation et le guet-apens, autant de questions qu'il y a d'accusés. 16 nov. 1854 n. 315.. 28 juin 1855 n. 230.
	S'il y a eu guet-apens................	310, 311 298	C. A. — *L'accusé a-t-il agi de guet-apens ? — ou l'accusé a-t-il attendu un tel, dans tel endroit, pour exercer sur lui ces actes d violence?* Voyez notes ci-dessus, n. 3. — Le guet-apens ne peut exister sans la préméditation. 15 sept. 1853 n. 460.
4	Si les violences ont occasionné une maladie ou une incapacité de travail personnel pendant plus de vingt jours.	309.	C. A. — *Ces violences ont-elles occasionné à... une maladie ou incapacité de travail personnel pendant plus de vingt jours?* NOTES. Il y a incapacité de travail toutes les fois que l'individu malade ne peut, sans imprudence, se livrer à son travail habituel. 21 mars 1834. J. P. — L'art. 309 ne distingue pas entre les divers genres de travaux qu'un individu peut avoir à exécuter, de manière à exclure l'application dudit article, dans le cas où les coups et blessures n'auraient occasionné que l'incapacité de se livrer à certaines occupations. 2 juill. 1835 n. 265. — De ce qu'un individu est annoncé ne pouvoir plus, par suite d'une blessure, se servir d'un bras, il n'en résulte pas nécessairement qu'il ait été pendant plus de vingt jours incapable de tout travail personnel. 14 sept. 1820 n. 154. — Pour appliquer l'art. 309, il faut qu'il y ait eu effectivement une incapacité de travail personnel de plus de vingt jours. 18 mars 1854 n. 79.
5	Si les violences ont occasionné une infirmité permanente ;	309, 310	C. A. — *Ces violences ont-elles été suivies de mutilation, d'amputation, de privation de l'usage d'un membre, de cécité, de perte d'un œil,* ou de telle infirmité permanente ?
6	Si les violences commises sans intention de donner la mort, l'ont pourtant occasionnée	309, 310	C. A. — *Ces violences commises volontairement, mais sans intention de donner la mort, l'ont-elles pourtant occasionnée?* NOTE. C'est là une circonstance aggravante qui doit être posée séparément. 30 déc. 1841 n. 374.. 10 juin 1852 n. 185.
7	Si l'accusé a commis le crime envers ses père ou mère légitimes, naturels ou adoptifs, ou autres ascendants légitimes.	312	C. A. — *L'accusé est-il le fils légitime, naturel ou adoptif de..., ou le petit-fils légitime de...?* NOTES. L'art. 312 est applicable aux violences et voies de fait. 7 déc. 1866 n. 253. La qualité de la personne est une circonstance aggravante qui doit être posée séparément. 7 août 1851 n. 326. — Dans la question, il ne faut pas employer le mot ascendant qui donne à juger une question de droit. 14 sept. 1837 n. 272. Dans une accusation de coups portés par un fils à son père, on peut poser, comme résultant des débats, la question de tentative de ce crime (en comprenant la qualité de la victime dans le fait principal qui, sans cela, ne serait pas punissable). 3 fév. 1821 n. 26. Le fils complice, par provocation, des coups portés à son père, n'encourt que la peine applicable à l'auteur du délit. 21 mars 1844 n. 109. — Le fils qui a frappé son père peut faire valoir l'excuse de la provocation. 10 janv. 1812. J. P.
8	Si l'accusé est un mendiant ou un vagabond, travesti, porteur d'armes ou muni d'instruments de crime.	279, 277	C. A. (Par questions séparées). — *A cette époque l'accusé se livrait-il à la mendicité? — Se livrait-il au vagabondage? — Etait-il travesti? — Etait-il porteur d'armes? — Etait-il muni de limes, crochets ou autres instruments propres à commettre des vols, ou à lui procurer les moyens de pénétrer dans les maisons?*
	Tentative de violences par un mendiant ou un vagabond ;	id.	F. P. — *N... est-il coupable d'avoir, dans tel endroit, à telle époque, lorsqu'il était mendiant ou vagabond, tenté d'exercer des violences envers le s[r]..., tentative manifestée, etc.?*
	Si l'accusé est travesti, porteur d'armes ou muni d'instruments de crime.	id.	C. A. (Par questions séparées). — *Dans ce moment l'accusé était-il travesti? — Etait-il porteur d'armes? — Etait-il muni de limes, crochets ou autres instruments propres à commettre des vols ou à lui procurer les moyens de pénétrer dans les maisons?*
9	VIOLENCES EXCUSABLES. Si l'accusé a été provoqué par des coups ou violences graves envers les personnes.	321, 326	QUESTION D'EXCUSE. *L'accusé a-t-il été provoqué à l'action qu'on lui reproche, par des coups ou violences graves envers sa personne ou envers la personne d'autrui?* NOTES. La question d'excuse, lorsqu'elle est proposée par l'accusé, doit être soumise au jury à peine de nullité. 15 juin 1855 n. 210.. 2 oct. 1862 n. 237. — La qualification de graves s'applique aussi bien aux coups qu'aux autres violences. 30 juin 1859 n. 159. Pour que la provocation présente le caractère d'excuse déterminé par la loi, il faut qu'il soit bien établi que ce sont des personnes qui ont été l'objet des violences exercées. 7 fév. 1812, S. 1812, p. 320.. 22 janv. 1852 n. 29. L'art 321 ne peut être invoqué quand il s'agit d'excès commis sur des agents de la force publique dans l'exercice de leurs fonctions. 8 avril. 1826 n. 65.. 30 avril 1847 n. 93.. 20 nov. 1855 n. 377.. 25 avril 1857 n. 170.. 15 sept. 1864 n. 231.
10	Si l'accusé était dans le cas de l'art. 322.	322, 326	QUESTIONS D'EXCUSE. *Ces violences ont-elles été commises en repoussant pendant le jour l'escalade ou l'effraction des clôtures, murs ou entrée d'une maison ou d'un appartement habité, ou de leurs dépendances?*
11	VIOLENCES NON COUPABLES. Si les coups étaient commandés par la nécessité actuelle de la légitime défense de soi-même ou d'autrui.	328.	NOTES. La légitime défense n'est pas une question d'excuse qui doive être posée séparément. Dans le cas de légitime défense, il n'y a, d'après la loi, ni crime, ni délit, et en demandant si l'accusé est coupable, on demande, par cela même, s'il était en légitime défense (4 oct. 1827 n. 256); il en est de même de la démence et de la force majeure (art. 64). Voyez notes de l'art. 339 du code d'instruction criminelle, page 76.
12	Si l'accusé était dans le cas des art. 327 et 329.	327, 329	Pas de question à poser, voyez notes ci-dessus, n. 11.

		Code pénal	MEURTRE. — ASSASSINAT.
	Tentative et complicité, voyez p. 107.		
1	MEURTRE ou HOMICIDE volontaire....	295, 304	F. P. — *N... est-il coupable d'avoir, à telle époque, dans tel endroit, commis volontairement un homicide sur la personne de..., — ou N... est-il coupable d'avoir, à telle époque, dans tel endroit, donné volontairement la mort à...?* NOTES. On peut diviser la question d'homicide en trois paragraphes : 1° *N... est-il coupable d'avoir, à telle époque, dans tel endroit, volontairement porté des coups et fait des blessures à...?* 2° *Ces blessures et ces coups ont-ils occasionné la mort de...?* 3° *Ces coups ont-ils été portés et ces blessures ont-elles été faites dans l'intention de donner la mort?* 24 juill. 1841 n. 219. Il faut éviter d'employer le mot meurtre, expression complexe dont les jurés peuvent ignorer le sens légal. 20 juin 1823 n. 71. La volonté est une circonstance constitutive du meurtre sur laquelle le jury doit être interrogé. 23 déc. 1841. D. 1841, p. 117. — Le meurtre ne peut être légitimé par le consentement de la personne homicidée. 23 juin 1838 n. 177.. 21 août 1851 n. 348. — La loi est applicable au meurtre commis en duel; l'excuse de la légitime défense n'est pas admissible, le danger n'ayant existé que par la volonté des parties 10 sept. 1840 n. 257.. 11 avril 1851 n. 142.. 18 fév. 1854 n. 43. — Les témoins doivent être poursuivis comme complices. 22 mars 1850 n. 112. — Il y a meurtre lors même qu'on a donné la mort à une autre personne que celle que l'on voulait tuer; il n'en reste pas moins constant qu'on a donné la mort avec intention de tuer. Dans l'espèce la question avait été ainsi posée : N... est-il coupable d'avoir volontairement tiré sur la personne de A... un coup de fusil qui a causé sa mort sans intention de tuer A..., mais dans l'intention de tuer B.., et en croyant tirer sur ce dernier. 31 janv. 1835 n. 44. Dans une affaire jugée le 8 déc. 1855 n. 575, la question avait été posée de cette manière : N..., est-il coupable d'avoir tiré volontairement sur le sieur A..., dans l'intention de lui donner la mort, un coup de fusil qui atteignit et tua le sieur B...? Dans une accusation de meurtre, on peut poser comme circonstance aggravante résultant des débats un fait de vol (14 nov. 1822 n. 165), ou un fait de viol (3 avril 1845 n. 121), que le meurtre a précédé, accompagné ou suivi. — Lorsqu'un fait est soumis au jury comme circonstance aggravante, résultant des débats, le président doit prévenir les jurés qu'ils ne doivent s'en occuper qu'en cas de réponse affirmative sur le fait principal de meurtre 3 avril 1845 n. 121. Dans une accusation de meurtre, on peut poser subsidiairement comme résultant des débats une question de coups et blessures volontaires, ayant occasionné la mort sans intention de la donner (16 mai 1810 n. 138); — ou une question d'homicide involontaire; mais il faut, selon l'art. 319, demander au jury s'il y a eu imprudence, maladresse, etc., de la part de celui qui l'a commis involontairement (7 juillet 1827 n. 177), ou qui en a été involontairement la cause. 15 septembre 1825 n. 184.
2	Si l'accusé est un fonctionnaire ou un officier public, etc., ayant sans motif légitime, usé ou fait user de violences envers les personnes, dans l'exercice ou à l'occasion de l'exercice de ses fonctions.	186, 198	C. A. — En deux paragraphes (voyez n. 8, p. 74): 1° N.. *a-t-il agi dans l'exercice ou à l'occasion de l'exercice de ses fonctions de...?* 2° *A-t-il agi sans motif légitime?* NOTES. Voyez les arrêts rapportés au n. 2 de la page 109 — L'art. 186 est applicable au meurtre. 5 décembre 1822 n. 172. La question relative à l'existence d'un motif légitime pour le fonctionnaire qui a usé de violences, doit être posée distinctement. On peut en outre poser la question de provocation à laquelle le jury peut se dispenser de répondre s'il a déclaré l'existence d'un motif légitime. 18 juin 1857 n. 230.
3	Si le meurtre a été commis sur un fonctionnaire dans l'exercice de ses fonctions ou à l'occasion de cet exercice.	233.	C. A — *Cette action a-t-elle été commise sur le sieur... pendant qu'il exerçait ses fonctions de.., ou à cette occasion?* NOTES. La question de savoir si un fonctionnaire sur lequel un meurtre a été commis, était dans l'exercice de ses fonctions, est aggravante et doit être posée séparément. 14 janv. 1841, n. 8.. 20 avril 1854 n. 112. — Voyez art. 228 et suiv., page 108. Dans une accusation de meurtre commis par un gendarme sur un maréchal des logis de gendarmerie, on peut poser deux questions séparées : l'une présentant le délit commun de tentative de meurtre, l'autre le délit militaire de voies de fait envers son supérieur (art. 15, titre 8 de la loi du 21 brumaire an v). 23 janvier 1846 n. 27.
4	Si le meurtre a précédé, accompagné ou suivi un autre crime;	304.	C. A. — *L'homicide volontaire a-t-il précédé, accompagné ou suivi le crime de... ci-dessus spécifié?* — Voyez notes ci-dessous.
	Ou s'il a eu pour objet, soit de préparer, faciliter ou exécuter un délit, soit de favoriser la fuite ou d'assurer l'impunité des auteurs ou complices de ce délit.		C. A. — *L'homicide volontaire a-t-il eu pour objet soit de préparer, faciliter ou exécuter le délit de..., ci-dessus spécifié, soit de favoriser la fuite ou d'assurer l'impunité des auteurs ou complices de ce délit?* NOTES. Dans une accusation de meurtre accompagnée de viol, on interroge le jury sur la question de meurtre, ensuite sur la question de viol : et enfin l'on demande si le meurtre a précédé, accompagné ou suivi le crime de viol. 3 juin 1852 n. 180. — Voyez 18 oct 1845 n. 330 relativement à un meurtre accompagné de rébellion. Dans une accusation de tentative de meurtre accompagné de vol simple, on pose la question de tentative de meurtre, puis la question de vol, et enfin la question de savoir si la tentative de meurtre a eu pour objet soit de préparer, faciliter ou exécuter le vol, soit de favoriser la fuite ou d'assurer l'impunité des auteurs ou complices de ce délit. 22 juin 1855 n. 224.. 12 juillet 1855 n. 247. — Relativement à un meurtre accompagné d'un délit de chasse, voyez 21 mars 1850 n. 105.. 4 sept. 1856 n. 307.. 10 mars 1859 n. 74.. 12 janv. 1860 n. 9. Pour qu'il y ait lieu à l'aggravation de peine de l'art. 304, il faut que le meurtre ait concouru avec un *crime* qu'il aurait accompagné, précédé ou suivi, — ou que ce meurtre connexe avec un *délit*, ait eu pour objet soit de le préparer, de le faciliter ou de l'exécuter, soit d'en assurer l'impunité. 25 août 1842 n. 217. — Le concours simultané du meurtre et de l'autre crime (ou délit) doit être formellement exprimé dans les questions (22 déc. 1836 n. 396); ce concours ne résulte pas nécessairement de la déclaration du jury que le meurtre et l'autre crime ont été commis par la même personne, le même jour et dans le même lieu. 9 juillet 1818 n. 87.. 13 juillet 1861 n. 149. — Le meurtre suivi d'un autre meurtre rentre dans les prévisions de l'art. 304. 31 déc. 1840 n. 370 — L'art. 304 est applicable à la tentative de meurtre. 10 déc. 1845 n. 331. — Le vol est une circonstance aggravante du meurtre, même lorsque la soustraction a été commise par des parents au degré spécifié en l'art. 380. 21 déc. 1837 n. 435.
5	ASSASSINAT. Si le meurtre a été commis avec préméditation;	296, 297 302.	C. A. — *L'accusé a-t-il agi avec préméditation?* — ou *l'accusé avait-il avant l'action, formé le dessein d'attenter à la personne de...?* Voyez les notes ci-dessous.
	S'il a été commis de guet-apens.	296, 298 302.	C. A. — *L'accusé a-t-il agi de guet-apens?* — ou *l'accusé a-t-il attendu un tel, dans tel endroit, pour lui donner la mort?* NOTES. Voyez les notes n. 3, page 109. — L'assassinat n'est autre chose que le meurtre commis avec préméditation ou de guet-apens; la préméditation et le guet-apens sont donc seulement des circonstances aggravantes du crime de meurtre. 19 octobre 1837 n. 317. — Le jury ne peut être interrogé par une seule et même question sur la préméditation et le guet-apens. 8 octobre 1852 n. 343 — Et s'il y a plusieurs accusés, il faut une question séparée, sur chacune des circonstances, pour chacun des accusés. 28 juin 1855 n. 230. Il n'y a pas lieu à interroger le jury sur la préméditation relativement au complice; il suffit qu'elle soit décidée contre l'auteur principal, le complice, d'après l'art. 59, devant, hors le cas de l'art. 63, être puni de la même peine que l'auteur principal. 15 septembre 1843 n. 245 — Voyez complicité, n. 6, p. 107.
6	Si l'accusé a employé des tortures ou commis des actes de barbarie.	303, 302	C. A. — *L'accusé, pour l'exécution de son crime, a-t-il employé des tortures ou commis des actes de barbarie?* NOTES. L'art. 303 n'exige pas, comme l'une des conditions du crime qu'il prévoit et punit, que le coupable de tortures ou actes de barbarie fasse partie d'une association de malfaiteurs. 15 mars 1840 n. 133.
7	Homicide excusable..................	321, 322, 326	Voyez les questions et les notes, n. 9 et 10, page 109. — Voyez notes ci-après.
8	Meurtre entre époux..................	324.	QUESTION D'EXCUSE. — *La vie de l'accusé se trouvait-elle mise en péril par le fait de... son épouse, au moment même où l'homicide a eu lieu?* NOTES Les violences graves (art. 321) n'excusent pas le meurtre commis par l'un des époux sur l'autre. Aux termes de l'art. 324, il n'y a d'excuse légale pour un tel crime, que si la vie de l'époux a été mise en péril dans le moment même où le meurtre a eu lieu; et cette disposition est applicable à l'époux, soit auteur, soit complice, du meurtre de son conjoint. 19 janvier 1838. J. P. t. 1, 1838, p. 393.
	Meurtre, en cas d'adultère de l'épouse, du complice.	324.	QUESTION D'EXCUSE. — *L'accusé a-t-il commis cet homicide sur sa femme à l'instant où il la surprenait en flagrant délit d'adultère dans la maison conjugale?* QUESTION D'EXCUSE. — *L'accusé a-t-il commis cet homicide, à l'instant ou il surprenait le s^r^... en flagrant délit d'adultère avec... sa femme, dans la maison conjugale?*
9	Homicides non coupables..............	327, 328 329.	Voyez notes, n. 11 et 12, page 109.

		Code pénal	
	Tentative et complicité, voyez p. 107.		**MENACES D'ASSASSINAT, D'EMPOISONNEMENT, ETC.**
1	Menaces par écrit d'assassinat, d'empoisonnement, etc.;	306.	F. P. — *N... est-il coupable d'avoir, à telle époque, dans tel endroit, par un écrit anonyme ou par un écrit signé, menacé le s^r... d'assassiner, d'empoisonner, telle personne, etc ?*
	S'il y a eu ordre ou condition.	305.	C. A. — *Cette menace a-t-elle été accompagnée d'un ordre ou d'une condition?*
2	Menaces verbales avec ordre ou condition, d'assassinat, d'empoisonnement, etc.	307.	F. P. — *N... est-il coupable d'avoir, à telle époque, dans tel endroit, avec ordre ou sous condition, menacé verbalement le s^r... d'assassiner, d'empoisonner telle personne, etc ?*
3	Menaces de violences avec ordre ou sous condition, verbalement ou par écrit.	308.	F. P. — *N... est-il coupable d'avoir, à telle époque, dans tel endroit, avec ordre ou sous condition, menacé verbalement ou par écrit, le s^r... de telles voies de fait ou violences?* NOTES. Lorsque la menace est écrite, le fait d'y avoir apposé une condition est une circonstance aggravante et doit être posé séparément. 20 décembre 1850 n. 428. — Dire à un maire : si vous revenez la nuit vers mon parc, je vous tirerai un coup de fusil, c'est commettre le délit de menace verbale sous condition 1er février 1834. D 1834. p. 183 — Pour que la menace verbale avec ordre et sous condition soit punie, il n'est pas nécessaire que l'ordre donné soit injuste, et que la condition soit préjudiciable au droit de celui à qui la menace est adressée. 18 sept. 1851 n. 390. — Une simple menace verbale n'est pas punissable. 9 janv. 1818 n. 5.
			EMPOISONNEMENT.
4	EMPOISONNEMENT..................	301, 302	F. P. — *N... est-il coupable d'avoir, à telle époque, dans tel endroit, attenté volontairement à la vie de..., par l'effet de substances pouvant donner la mort plus ou moins promptement?* NOTES. L'empoisonnement d'une personne, bien que résultant d'actes répétés, ne constitue cependant qu'un seul et même crime sur lequel le jury peut être interrogé par une question unique (12 décembre 1840 n. 350.. 12 juin 1851 n. 217); on demande alors si, de telle époque à telle autre, l'accusé n'a pas volontairement, à diverses reprises, attenté à la vie de...., etc.? — La loi répute empoisonnement tout attentat à la vie d'une personne non-seulement par l'effet de substances vénéneuses proprement dites, mais par l'effet de substances qui peuvent donner la mort. 18 juin 1835. J. P. — Dans une accusation d'empoisonnement, il n'y a pas lieu à poser la question de préméditation, les deux circonstances de la volonté et de la préméditation étant inséparables par la nature du fait. 26 vendémiaire an XIV, n. 219. L'individu, poursuivi pour empoisonnement à l'aide d'une substance qualifiée de léthifère, ne peut, après acquittement aux assises, être traduit en police correctionnelle sous la prévention d'avoir administré la même substance qualifiée alors de nuisible à la santé. 23 février 1854 n. 51. — Relativement aux maladies causées par des substances nuisibles, voyez page 112 n. 3.
	Si l'accusé a commis le crime envers ses père ou mère légitimes, naturels ou adoptifs, ou autres ascendants légitimes.	301, 302 13.	F. P. — *N... est-il coupable d'avoir, à telle époque, dans tel endroit, par l'effet de substances pouvant donner la mort plus ou moins promptement, attenté volontairement à la vie de..., son père légitime, naturel ou adoptif, ou son aïeul légitime?* Voyez ci-après les notes relatives au parricide.
			PARRICIDE.
5	PARRICIDE..........................	299, 302 13, 323.	F. P. — *N... est-il coupable d'avoir, à telle époque, dans tel endroit, commis volontairement un homicide sur la personne de..., son père légitime, naturel ou adoptif, ou son aïeul légitime?* NOTES. Voyez une autre formule n. 1, p. 110. — On pourrait aussi diviser la question en deux paragraphes : 1° *N... est-il coupable d'avoir, à telle époque, dans tel endroit, donné volontairement la mort à...?* 2° *N... est-il le fils légitime, naturel ou adoptif de..., ou le petit-fils légitime de...?* 22 septembre 1812 n. 245.. 6 août 1863 n. 216. Dans la question, il ne faut pas employer le mot ascendant. Voy. p. 109 n. 6. — Dans une accusation de parricide, la qualité de la victime n'est pas une circonstance aggravante du meurtre, mais bien une circonstance constitutive du parricide, crime spécial et distinct ; elle doit donc être comprise dans le fait principal. 16 juillet 1842 n. 184. — Jugé que depuis le décret du 18 déc. 1848, qui veut que la déclaration du jury se forme à la majorité tant sur le fait principal que sur les circonstances aggravantes, la circonstance de filiation, bien qu'elle soit constitutive du crime de parricide, peut d'autant mieux être détachée du fait de l'homicide volontaire que cette manière de procéder ne comporte aucun préjudice pour l'accusé. 24 mars 1853 n. 110.. 6 août 1862 n. 216. — La question relative à la parenté est compétemment agitée à la cour d'assises 19 sept. 1839, n. 301. L'aggravation de peine de l'art 13 est applicable au complice du parricide. 23 mars 1843 n. 66. — Pour que la peine du parricide puisse être appliquée au gendre qui a tué son beau-père, il faut qu'il ait exécuté le crime conjointement avec sa femme, fille de la victime ; ou que celle-ci ait concouru à l'homicide de son père par l'un des faits matériels spécifiés dans les art. 59, 60 et suiv. 15 décembre 1814 n. 43.. Voyez aussi 16 juillet 1835 n. 292. — On peut, après avoir posé la question relative à l'homicide commis par un gendre sur son beau-père, poser comme circonstance, la question de savoir si l'accusé a commis le crime conjointement avec sa femme, fille de la victime. Si le jury répond négativement à cette dernière question, il n'y a pas de parricide. 11 déc. 1845 n. 360. — Jugé qu'on a pu demander par une seule question, si l'accusé est coupable d'avoir donné la mort à...., conjointement avec la nommée... fille de la victime. 11 sept. 1851 n. 382 bis, p. 637.. 11 mai 1866 n. 135. Dans une accusation de parricide on a pu poser, comme résultant des débats, la question de meurtre avec les circonstances de la préméditation et du guet-apens. 15 déc. 1831, J. P. D'après l'article 323, le parricide n'est jamais excusable, mais on pourrait faire valoir la légitime défense ; voy. art. 339, p. 77.
			INFANTICIDE.
6	INFANTICIDE..........................	300, 302	F. P. — *N..., est-il coupable d'avoir, à telle époque, dans tel endroit, donné volontairement la mort à un enfant nouveau-né?* NOTES. Il n'est pas nécessaire de désigner l'enfant sur lequel l'attentat a été commis. 6 fév. 1840, p. 654. — La qualité d'enfant nouveau-né doit être comprise dans la question principale, c'est une circonstance constitutive de l'infanticide. 21 août 1840 n. 237. — Le meurtre d'un enfant nouveau-né constitue l'infanticide, lors même que le coupable ne serait ni le père ni la mère de l'enfant. 14 avril 1837 n. 114. — L'infanticide est le meurtre d'un enfant nouveau-né. Le meurtre de deux enfants nouveau-nés constitue nécessairement deux infanticides, d'où suit qu'il faut poser deux questions. 18 juill. 1856 n. 255. La loi en punissant l'infanticide d'une peine plus forte, n'a eu en vue que l'homicide commis sur un enfant au moment où il vient de naître, ou dans un temps très-rapproché de celui de sa naissance ; l'art. 300 n'est donc pas applicable au meurtre d'un enfant qui a déjà atteint l'âge de 21 jours et dont par conséquent la naissance, si elle n'a pas été légalement constatée, n'a pu du moins le plus souvent rester entièrement inconnue. 24 déc. 1835 n. 468. — L'aggravation de peine de l'art. 300 a été déterminée uniquement par la situation particulière de l'enfant qui, au moment où il entre dans la vie, ne participe point encore aux garanties communes, et par la facilité qu'a le coupable d'effacer jusqu'aux traces de sa naissance. Ce serait donc étendre au delà de ses termes, comme au delà de son esprit, les dispositions de l'art. 300, que de l'appliquer aux enfants dont la naissance est devenue notoire. (Dans l'espèce, il s'agissait d'un enfant âgé de huit jours et dont la naissance n'avait pas été clandestine.) 14 avril 1837 n. 114. — Si la question de nouveau-né présentait des difficultés, on pourrait diviser le fait principal en deux paragraphes (page 74 n. 8), de cette manière : 1° N... est-il coupable d'avoir volontairement donné la mort à un enfant? 2° Cet enfant était-il nouveau-né? — Dans une espèce où l'enfant avait été inscrit au registre de l'état civil, le président prévoyant que le jury ne le considérerait pas comme nouveau-né, avait posé une question subsidiaire de meurtre avec préméditation. Voyez 13 mars 1856 n. 106. Une femme peut être poursuivie en même temps, pour infanticide et pour suppression de l'enfant. 4 août 1842. S. 1. 777. Dans une accusation d'infanticide, on ne peut pas poser, comme résultant des débats, une question d'avortement (30 janv. 1851 n. 37); — ni une question de suppression d'enfant (28 juin 1853 n. 214); ce sont des crimes nouveaux et distincts. — On peut poser, comme résultant des débats, une question d'homicide par imprudence ; voyez meurtre n. 1, p. 110. La personne acquittée du crime d'infanticide peut être poursuivie ultérieurement pour homicide par imprudence (30 janv. 1840 n. 38.. 3 avril 1855 n. 276.. 18 avril 1857 n. 161); et pour exposition et délaissement d'enfant. 20 avril 1850 n. 134.

		Code pénal	
	Tentative et complicité, voyez p. 107.		**AVORTEMENT.**
1	AVORTEMENT..........................	317.	F. P. — *N... est-il coupable d'avoir, à telle époque, dans tel endroit, par aliments, breuvages, médicaments, violences ou par tout autre moyen, procuré volontairement l'avortement de..., alors enceinte?* — Voyez notes ci-dessous. F. P. — *N... est-elle coupable de s'être, à telle époque, dans tel endroit, lorsqu'elle était enceinte, procuré volontairement l'avortement à elle-même par aliments, breuvages, etc ; ou d'avoir consenti à faire usage des moyens à elle indiqués ou administrés à l'effet de se procurer l'avortement, lequel s'en est suivi?* — Voyez notes ci-dessous. NOTES. En matière d'avortement, la qualification manque d'un élément essentiel, si le fait de la grossesse n'y est pas formellement énoncé. 6 janv. 1859 n. 2. Le fait d'avoir occasionné la mort d'une femme par des violences qu'on aurait volontairement exercées sur elle pour la faire avorter, constitue le crime prévu par l'art. 309, paragraphe 2, et non pas le délit d'homicide par imprudence de l'art. 319, l'art 319 ne pouvant recevoir d'application que lorsque l'homicide est la suite d'une des fautes qu'il énumère, au nombre desquelles ne se trouve point la violence volontairement exercée sur la personne. 3 septembre 1840 n. 246. Les dispositions de l'art 2 sont générales, et l'art. 317 ne renferme aucune expression qui excepte formellement la tentative d'avortement des dispositions de l'art. 2, si ce n'est relativement à la femme enceinte. Cette exception, ainsi limitée en faveur de la femme enceinte, démontre évidemment que la même tentative commise par d'autres individus est assimilée au crime même. 20 janv 1852 n. 43.. Voyez aussi 24 juin 1853 n. 226.. 24 juin 1858 n. 177.. 26 juill. 1860 n. 175. La complicité d'une tentative d'avortement n'est punissable que s'il résulte des questions que la tentative a été commise par une personne autre que la femme enceinte elle-même. 3 mars 1864 n. 54. La personne acquittée du crime d'avortement, peut être poursuivie ultérieurement pour blessures volontaires. 27 juin 1856 n. 227.
2	Si l'accusé est un médecin, chirurgien, pharmacien, etc.	317^{3}.	C. A. — *L'accusé est-il médecin, chirurgien, pharmacien, etc?* NOTES. La question peut être posée en ces termes : l'accusé est-il médecin? 5 mars 1857 n. 92. — La qualité de médecin, chirurgien, officier de santé, pharmacien ou sage-femme, est essentiellement aggravante d'après l'article 317, et doit faire l'objet d'une question séparée 26 janv. 1839 n. 28.. 16 juin 1853 n. 212.. 13 janv. 1854 n. 8. L'art. 317 comprend les sages-femmes dans la généralité de ses expressions, puisqu'elles n'obtiennent leur diplôme, selon les lois du 10 mars 1803, art. 32, et du 19 ventôse an XII, qu'après avoir été examinées par les jurys. 26 janvier 1839 n. 28. — La question aggravante de sage-femme peut être posée comme résultant des débats. 23 mai 1844 n. 179.— Le complice du crime d'avortement commis par une sage-femme, est passible des travaux forcés, comme l'auteur principal. 16 juin 1855 n. 214. Si le troisième paragraphe punit les médecins et les autres personnes qu'il indique d'une peine plus forte dans le cas où l'avortement aurait eu lieu, il les laisse dans la classe commune de ceux qui tentent de commettre ce crime, et les punit comme eux de la peine portée dans le paragraphe premier ; il n'y a donc rien d'inconciliable dans les dispositions de l'art. 2 et de l'art. 317 du code pénal. 15 avril 1830 n. 103.. 17 mars 1827 n. 60.. 16 oct. 1817 n. 96.. 7 oct. 1858 n. 258.
			MALADIE CAUSÉE PAR DES SUBSTANCES NUISIBLES.
3	MALADIE causée par des substances nuisibles.	317^{4}.	F. P.— *N... est-il coupable d'avoir, à telle époque, dans tel endroit, volontairement occasionné à...., une maladie ou incapacité de travail personnel, en lui administrant des substances nuisibles à la santé?*
4	Si la maladie a duré plus de vingt jours.	317^{5}.	C. A. — *Cette maladie ou incapacité de travail personnel a-t-elle duré plus de vingt jours?* — Voyez notes, n. 4, page 109.
5	Si l'accusé a commis le crime envers ses père ou mère légitimes, naturels ou adoptifs, ou autres ascendants légitimes.	317^{6}.	C. A. — *N... est-il le fils légitime, naturel ou adoptif de....,* ou *le petit-fils légitime de ...?* — Voyez notes, n. 6, page 109.
			SUPPRESSION D'ENFANT. — SUPPRESSION D'ÉTAT.
6	SUPPRESSION D'ENFANT............	345.	F. P. (en deux paragraphes) 1° *N... est-il coupable d'avoir, à telle époque, dans tel endroit, supprimé tel enfant?*
	S'il est établi que l'enfant a vécu ;	id.	2° *Est-il établi que l'enfant a vécu?* — NOTA. Si le jury répond oui sur le 2e paragraphe, c'est la réclusion ; s'il répond non, c'est l'emprisonnement d'un mois à 5 ans.
	S'il est établi que l'enfant n'a pas vécu.	id.	QUESTION D'EXCUSE. *Est-il établi que l'enfant n'a pas vécu?* — NOTA. Si le jury répond oui, la peine est de 6 jours à 2 mois d'emprisonnement. Sur la position des questions d'excuse, voy. l'*Aide-mémoire*, page 77. NOTES. Le crime de suppression d'un enfant est surtout un attentat contre son état civil. 19 avril 1833 n. 131.. 19 déc. 1863 n. 301. — Pour qu'il y ait suppression d'enfant, il n'est pas nécessaire qu'il y ait eu intention de priver l'enfant de son état. 4 août 1842 n. 90 C'est une condition constitutive et substantielle du crime prévu par l'art. 345 (§ 1), que l'enfant supprimé soit né vivant. 8 nov. 1839 n. 339.. 26 juill. 1849 n. 180 — L'expression *enfant nouveau-né* ne peut s'entendre que d'un enfant né vivant. Même arrêt. Les dispositions de l'art. 345 (§ 1), s'appliquent à toute suppression d'enfant ayant eu vie, et n'exigent pas, comme caractère constitutif de ce crime, que l'enfant soit encore vivant au moment où la suppression de sa personne a lieu. 7 déc. 1838 n. 379. La représentation de l'enfant faite tardivement, et après qu'on a fait disparaître son cadavre, ne peut effacer un délit déjà commis. 24 nov. 1865 n. 209.— L'art. 345 modifié par la loi du 13 mai 1863 a voulu donner à l'enfant une protection nouvelle. Même arrêt. Déposer secrètement un enfant nouveau-né dans le tour d'un hospice, sans avoir déclaré sa naissance à l'état civil, mais après avoir pris les précautions convenables pour le reconnaître, ce n'est pas commettre le crime de suppression de la personne d'un enfant, puisqu'on peut le représenter. 25 mai 1837 n. 162.— Voyez aussi 17 août 1837. D. 1838, page 412.—Ce fait pourrait constituer le crime de *suppression d'état* prévu par l'art. 345, après qu'il aurait été statué au civil sur la question d'état. 31 juill. 1831 n. 164. L'art. 327 du code civil, qui décide que l'action criminelle ne pourra commencer qu'après le jugement définitif sur la question d'état, est exclusivement relatif au délit de suppression d'état; par conséquent il ne peut être étendu au délit de suppression de la personne d'un enfant nouveau-né, qui est un fait différent. 4 août 1842 n. 190.— La suppression d'état suppose nécessairement l'existence d'un enfant dont l'état aurait été supprimé, et l'art. 327 du code civil n'est pas applicable, lorsqu'il s'agit de la supposition d'un enfant à une femme qui n'est pas accouchée. 7 avril 1831 n. 77. — Le crime de faux résultant de l'inscription sur les registres de l'état civil sous le nom d'une mère supposée, d'un enfant né d'une autre mère, n'est que le mode de perpétration du crime de suppression d'état, et ne peut être poursuivi qu'après le jugement définitif sur la question d'état par les tribunaux civils. 3 janv. 1857 n. 6.. 19 juill. 1849 n. 167. La poursuite criminelle en suppression d'état ne peut avoir lieu, tant que l'action civile sur la question d'état reste ouverte au profit des personnes intéressées (Art. 326, 327 du code civil.) 16 fév. 1854 n. 36. — Lorsqu'un individu accusé de suppression d'état a été renvoyé devant les assises avant que la question d'état ait été jugée, la cour ne peut pas se déclarer incompétente; elle doit se borner à prononcer le sursis jusqu'au jugement de la question d'état. 22 juin 1820. J. P.
			EXPOSITION D'ENFANT.
7	EXPOSITION D'ENFANT..............	352.	F. P.— *N... est-il coupable d'avoir, à telle époque, dans tel endroit, exposé et délaissé (ou d'avoir donné l'ordre, qui a été exécuté d'exposer et de délaisser) tel enfant au-dessous de l'âge de sept ans accomplis?* NOTES. Il faut qu'à l'exposition se joigne le délaissement, ou en d'autres termes, qu'il y ait cessation ou interruption des soins et de la surveillance dont l'enfant a besoin. 22 nov. 1838 n. 363, p. 652.. 19 juill. 1838 n. 234.. 16 déc. 1843 n. 318. — L'art. 352 n'est pas applicable, si après avoir déposé un enfant dans le tour d'un hospice, on se retire après qu'il a été recueilli. 7 juin 1834. S. 1835, p. 80.. 30 avril 1835 n. 160.. 31 août 1855 n. 309.
8	En un lieu solitaire....................	349.	C. A. — *L'endroit où ont eu lieu l'exposition et le délaissement, était-il solitaire?* NOTES. Cette circonstance est aggravante et doit être posée séparément. 31 août 1855 n. 309. — Une chambre peut être dans certains cas, considérée comme un lieu solitaire. 22 nov. 1838 n. 363.
9	Si l'accusé est tuteur ou instituteur de l'enfant.	350, 353	C. A. — *N... était-il, à cette époque, le tuteur ou l'instituteur dudit enfant?* NOTES. Lors même que l'accusé serait le père de l'enfant, il faut demander s'il est tuteur, le père n'étant pas nécessairement investi de la tutelle. 4 mai 1843. D. 1843, p. 288.— La mère naturelle d'un enfant reconnu est sa tutrice légale. 20 av. 1850 n. 134.
10	Si l'enfant est demeuré mutilé ou estropié.	351, 309	C. A. — *Par suite de cette exposition et de ce délaissement, ledit enfant est-il demeuré mutilé ou estropié?*
11	Si la mort s'en est suivie.......	354, 304	C. A. — *La mort dudit enfant a-t-elle été la suite de cette exposition et de ce délaissement?*

		Code pénal	
	Tentative et complicité, voyez p. 107.		**ENLÈVEMENT DE MINEURS.**
1	ENLÈVEMENT DE MINEURS par fraude ou violence.	354, 357	F. P. — *N... est-il coupable d'avoir, à telle époque, dans tel endroit, par fraude ou violence, enlevé, entraîné, détourné ou déplacé, ou fait enlever, entraîner, détourner ou déplacer du lieu où il ou elle était mis par telle personne, à l'autorité ou à la direction de qui il ou elle était soumis ou confié, le ou la jeune... âgé alors de moins de 21 ans?* Notes. Pour qu'il y ait crime aux termes de l'art. 354, il suffit que les personnes de l'un ou de l'autre sexe qui ont été enlevées, etc, soient mineures de 21 ans 30 mars 1850 n. 119. Le crime prévu par l'art 354 existe dans l'une des nuances qui y sont énumérées, toutes les fois qu'il a été exécuté par fraude ou bien par violence, soit que les mineurs enlevés, entraînés, détournés ou déplacés, se trouvent dans le domicile légal de leurs parents ou tuteurs, soit qu'ils se trouvent dans les lieux où ils étaient placés par ceux à l'autorité desquels ils étaient soumis ou confiés. 25 avril 1839 n. 137. — Est passible de l'art. 354 l'accusé déclaré coupable d'avoir par fraude détourné une mineure du domicile de ses parents à l'autorité desquels elle était soumise. 30 mars 1850 n. 119. — On peut, dans la même question, demander si l'enlèvement a eu lieu par fraude ou par violence. 25 octobre 1821 n. 174. — Il suffit que la fraude ait eu lieu à l'égard des parents. 6 août 1842. S. 1843, p. 157. — L'art. 354 attache le caractère du crime au fait seul de l'enlèvement par fraude ou violence; il n'est pas nécessaire qu'il y ait eu abus ou dessein d'abuser de la personne. 25 octobre 1821 n. 174. — Le caractère principal du crime de l'article 354 est de porter atteinte à l'autorité des pères, mères, tuteurs et autres personnes au pouvoir desquelles les mineurs se trouvent soumis; il faut donc, dans la question principale, désigner la personne à l'autorité ou à la direction de laquelle le mineur était soumis ou confié, ou qui l'avait placé dans les lieux d'où il a été détourné ou déplacé. 9 mai 1844 n. 108. — L'enlèvement conserve son caractère criminel de fraude, si le consentement des parents à l'éloignement de leur enfant n'a été obtenu qu'à l'aide d'une fourberie. 25 avril 1839 n. 137. — Le détournement d'une mineure, à l'aide de lettres signées d'un tiers, constitue tout à la fois le crime de détournement par fraude, et le crime de faux 24 mars 1838 n. 77. — Les art. 354 et suivants ne s'appliquent pas aux femmes mineures mariées 1er juillet 1831 n. 155. — Si le ravisseur a épousé la fille qu'il a enlevée, voyez art. 357. — Le mariage du ravisseur avec la fille qu'il a enlevée, arrête l'action publique non-seulement à l'égard du ravisseur, mais encore à l'égard des complices 2 octobre 1852 n. 335. Lorsque dans une accusation d'enlèvement par violence d'une mineure âgée de moins de 16 ans, le jury a écarté la violence, le fait retombe sous l'application de l'art. 356. 26 mars 1857 n. 122 . 6 août 1849 n. 205. Dans une accusation d'enlèvement par violence d'une mineure de moins de 16 ans, on peut poser, comme résultant des débats, la question d'enlèvement de cette jeune fille avec son consentement (art. 356). 30 nov. 1849 n. 333.
2	Si la personne enlevée est une mineure âgée de moins de 16 ans.	355, 357	C. A. — *La jeune... était-elle alors âgée de moins de 16 ans accomplis?*
3	ENLÈVEMENT avec son consentement d'une fille âgée de moins de 16 ans.	356.	F. P. — *N... est-il coupable d'avoir, à telle époque, dans tel endroit, enlevé, entraîné, détourné ou déplacé du lieu où elle avait été mise par telle personne à l'autorité ou à la direction de qui elle était soumise ou confiée, la jeune..., âgée alors de moins de 16 ans, laquelle a consenti à son enlèvement ou a suivi volontairement le ravisseur?* Notes. L'art 356 n'a en vue que l'enlèvement par séduction et ne doit s'entendre que de l'enlèvement accompli par un homme sur la personne d'une jeune fille de moins de 16 ans. 8 avril 1858 n. 117. — La circonstance que l'accusé serait déclaré avoir agi sans fraude à l'égard de la jeune fille, n'ôterait pas à l'enlèvement son caractère criminel. (Dans l'espèce, l'accusé avait, par séduction, déterminé une jeune fille à quitter le domicile paternel). 24 oct. 1811 n. 140. . 26 mai 1826 n. 105. — L'art. 356 n'est pas applicable à l'individu déclaré simplement complice du rapt d'une jeune fille de moins de 16 ans, s'il ne résulte pas du verdict que l'auteur du rapt est un homme. 12 avril 1861, n. 78. — Voy. ci-dessus les notes n. 1.
4	Si l'accusé était âgé de plus de 21 ans. .	356.	C. A. — *A cette époque l'accusé était-il âgé de plus de 21 ans?* Note. En cas de détournement d'une fille âgée de moins de 16 ans qui a suivi volontairement son ravisseur, la circonstance que celui-ci est majeur de 21 ans est aggravante, et doit être posée séparément. 2 mars 1843 n. 47. . 30 nov. 1849 n. 333.
			SÉQUESTRATION DE PERSONNES.
5	SÉQUESTRATION.	341.	F. P. — *N... est-il coupable d'avoir, à telle époque, dans tel endroit, sans ordre des autorités constituées et hors les cas où la loi ordonne de saisir des prévenus, arrêté, détenu ou séquestré le nommé...?* — Voyez les notes ci-dessous.
6	Fourniture d'un lieu pour la séquestration.	id.	F. P. — *N... est-il coupable d'avoir, avec connaissance, prêté un lieu pour exécuter la détention ou la séquestration ci-dessus spécifiée?* Notes. Jugé qu'on avait pu demander au jury si la séquestration était illégale, mais qu'il eut été plus régulier de demander, en se servant des termes de l'art. 341, si elle avait eu lieu sans ordre des autorités constituées, et hors des cas où la loi ordonne de saisir des prévenus. 19 juin 1828. S 1828, p. 251. — L'art. 341 est applicable aux parents qui séquestrent leurs enfants. 27 septembre 1838 n. 319. — Les dispositions de l'art. 341 sont générales et absolues, et s'appliquent à toutes personnes qui, sans ordre des autorités constituées, et hors des cas où la loi ordonne de saisir des prévenus, auront *arrêté, détenu* ou *séquestré* des personnes quelconques; ces expressions indiquent trois natures de crimes qui, quoiqu'analogues, peuvent exister isolément, et n'en sont pas moins punissables et prévus par l'art. précité. 27 septembre 1838 n. 319. — L'art. 341 est applicable aux fonctionnaires. 25 mai 1832. J. P. — Le crime de séquestration ne peut résulter de l'arrestation et du dépôt, dans un établissement d'aliénés, d'un individu prétendu en état de démence, lorsque les formes légales ont été observées. 18 février 1842 n. 20. — Les art. 341 et suivants s'appliquent à tout individu qui agit de son autorité privée et pour la satisfaction de ses passions personnelles. 4 déc. 1862 n. 261. — L'art 114 a pour but de réprimer les actes arbitraires et attentatoires soit à la liberté individuelle, soit aux droits civiques d'un ou de plusieurs citoyens qui seraient commis ou ordonnés, dans l'exercice de ses fonctions, par un fonctionnaire public, un agent ou préposé du gouvernement. 4 déc. 1862 n. 261.
7	Si la séquestration a duré plus d'un mois	342.	C. A. — *La détention ou séquestration a-t-elle duré plus d'un mois?*
8	Si l'arrestation a été exécutée sous un faux titre.	344.	C. A. — *L'arrestation a-t-elle été exécutée avec le faux costume, sous un faux nom, ou sur un faux ordre de l'autorité publique?*
9	Si la personne arrêtée, détenue ou séquestrée a été menacée de mort.	id.	C. A. — *La personne arrêtée, détenue ou séquestrée a-t-elle été menacée de la mort?*
10	Si la personne arrêtée a été soumise à des tortures corporelles.	id.	C. A. — *La personne arrêtée, détenue ou séquestrée a-t-elle été soumise à des tortures corporelles?*
11	Question d'excuse	343.	Question d'excuse. *L'accusé, lorsqu'il n'était pas encore poursuivi de fait, a-t-il rendu la liberté à la personne arrêtée, séquestrée ou détenue, avant le 10e jour accompli depuis celui de l'arrestation, détention ou séquestration?* Note. Selon l'art. 343, l'excuse ne peut profiter qu'à l'accusé déclaré coupable du crime mentionné en l'art. 341, c'est-à-dire de séquestration sans circonstances aggravantes; cependant quels que soient les termes de l'accusation, la question d'excuse doit être posée si l'accusé le demande, parce qu'il est possible que les jurés écartent les circonstances aggravantes. Voyez 24 avril 1841 n. 116.
			BIGAMIE.
12	BIGAMIE	340.	F. P. — *N... est-il coupable d'avoir, à telle époque, dans tel endroit, contracté mariage avec la nommée A..., lorsqu'il était encore engagé dans les liens d'un précédent mariage contracté avec la nommée B...?* Notes. La tentative de bigamie est punissable. 28 juillet 1826 n. 145 — L'exception de nullité du premier mariage peut être proposée devant la cour d'assises par l'individu accusé de bigamie. 16 janv. 1826 n. 10. — Voyez 25 juillet 1811. J. P. Lorsqu'un individu a été déclaré par le jury coupable de bigamie, le ministère public peut, aux termes des art. 184 et 190 du code civil, demander à la cour d'assises de prononcer la nullité du second mariage; mais cette action ne peut être exercée hors de la présence de la femme, et des enfants issus de ce mariage. 29 mai 1846 n. 133.

N°		Code pénal
	Tentative et complicité, voyez p. 107....	
1	VIOL	332.

VIOL.

F. P. — *N... est-il coupable d'avoir, à telle époque, dans tel endroit, commis un viol sur la personne de...?*

NOTES. Il suffit que la question soit posée dans les termes de l'art. 332. 18 mai 1854 n. 161. — On peut, sans qu'il y ait complexité, demander si l'accusé est coupable d'avoir, de telle époque à telle autre, commis des viols sur la même personne. 9 oct. 1845 n. 319.. 5 mars 1857 n. 91.

Le caractère essentiel du viol consiste dans le fait d'abuser d'une femme contre sa volonté ; en l'absence de violences physiques ou morales, il suffit qu'il y ait eu surprise. 31 déc. 1858 n. 328 . 25 juin 1857 n. 21. — D'après ces arrêts, il y a viol de la part de celui qui pénétrant furtivement dans le domicile d'une femme mariée, et profitant du demi-sommeil dans lequel elle se trouve, abuse de cette femme qui croyant avoir affaire à son mari, se livre à l'accusé.

Dans une accusation de viol on peut poser subsidiairement comme résultant des débats, une question de tentative (30 mai 1850 n. 177.. 8 janvier 1852 n. 2) ; une question de complicité (10 déc. 1836 n. 386) ; une question d'attentat à la pudeur avec violence (29 avril 1852 n. 137) ; — une question d'attentat à la pudeur sans violence sur une jeune fille de moins de 11 ans (18 déc. 1858 n. 313); — une question de coups et blessures. 10 décembre 1836 n. 386. — On peut demander si l'accusé est coupable d'avoir commis un outrage public à la pudeur. 14 oct. 1826 n. 213. — Relativement à la publicité de l'outrage, voyez 26 mars 1813 n. 58.. 26 mai 1853 n. 186.. 10 août 1854 n. 255.. 18 mars 1858 n. 95.. 2 avril 1859 n. 88.. 28 nov. 1861 n. 252.

2 Si la victime a moins de quinze ans..... — 332^{2}.

C. A. — *A cette époque, la victime était-elle âgée de moins de quinze ans?*

NOTES. La circonstance que la victime a moins de quinze ans est aggravante, et doit être posée séparément. 18 sept. 1851 n. 389.. 11 nov. 1858 n. 265 . 14 juillet 1864 n. 183. — Le jury seul a le droit de prononcer sur l'âge. 1er octobre 1831, n. 324.

3 Si l'accusé est l'ascendant de la victime. — 333.

C. A. — *L'accusé est-il le père légitime, naturel ou adoptif, ou l'aïeul légitime de la victime?*

NOTES. On a interprété le mot ascendant dans le sens de l'art. 312. Quid des alliés au même degré ; voyez 14 sept. 1837 n. 272. — Dans la question, il ne faut pas employer le mot ascendant ; voyez p. 109 n. 6. — La qualité d'ascendant est une circonstance aggravante qui doit être posée séparément. 27 mars 1848 n. 125.. 5 mars 1858 n. 79.

La mère de la victime, lorsqu'elle est complice dans les termes de l'art. 60, n'encourt que la peine applicable à l'auteur du viol. — Pour être passible de l'art. 333, il faut qu'il y ait eu de sa part une coopération directe. 2 oct. 1856 n. 326.. 18 déc. 1856 n. 398.

4 S'il a autorité sur elle .... — id.

NOTES. La question de savoir si l'accusé avait autorité sur la victime, est une question de droit qui ne peut être soumise au jury (28 juin 1855 n. 231. 17 juin 1860 n. 130); on pose les points de faits desquels la cour tire les conséquences de droit. 4 avril 1833 n. 121.. 20 janv. 1851 n. 23. — La minorité de la victime est un des éléments constitutifs de l'aggravation de la peine. 11 janv. 1850 n. 9. — On demande si, à l'époque de l'action, la victime âgée de moins de vingt-un ans, habitait chez l'accusé, son oncle (4 avril 1833 n. 121.. 3 oct. 1862 n. 238) ; ou chez l'accusé, mari de la nourrice de la victime (11 nov. 1856 n. 393.. 21 janv. 1858 n. 12); — ou chez l'accusé, second mari de la mère de la victime (3 mars 1844 n. 166,. 20 janvier 1853 n. 23) ; ou chez l'accusé, mari de la mère naturelle de la victime (25 mars 1843 n. 70.. 11 août 1859 n. 200) ; ou chez l'accusé qui vivait en concubinage avec la mère de la victime. 31 déc. 1868 n. 265. — Il suffit qu'il soit déclaré que l'accusé était le mari de la mère de la victime, mineure non émancipée, pour qu'il en résulte que l'accusé avait autorité (17 janv. 1850 n. 21) ; il n'est pas nécessaire que le jury ait été interrogé sur la question d'habitation commune de la victime et de l'accusé. 30 août 1855 n. 303. — On demande si l'accusé est le mari de la victime. 18 mai 1854 n. 161. — On demande si, à l'époque de l'action la victime, âgée de moins de 21 ans, servait comme domestique chez l'accusé (voyez 26 décembre 1823 n. 166) ; ou si elle travaillait comme ouvrière sous la surveillance de l'accusé (voyez 5 août 1841. D. 1842 p. 76). Relativement à l'attentat commis par un chef d'atelier sur la personne d'un ouvrier sous ses ordres, voyez 27 août 1857 n. 321.

5 S'il est son instituteur ;............... — id.

C. A. — *L'accusé, à cette époque, était-il l'instituteur de la victime?* (ou le professeur. 9 août 1867 n. 174).

6 S'il est son serviteur à gages, ou serviteur à gages des personnes ci-dessus désignées. — id.

C. A. — *L'accusé, à cette époque, était-il le serviteur à gages de la victime : ou le serviteur à gages de (indiquer les personnes, en tenant compte des observations faites ci-dessus, n. 3 et 4)?*

NOTE. L'attentat à la pudeur commis par un domestique sur une domestique employée dans la même maison est passible de l'aggravation de peine de l'art. 333. 16 mars 1854 n. 72.

7 S'il est fonctionnaire.... .... — id.

C. A. — *L'accusé, à cette époque, exerçait-il les fonctions de...?*

NOTE. La qualité de fonctionnaire est par elle-même la circonstance aggravante et dès lors il n'est pas nécessaire que le crime ait été commis dans l'exercice des fonctions. 9 juin 1853 n. 204.. 7 mai 1859 n. 115.

8 S'il est ministre d'un culte.... .... — id.

C. A. — *L'accusé était-il ministre de tel culte?*

NOTE. La circonstance de ministre d'un culte est aggravante et doit être posée séparément. 18 juill. 1856 n. 256.

9 S'il a été aidé dans son crime par une ou plusieurs personnes. — id.

C. A. — *L'accusé a-t-il été aidé dans son crime par une ou par plusieurs personnes?*

NOTES. On peut demander si l'accusé a été aidé dans son crime par telle personne. 17 avril 1857 n. 155. — Il y a lieu à l'aggravation de peine, si l'accusé est déclaré coupable de viol avec un autre individu. 29 janv. 1829 n. 22.

La circonstance aggravante, prévue par l'art. 333, porte sur la participation directe et matérielle donnée au crime, tandis que la complicité résultant des dispositions des art. 59 et 60 du même code, ne présente pas nécessairement les caractères de participation directe et matérielle. 27 nov. 1856 n. 375.

10 Si, pour l'exécution de son crime, il a employé des tortures ou commis des actes de barbarie. — 303, 302

Voyez page 110 n. 6.

ATTENTAT A LA PUDEUR AVEC VIOLENCE.

11 ATTENTAT A LA PUDEUR avec violence. — 332^{1}.

F. P. — *N... est-il coupable d'avoir, à telle époque, dans tel endroit, commis un attentat à la pudeur consommé ou tenté avec violence sur la personne de ..?*

NOTES. Voyez ci-dessus, viol, n. 1. — Il y a nullité si, dans la question, on a omis les mots *à la pudeur*. 24 déc. 1840, n. 361. — La violence est une circonstance constitutive et doit être comprise dans le fait principal. 23 mars 1865 n. 70.

Dans la même question et sans qu'il y ait complexité, on peut demander si l'accusé est coupable d'avoir commis un attentat à la pudeur consommé ou tenté avec violence, l'art. 332 n'établissant pas de distinction entre la consommation et la tentative. 11 avril 1840 n. 111. — Dans la même question et sans qu'il y ait complexité, on peut demander si l'accusé est coupable d'avoir, de telle époque à telle autre, commis des attentats à la pudeur avec violence sur la même personne. 24 déc. 1840 n. 363.. 17 janv. 1862 n. 23.

L'attentat à la pudeur résulte du fait même, quelle que soit l'intention. 6 février 1829 n. 31 — L'art. 332 est applicable au mari qui use de violence pour faire subir à sa femme des actes contraires à la fin légitime du mariage. 31 nov. 1839 n. 355.

Dans une accusation d'attentat tenté, la loi n'exige pas que l'on interroge le jury sur les caractères de la tentative, tels que les définit l'art. 2. Les art. 331 et 332 renferment des dispositions spéciales, et par ces dispositions, la tentative et la consommation du crime sont considérées comme également punissables. 11 avril 1840 n. 111.. 10 juin 1850 n. 163.. 7 oct. 1852 n. 341.

Relativement aux questions pouvant être posées comme résultant des débats, voyez ci-dessus, viol, n. 1.

12 Circonstances aggravantes............. — 332, 333

Voyez ci-dessus, formules et notes n. 2, 3, 4, 5, 6, 7, 8 et 9.

ATTENTAT A LA PUDEUR SANS VIOLENCE.

13 ATTENTAT A LA PUDEUR sans violence sur un enfant de moins de treize ans. — 331.

F. P. — *N... est-il coupable d'avoir, à telle époque, dans tel endroit, commis un attentat à la pudeur consommé ou tenté sans violence sur la personne de..., âgée alors de moins de treize ans?*

NOTES. Voyez ci-dessus, notes, n. 11. — Le fait d'avoir employé des enfants de moins de (treize) ans à satisfaire sur soi sa propre incontinence, constitue le crime d'attentat à la pudeur sans violence. 2 avril 1835 n. 120.. 27 sept. 1860 n. 219.

Dans une accusation d'attentat à la pudeur sans violence sur un enfant de moins de (treize) ans, la circonstance de l'âge est constitutive du crime, et doit être comprise dans le fait principal. 28 sept. 1838 n. 322.. 2 avril 1863 n. 102.

14 Circonstances aggravantes............. — 333.

Voyez ci-dessus formules, et notes, n. 3, 4, 5, 6, 7 et 8. — L'art 333 est applicable aux attentats à la pudeur sans violence. 19 mars 1853 n. 105.

Attentat à la pudeur sans violence par un ascendant sur un mineur, âgé de plus de 13 ans, non émancipé par le mariage. — id.

F. P. — *N... est-il coupable d'avoir, à telle époque, dans tel endroit, commis un attentat à la pudeur consommé ou tenté sans violence sur la personne de .., mineur ou mineure, âgé de plus de 13 ans non émancipé par le mariage, dont il est le père légitime, naturel ou adoptif, ou le grand-père légitime?*

SOUSTRACTIONS PAR LES DÉPOSITAIRES PUBLICS.

		Code pénal	
1	Soustraction de valeurs par les comptables publics.	169, 171 172.	F. P. — *N... est-il coupable d'avoir, à telle époque, dans tel endroit, détourné ou soustrait tels objets, appartenant à .., lesquels étaient entre ses mains en vertu de ses fonctions de...?* — Cette question n'est pas complexe. 15 juin 1860 n. 135.
	Circonstances, voyez ci-contre.........	160, 172 170, 172	C. A. — *Les choses détournées ou soustraites sont-elles d'une valeur au-dessus de trois mille francs?* C. A. — *La valeur des choses détournées ou soustraites égale-t-elle ou excède-t-elle le tiers des deniers une fois reçus par l'accusé, ou des deniers une fois déposés entre les mains de l'accusé? Égale-t-elle ou excède-t-elle le cautionnement attaché à la place de l'accusé? Égale-t-elle ou excède-t-elle le tiers du produit commun de la recette que faisait l'accusé pendant un mois?* NOTES. — Le comptable public, poursuivi pour détournements au préjudice de l'état, peut demander qu'il soit sursis à l'examen et au jugement, jusqu'à ce qu'il soit intervenu une décision administrative sur l'état de sa comptabilité. 3 août 1855 n. 275. Il n'y a pas besoin d'autorisation pour poursuivre un comptable révoqué antérieurement aux poursuites. 26 juin 1862, n. 156. La loi est applicable aux receveurs des hospices (30 juin 1842 n. 169); — à l'employé des ponts et chaussées qui soustrait les deniers publics qu'il était chargé de distribuer aux ouvriers (29 avril 1825 n. 86); — à l'économe d'un collége royal qui détourne les deniers publics ou privés qui étaient entre ses mains en vertu de ses fonctions (4 septembre 1835, n. 344); — à l'huissier qui retient induement les sommes qu'il a reçues en sa qualité (28 mars 1856, n. 126); — au régisseur de l'octroi qui détourne des sommes qu'il a perçues à ce titre. 21 janv. 1813. S. 1817, p. 96. — Le commis d'un percepteur n'est pas un comptable, et s'il commet un vol dans la caisse c'est un vol domestique (5 août 1825 n. 147); — même décision relativement au gardien de bureau d'un directeur des postes. 1er fev 1856 n. 43. La cour d'assises doit préciser la valeur des choses détournées, l'amende étant proportionnelle. 17 avril 1817 n 78. 28 fév. 1861 n. 43.
2	Soustraction ou suppression d'actes et de titres, soit par les fonctionnaires ou officiers publics, soit par leurs préposés ou les préposés du gouvernement.	173.	F. P. — *N... est-il coupable d'avoir, à telle époque, dans tel endroit, détruit, supprimé, soustrait ou détourné tel titre dont il était dépositaire en sa qualité de... ou tel titre qui lui avait été remis ou communiqué à raison de ses fonctions de...* (indiquer les fonctions)? NOTES. L'art. 173 est applicable à l'employé de la poste qui soustrait des valeurs renfermées dans une lettre confiée à l'administration des postes. 14 juin 1850 n. 198.. 19 janv. 1855 n. 16. — Relativement au surnuméraire de l'administration des postes, voyez 15 oct. 1853 n. 518. — Si les lettres soustraites ne renferment pas de valeurs, voyez p. 118, n. 21. Le clerc qui soustrait un titre dans l'étude de son patron est passible de l'art. 255 et non de l'art. 173. 2 juin 1853 n. 196.

CONCUSSIONS DES FONCTIONNAIRES.

		Code pénal	
3	Concussions commises par les fonctionnaires, les officiers publics, les percepteurs, et par leurs préposés.	174.	F. P. — *N... est-il coupable d'avoir, à telle époque, dans tel endroit, en sa qualité de...* (indiquer les fonctions), *ordonné de percevoir, exigé ou reçu du nommé..., ce qu'il savait n'être pas dû ou excéder ce qui était dû pour droits, taxes, contributions, deniers ou revenus, ou pour salaire ou traitement?* C. A. — *La totalité des sommes induement exigées ou reçues, ou dont la perception a été induement ordonnée, excède-t-elle 500 fr.?* NOTES. Dans la question, il faut spécifier les circonstances de crime de concussion sans attribuer à ce crime son caractère légal, puisqu'il n'appartient pas au jury de qualifier le fait dont l'appréciation lui est soumise. 7 avril 1842 n. 79. — Il n'est pas indispensable d'énoncer dans les questions le montant des perceptions illégales. 7 avril 1842 n. 79. — Mais la quotité des restitutions et dommages-intérêts doit être déterminée dans l'arrêt, puisque cette quotité, d'après l'art. 174, sert de base à la fixation de l'amende. Même arrêt. En cas de concussion, l'art. 174 est applicable : — au douanier (21 avril 1821 n. 65); — à l'employé du chemin de fer agissant comme préposé de l'administration des douanes (12 juin 1857, n. 224); — à l'huissier (7 avril 1842 n. 79); — au porteur de contrainte (8 octobre 1837 n 302); — au commissaire de police (1er oct. 1852 n. 331); — au greffier de justice de paix. 12 sept. 1850 n. 300. — Même décision relativement au secrétaire de mairie pour le cas où il perçoit des sommes pour droits fiscaux d'adjudication (28 mai 1842 n. 130); *idem* relativement au geôlier de prison qui se fait payer un nombre de journées de garde qu'il sait excéder ce qui lui est dû. 26 août 1824 n. 124. — Le concierge d'une prison chargé de la nourriture des détenus et qui réclame une somme supérieure à celle qu'il sait lui être due, est coupable de concussion. 26 juin 1852 n. 210. — Le fermier des droits à percevoir sur le marché d'une ville, s'il exige des sommes excédant le tarif, est passible de l'article 174, mais seulement de la peine correctionnelle encourue par les commis ou préposés. 7 avril 1837 n. 103. Voyez aussi 9 oct. 1845 n. 318.
	Concussions commises par les greffiers ou les officiers ministériels.	174.	F. P. — *N... est-il coupable d'avoir, à telle époque, dans tel endroit, en sa qualité de greffier, de notaire, d'avoué, d'huissier, etc., et à l'occasion de telles recettes dont il était chargé par la loi, ordonné de percevoir, exigé ou reçu ce qu'il savait n'être pas dû ou excéder ce qui était dû* — Voyez notes ci-dessus n. 3. C. A. — *La totalité des sommes induement exigées ou reçues ou dont la perception a été induement ordonnée, excède-t-elle 500 fr.?*

CORRUPTION DES FONCTIONNAIRES.

		Code pénal	
4	Corruption de la part des fonctionnaires, ou des préposés d'une administration publique. Corruption de la part d'un juge prononçant au criminel ou d'un juré; voyez art. 181, 182 et 180.	177, 178 180.	F. P. — *N... est-il coupable d'avoir, à telle époque, dans tel endroit, en sa qualité de* (indiquer la fonction) *agréé des offres ou promesses, reçu des dons ou présents — pour faire telle chose, acte de sa fonction ou de son emploi non sujet à salaire, — ou pour s'abstenir de faire telle chose, acte qui entrait dans l'ordre de ses devoirs?* NOTES Pour l'application de l'art. 177, il faut qu'il soit bien établi que l'accusé a reçu ou agréé des dons ou promesses pour faire un acte de son emploi, ou pour s'abstenir d'actes qui entraient dans l'ordre de ses devoirs. 23 janv. 1840 n. 27. — Dans la question on peut demander si l'accusé, exerçant telles fonctions, était préposé d'une administration publique. 7 janv. 1843 n. 1.. 29 sept. 1853 n. 487. — On peut aussi indiquer seulement le genre de fonctions que l'accusé exerçait, sauf ensuite à la cour d'assises à en tirer la conséquence qu'il était l'agent d'une administration publique 9 nov. 1833 n. 275. Le fonctionnaire qui se fait remettre de l'argent pour s'abstenir de faire des actes qui entrent dans l'ordre de ses devoirs, se rend coupable de corruption. 19 juill. 1855 n. 254. — Le fonctionnaire est coupable d'escroquerie, si les actes n'entrent pas dans l'ordre de ses devoirs. 31 mars 1827 n. 71.. Contrà, 16 sept. 1820 n. 124. L'art. 177 est applicable : à l'huissier qui reçoit de l'argent pour s'abstenir d'exécuter une contrainte par corps (8 juill. 1813. S. 1817, p. 321); au garde-champêtre qui, moyennant une somme, s'abstient de dresser procès-verbal (7 fév. 1852 n. 58); — eût-il, avant d'entrer en fonctions, prêté serment devant le maire au lieu de le prêter devant le juge de paix (11 juin 1813 n 127); — n'eût-il agi ainsi qu'avec le consentement du propriétaire lésé 5 mai 1837 n. 142. — Pour la peine à appliquer au garde-champêtre qui s'est laissé corrompre, lorsque le jury a déclaré des circonstances atténuantes, voyez un arrêt du 1er juill. 1843 n 167. — Jugé que les secrétaires de mairie (17 juill. 1828 n. 209) et les secrétaires de préfecture (30 sept. 1836 n. 327 et 6 déc. 1842. S. 1843 p. 79) sont des agents ou préposés d'une administration publique, et par suite, en cas de corruption, passibles de l'art. 177; même décision relativement à l'individu chargé par un conseil de révision de mesurer les jeunes gens. 14 déc. 1837 n. 428.. 16 nov. 1844 n. 276. — Relativement à un adjudicataire de travaux publics, voyez 4 oct. 1856 n. 330.
	Corruption de la part d'un arbitre ou d'un expert.	177, 180	F. P. — *N... est-il coupable d'avoir, à telle époque, dans tel endroit, en sa qualité d'arbitre ou d'expert nommé par tel tribunal ou par telles personnes, agréé des offres ou promesses, ou reçu des dons ou présents pour rendre une décision ou donner une opinion favorable à... l'une des parties?* — Voyez les notes ci-dessus n. 4.
5	Corruption et contrainte exercée ou tentée à l'égard des fonctionnaires ou des préposés d'une administration publique.	179, 180	F. P. — *N... est-il coupable d'avoir, à telle époque, contraint par voies de fait ou menaces, ou corrompu par promesses, offres ou dons le sieur...* (indiquer la fonction), *pour obtenir de lui qu'il fît telle chose, acte de sa fonction, ou qu'il s'abstînt de tel acte qui rentrait dans l'exercice de ses devoirs?* NOTES. Pour l'application de l'art. 179, il n'est pas nécessaire que la corruption ait été exercée ou tentée pour des actes illégitimes. 24 mars 1827 n. 65.. 30 sept. 1853 n. 491. — Si, relativement au corrupteur, l'art. 179 a dérogé aux règles ordinaires de la complicité, il n'en est pas de même pour les autres complices du fonctionnaire corrompu; ceux-ci restent soumis aux art. 59 et 60.. 16 nov. 1844. S. 1845, p. 399. Quand il n'y a que tentative de contrainte ou de corruption, il faut, après avoir posé la question dans les termes de l'art. 2 (p. 107), demander si la tentative a été suivie d'un effet, le défaut d'effet, d'après l'art. 179, § 2, modifiant la peine. Voyez 24 mai 1867 n. 128. — La tentative de corruption non suivie d'effet à l'égard d'un chirurgien de conseil de révision est punissable, depuis le nouveau code militaire de 1857, art. 270. L'acquittement du corrupteur ne met pas obstacle à la confiscation de l'objet donné au fonctionnaire corrompu. 10 août 1854 n. 254.

Code pénal

Tentative et complicité, voyez p. 107.

VOLS.

1 SOUSTRACTION FRAUDULEUSE....... 379, 401

F. P. — *N... est-il coupable d'avoir, à telle époque, dans tel endroit, soustrait frauduleusement tels objets appartenant à...?*

Notes Il n'est pas indispensable d'indiquer dans la question le nom de la personne volée ; il suffit de demander si les objets appartiennent à autrui. 6 juin 1815, n. 191. — Une seule question peut être posée relativement au vol de plusieurs objets, lorsque la soustraction frauduleuse a été commise au même lieu, dans le même moment, par les mêmes personnes et à l'aide des mêmes circonstances ; voyez 15 mai 1840 n. 133 et 20 avril 1838 n. 107. — Mais si les circonstances sont différentes, il faut faire des chefs d'accusation distincts. 27 mars 1845 n. 112 et 113. — On peut demander si l'accusé est coupable d'avoir de telle époque à telle autre, commis des vols au préjudice de la même personne (avec les mêmes circonstances). 3 et 18 mars 1853 n. 76 et 99.

On peut prouver par témoins le vol d'un titre d'une valeur excédant 150 francs. 10 nov. 1855, n. 354.. 31 mars 1855 n. 115.

Pour qu'il y ait vol, il faut qu'il y ait eu soustraction, et que la fraude ait accompagné la soustraction. 26 mars 1836 n. 99.. 1er mars 1850 n. 75 — Le vol est synonyme de soustraction frauduleuse. 12 janv. 1855 n. 11. — La soustraction emporte l'idée de l'appréhension d'objets contre le gré du propriétaire (20 nov 1835 n. 435), et non d'une simple réception pour cause erronée ; l'appréhension qui suit la remise, ne fait que consommer la réception. 14 nov. 1861 n. 228. — Il est de l'essence du vol que tout à la fois il y ait soustraction, et que celle-ci ait été frauduleuse au moment de la perpétration. 5 janv. 1861 n. 5. — Il n'y a pas vol de la part de celui qui refuse de rendre une pièce de monnaie qui lui a été confiée momentanément pour qu'il pût l'examiner à son aise. 7 janv. 1864 n. 5. — Est coupable de vol celui qui, trouvant des objets perdus conçoit immédiatement le projet de se les approprier. 30 janv. 1862 n. 36.

380. D'après l'art 380, la femme complice d'un vol commis sur son mari n'est pas punissable. 6 oct. 1853 n. 492.

Les soustractions frauduleuses commises par des enfants naturels au préjudice des parents, de leurs père et mère, sont de véritables vols ; l'art. 756 du code civil ne reconnaît de lien de famille en faveur des enfants naturels qu'à l'égard de leurs père et mère qui les ont reconnus. 10 juin 1813 n. 123. — L'enfant naturel qui réclame le bénéfice de l'art. 380, doit prouver sa filiation conformément aux art. 334 et 341 du code civil. 25 juillet 1834 n. 241. — D'après l'art. 380, le complice par aide ou assistance d'un vol commis par un enfant, au préjudice de ses père et mère, n'est passible d'aucune peine ; le recéleur seul ou celui qui applique à son profit les objets volés, peut être poursuivi. 1er oct. 1840 n. 292. — L'immunité de l'art. 380 ne s'étend pas à l'étranger co-auteur ; ni à l'étranger qui est complice lorsque, parmi les auteurs du vol, il se trouve un co-auteur étranger. 25 mars 1845 n. 110. — Le recéleur est passible de la peine qu'aurait encourue l'auteur principal, s'il n'était pas dans la position exceptionnelle déterminée par l'art. 380. 24 mars 1838 n. 79. — L'exception de l'art. 380 ne peut être invoquée, si le vol au lieu de former l'objet principal de la prévention, n'en est qu'une circonstance aggravante, comme dans le cas de l'art. 304. 21 déc. 1837 n. 435. — Les accusés ne peuvent invoquer le bénéfice de l'art. 380, lorsque la soustraction est réellement commise au préjudice d'un tiers, comme lorsqu'elle porte sur des choses frappées d'une saisie et sur lesquelles le saisissant et les autres créanciers ont acquis légalement des droits Dans ce cas, le fait doit être réprimé, soit d'après l'art. 400, s'ils agissaient de complicité avec le saisi, soit d'après l'art. 401, s'ils agissaient de leur propre mouvement. 19 fév. 1842 n. 32. — La soustraction d'objets saisis, commise par un tiers, agissant d'après l'ordre du saisi, constitue non pas un vol, mais le détournement prévu par l'art. 400. 11 avril 1845 n. 131.

2 Sur un chemin public................ 383.

C. A. — *Cette soustraction frauduleuse a-t-elle été commise sur un chemin public?*

Notes. La circonstance que le vol a été commis sur un chemin public, est une question aggravante et doit être posée séparément. 21 fév. 1828. D. 1828 p. 142.. 28 nov. 1850 n. 400. — Le vol commis sur une voiture, dans un chemin public, est prévu par l'art. 383. 17 août 1839 n. 266. — L'art. 383 n'est pas applicable au vol commis dans les chemins publics qui forment des rues de villes et de faubourgs, l'absence de moyens de secours, motif de la sévérité de la loi, n'existant plus alors. 6 avril 1815 n. 24.. 7 avril 1865 n. 90.

3 Dans un édifice consacré au culte...... 385, 386^{1}

C. A. — *Cette soustraction frauduleuse a-t-elle été commise dans un édifice consacré à un culte légalement établi en France?*

4 Dans un lieu habité ou servant à l'habitation, ou dans un lieu réputé tel d'après les articles 390 et 392. id.

C. A. — *Cette soustraction frauduleuse a-t-elle été commise dans etc.?* (Indiquer le lieu où le vol a été commis ; dire par exemple si c'est dans une maison habitée, dans une grange ou dans un jardin dépendants d'une maison habitée, etc.).

Notes. Est réputé maison habitée un bateau dans lequel se trouve un logement pour le batelier, quoiqu'il n'y fasse pas sa demeure habituelle. 8 oct. 1812. J. P. — Un bateau destiné uniquement au transport des personnes et de marchandises, ne peut être assimilé qu'à une voiture publique. 6 mars 1846 n. 60. — Une voiture publique ne peut être assimilée à une maison habitée. 7 septembre 1827 n. 235. — Un magasin militaire n'est pas réputé de plein droit maison habitée. 9 janv. 1824 n. 3. — Le vol d'un cheneau de plomb sur le toit d'une maison, est un vol dans une dépendance de maison habitée. 10 sept. 1841 n. 276. — Les énonciations de la deuxième partie de l'art. 390 sont évidemment démonstratives comme l'indique le mot *comme*... Ainsi un jardin tenant à une maison habitée en est une dépendance tout comme une cour ; il est compris dans l'enceinte générale (18 juin 1812 n. 140 . 16 avril 1813 n. 79) ; peu importe qu'il ait une clôture particulière. 3 mai 1832. D. 1832, p. 314. — Jugé que l'emplacement même reconnu dépendant d'une maison habitée n'est pas compris dans les énonciations de l'art. 390, le mot *emplacement* étant une expression vague qui ne suppose aucune clôture, ni générale, ni particulière. 1er avril 1820 n. 46. — Être attenant à une maison habitée n'équivaut pas à en être dépendant. 19 mai 1851 n. 132 — Une cave séparée de la maison par une route ne peut être considérée comme comprise dans l'enceinte générale, et n'est pas, par conséquent, une dépendance dans le sens de la loi. 30 mai 1812 J. P. — La loi ne distingue pas si la maison est habitée par la personne volée ou par le voleur lui-même. 10 déc. 1836 n. 386.. 19 avril 1838 n. 104.

Vol par un matelot sur un bâtiment, voyez 16 déc. 1864 n. 293.

5 Pendant la nuit........................ 381^{1}, 385^{1} 386.

C. A — *Cette soustraction frauduleuse a-t-elle été commise pendant la nuit?* — ou *a-t-elle été commise dans l'intervalle de temps entre le coucher et le lever du soleil?*

Notes. D'après l'art. 78 du code de procédure civile, la loi considère comme nuit l'intervalle entre le coucher et le lever du soleil. 23 juil. 1813 n. 160.. 4 juil. 1823 n. 91. — Voyez aussi 29 nov. 1860 n. 263 et 20 mars 1862 n. 94. — Peu importe qu'au moment du vol il régnât dans la maison tout le mouvement et l'activité du jour. 12 fév. 1813 n. 22.

6 Par deux ou par plusieurs personnes.... 381^{2} 385^{7} 386^{1}.

C. A. — *Cette soustraction frauduleuse a-t-elle été commise par deux ou par plusieurs personnes?*

Notes. Le vol commis par un individu qu'un autre a assisté doit être réputé commis par deux personnes. 24 août 1827 n. 221.. 23 mai 1846 n. 128. — Le vol commis dans une maison par un individu pendant qu'un autre, agissant de concert, fait le guet au dehors, est évidemment un vol commis par deux personnes, puisque les individus coopèrent au fait même du vol. 9 avril 1813. S. 1813, p. 320. — La participation de deux personnes à un vol n'est une circonstance aggravante qu'autant qu'elle a eu lieu dans une intention criminelle de la part de l'une et de l'autre. 6 fév. 1838. J. P. t. 1, 1838, p. 240.

7 Si les coupables ou l'un d'eux étaient porteurs d'armes apparentes ou cachées, telles qu'elles sont définies par l'art. 101. 381^{3} 385^{3} 386^{2}.

C. A. — *Au moment du vol, l'accusé était-il porteur d'armes apparentes ou cachées?*

Note. On pourrait demander si l'accusé était porteur de tel objet, sauf à la cour à décider ensuite si cet objet est une arme dans le sens de l'art. 101.

8 S'il y a eu menace de faire usage des armes. 381^{3}.

C. A. — *L'accusé a-t-il commis le crime avec menace de faire usage de ses armes?*

Note. La menace de faire usage de ses armes constitue une violence. 18 mai 1820 n. 15.

9 Si le vol a été commis à l'aide de violence. 381^{3}, 382 256.

C. A. — *Cette soustraction frauduleuse a-t-elle été commise avec violence?*

Notes. Envelopper d'une couverture la tête d'une personne volée pour l'empêcher de reconnaître les voleurs ou de crier, c'est commettre un acte de violence. 26 mars 1813, J. P. — Demander à un individu la bourse ou la vie en tenant sur sa tête un bâton, constitue la violence avec menace de faire usage d'une arme. 19 juin 1828. J. P. — Il suffit que la violence ait eu lieu dans la fuite des voleurs. 18 déc. 1812. S. 1813, p. 194. (Dans l'espèce, les voleurs surpris en flagrant délit avaient, pour s'échapper, fait usage de violence.) — Dans une accusation de vol avec violence, on peut poser, comme résultant des débats, une question de coups et blessures. 19 déc. 1836 n. 386.

SUITE DU VOL.

		Code pénal	
	Tentative et complicité, voy. page 107.		
10	Si la violence a laissé des traces de blessures ou de contusions.	382.	C. A. — *Cette violence a-t-elle laissé des traces de blessures ou de contusions?* Voyez n. 9, page 116.
11	Si le vol a été commis à l'aide d'un faux titre.	381, 384	C. A. — *Pour commettre cette soustraction frauduleuse, l'accusé a-t-il pris le titre, ou s'est-il revêtu de l'uniforme ou du costume de tel fonctionnaire, ou a-t-il allégué un faux ordre de telle autorité?*
12	Si le vol a eu lieu à l'aide d'effraction extérieure ou intérieure (telles qu'elles sont définies par les articles 393, 394, 395 et 396), soit dans des lieux habités ou réputés tels d'après les articles 390 et 392 (voyez page 116, n. 4), soit dans des édifices, parcs ou enclos non servant à l'habitation, ou dans des lieux réputés parcs ou enclos d'après les articles 391 et 392.	381, 384	C. A. — *Cette soustraction frauduleuse a-t-elle été commise à l'aide d'effraction extérieure, dans un lieu clos?* C. A. — *Cette soustraction frauduleuse a-t-elle été commise à l'aide d'effraction intérieure, dans un lieu clos?* NOTES. L'effraction (de même que l'escalade et l'usage de fausses clefs) n'est une circonstance aggravante du vol qu'autant qu'elle a été commise dans un édifice, parc ou enclos (art. 384); d'où suit que ce n'est pas seulement le fait de l'effraction qui doit être constaté, mais aussi le lieu où elle a été commise. 14 et 27 nov. 1850 n. 354 et 374. — Lorsqu'une question a été posée sur la circonstance de maison habitée, on se borne quelquefois à demander au jury si le vol a été commis à l'aide d'effraction, sans ajouter dans un lieu clos; — mais si le jury résoud négativement la circonstance de maison habitée, sa réponse affirmative sur la circonstance d'effraction ne produit pas effet, rien ne constatant que l'effraction ait été commise dans un lieu clos. Voyez 20 déc. 1855 n. 406. Il ne suffit pas que le jury déclare que le vol a été commis à l'aide d'effraction intérieure, ou à l'aide d'effraction extérieure, pour qu'on puisse induire de ces termes qu'il a été commis dans un lieu clos. Peu importe que dans la question relative au fait principal, il soit dit que le vol a été commis *dans la maison* et au préjudice de..., cette indication du lieu, insérée d'ailleurs irrégulièrement dans le fait principal, ne peut servir à compléter la circonstance aggravante. 30 avril et 27 nov. 1852 n. 142 et 384.. 9 avril 1857 n. 148. Au lieu de demander si le vol a été commis à l'aide d'effraction extérieure ou intérieure dans un lieu clos, on peut questionner le jury sur les circonstances qui constituent l'effraction aux termes des art. 393, 394, 395 et 396; et par exemple, s'il s'agit d'une effraction extérieure, on demande si pour s'introduire dans le lieu clos où il a commis le vol, l'accusé a forcé la serrure d'une porte d'entrée, s'il a cassé les carreaux d'une fenêtre, etc.; s'il s'agit d'une effraction intérieure, on demande si, après avoir pénétré dans le lieu clos où il a commis le vol, l'accusé a brisé le meuble contenant les objets enlevés, s'il a forcé la porte de la chambre où se trouvaient les objets enlevés, etc. Enlever les clous d'une serrure (7 nov. 1812. J. P.), en forcer le pène (27 janv. 1831 n. 16), sont des effractions. — Enlever des tuyaux de plomb en dégradant le mur d'une maison dans lequel ils sont encastrés, constitue un vol dans une maison à l'aide d'effraction extérieure (8 août 1811 n. 111); — il en est de même: du vol de barreaux de fer d'un soupirail de cave en dégradant les pierres dans lesquelles ils étaient scellés (21 mai 1813. J. P.); du vol des plombs d'une fenêtre en brisant les carreaux et le châssis. 16 avril 1813. J. P. — Déplacer une barre mobile retenant les battants d'une porte, moyen ordinaire d'ouverture, ne constitue pas une effraction. 18 juin 1812. J. P. — L'effraction au coffre d'une voiture stationnant sur la voie publique n'a pas les caractères de l'effraction définie par la loi. 8 février 1839. J. P. t. 1er. 1839, p. 192.. 4 oct. 1851 n. 438. — Voler des objets enfouis en ôtant la terre qui les couvre, ce n'est pas voler avec effraction. 17 nov. 1814. J. P.
13	Si le vol a eu lieu à l'aide de bris de scellés.	253, 256	C. A. — *Cette soustraction frauduleuse a-t-elle été commise, dans un lieu clos, à l'aide du bris des scellés apposés par l'autorité publique?* — S'il y a eu violence, voyez formules et notes, page 116 n. 9 et ci-dessus n. 10.
14	Si les objets enlevés dans les lieux mentionnés ci-dessus au nº 12, sont des caisses, boites, ballots sous toile et cordes, et autres meubles fermés contenant des effets quelconques.	401. 384, 396	F. P. — *N... est-il coupable d'avoir, à telle époque, dans tel endroit, soustrait frauduleusement une caisse, un ballot, contenant tels objets appartenant à...?* C. A. — *La soustraction frauduleuse de ce ballot sous toile et cordes, de cette caisse fermée par une serrure, par un cadenas etc., a-t-elle été commise dans un lieu clos?* NOTES. L'enlèvement de caisses, ballots et autres meubles fermés ne peut être assimilé à l'effraction que lorsqu'il a eu lieu dans des édifices, parcs ou enclos. 13 déc. 1853 n. 579. — Il n'est pas nécessaire qu'il soit prouvé qu'après l'enlèvement l'effraction a été réellement faite. Même arrêt. — Il ne suffit pas de demander si le meuble était fermé; il faut que le jury soit appelé à constater l'existence de serrures, cadenas ou autres ustensiles servant à fermer, et qu'il a fallu nécessairement forcer pour enlever les effets contenus dans le meuble. 9 sept. 1852 n. 313.. 9 mars 1860 n. 73.
15	Si le vol a eu lieu à l'aide d'escalade (telle qu'elle est définie par l'art. 397), dans les lieux mentionnés ci-dessus au nº 12	384, 381	C. A. — *Cette soustraction frauduleuse a-t-elle été commise à l'aide d'escalade, dans un lieu clos?* Voyez la note 1re du n. 12. — Dans le cas du 2e § de l'art. 397, on demande si la soustraction frauduleuse a été commise dans un lieu clos en passant par une ouverture souterraine autre que celle établie pour servir d'entrée. — Au lieu de demander si le vol a eu lieu à l'aide d'escalade dans un lieu clos, on peut interroger le jury sur les circonstances qui constituent l'escalade, et par exemple on peut demander si la soustraction frauduleuse a été commise dans un lieu clos, en franchissant un mur servant de clôture. Voyez 19 août 1813. D. A. 12, p. 1062. Pour que l'escalade soit une circonstance aggravante, il faut qu'elle soit déclarée par le jury avoir été commise dans un lieu clos (11 juin 1834. S. 1834, p. 265); il n'est pas d'ailleurs nécessaire que le lieu soit habité ou réputé tel. 30 mai 1851 n. 197.. 29 mai 1856 n. 194. Pour qu'il y ait escalade, il faut que l'entrée ait eu lieu du dehors dans l'intérieur de la maison. 13 mai 1826 n. 96.. 12 août 1852 n. 273. — Demander si l'on s'est introduit dans une maison par une trappe de grenier, ce n'est pas constater que l'introduction a eu lieu de l'extérieur. 12 août 1852 n. 274. — Celui qui est entré sans escalade, dans l'intérieur d'une maison occupée distinctement et séparément par plusieurs personnes, de quelque manière qu'il pénètre ensuite de l'appartement d'un locataire dans celui d'un autre, ne commet pas d'escalade punie par la loi. 14 sept. 1843 n. 239. — L'emploi d'une échelle pour atteindre un objet placé en dehors d'une maison, ne constitue pas l'escalade. 11 avril 1856 n. 148. — L'escalade est une circonstance aggravante, lors même qu'au moment de l'escalade le coupable n'aurait pas eu l'intention de voler (15 janv. 1813 n. 3); lors même que le moyen d'escalade n'aurait pas été organisé par l'accusé. 2 avril 1864 n. 83. — N'est pas coupable de tentative de vol avec escalade mais seulement avec effraction, l'individu surpris sur le toit d'une maison, au moment où il enlève des tuiles pour se pratiquer un passage. 8 avril 1858 n. 114.
16	Si le vol a eu lieu à l'aide de fausses clefs (telles qu'elles sont définies par l'art. 398), dans les lieux mentionnés ci-dessus, au nº 12.	384.	C. A. — *Cette soustraction frauduleuse a-t-elle été commise à l'aide d'une fausse clef, dans un lieu clos?* NOTES. Voyez ci-dessus la note 1re du n. 12. — On pourrait poser ainsi la question: cette soustraction frauduleuse a-t-elle été commise dans un lieu clos, en ouvrant une porte d'entrée à l'aide d'une clef autre que celle destinée par le propriétaire à l'ouverture de cette porte; en ouvrant le meuble contenant les objets volés, à l'aide d'une clef autre que celle destinée par le propriétaire à l'ouverture de ce meuble? Le vol à l'aide de fausses clefs n'est puni des peines de l'art. 384 que si le vol a eu lieu dans des édifices, parcs ou enclos. 1er juin 1854 n. 177.. 19 avril 1860 n. 100. — Une clef perdue, égarée ou soustraite est une fausse clef. 27 avril 1855 n. 142.
17	Contrefaçon et altération de clefs;	399.	F. P. — *L'accusé est-il coupable d'avoir, à telle époque, dans tel endroit, frauduleusement contrefait ou altéré des clefs?*
	Si l'accusé est un serrurier	id.	C. A. — *L'accusé était-il alors serrurier de profession?*
18	Vol par un domestique ou un homme de service à gages.	386.	F. P. — Voyez n. 1, p. 116. — C. A. *Lors de cette soustraction, l'accusé était-il le domestique ou l'homme de service à gages du Sr...?* NOTES. Le domestique a cette qualité à l'égard de la femme et des enfants du chef de la maison. 6 sept. 1821. D. 1821, p. 581. — Est domestique à gages celui qui sert dans une auberge sous la seule condition d'y être nourri et logé, et de recevoir sa part des libéralités des voyageurs. 28 mars 1807. S. 1807, 2e p., p. 910. Est homme de service à gages: le commis salarié d'un sous-préfet (14 fév. 1828 n. 33); le commis salarié d'un marchand (10 déc. 1830 n. 214); le clerc à gages d'un huissier. 28 sept. 1827. S. 1828, p. 91. — Un garde particulier n'est pas un homme de service à gages. 21 mai 1835. S. 1835, p. 733. — Le vol par un domestique est un crime, n'importe où se trouvent, lors de sa perpétration, les objets volés. 14 avril 1831, n. 81. — Relativement à l'homme de service qui trouve des objets dans la maison de son maître, voyez 5 juin 1817 n. 43, et 7 sept. 1855, n. 316. Le domestique complice par recélé d'un vol commis chez son maître, n'encourt que la peine applicable à l'auteur. 16 avril 1818 n. 45.

SUITE DU VOL.

N°		Code pénal	
	Tentative et complicité, voyez p. 107.		
19	Vol commis par un domestique envers des personnes qu'il ne servait pas, mais qui se trouvaient soit dans la maison de son maître, soit dans celle où il l'accompagnait.	386^{3}.	F. P. — Voyez n 1, page 116. — C A. *Cette soustraction frauduleuse a-t-elle été commise dans la maison du Sr C... dont l'accusé était alors le domestique, et chez qui la personne volée se trouvait?* C. A. — *Cette soustraction frauduleuse a-t-elle été commise dans la maison du Sr..., où l'accusé accompagnait le Sr C..., dont il était alors le domestique?* Notes. Le vol commis par un domestique, au préjudice de tout autre que son maître, n'a le caractère de vol domestique que dans le cas où il l'a commis, soit dans la maison de son maître, soit dans celle où il l'accompagnait. 13 fév. 1834 n. 49. — Demander si un vol a eu lieu *au domaine du maître*, ce n'est pas exprimer d'une manière suffisante que c'est dans la maison ou ses dépendances. 24 mai 1832 n. 186. — Il n'est pas nécessaire que la personne volée se trouve dans la maison au moment même de l'exécution du crime ; il suffit qu'elle y ait été reçue. 19 mai 1838 n. 138. — Le domestique qui vole dans la maison de son maître les effets d'un autre domestique parti depuis plusieurs mois, est passible de l'art. 386. 13 fév. 1819 n. 23.
20	Vol commis par un ouvrier, un compagnon ou un apprenti, dans la maison, l'atelier ou le magasin de son maître.	id.	F. P. — Voyez n 1, p. 116. — C. A. *Cette soustraction frauduleuse a-t-elle été commise dans la maison, l'atelier ou le magasin du Sr..., dont l'accusé était alors l'ouvrier, le compagnon ou l'apprenti?* Notes. La circonstance que le vol a eu lieu dans l'atelier du maître est aggravante, et doit être posée séparément. 15 juin 1860 n. 136.. 1er juin 1865 n. 120. — Pour l'application du n 3 de l'art. 386, il faut que le vol ait été commis par un ouvrier, compagnon ou apprenti, et qu'il l'ait été dans la maison, l'atelier ou le magasin du maître. 21 janv 1836 n. 22.. 22 juill. 1847 n. 155. — L'art. 386 s'étend au vol commis par l'ouvrier dans l'appartement du maître, séparé de l'atelier. 29 avril 1830. J. P.
21	Vol commis par un individu travaillant habituellement dans l'habitation où il a volé.	id.	F. P. — Voyez n. 1, p. 116. — C. A. *L'accusé, à cette époque, travaillait-il habituellement dans l'habitation où il a volé?* Notes. Pour appliquer l'art. 386, il faut que le vol ait eu lieu dans la maison de la personne chez qui l'accusé travaillait habituellement. 29 oct. 1830 n. 240.. 21 janv. 1836 n. 22. — Il n'est pas nécessaire que le vol ait été commis au préjudice de la personne chez laquelle on travaillait 20 mars 1829 J. P. — La loi n'exige pas que l'accusé ait fait un travail continu dans la maison, ni qu'il y ait travaillé le jour même du vol 27 août 1813 n. 188. — L'art 386 est applicable à l'employé de l'administration des postes qui soustrait des lettres, dans le bureau où il travaille habituellement, bien qu'elles ne contiennent aucune valeur. 24 juill. 1829. S. 1830, p. 179. — Si les lettres renferment des valeurs, voyez p. 115 n. 2.
22	Vol par un aubergiste, un hôtelier, un voiturier, un batelier, ou un de leurs préposés, de tout ou partie des choses qui leur étaient confiées à ce titre.	386^{4}.	F. P. — Voyez n. 1, p. 116. — C. A. *Les objets volés étaient-ils confiés à l'accusé en sa qualité d'aubergiste, d'hôtelier, de voiturier, de batelier ou de préposé d'un aubergiste, etc?* Notes. Les logeurs et loueurs en maison garnie sont compris dans la dénomination d'aubergiste, d'hôtelier. 27 juin 1811 n. 97. — Même décision relativement aux cabaretiers (14 février 1812 n. 30), et aux cafetiers. 17 juin 1830 n. 170. — Il n'est pas nécessaire que les objets soustraits aient été donnés en garde à l'aubergiste ; celui-ci est de droit dépositaire des effets apportés chez lui par un voyageur. 28 oct. 1813 n. 232.. 28 oct. 1830. J. P — L'art. 386 est applicable à l'hôtelier qui vole la montre laissée sur une table, dans son auberge, par une personne qui y avait pris son repas. 28 oct. 1813 n. 232. Le vol commis par un voiturier d'objets confiés à sa garde comme voiturier, n'est pas seulement un abus de mandat ; c'est un vol qualifié par le n. 4 de l'art. 386 du code pénal. 9 avril 1842 n. 86. — Le vol commis par un voiturier n'éprouve pas d'aggravation par suite des circonstances qui l'ont accompagné. 18 mai 1843. J. P. t 2. 1843, p. 197.
23	Vol dans les champs, de chevaux, de bestiaux et d'instruments d'agriculture. Vol de bois dans les ventes.............. Vol de pierres dans les carrières......... Vol de poissons en étang, vivier ou réservoir.	388^{1} 388^{6} 382^{2}, id. id. id. id. id.	Notes. Si le vol simple, aux termes de l'art. 388, se trouve accompagné des circonstances aggravantes de la nuit et de deux personnes, il rentre alors dans la classe des vols punis par l'art. 386. 18 avril 1834 n. 113. — Voyez, en conséquence, pour la position des questions, page 116, n. 1, 5 et suivants. En employant le mot *chevaux* au pluriel, l'art. 388 a compris nécessairement dans sa disposition le vol d'un seul cheval. 2 janv 1813 n. 1 — Par le mot *champs*, on entend les terres labourables, les bois, les pâturages, et en un mot toute propriété rurale dans laquelle sont exposés à la foi publique les objets volés. 2 janv. 1813 n. 1. Le mot *vente* comprend toute coupe de bois en exploitation. 7 mars 1828 n. 27. — L'art. 388 ne s'applique pas au vol de bois dans une prairie (2 juin 1815. S. 1815, p. 195); ni au vol de planches dans les champs. 5 mars 1818. S. 1818, p. 343.
24	Vol dans les champs, de récoltes déjà détachées du sol ; Soit la nuit, soit par plusieurs personnes, soit à l'aide de moyens de transport.	388^{3} 388^{6} 388^{4} 388^{6}	Notes. Le vol de pommes ramassées sous des arbres pendant la nuit est prévu par les parag. 3, 4 ou 5 de l'art. 388. 9 mai 1867 n. 121. — Si le vol de récoltes déjà détachées du sol présente la réunion des circonstances de la nuit et de deux personnes, c'est l'art 386 qui est applicable. 8 fév. 1834 n. 47. — Voyez, pour la position des questions, page 116, n. 1, 5 et suivants. Le vol de légumes placés aux champs dans une fosse n'est pas un vol de récoltes, c'est un vol simple prévu par l'art. 401. 11 juin 1829 n. 119. — Est vol de récoltes le vol d'arbres abattus dans les champs. 1er mars 1816. D. t. 14, p. 422. Du miel et des gâteaux de miel ne peuvent être compris sous la dénomination de récoltes (10 juill. 1812 n. 161); — même décision relativement au sel (31 juill. 1818 n. 95): par le mot récoltes, on n'entend que la dépouille des biens de la terre.
25	Vol dans les champs, de récoltes non encore détachées du sol, soit avec des paniers ou objets équivalents, soit à l'aide de voitures ou d'animaux, soit la nuit, soit par plusieurs personnes.	385^{5} 388^{6}	Notes Le vol de récoltes non détachées du sol, s'il a été commis par deux personnes et pendant la nuit, est passible de l'art. 386. 20 mars 1834 n. 93. — Voyez, pour la position des questions, page 116 n. 1, 5 et suivants. En l'absence de toute circonstance aggravante, l'enlèvement de récoltes attenant à leurs racines, s'il a été commis dans des champs ouverts, est prévu par l'art. 475, n. 15 du code pénal. — Enlever des récoltes attenant à leurs racines dans un jardin dépendant d'une maison habitée, c'est commettre un vol puni par l'art. 401. 31 janv. 1828 n. 27. Le tablier dont une femme se sert pour enlever des récoltes, ne peut être assimilé à un panier. 27 janv. 1838 n. 33.

VOL OU DESTRUCTION D'OBJETS DANS LES DÉPOTS PUBLICS.

N°		Code pénal	
26	Soustraction, enlèvement et destruction d'objets contenus dans les dépôts publics, ou remis à un dépositaire public ;	254, 255	F. P. — *N... est-il coupable d'avoir, à telle époque, dans tel endroit, soustrait frauduleusement, enlevé, ou détruit tels objets contenus dans tel dépôt public* ou *remis à tel dépositaire public en cette qualité?* Notes. La circonstance de la publicité du dépôt est constitutive du crime spécial prévu par les art. 254 et 255. 22 mars 1844 n. 114. — Pour que l'art. 255 soit appliqué, il faut que l'objet enlevé ou détruit soit déposé dans les archives etc., dans un but analogue à leur destination (19 janv. 1843 n. 5); ou qu'il ait été remis à un dépositaire public en cette qualité. 2 avril 1857 n. 137. — L'art. 255 est applicable : au vol de livres dans une bibliothèque publique (25 mars 1819 n. 36); au vol de tableaux dans un musée (10 sept. 1840 n. 262); au vol de minutes dans l'étude d'un notaire. 26 nov. 1853 n. 659. — L'art. 255 est applicable au clerc de notaire qui soustrait un titre dans l'étude de son patron. 2 juin 1853 n. 169.
	Si le coupable est le dépositaire.........	255^{2}.	C. A. — *L'accusé était-il dépositaire public des objets volés?*
	S'il y a eu violence	256.	C. A. — Voyez formules et notes, page 116 n. 9 et page 117 n. 10.

EXTORSION DE TITRES.

N°		Code pénal	
27	Extorsion de la signature ou de la remise d'un titre par force, violence ou contrainte.	400.	F. P. — *N... est-il coupable d'avoir, à telle époque, dans tel endroit, par force, violence ou contrainte, extorqué au Sr... la signature ou la remise de telle pièce, contenant ou opérant obligation, disposition ou décharge?* Notes. La violence est constitutive de la criminalité et doit être comprise dans le fait principal ; l'extorsion sans la violence n'est pas punissable. 19 août 1852 n. 289. — Jugé antérieurement que l'extorsion sans la violence est un vol simple. 30 avril 1830. S. 1830, p. 373.. 7 oct. 1831 n. 247. — Est punissable l'extorsion de la signature d'une femme mariée, non autorisée par son mari 9 mai 1867 n. 110. — L'extorsion est comprise dans la classe des vols, et la femme coupable d'extorsion envers son mari dans l'intérêt d'un tiers profite du bénéfice de l'art. 380. 8 février 1840 n. 51. -- On peut demander si l'accusé est coupable d'avoir tenté d'extorquer au Sr..., par force, violence ou contrainte la signature d'une pièce qui devait contenir une obligation de la part du Sr.., tentative manifestée, etc. 27 mai 1856 n. 120.. 16 avril 1857 n. 152. L'art 400 ne s'applique pas à l'extorsion de signatures, si le papier est resté à l'état de blanc-seing. 19 juin 1845 n. 199. — Dans une accusation d'extorsion, on peut poser, comme résultant des débats, une question de coups et blessures (art. 311), une question de menaces avec ordre ou sous condition (art. 307). Même arrêt.

		Code pénal	
	Tentative et complicité, voyez p. 107.		**ABUS DE CONFIANCE.**
1	ABUS DE CONFIANCE..............	408^1.	F. P. — *N... est-il coupable d'avoir, à telle époque, dans tel endroit, détourné ou dissipé au préjudice du Sr..., qui en était propriétaire, possesseur ou détenteur, tels objets* (dire si ce sont des effets, deniers, marchandises, billets, quittances, ou autres écrits contenant ou opérant obligation ou décharge) *qui ne lui avaient été remis qu'à titre de louage, de dépôt, de mandat, de nantissement, de prêt à usage, ou pour un travail salarié ou non salarié, à la charge de les rendre ou représenter, ou d'en faire un usage ou un emploi déterminé?* Notes. Il suffit de poser les questions dans les termes de l'art. 408 (30 nov. 1837 n. 416), pour qu'on puisse en induire l'existence de la fraude, élément essentiel du délit. 12 janv. 1855 n. 10. — Il faut qu'il soit constaté que les écrits contenaient ou opéraient obligation ou décharge. 21 août 1840. S. 1840, p. 703 — Le domestique qui détourne à son profit des sommes qu'il a reçues de son maître pour les dépenses journalières de la maison, commet le crime d'abus de confiance au préjudice de son maître, quoique les fournisseurs n'aient pas d'action contre ce dernier. 28 janv. 1842 n. 18. — Remettre des objets à la charge de les rendre ou d'en restituer le prix, ce n'est pas un dépôt; c'est une vente à condition. 22 juin 1860 n. 142. — Celui qui détourne une lettre à son adresse, mais destinée à un tiers qui l'avait chargé de la recevoir, commet un abus de confiance. (Dans l'espèce, la lettre renfermait un mandat sur la poste) 22 mai 1841 n. 151. — L'abus de confiance, commis par un voiturier, constitue un vol qualifié par le n. 4 de l'art 386. 9 avril 1812 n. 86. — L'individu qui dérobe des matières premières à lui remises pour les travailler à son domicile. n'est passible que du 1er § de l'art. 408. 16 mars 1837 n 82. La juridiction criminelle compétente pour connaître de la violation d'un dépôt, a aussi caractère pour prononcer sur la préexistence de ce dépôt; mais elle doit se conformer aux art. 1340 et 1347 du code civil (2 déc. 1813 n. 255); si donc il s'agit d'un dépôt excédant 150 fr.. et qu'il n'y ait ni commencement de preuve par écrit, ni aveu de l'accusé, la preuve testimoniale ne peut être reçue. 25 janv. 1838 n. 24. 26 sept. 1823 n. 135. — Le commencement de preuve par écrit peut résulter de l'interrogatoire du prévenu (18 août 1854 n. 260), même non signé 22 avril 1854 n. 116. — Mais l'aveu fait par un prévenu dans son interrogatoire ne peut être divisé contre lui. 28 juill. 1854 n. 244.. Contrà, 18 août 1854 n. 260. — Les juges n'ont pas à s'occuper de l'exception de l'art. 1341 du code civil, si elle n'est pas proposée 26 avril 1851 n 157. — La preuve de l'existence d'un dépôt peut être faite par témoins, lorsque le dépôt lui-même a été obtenu par fraude (22 août 1840. S. 1841, p. 255.. 14 juill. 1843 n. 183); jugé depuis en sens contraire. 20 avril 1844. D. 1844, p. 399. — La preuve de l'existence d'un mandat pour des sommes supérieures à 150 francs doit être faite, même devant la juridiction criminelle, conformément aux art. 1341, 1347 et 1356 du code civil. Ce principe reçoit exception (voy. ce qui vient d'être dit pour l'abus de dépôt) lorsqu'il existe un commencement de preuve par écrit, ou lorsque l'existence du mandat n'est pas déniée (10 janv 1861 n. 11); ou lorsque les opérations incriminées sont en matière de commerce. 12 janv. 1855 n. 10. — Le juge de l'action étant le juge de l'exception, la juridiction correctionnelle est compétente pour apprécier l'exception que le prévenu fait résulter d'un compte à débattre entre lui et son mandant. 13 mars 1840. S. 1841 p. 207. — Le retard dans l'accomplissement du mandat, sans intention frauduleuse, ne constitue pas l'abus de confiance (5 nov. 1835. S 1835, p. 790); relativement aux conditions nécessaires pour constituer l'abus de confiance de la part d'un mandataire en retard, voyez 30 mai 1850 n. 195. 11 mars et 11 juin 1858 n. 86 et 168. 2 juin 1853 n. 199.. 14 oct. 1854 n. 303.. 13 sept. 1845 n. 290. 21 mars 1861 n. 62.. 3 janv. 1863 n. 3. En l'absence de partie civile, il suffit d'évaluer le dommage résultant du délit, pour arriver à la fixation de l'amende qui doit être prononcée d'après l'art. 408. 13 juin 1845. D. 1845, p. 371.
2	Si l'accusé est domestique, homme de service à gages, etc.	408^2.	C. A. — *A cette époque, l'accusé était-il le domestique, l'homme de service à gages, l'élève, le clerc, le commis, l'ouvrier, le compagnon ou l'apprenti du Sr...?* Cette question, qui est aggravante, doit être posée séparément. 1er déc. 1854 n. 328.
	S'il est officier public ou ministériel....	id.	C. A. — *L'accusé a-t-il agi en sa qualité d'agent de change, de notaire, d'avoué, d'huissier, etc.?*
			BANQUEROUTE FRAUDULEUSE.
3	BANQUEROUTE frauduleuse...........	402. Code de C. 591, 593^3 595, 600	F. P. — *N... commerçant failli* (et, dans le cas de l'art. 593, ajoutez: *faisant le commerce sous le nom d'autrui ou sous un nom supposé) est-il coupable d'avoir, à telle époque, dans tel endroit, soustrait ses livres, détourné ou dissimulé une partie de son actif, — ou de s'être, soit dans ses écritures, soit par des actes publics ou des engagements sous signature privée, soit par son bilan, frauduleusement reconnu débiteur de sommes qu'il ne devait pas?* — Voyez les notes ci-dessous.
4	Si l'accusé est un agent de change ou un courtier.	404.	C. A. — *A l'époque de l'action ci-dessus, l'accusé était-il agent de change ou courtier?* Notes. La qualité de commerçant failli est constitutive et doit être comprise dans le fait principal. 20 mars 1846. S. 1846, p. 584. — Il faut que la qualité de commerçant failli soit examinée et jugée par le jury (3 oct. 1830 n. 316); lors même que l'accusé a déjà été déclaré en faillite par jugement. 23 nov. 1827 n. 285. — La faillite existe du moment où un négociant a cessé ses paiements (1er sept. 1827 n. 234; et le jury a caractère pour constater le fait de la faillite. 29 mars 1838 n. 87. — Un commerçant peut être poursuivi pour banqueroute frauduleuse quoiqu'il ait été reconnu, par jugement au civil, ne pas être en état de faillite. 23 nov. 1827 n. 285.. 1er sept. 1827 n. 234. 6 mars 1857 n. 97. — On ne peut déclarer banqueroutier frauduleux ni un mineur non autorisé à faire le commerce (7 mars 1853 n. 93), ni une femme mariée en communauté, associée avec son mari. 9 août 1851 n. 336. Il faut questionner le jury sur les faits qui constituent la banqueroute frauduleuse. 11 juillet 1816 n. 41. — Un seul des faits prévus par la loi suffit pour constituer la banqueroute frauduleuse. 3 nov. 1831. J. P. — Un failli peut avoir dissimulé et n'avoir pas détourné une partie de son actif 6 oct. 1853 n 394. — On peut demander s'il y a eu détournement de l'actif, sans qu'il faille spécifier de quoi se composent les valeurs détournées. 16 janv. 1840. J. P. t. 1. 1843, p. 353. — Au mot dissimuler, on ne peut pas substituer le mot dissiper. 13 janv. 1854 n. 9 — Il suffit que les questions relatives au crime de banqueroute, soient posées dans les termes de l'art. 591; le caractère frauduleux des actes reprochés ressort de la qualification donnée au fait, en conformité du texte même de la loi, et d'autre part du mot *coupable* dont se sert explicitement la question. 21 déc. 1851 n. 352. Les cours d'assises peuvent, même en cas d'acquittement, ordonner d'office la réintégration à la masse des choses frauduleusement soustraites (art. 595 du code de commerce). 1er sept 1854 n. 273. — Relativement à la publication des arrêts, voyez art 600. Le créancier intervenant comme partie civile n'est pas obligé de mettre en cause le syndic de la faillite, et la cour n'a pas à s'occuper des difficultés d'exécution de son arrêt. 9 mai 1846 n. 117. — Quant aux frais, voyez art. 592 du code de C.
5	Complicité par soustraction, recelé ou dissimulation des biens du failli.	Code de C. 593^1, 594	F. P. — *N... est-il coupable d'avoir, à telle époque, dans tel endroit, dans l'intérêt du sieur..., commerçant failli, dont il connaissait la situation, soustrait, recélé ou dissimulé tout ou partie de ses biens, meubles ou immeubles?* La question peut être posée dans les termes de l'art. 593, sans être entachée du vice de complexité. 9 février 1850 n. 50. L'art. 593 a eu pour objet d'atteindre divers actes émanés des tiers, sans préjudice des cas généraux de complicité prévus par les art. 59 et 60 du code pénal. 3 juin 1843 n. 131. — L'art. 593 du code de commerce a innové relativement à la complicité par recelé, en exigeant que le recelé ait eu lieu dans l'intérêt du failli; les autres modes de complicité restent soumis aux règles des art. 59 et 60 du code pénal. 21 déc. 1854 n. 352. Un individu ne peut être déclaré complice de banqueroute frauduleuse que si l'auteur principal a été déclaré commerçant failli. 18 oct. 1842 n. 282. — Le complice du crime de banqueroute peut être condamné, quoique l'auteur principal soit acquitté (19 sept. 1856 n. 318.. 25 juin 1857 n. 241); quoique l'auteur principal soit décédé, 4 juin 1835 n. 222. Le conjoint, les descendants ou les ascendants du failli et les alliés aux mêmes degrés, convaincus d'avoir, dans son intérêt, soustrait, recélé ou dissimulé tout ou partie de ses biens, sont seulement passibles des peines du vol; pour encourir les peines de la banqueroute, il faut qu'ils soient déclarés avoir agi de complicité avec le failli (art. 594 du code de C.) 2 avril 1853 n. 121.. 19 avril 1849 n. 87. — Est passible des art 253 et 384 la femme coupable de vol d'argent avec bris de scellés, au préjudice de la faillite de son mari sans complicité avec celui-ci. 13 mai 1841 n. 144.
6	Affirmation de créances supposées.......	Code de C. 593^2 593^3	F. P. — *N... est-il coupable d'avoir, à telle époque, dans tel endroit, frauduleusement présenté dans la faillite du sieur..., et affirmé, soit en son nom, soit par interposition de personnes, des créances supposées?* — Voyez 19 nov. 1859 n. 121.

Tentative et complicité, voy page 107.

FAUX.

1 FAUX EN ÉCRITURE PRIVÉE.... .... — Code pénal 150, 147 164.

F. P. — *N. est-il coupable d'avoir, à telle époque, dans tel endroit, commis un faux dans tel acte* (dire en quoi l'acte consiste), *soit par contrefaçon ou altération d'écritures ou de signatures, — soit, par fabrication de conventions, dispositions, obligations, ou décharges, ou par leur insertion après coup dans cet acte, — soit par addition ou altération de clauses, de déclarations, ou de faits que cet acte avait pour objet de recevoir et de constater?*

NOTES. On pourrait poser la question plus en fait, et par exemple demander si l'accusé est coupable : d'avoir frauduleusement apposé telle fausse signature au bas de tel écrit par lequel le signataire était censé, etc.; — d'avoir, en substituant telle somme ou telle mention à telle autre qui était originairement exprimée, frauduleusement altéré tel écrit, etc.

Les trois caractères du crime de faux sont: la fabrication matérielle d'un faux, l'intention de tromper et l'éventualité d'un préjudice. 12 sept. 1839 n. 295.. 13 oct. 1842. D. 1842, p. 421. — La question de savoir si le faux a causé ou pu causer un préjudice est substantielle de la criminalité. 30 mai 1850 n. 176. — Pour la criminalité, il ne suffit pas qu'il y ait eu intention coupable de la part de l'auteur; il faut encore que le fait soit de nature à porter préjudice à autrui : et si ce caractère dommageable ne résulte pas nécessairement de la nature de la pièce fausse, il doit ressortir des questions posées au jury. 20 janv. 1837 n. 24.. 30 mai 1850 n. 176. — Voyez aussi 3 janv. 1857 n. 7, et 14 sept. 1865 n. 182.

Le non-usage d'une pièce fausse par celui qui l'a fabriquée, n'exclut pas le crime qui se commet par la fabrication de cette pièce : la loi a distingué ces deux faits et les a punis séparément. 21 mars 1834 n. 96.

Il ne faut pas demander au jury si l'accusé est coupable de faux en écriture privée, en écriture de commerce ou de banque ou en écriture authentique et publique : c'est là une question de droit. 1er avril 1826 n. 55.. 20 avril 1827 n. 88

On peut, dans la même question et sous forme alternative, demander si l'accusé a fabriqué ou fait fabriquer tel faux, la culpabilité de l'accusé étant la même, qu'il se soit servi de sa propre main ou de celle d'autrui. 4 sept. 1840. D. 1840, p. 446.

Lorsqu'un acte n'a de valeur que par la signature, il ne faut pas, sur la fabrication du corps de l'acte, poser une question séparée de celle sur la fabrication de la signature : ce n'est qu'un seul et même fait. 4 sept. 1840 n. 251.. 7 juill. 1827 n. 179.

Dans une accusation de faux billets, s'il résulte des débats que les billets dont il s'agit portent la signature falsifiée de négociants, le président peut en poser la question séparément, comme résultant des débats. 15 juill. 1837 n. 206.. 21 janv. 1865 n. 17.

Dans une accusation de faux on peut poser, comme résultant des débats, une question d'usage de la pièce fausse (voyez p. 122). 17 octobre 1811. S. 1817, p. 95. — On ne peut poser subsidiairement une question d'escroquerie. 1er fév. 1844 n. 27.

Le faux peut être prouvé par les moyens d'instruction communs à tous les crimes. 14 mai 1836 n. 140. — Il n'est pas nécessaire de représenter les pièces fausses. 29 mars 1838 n. 87.. 14 mai 1836 n. 140.

Le bénéfice de l'art. 380 ne peut être étendu au vol commis à l'aide de faux. 17 déc. 1829 n. 277.. 3 déc. 1857 n. 385.

Le faussaire doit être condamné à l'amende de l'art. 164, malgré la déclaration de circonstances atténuantes. 4 juin 1855 n. 206.. 29 août 1861 n. 197. — Et, si la cour n'applique pas le minimum, elle doit, dans son arrêt, établir le chiffre des bénéfices illégitimes, à moins que ce chiffre ne ressorte de la réponse du jury. 13 mars 1856 n. 103

Se rend coupable de faux par contrefaçon de signatures : celui qui signe un acte d'un faux nom, lors même que ce serait d'un nom idéal (25 juin 1840 n. 187.. 11 janv. 1866 n. 10), celui qui, achetant de l'arsenic dans un but criminel, signe un faux nom sur le registre du pharmacien (5 mars 1819 n. 33); celui qui appose de fausses signatures au bas d'une pétition tendante à faire destituer un fonctionnaire. 3 août 1810 n. 97. — On peut, sans qu'il y ait complexité, réunir dans la même question les signatures apposées en grand nombre au bas de la même pétition. 2 janv. 1851 n. 4. — La simple apposition d'une croix à la suite d'un billet ne constitue pas un faux, un pareil écrit n'engendrant aucune obligation. 1er juin 1827 n. 136. — Le faux pouvoir signé d'une croix constitue un faux, si ce pouvoir est revêtu de deux signatures de témoins contrefaites. 15 déc. 1831. J. P.

La fabrication de lettres missives fausses constitue le crime de faux, lorsqu'elles ont pour but de nuire à autrui (9 sept. 1830 D. 1830, p. 387); mais la question doit s'expliquer sur le préjudice. 20 janv. 1837 n. 24.. 3 janv. 1846 n. 5. — Il suffit que les fausses lettres, ou que le faux écrit puissent nuire à la réputation. 18 nov. 1852 n. 374.. 3 déc. 1859 n. 266.

L'escroquerie commise à l'aide d'écrits propres seulement à exciter la charité publique, n'est pas un faux. 23 nov. 1815 n. 64.

L'enlèvement d'un corps d'écriture tracé sur le même papier qu'un acte parfait dans la forme, ne peut être considéré comme une altération d'écriture qu'autant que ce corps d'écriture s'incorpore à l'acte existant sur le même papier, et a pour résultat d'en compléter ou d'en modifier le sens; ou bien si le corps d'écriture enlevé a un caractère particulier et distinct opérant obligation ou décharge. 25 février 1836 n. 58. — Voyez 29 avril 1826 n. 86, 1er déc. 1842 n. 310, et 19 juin 1851 n. 231.

Celui qui falsifie ses registres domestiques pour nier un payement, peut être réputé faussaire (27 janv. 1827 n. 19); autre espèce, 7 oct. 1858 n. 250. — Voyez 28 avril 1838 n. 116, relativement au débiteur qui falsifie les registres domestiques de son créancier.

Biffer un acquit sur un billet pour être payé une seconde fois, c'est un faux. 20 juin 1844. S. 1844, p. 684.

Se rend coupable de faux par fabrication de convention : celui qui appose dans un acte son propre nom pour simuler la présence d'une autre personne (30 juill. 1836 n. 252); celui qui, en faisant accroire à quelqu'un qu'il signe une pétition au ministre, lui fait souscrire un acte obligatoire (13 fév. 1835, n. 57); celui qui fait signer un billet d'une certaine somme en persuadant que la somme est moindre (30 juillet 1829 n. 167.. 15 fév. 1850 n. 59), celui qui, au-dessus d'une signature apposée au bas d'une pétition inscrit une obligation à son profit : ce n'est pas un simple abus de blanc-seing. 22 oct. 1812 n. 225.

L'abus d'un blanc-seing est un faux, s'il n'a pas été confié *par le signataire* à celui qui en a abusé (art. 407). 4 fév. 1819 n. 13.

Lorsqu'un individu est accusé d'avoir frauduleusement souscrit un effet de son propre nom, en indiquant qu'il agissait par procuration d'un tiers, il faut questionner le jury sur l'existence de la procuration. 3 mars 1837. J. P. t. 1, 1838, p. 84

La 1re partie du 3e § de l'art. 147, s'applique à la fabrication de fausses conventions dans la rédaction même des actes, la dernière partie ayant pour objet l'insertion de fausses conventions faites après coup. 26 oct. 1824 n. 155. — Le faux par supposition de personnes, c'est, dans l'art 147, le faux *par fabrication de conventions*. 7 juill. 1814, n. 31.. 5 sept. 1844 n. 310.

2 FAUX EN ÉCRITURE DE COMMERCE OU DE BANQUE. — Code pénal 147, 164

Voyez formules et notes n. 1. — Les art. 632 et 633 du code de C. énumèrent les actes que la loi répute actes de commerce. — On peut comprendre dans la même question le fait du faux et la qualité de commerçant attribuée à celui dont la signature a été contrefaite; cette qualité n'étant pas à proprement parler aggravante, mais constitutive du faux en écriture de commerce, qui est un crime spécial et distinct. 4 sept. 1840 D. 1840, p. 446.. 28 janv. 1853 n. 41. Voyez n. 8, p. 74. — Le mot *commerçant*, indiquant une profession, constitue une question de fait qui peut être soumise au jury. 12 janv. 1843, n. 3.

Un billet à ordre ne peut constituer un acte de commerce qu'à raison de la qualité de commerçant du souscripteur, ou de la nature commerciale de l'opération, cause du billet. 24 août 1843 n. 216. — La profession de meunier n'emporte pas nécessairement la qualité de marchand. 19 avril 1857 n. 68. — Même décision pour la profession de tailleur. 24 août 1843 n. 216. — L'énonciation *valeur en marchandises* laisse incertaine la nature commerciale du billet (même arrêt).

Il y a faux en écriture de commerce de la part de celui qui, sur un billet conçu valeur en marchandises, appose la fausse signature d'un individu qualifié fabricant, 28 janv. 1853 n. 41; — qui, au bas d'un billet de commerce, ajoute frauduleusement l'indication d'un lieu de paiement. 7 avril 1853 n. 126; — qui antidate un endossement dans un billet à ordre (art. 139 et 187 du code de commerce), 31 juill. 1852 n. 261; — qui intervertit les endossements par une transpostion frauduleuse de signatures, 29 janv. 1847 n. 17; — qui exagère, par des altérations d'écriture, la valeur de ses marchandises pour obtenir de meilleures conditions de ses créanciers, 25 août 1853 n. 425; — qui surcharge frauduleusement le livre de fournitures restant entre les mains de l'acheteur (29 nov. 1860 n. 261); — qui falsifie sur ses registres le prix de fournitures faites à un autre commerçant. 22 mars et 15 mai 1862 n. 91 et 129. — Relativement à une fausse lettre missive contenant demande d'argent, v. 4 juin 1859 n. 142.

Les billets à ordre et les endossements forment des actes distincts : les premiers peuvent être d'une nature civile, et les autres d'une nature commerciale. 23 mars 1827. J. P. — L'art. 147 est applicable à celui qui signe de fausses signatures de commerçants, des lettres adressées à d'autres commerçants pour en obtenir des livraisons de marchandises. 15 juin 1827 n. 147.

La lettre de change constitue un acte de commerce, indépendamment de l'opération, et de la qualité du souscripteur. 24 août 1843, n. 216. Dans la question il faut poser les faits d'où résulte le caractère de lettre de change. 4 sept. 1840 n. 251. 10 oct. 1856 n. 332.

Est passible de l'art. 147 celui qui appose la fausse signature d'un mineur au bas d'une lettre de change. 21 août 1812 n. 194.

Le billet à ordre, quoique payable dans un autre lieu, n'est pas une opération de change, si le paiement doit être fait par le souscripteur lui-même. 30 janv. 1852 n. 45. — L'art. 147 s'applique à de faux billets de la banque d'Angleterre. 21 mars 1834 n. 97.

Le faux dans une police d'assurance est un faux en écriture privée. 10 mars 1855 n. 92.. 12 mai 1859 n. 121.

SUITE DU FAUX.

		Code pénal	
	Tentative et complicité, voyez p. 107.		
1	FAUX EN ÉCRITURE authentique et publique.	147, 164 Code d'inst. 463.	Voyez formule et notes, n. 1, p. 120. — L'art. 147 suppose l'altération d'un acte pouvant être la base d'une action ou d'un droit; ainsi pas de faux dans la copie mensongère d'un acte notarié placée en tête d'un exploit (2 sept 1813 n. 193); pas de faux dans la fabrication d'un acte de décès attribué à une personne sans qualité pour le dresser. 17 août 1815. S. 1815, p. 297. — Un faux est punissable, lors même que l'acte argué de faux serait nul pour vice de forme. 13 oct. 1848. S. 1849, p. 202. L'accusé, pour établir la nullité de l'acte, et par suite sa non criminalité, ne peut se prévaloir de l'omission de certaines formalités qui ne tiennent pas à la substance de l'acte, mais seulement à ses effets légaux. 20 nov. 1807. S. 1808, p. 193. — Il n'est pas nécessaire que l'officier public soit réellement intervenu dans la rédaction de l'acte. 2 mai 1833. J. P. — Le faux commis dans l'acte d'un fonctionnaire non encore assermenté ne constitue qu'un faux en écriture privée. 21 sept. 1837. S. 1838, p. 132. Le mot acte, dans la complète signification du mot, veut dire un acte régulier et par conséquent signé. Jugé en conséquence que, sans poser de question sur la fabrication de la signature, on peut demander si l'accusé est coupable d'avoir, sous le nom de tel fonctionnaire frauduleusement fabriqué tel acte faux. 7 juill 1827 n. 179. Il y a faux en écriture authentique et publique : — de la part de celui qui fabrique une fausse dépêche télégraphique. 6 juil. 1867 n. 156. — De la part de celui qui appose de fausses signatures sur les registres des postes (22 avril 1842 n. 95), ou sur un mandat du trésor. 29 juill. 1852 n. 256. — Signer d'un faux nom un engagement sur le registre d'un commissionnaire du mont-de-piété, est un faux en écriture de commerce. 23 déc 1853 n. 594. — Faux endossement sur un billet du mont-de-piété. V. 3 mars 1864 n. 53. — De la part de celui qui altère la mention des droits perçus, faite par un greffier sur l'expédition d'un jugement (28 juin 1855, n. 232); qui fabrique un extrait du rôle des contributions foncières (31 déc. 1813 n. 265); qui altère les registres de recettes de l'octroi d'une ville (2 juill. 1829 n. 143); — qui altère une pièce émanée de l'officier public préposé à la perception des droits d'essais des matières d'or et d'argent. 19 mai 1826 n. 99. — Relativement aux fausses déclarations concernant les contributions indirectes, voyez 12 déc. 1854 n. 298, 30 déc. 1854 n. 361 et 19 avril 1860 n. 101. — De la part de celui qui altère un plan cadastral déposé dans une mairie, 29 fév. 1846. S. 1846, p. 591; — De la part de celui qui dans des actes de publication de mariage, fait insérer de fausses énonciations. 28 mai 1857 n. 208; — De la part de celui qui fabrique un acte de naissance ou en altère une expédition. 25 juin 1812 n. 152. — Faire inscrire un enfant sous de faux noms sur les registres de l'état civil, c'est une suppression d'état; et d'après l'art. 327 du code civil, le faux ne peut être jugé qu'après le jugement définitif sur la question d'état. 19 juill. 1849 n. 167.. 3 janv. 1857 n. 6. — De la part de celui qui fabrique un diplôme de docteur en médecine (5 sept. 1833 n. 357); — ou un diplôme de pharmacien (26 août 1825 n. 164); — ou un brevet de capacité pour l'instruction publique (23 déc. 1841 n. 368); ou des lettres d'ordination (29 août 1840. J. P. 1840, t. 2 p. 590); ou une permission de célébrer la messe, 13 août 1852 n. 279; — De la part de celui qui pour obtenir la décoration, fabrique de faux états de service, 1er oct. 1824 n. 128; — De la part de celui qui fabrique de faux certificats de rentes étrangères négociables en France, 17 nov. 1855 n. 360; — De la part de celui qui fabrique une expédition d'un acte notarié qui n'existe pas (2 mai 1833 n. 172); — de la part du notaire qui fabrique sur ses minutes de fausses mentions de l'enregistrement (27 janvier 1815 n. 6); quant au notaire qui délivre des expéditions d'actes portant de fausses mentions d'enregistrement, voyez ci dessous n. 2; — De la part du prévenu qui, sous le nom d'un autre qu'il compromet sciemment, subit un interrogatoire (28 nov. 1861 n. 251.. 11 mai 1865 n. 109) ou se fait condamner (12 avril 1855 n. 122.. 1er juill. 1858 n. 185) ou se fait emprisonner. 10 fév. 1827 n. 33. — De la part de celui qui, sous le nom d'un autre, passe un examen de bachelier, 28 fév. 1835 n. 75.. 24 déc. 1863 n. 80; — De la part de celui qui usurpe de faux noms dans des actes d'avoué à avoué (17 mai 1839. J. P. 1839, t. 1, p. 605), qui se fait remettre un exploit par un huissier en se présentant comme la personne assignée, 27 juin 1811. J. P.; — qui fait insérer frauduleusement dans un rapport d'experts, des déclarations contraires à la partie adverse, 3 mai 1850 n. 166; — De la part de celui qui se présente devant un conseil de révision sous le nom d'un autre individu, soit pour le remplacer (18 oct. 1836 n. 546), soit pour le faire réformer. 22 oct. 1842 n. 275. — Ce n'est qu'une tentative de faux, si la fraude est découverte avant que le conseil ait dressé son acte. 8 oct. 1842 n. 275. — Il n'est pas nécessaire que l'acte soit signé par le coupable qui a concouru sciemment à l'altération des faits que l'acte avait pour objet de constater. 23 mai 1833 n. 195. — Jugé que celui qui part à la place de son frère portant les mêmes prénoms, ne commet pas un faux, 17 déc. 1831. J. P.; — De la part de celui qui, pour échapper au recrutement produit un faux acte de notoriété, 5 juill. 1855 n. 240; — De la part de celui qui appose de fausses signatures sur les certificats exigés des jeunes soldats pour être admis soutien de famille. 8 fév. 1855 n. 36.. 23 avril 1859 n. 99. — L'art. 147 n'est pas applicable à celui qui, sur un congé de libération du service militaire, altère la mention que le certificat de bonne conduite a été refusé (8 mai 1856 n. 169); cette mention n'est pas partie intégrante de l'acte.
2	FAUX EN ÉCRITURE authentique et publique par les fonctionnaires et officiers publics.	145, 146 164. Code d'inst. 463.	F. P. — *N... est-il coupable d'avoir, à telle époque, dans tel endroit, dans l'exercice de ses fonctions de..., commis un faux dans tel acte, soit par fausses signatures, — soit par altération d'écritures ou de signatures, — soit par supposition de personnes, — soit par des écritures faites ou intercalées sur ledit acte, depuis sa confection ou clôture?* F. P — *N... est-il coupable d'avoir, à telle époque, dans tel endroit, dans l'exercice de ses fonctions de..., en rédigeant tel acte frauduleusement dénaturé sa substance ou ses circonstances, soit en écrivant des conventions autres que celles tracées ou dictées par les parties, soit en constatant comme vrais des faits faux, ou comme avoués des faits qui ne l'étaient pas?* Voyez notes n. 1, p. 120. — Pour appliquer l'art. 146, il faut que l'accusé ait agi frauduleusement, et la question doit s'expliquer à cet égard. 15 juin 1843 n. 149. — On doit demander au jury si l'acte faux a été fabriqué par un officier public, soit par suite de ses fonctions, soit dans un acte de son ministère 5 oct. 1843 n. 257. — La circonstance d'officier public n'est pas seulement aggravante, elle est constitutive du faux prévu par l'art. 146. 13 oct. 1842 n. 277. Voyez n. 7 et 8 p. 74. L'art. 145 prévoit le cas de conventions introduites dans l'acte *depuis la clôture*, et la question doit s'expliquer à cet égard. L'art. 146 a trait aux conventions introduites dans l'acte au moment de sa rédaction. 15 juin 1843 n. 149. Les individus coupables de faux en écriture authentique et publique ne peuvent être punis comme complices de l'officier rédacteur des actes, lorsque celui-ci n'a pas coopéré sciemment au faux (8 oct. 1818.. 21 juill. 1814 n. 33. — Contrà, 23 avril 1813 n. 85), ou lorsqu'il a été acquitté (22 juill. 1830. S. 1830 p. 378): c'est l'art 147 qui est applicable. La peine est applicable : — A l'officier de l'état civil qui, dans un acte de mariage, constate frauduleusement que ce mariage a été précédé des publications prescrites (23 avril 1843 n. 42); — Au comptable des deniers publics qui altère son registre de recettes (10 juill. 1806. S. 1806, 2e partie, p. 677) ou qui omet frauduleusement d'inscrire sur ses registres les sommes qu'il a reçues en sa qualité (30 déc. 1858 n. 325); — A l'employé de la poste qui altère sur des lettres les chiffres indiquant la taxe et le poids (4 oct. 1849 n. 267); — Au conducteur des ponts et chaussées qui dresse de faux états de dépense. 21 avril 1837 n. 126. (Si ledit employé n'était pas encore assermenté, il n'y aurait qu'un faux en écriture privée. 21 sept. 1837 n. 285); — Au notaire qui, dans un testament, énonce faussement que les dispositions lui ont été dictées par le testateur, en présence de témoins (21 avril 1827 n. 93); — Au notaire qui donne à un acte une date fausse (15 juill. 1819 n. 80.. 19 nov. 1819. S. 1823, p. 157); ou qui, ayant reçu un acte hors de son ressort et sans témoins, constate faussement qu'il a été passé dans son étude et en présence de témoins (10 nov. 1832 n. 441); — Au notaire qui, après coup, signe un acte et le fait signer par des témoins qui n'y ont pas assisté (17 juill. 1835 n. 297); — (Voyez, 7 nov. 1812 n. 241, un arrêt relatif à la signature de témoins instrumentaires apposés à un testament après le décès du testateur); — Au notaire qui altère un acte pour échapper à une poursuite judiciaire (18 juin 1852 n. 203); au notaire qui postdate des actes pour échapper au payement des droits d'enregistrement (11 oct. 1860 n. 224); — Au notaire qui délivre une expédition d'acte énonçant une fausse mention de l'enregistrement (14 juin 1821 n. 121); — Au greffier de justice de paix qui délivre des expéditions de jugements non encore signés par le juge de paix (art. 139 du code de procédure civile), 22 août 1817 n. 79; — A l'agent de change qui altère ses écritures (art. 145) 19 juillet 1860 n. 167.
3	FAUX commis dans les certificats.......	162.	Les faux certificats nuisibles à des tiers ou au trésor, sont punis comme faux en écriture privée, en écriture de commerce ou en écriture publique. Voyez les n. 1 et 2, p. 120, et les n. 1 et 2, p. 121. — Sont exceptés de cette disposition les faux certificats de maladie, punis par les art. 159 et 160, et les faux certificats d'indigence, punis par l'art. 161. La fausse empreinte du timbre d'une mairie et les fausses signatures apposées sur des certificats d'indigence, constituent le délit prévu par l'art. 161 6 janv. 1860 n. 2.
4	FAUX dans les feuilles de route........	156 à 158	Voyez comme renseignements, pour la position des questions, dans le cas des art. 156 et 157, le n. 1, p. 120, et le n. 1, p. 121; et, dans le cas de l'art 158, le n. 2, p. 121. — Le condamné qui, pour cacher sa situation, enlève de sa feuille de route la partie du papier portant la lettre *C*, commet la falsification de l'art. 156 par l'un des moyens de l'art 147. 15 déc. 1849 n. 341.
5	FAUX dans les passeports, et les permis de chasse.	153 à 155	

N°	Crime	Code pénal	SUITE DU FAUX.
	Tentative et complicité, voyez p. 107.		
1	Usage d'actes faux....................	148, 151 163, 164	F. P. — *N... est-il coupable d'avoir, à telle époque, dans tel endroit, frauduleusement fait usage de tel acte faux* (qualifier l'acte d'après les règles posées pages 120 et 121) ? Notes. S'il a été posé une question sur la fabrication du faux, on se borne à demander si l'accusé est coupable d'avoir, à telle époque, dans tel endroit, frauduleusement fait usage de l'acte faux ci-dessus spécifié. — Il faut que l'accusé ait connu la fausseté de l'acte dont il a fait usage. 26 juin 1834 n. 193. — La loi n'exige pas qu'on spécifie les circonstances constituant l'usage. 13 mai 1853 n. 77. — La réponse négative du jury sur la question de fabrication, ne le dispense pas de répondre sur la question d'usage. 7 mai 1851 n. 166.

2 139, 164, 144, 138. Contrefaçon du sceau de l'État et usage du sceau contrefait. — Question d'excuse, art. 144, 138.

139, 164, 144, 138. Contrefaçon ou falsification des effets émis par le trésor public avec son timbre ou de billets de banque autorisés par la loi, et usage ou introduction sur le territoire français, de ces effets et billets contrefaits ou falsifiés. — Question d'excuse, art. 144, 138.

3 140, 144. Contrefaçon ou falsification de timbres nationaux, des marteaux de l'État servant aux marques forestières, des poinçons servant à marquer les matières d'or ou d'argent; et usage des papiers, effets, timbres, marteaux ou poinçons falsifiés ou contrefaits. — L'art 140 est applicable à l'imitation plus ou moins exacte de la marque de l'administration forestière, sans l'aide de marteau (5 déc. 1844 n. 390 et 21 oct. 1843 n. 226); et à l'imitation des marteaux particuliers des agents de cette administration. 16 mars 1844 n. 102. — On peut poser deux questions : l'une sur la fabrication des faux timbres, l'autre sur la fabrication des fausses empreintes. 13 oct. 1843 n. 265. — Enlever des empreintes du marteau royal pour les appliquer sur des arbres réservés, est un crime puni par l'art. 141. 4 janv. 1834, S. 1834, p. 686. — Enlever l'empreinte du marteau royal appliqué sur un arbre pour la reporter sur un autre arbre, constitue deux crimes, l'un prévu par l'art 143 et l'autre par l'art 439 du code pénal. 4 mai 1822 n. 70.. 1er mai 1807, S. 1817. I. 92.

4 141. Usage frauduleux, après se les être indûment procurés, des vrais timbres, marteaux ou poinçons ayant l'une des destinations exprimées en l'art. 140. — Voy. ci-dessus notes, n. 3. — L'art. 141 n'est pas applicable au double emploi du papier timbré. 11 juill. 1834 n. 222

5 142. Contrefaçon des marques destinées à être apposées, au nom du gouvernement, sur les diverses espèces de denrées ou marchandises et usage de ces fausses marques

142. Contrefaçon du sceau, du timbre ou de la marque d'une autorité quelconque, et usage des sceaux, timbres ou marques contrefaits, art. 142. — Relativement aux marques des commerçants, voy. les lois du 28 juillet 1824 et du 23 juin 1857.

142. Contrefaçon des timbres-poste et usage fait sciemment de timbres-poste contrefaits. L'usage d'un timbre-poste ayant déjà servi est puni par la loi du 16 octobre 1849.

6 143. Usage frauduleux ou tentative d'usage, après se les être indûment procurés, des vrais sceaux, timbres ou marques ayant l'une des destinations exprimées en l'art. 142. — Relativement aux marques commerciales, voyez les lois du 28 juillet 1824 et du 23 juin 1857.

N°	Crime	Code pénal	FAUSSE MONNAIE.
7	Contrefaçon ou altération des monnaies d'or ou d'argent ayant cours légal en France.	132, 164	F. P. — *N... est-il coupable d'avoir, à telle époque, dans tel endroit, frauduleusement contrefait ou altéré telle pièce, monnaie d'or, ou monnaie d'argent, ayant cours légal en France?* Notes. Il faut questionner le jury sur le point de savoir si la pièce contrefaite, monnaie d'or ou monnaie d'argent, a cours légal en France : c'est une circonstance constitutive de la criminalité 10 août 1839 n. 256.. 11 janv. 1850 n. 13.. 4 sept. 1862 n. 228. — Le cours légal, c'est le cours forcé prévu par l'art. 475 n. 11. — Blanchir des pièces de 5 cent. et les faire passer pour des pièces de 1 fr. ou de 1 fr 50 cent, c'est commettre le crime de contrefaçon de monnaie d'argent, quelque grossière que soit la contrefaçon (6 mai 1841 n. 126); ce fait aujourd'hui ne constituerait que le délit de coloration de monnaie; voyez n. 13. — Le président peut poser, comme résultant des débats, une question alternative sur la contrefaçon ou l'altération de monnaies, bien que l'arrêt de renvoi ne contienne que la qualification d'altération. 18 avril 1844 n. 142. — Dans une accusation de fausse monnaie d'argent, pourrait-on poser comme résultant des débats, l'accusation de fausse monnaie de cuivre ou de billon? Le contraire paraît résulter d'un arrêt du 9 sept. 1830 n. 212 : c'est, dit un considérant, dénaturer le fait. — Dans une accusation de fabrication de pièces fausses, on peut poser, comme résultant des débats, une question d'émission. 19 avril 1832. J. P. — On ne peut pas poser comme résultant des débats une question d'escroquerie. 7 mai 1851 n. 165. Le faussaire doit être condamné à l'amende (31 janv. 1857 n. 41), malgré la déclaration de circonstances atténuantes (art. 164). 4 juin 1855 n. 206. — Si la cour n'applique pas le minimum de l'amende de l'art. 164, elle doit dans son arrêt, déterminer le chiffre du bénéfice illégitime obtenu à l'aide du crime. 14 mai 1856 n. 107.
8	Participation à l'émission ou à l'exposition de monnaies d'or ou d'argent, ou à leur introduction en France.	132, 164	F. P. — *N. est-il coupable d'avoir, à telle époque, dans tel endroit, frauduleusement participé à l'émission, à l'exposition ou à l'introduction sur le territoire français de telle pièce contrefaite ou altérée, monnaie d'or ou monnaie d'argent ayant cours légal en France?* Voyez notes n. 7. — La question doit faire mention que les pièces émises sont contrefaites ou altérées (8 avril 1825 n. 66), et qu'elles ont cours légal en France. 30 août 1844 n. 304. — On ne peut pas soumettre cumulativement au jury des faits d'usage de pièces fausses, accomplis à des jours différents et chez différentes personnes. 30 mars 1839 n. 108.
9	Contrefaçon ou altération de monnaies de billon ou de cuivre ayant cours légal en France.	132, 164	F. P. — *N.. est-il coupable d'avoir, à telle époque, dans tel endroit, frauduleusement contrefait ou altéré telle pièce, monnaie de billon ou de cuivre, ayant cours légal en France?* Voy. notes n. 7. — La loi n'a entendu, par billon, que la monnaie de cuivre allié à un peu d'argent.
10	Participation à l'émission ou à l'exposition des monnaies de billon ou de cuivre ou à leur introduction en France.	id.	F. P. — *N... est-il coupable d'avoir, à telle époque, dans tel endroit, frauduleusement participé à l'émission, à l'exposition ou à l'introduction sur le territoire français de telle pièce contrefaite ou altérée, monnaie de billon ou de cuivre, ayant cours légal en France?* — Voyez notes n. 7 et 8.
11	Contrefaçon ou altération, en France, des monnaies étrangères.	133, 164	F. P. — *N... est-il coupable d'avoir, à telle époque, dans tel endroit, sur le territoire français, frauduleusement contrefait ou altéré telle monnaie étrangère, ayant cours légal en tel pays étranger?* Voyez notes n. 7. — Lorsqu'il s'agit de monnaie étrangère, on demande si elle a cours légal en tel pays étranger. 22 juill. 1858 n. 207. — La loi n'est pas applicable seulement à la monnaie métallique étrangère, mais encore au papier-monnaie étranger. 25 avril 1828 n. 132.. 29 sept. 1853 n. 486.. 22 juill. 1858 n. 207.. 5 juillet 1867 n. 154.
12	Participation à l'émission, l'exposition ou l'introduction en France de monnaies étrangères contrefaites ou altérées.	id.	F. P. — *N... est-il coupable d'avoir, à telle époque, dans tel endroit, frauduleusement participé à l'émission, à l'exposition, ou à l'introduction, sur le territoire français, de telle monnaie étrangère contrefaite ou altérée. ayant cours légal en tel pays étranger?* Voyez notes, n. 8 et 10.
13	Coloration de monnaies................	134.	F. P. — *N... est-il coupable d'avoir, à telle époque, dans tel endroit, dans le but de tromper sur la nature du métal, coloré telle pièce, monnaie ayant cours légal en France, ou telle pièce, monnaie étrangère, ayant cours légal en tel pays étranger?* — Voyez notes, n. 7 et 11.
14	Participation à l'émission ou à l'introduction en France de monnaies colorées.	id.	F. P. — *N... est-il coupable d'avoir, à telle époque, dans tel endroit, frauduleusement participé à l'émission ou à l'introduction en France de telle pièce colorée, monnaie ayant cours légal en France, ou de telle pièce, monnaie étrangère, ayant cours légal en tel pays étranger?* — Voyez notes, n. 8 et 12.
15	Question d'excuse pour les n. 8, 10, 12 et 14.	135.	Question d'excuse. — *N... a-t-il reçu pour bonne ladite pièce, dont il a fait usage après en avoir vérifié ou fait vérifier les vices?* Notes. Le fait résultant de l'art. 135 constitue une excuse légale que la cour ne peut se refuser de poser au jury lorsque l'accusé y a conclu. 27 mai 1853 n. 189. 1er oct. 1857 n. 357.. 14 nov. 1861 n. 227. — La question d'excuse doit comprendre le fait rentrant dans le 2e alinéa de l'art. 135, c'est-à-dire qu'après avoir vérifié les vices d'une pièce fausse qu'on avait reçue pour bonne, on en a fait usage. Voyez 15 avril 1841 n. 96. — Celui qui, *sans intention frauduleuse*, remet en circulation une pièce fausse qu'il a reçue pour bonne (art. 135 § 1er), ne commet aucun délit. 2 avril 1868 n. 88. — La tentative du délit prévu par l'art. 135 n'est pas punissable. 15 avril 1826 n. 75. — Il faut poser autant de questions d'excuse qu'il y a de chefs d'émission de fausse monnaie. 29 mai 1857 n. 210. — Il y a nullité si l'on n'a pas répondu sur la question d'excuse. 23 avril 1857 n. 104. — Le fait d'avoir reçu la monnaie pour bonne, s'applique comme excuse à l'introduction et à l'exposition aussi bien qu'à l'émission des monnaies françaises et étrangères. 23 fév. 1860 n. 53.
16	Question d'excuse pour les n. 7, 8, 9 et 10.	138.	Questions d'excuse. — *L'accusé, avant la consommation du crime et avant toutes poursuites, en a-t-il donné connaissance et en a-t-il révélé les auteurs aux autorités constituées? — L'accusé a-t-il, après les poursuites commencées, procuré l'arrestation des autres coupables?* Notes. Le fait, par un individu accusé de fausse monnaie, d'avoir procuré, même après la poursuite commencée, l'arrestation d'un autre coupable, constitue une excuse légale. 28 juin 1839 n. 211. 22 juill. 1847 n. 156. — La cour ne peut refuser de poser la question d'excuse. 24 sept. 1857 n. 349.

INCENDIE.

	Tentative et complicité, voyez p. 107.	Code pénal	
			L'art. 434 a été modifié par la loi du 13 mai 1863. — Voyez M. Duvergier, année 1863 pages 476 et suivantes.
1	Incendie d'édifices, navires, bateaux, magasins, chantiers, appartenant à autrui.	434^5	F. P. — *N... est-il coupable d'avoir, à telle époque, dans tel endroit, volontairement mis le feu à tel édifice, appartenant au Sr...* NOTES. Il faut interroger le jury sur le point de savoir si les édifices, objets de l'incendie, appartiennent soit à l'accusé, soit à autrui, ce qui est nécessaire pour caractériser le degré de criminalité. 20 avril 1838 n. 106.. 23 fév. 1843 n. 41. — La circonstance que la maison incendiée était la propriété d'autrui est constitutive, et doit être comprise dans le fait principal. 4 août 1843 n. 196. L'individu qui a tout disposé pour qu'au moment donné le feu prenne nécessairement soit de lui-même soit par le concours innocent d'une main étrangère, n'est pas moins coupable que celui qui allume personnellement et directement le feu. 20 juillet 1861 n. 160. — Celui qui, en mettant le feu à une maison, attache les portes de manière à empêcher les habitants de sortir, se rend à la fois coupable d'incendie et d'une tentative d'assassinat. 17 déc. 1842 n. 333.
	Si les édifices, etc., étaient habités...	434^1	C. A. — *Cet édifice était-il habité, destiné à l'habitation, ou dépendant d'une maison habitée?* NOTES. Lorsqu'un individu est accusé d'avoir mis le feu à des bâtiments appartenant à autrui, la circonstance que les bâtiments étaient habités ou servaient à l'habitation est aggravante, et doit être posée séparément. 13 janv. 1859 n. 14.. 7 et 21 juin 1860 n. 129 et 140.. 13 avril 1866 n. 111. — Les mots, lieux habités ou servant à l'habitation, contenus dans l'art. 434, doivent être interprétés dans le sens fixé par l'art. 390. 18 mai 1854 n. 160 . 11 mars 1858 n. 85. — Il suffit que la maison incendiée soit destinée à l'habitation ; il n'est pas nécessaire que cette maison serve actuellement à l'habitation. 13 fév. 1840 n. 54.. 18 fév. 1843 n. 37. — Être attenant à une maison habitée n'équivaut pas à en être dépendant 15 mai 1851 n. 182.. 25 mai 1848 n. 159. — Est passible de l'art. 434, celui qui incendie une grange dépendant d'une maison habitée. 14 août 1856 n. 286 . 11 mars 1858 n. 85.
	Si l'incendie a causé la mort de quelqu'un.	434^3	C. A. — *Cet incendie a-t-il causé la mort de... se trouvant dans les lieux incendiés au moment où il a éclaté?*
2	Incendie d'édifices, navires, bateaux, magasins, chantiers, appartenant à l'accusé.		NOTE. Il n'y a pas de crime de la part de celui qui met le feu à sa maison, s'il ne s'y joint une des circonstances suivantes. Voyez 13 oct. 1853 n. 504 . 3 sept. 1863 n. 242.
	Si les édifices, etc., étaient habités...	434^1	F. P. — *N... est-il coupable d'avoir, à telle époque, dans tel endroit, volontairement mis le feu ou fait mettre le feu à tel édifice qui lui appartenait, édifice qui était habité, destiné à l'habitation, ou dépendant d'une maison habitée.* NOTES. Voyez le n. 1. — Il faut indiquer dans la question que l'édifice appartient à l'accusé. 13 janv. 1860 n. 12. — Lorsque la maison incendiée appartient par indivis à l'accusé et à sa femme, il y a deux crimes : l'incendie d'une maison appartenant à l'accusé, laquelle était habitée et l'incendie d'une maison appartenant à sa femme avec la circonstance aggravante de l'habitation. 9 juillet 1868 n. 155. — Lorsqu'un individu est accusé d'avoir incendié sa propre maison assurée et habitée, voyez 12 lignes plus bas.
	Si l'incendie a causé la mort de quelqu'un.	434^8	F. P. — *N.., est-il coupable d'avoir, à telle époque, dans tel endroit, volontairement mis le feu ou fait mettre le feu à tel édifice qui lui appartenait, incendie qui a occasionné la mort de... se trouvant dans les lieux incendiés au moment où il a éclaté?*
	S'il y a eu préjudice pour autrui........	434^4	F. P. — *N.. est-il coupable d'avoir, à telle époque, dans tel endroit, volontairement mis le feu ou fait mettre le feu à tel édifice qui lui appartenait, et d'avoir de cette manière causé volontairement un préjudice à ..?* NOTES. Si l'édifice était assuré, on pourrait demander si l'accusé est coupable d'avoir volontairement mis le feu à un édifice qui lui appartenait, édifice qui était assuré contre l'incendie. Voyez 13 déc. 1839 n. 380.. 23 avril 1829 n. 83 . 6 juillet 1854 n. 217. — Lorsqu'un individu est accusé d'avoir incendié sa propre maison, la circonstance qu'elle était assurée est constitutive du crime d'incendie, puisque sans cela le fait principal serait dépourvu du caractère qui le constitue crime, à savoir le préjudice causé à autrui. 13 déc. 1839 n. 380.. 14 janv. 1847 n. 8. — Lorsqu'un individu est accusé d'avoir incendié sa propre maison assurée et habitée, il y a deux crimes distincts qui doivent faire l'objet de deux questions au jury : l'incendie d'une maison assurée (art. 434^4) et l'incendie d'une maison habitée (art. 434^1). 29 sept. 1854 n. 202.. 15 mars 1866 n. 69.
3	Incendie de voitures ou wagons ou d'autres objets mobiliers. appartenant à autrui..	434^5	F. P. — *N.. est-il coupable d'avoir, à telle époque, dans tel endroit, volontairement mis le feu à des voitures ou wagons, ou à tels objets mobiliers appartenant au Sr...?* NOTE. L'art. 434^5 n'est applicable qu'aux voitures ou wagons de chemins de fer. 9 juin 1864 n. 145.
	Si ces voitures ou wagons contenaient des personnes ou faisaient partie d'un convoi qui en contenait..............	434^2	C. A. — *Ces voitures ou wagons contenaient-ils des personnes, ou faisaient-ils partie d'un convoi contenant des personnes?*
	Si l'incendie a causé la mort de quelqu'un.	434^8	C. A. — *Cet incendie a-t-il occasionné la mort de... se trouvant dans les lieux incendiés, au moment où il a éclaté?*
4	Incendie de voitures, etc. appart. à l'accusé.		Cet incendie ne constitue un crime que s'il s'y joint une des circonstances suivantes Voyez n. 2.
	Si les voit. ou wag. conten. des personnes ou fais. partie d'un convoi qui en contenait.	434^1	F. P. — *N... est-il coupable d'avoir, à telle époque, dans tel endroit, volontairement mis le feu ou fait mettre le feu à des voitures ou wagons qui lui appartenaient et qui contenaient des personnes ou faisaient partie d'un convoi contenant des personnes?*
	Si l'incendie a causé la mort de quelqu'un.	434^8	F. P. — *N... est-il coupable d'avoir, à telle époque, dans tel endroit, volontairement mis le feu ou fait mettre le feu à des voitures ou wagons qui lui appartenaient, incendie qui a occasionné la mort de... se trouvant dans les lieux incendiés au moment où il a éclaté?*
	S'il y a eu préjudice pour autrui.... ...	434^6	F. P. — *N... est-il coupable d'avoir, à telle époque, dans tel endroit, volontairement mis le feu ou fait mettre le feu à des voitures ou wagons qui lui appartenaient, et d'avoir de cette manière causé volontairement un préjudice à...?*
5	Incendie de forêts, bois, taillis ou récoltes sur pied, appartenant à autrui.	434^5	F. P. — *N... est-il coupable d'avoir, à telle époque, dans tel endroit, volontairement mis le feu à des forêts, à des bois taillis ou à des récoltes sur pied appartenant au sr...?*
	Si l'incendie a causé la mort de quelqu'un.	434^8	C. A — *Cet incendie a-t-il occasionné la mort de... se trouvant dans les lieux incendiés au moment où il a éclaté?*
6	Incendie de forêts, etc. appart. à l'accusé.		Cet incendie ne constitue un crime que s'il s'y joint une des circonstances suivantes. Voy. n. 2.
	Si l'incendie a causé la mort de quelqu'un.	434^8	F. P. — *N... est-il coupable d'avoir, à telle époque, dans tel endroit, volontairement mis le feu ou fait mettre le feu à des forêts, à des bois taillis, ou à des récoltes sur pied qui lui appartenaient, incendie qui a occasionné la mort de..., se trouvant dans les lieux incendiés, au moment où il a éclaté?*
	S'il y a eu préjudice pour autrui.........	434^4	F. P. — *N.. est-il coupable d'avoir, à telle époque, dans tel endroit, volontairement mis le feu ou fait mettre le feu à des forêts, à des bois taillis ou à des récoltes sur pied qui lui appartenaient, et d'avoir de cette manière causé volontairement un préjudice à...?*
7	Incendie de pailles, récoltes ou bois, disposés en tas, appartenant à autrui.	434^5	F. P. — *N... est-il coupable d'avoir, à tel époque, dans tel endroit, volontairement mis le feu à des pailles ou récoltes en tas ou en meules, à des bois disposés en tas ou en stères, appartenant au sr...?* C. A. — *Cet incendie a-t-il occasionné la mort de... se trouvant dans les lieux incendiés au moment où il a éclaté?* NOTES. Demander s'il y a eu incendie de fagots mis en tas, ce n'est pas exprimer qu'il s'agit de bois abattus, mis en tas et par conséquent constituant encore une récolte. 7 avril 1853 n. 125. — On a pu demander s'il y a eu incendie d'une meule de blé, une meule de blé constituant nécessairement du blé en gerbe et par conséquent à l'état de récoltes. 30 juin 1853 n. 230. — Lorsqu'un mari est accusé d'avoir brûlé des récoltes appartenant à sa femme séparée de lui de corps et de biens, cette dernière circonstance est constitutive de la criminalité. 2 mars 1820 n. 38.
	Si l'incendie a causé la mort de quelqu'un.	434^8	C A. — *Cet incendie a-t-il occasionné la mort de... se trouvant dans les lieux incendiés au moment où il a éclaté?*
8	Incendie de pailles, etc. appart. à l'accusé		Cet incendie ne constitue un crime que s'il s'y joint une des circonstances suivantes. Voyez n. 2.
	Si l'incendie a causé la mort de quelqu'un.	434^8	F. P. — *N.. est-il coupable d'avoir, à telle époque, dans tel endroit, volontairement mis le feu ou fait mettre le feu à des pailles ou récoltes en tas ou en meules, à des bois disposés en tas ou en stères qui lui appartenaient, incendie qui a occasionné la mort de .. se trouvant dans les lieux incendiés au moment où il a éclaté?*
	S'il y a eu préjudice pour autrui........	434^6	F. P. — *N... est-il coupable d'avoir, à telle époque, dans tel endroit, volontairement mis le feu ou fait mettre le feu à des pailles ou récoltes en tas ou en meules, à des bois disposés en tas ou en stères qui lui appartenaient, et d'avoir de cette manière causé volontairement un préjudice à.. ?*
9	Communication d'incendie en mettant le feu à des objets quelconques.	434^7	F. P. — *N... est-il coupable d'avoir à telle époque, dans tel endroit, en mettant volontairement le feu à tels objets placés de manière à le transmettre, communiqué l'incendie à.. ?* NOTES. Pour compléter cette formule, il suffit, dans les diverses accusations ci-dessus, de la substituer aux mots : N... est-il coupable d'avoir volontairement mis le feu à...? — L'art. 434^7 exige le concours de deux circonstances, la volonté de mettre le feu à l'édifice, et la communication effective de l'incendie à cet édifice, au moyen de l'agent conducteur choisi par l'incendiaire pour communiquer le feu. 5 avril 1855 n. 119. Voyez aussi 3 janv 1846 n 3. Dans la question relative à la communication d'incendie, il n'est pas nécessaire de mettre le mot *volontairement* devant le mot *communiqué*. Dès qu'on a mis volontairement le feu à des objets placés de manière à le communiquer et l'ayant réellement communiqué, il y a présomption légale qu'on a volontairement communiqué l'incendie. 1er juillet 1852, n. 215.
10	Question d'excuse pour celui qui a mis le feu sur l'ordre du propriétaire.		QUESTION D'EXCUSE. — *L'accusé a-t-il mis le feu sur l'ordre du propriétaire?* — Nota. Cette question qui a pour effet de diminuer la peine, peut être posée dans les cas prévus aux § 3 et 4 de l'art. 434. Sur la position des questions d'excuse, v. l'*Aide-mémoire*, p. 77.
11	Menaces d'incendie..................	436.	Voyez formules et notes, n. 1 et 2, p. 111.

		Code pénal
	Tentative et complicité, voyez p 107.	

PILLAGE.

1	PILLAGE	440.

F. P. — *N... est-il coupable d'avoir, à telle époque, dans tel endroit, en réunion ou bande et à force ouverte, pillé, dévasté des denrées, marchandises, effets, propriétés mobilières ..?*

NOTES. La circonstance que le pillage a été commis en réunion ou bande et à force ouverte est constitutive et doit être comprise dans la question principale. 1er avril 1847 n. 70. — Le rassemblement de trois personnes suffit pour constituer une *réunion* ou *bande*. 5 avril 1832. S. 1832 p. 710. — Il y a crime de pillage de la part de ceux qui se font livrer du blé au prix qu'ils ont fixé arbitrairement. 21 juin 1830. S. 1830, p. 371. — L'amende de 200 à 500 fr. est obligatoire. 22 mai 1847 n. 109. — Dans une accusation de pillage, on peut poser comme résultant des débats, la question de recélé des objets pillés, le pillage emportant avec lui la culpabilité de vol. 29 déc. 1832 n. 523

	Question d'excuse	441.

QUESTION D'EXCUSE. — *N... a-t-il été entraîné à prendre part à ces violences par des provocations ou des sollicitations?*

NOTE. Cette question n'est pas une excuse que la cour soit obligée de poser. 14 déc. 1850 n. 421.

	Provocation au pillage des boissons et des substances farineuses.	442.

F. P. — *N... est-il coupable d'avoir été le chef, l'instigateur ou le provocateur du pillage ou dégât de grains, grenailles ou farines, substance farineuse, pain, vin ou autre boisson, commis tel jour, dans tel endroit, en réunion ou bande et à force ouverte.*

NOTE. Cette question est un fait principal. 6 mai 1847 n. 94.. 15 mai 1847 n. 104.

FAUX TÉMOIGNAGE.

2	FAUX TÉMOIGNAGE en matière criminelle.	361, 364[3]

F. P. — *N... est-il coupable d'avoir, à telle époque, dans tel endroit, fait un faux témoignage en matière criminelle contre X..., ou en faveur de X..., accusé?*

NOTES. On pourrait aussi poser la question de la manière suivante : N... est-il coupable d'avoir, à telle époque, à l'audience de la cour d'assises de .., déposé contrairement à la vérité, sous la foi du serment, contre X... ou en faveur de X..., accusé de tel fait, par exemple, d'incendie, de meurtre, de vol avec escalade, etc.? — La circonstance que le faux témoignage a été émis contre l'accusé ou en sa faveur, est constitutive et doit être exprimée dans la question. 4 janv. 1834 n. 9.. 23 avril 1853 n. 141. — Il y a faux témoignage en matière criminelle, lors même qu'il n'y a eu condamnation qu'à une peine correctionnelle. 24 août 1854 n. 267. — L'aggravation de peine prononcée par le 2e § de l'art. 361 n'est applicable qu'à l'individu coupable de faux témoignage *contre* l'accusé. 13 février 1851 n. 61 — Les fausses déclarations faites devant le juge d'instruction ne forment qu'un parjure. 14 sept. 1826 n. 184. — Un témoin se rend coupable de faux témoignage s'il ne dit pas la vérité, lors même qu'il ne pourrait la dire sans se nuire. 27 août 1825 n. 166. — Une déposition simplement négative peut constituer le crime de faux témoignage lorsqu'elle est faite de mauvaise foi et dans une intention criminelle. 17 mars 1827 n. 61. — L'individu qui, célant son incapacité de tester en justice, dépose sous la foi du serment et porte, contre un accusé ou en faveur de cet accusé, un témoignage contraire à la vérité, se rend coupable du crime de faux témoignage. 29 juin 1843 n. 164.. 10 mai 1861 n. 102. — Il y a faux témoignage de la part du témoin qui dépose contrairement à la vérité dans une forme probante, lors même que ce témoin, par des raisons tirées de sa religion, aurait été dispensé de prêter serment selon les formes ordinaires. 18 juillet 1861, n. 155. — L'accusé peut demander a établir que sa déclaration n'a pas eu toute la solennité de formes qu'impose la loi. 2 déc. 1864 n. 273.

	S'il y a eu dons ou promesses	364.

C. A. — *L'accusé, pour commettre cette action, a-t-il reçu de l'argent, une récompense quelconque ou des promesses?*

NOTES Cette circonstance est aggravante et doit être posée séparément. 24 août 1854 n. 262. — La loi ne distingue pas entre les promesses verbales et celles écrites. 17 sept. 1829. J. P.

3	FAUX TÉMOIGNAGE en matière correctionnelle.	362, 364[4]

F. P. — *N... est-il coupable d'avoir, à telle époque, dans tel endroit, fait un faux témoignage en matière correctionnelle, contre X..., ou en faveur de X..., prévenu?* — Voyez une autre formule et les notes, au n. 2.

	S'il y a eu dons ou promesses	364.

C. A — *L'accusé, pour commettre cette action, a-t-il reçu de l'argent, une récompense quelconque ou des promesses?* Voy. n. 2.

4	FAUX TÉMOIGNAGE en matière de police	362, 364[5]

F. P. — *N... est-il coupable d'avoir, à telle époque, dans tel endroit, fait un faux témoignage en matière de police, contre X..., ou en faveur de X..., inculpé?* — Voyez une autre formule et les notes, au n. 2

	S'il y a eu dons ou promesses	364.

C. A. — *L'accusé pour commettre cette action, a-t-il reçu de l'argent, une récompense quelconque ou des promesses?* — Voy. n. 2.

5	FAUX TÉMOIGNAGE en matière civile	363, 364[5]

F. P. — *N... est-il coupable d'avoir, à telle époque, dans tel endroit, fait un faux témoignage en matière civile, contre X..., ou en faveur de X... partie?*

NOTES. On pourrait aussi poser la question de la manière suivante : N... est-il coupable d'avoir, à telle époque, à l'audience de telle cour ou de tel tribunal, ou devant tel magistrat procédant à telle opération, déposé contrairement à la vérité, sous la foi du serment, contre..., ou en faveur de..., partie dans telle instance? — Voyez notes ci-dessus, n. 2. — La question peut être posée dans les termes de l'art. 363; il n'est pas nécessaire d'interroger le jury sur le préjudice causé. 14 juill. 1827. S. 1828, p. 72.

La déclaration mensongère faite par un témoin entendu, en matière civile, dans une enquête à laquelle il est procédé devant un juge commis, constitue le crime de faux témoignage. 6 janv. 1859 n. 1 — En matière civile, le faux témoignage résultant de la déposition mensongère faite dans une enquête, est consommé du moment où le procès-verbal est clos. 3 mars 1842 n. 41. — Les hommes de l'équipage qui affirment devant le juge le faux rapport fait par le capitaine d'un bâtiment naufragé (art. 246 et 247 du code de commerce), commettent un faux témoignage en matière civile. 17 sept. 1836 n. 305. — On ne peut considérer comme témoin en matière civile que les individus appelés judiciairement par la partie pour déclarer et attester, sous la foi du serment, les faits qu'il lui importe d'établir pour obtenir les fins de sa demande (7 déc. 1838 n. 378); jugé dans l'espèce que la fausse déclaration devant le juge de paix procédant, en vertu des art. 449 du code de commerce et 914 du code de procédure civile, n'est pas un faux témoignage.

	S'il y a eu dons ou promesses	364.

C. A. — *L'accusé, pour commettre cette action, a-t-il reçu de l'argent, une récompense quelconque ou des promesses?* — Voy. n. 2.

SUBORNATION DE TÉMOINS.

6	SUBORNATION DE TÉMOINS	365.

F. P. — *N. est-il coupable d'avoir, à telle époque, dans tel endroit, suborné le nommé X. qui, à telle époque, dans tel endroit, a fait un faux témoignage en matière criminelle, correctionnelle, ou de police, contre ou en faveur de..., accusé, prévenu ou inculpé,* — ou *qui, à telle époque, dans tel endroit, a fait un faux témoignage en matière civile contre* ou *en faveur de... partie?*

NOTES. Le sens du mot suborner est suffisamment défini par la loi et intelligible pour les jurés ; en se servant de ce mot dans la position des questions, le président se conforme littéralement à l'art. 365. 13 avril 1854 n. 109. — Voy. aussi 13 juill. 1861 n. 148. — Pour qu'il y ait subornation, il faut qu'il soit judiciairement constaté qu'il y a eu faux témoignage. 29 nov. 1851 n. 503. — La circonstance que le faux témoignage a été porté, soit contre le prévenu, soit en sa faveur, est constitutive de la criminalité. 22 mars 1851 n. 115. 23 avril 1868 n. 108. — Chaque fait de subornation doit être l'objet d'une question distincte et séparée. 4 août 1843 n. 197.. 26 juin 1862 n. 158.

La subornation de témoins est un crime *sui generis*, qui existe indépendamment des circonstances constitutives de la complicité ordinaire, spécifiés en l'art. 60 du code pénal. 6 janv. 1859 n. 1. — Au lieu de demander si l'accusé a suborné un témoin, on ne peut pas demander s'il a provoqué un témoin à faire un faux témoignage, l'expression de provocation n'équivaut pas légalement à celle de subornation. 29 nov. 1851 n. 503.. 26 juin 1862 n. 158. — Pour qu'un individu déclaré coupable d'avoir provoqué à un faux témoignage, soit punissable, il faut que la provocation ait été accompagnée de l'une des circonstances constituant la complicité, aux termes de l'art. 60 (16 avril 1857 n. 151), — il faut que l'accusé soit déclaré coupable d'avoir provoqué par des dons, des promesses, etc. (voyez 18 déc. 1856 n. 399); — ou d'avoir provoqué en donnant des instructions. Voyez 20 sept. 1855 n. 325.

L'acquittement de l'accusé de faux témoignage ne fait pas obstacle à la condamnation du suborneur (2 juill. 1857 n. 249); mais il faut, pour justifier cette condamnation, que le jury ait répondu affirmativement sur le fait d'une déposition mensongère émise à l'audience soit contre le prévenu, soit en sa faveur. 26 avril 1851 n. 158. — L'acquittement du faux témoin en matière civile ne fait pas obstacle à la condamnation du suborneur. 4 sept. 1851 n. 368. — Voyez toutefois 3 juill. 1851 n. 259. — Lorsque l'existence ou la possibilité du préjudice a été établie par la condamnation du faux témoin en matière civile, elle est opposable au suborneur qui ne peut plus être admis à contester un fait irrévocablement jugé. 9 déc. 1864 n. 279.

	S'il y a eu dons ou promesses	364.

C. A. — *L'accusé a-t-il donné au nommé X..., soit de l'argent, soit une récompense quelconque ou des promesses?* — Voy. n. 2.

Voy. les art.: 135 n. 5, 155 n. 15, 217 n. 3 et 4, 218 n. 1, 219 n. 5, 222 n. 4, 223 n. 4, 224 n. 4, 225 n. 5, 226 et 227 n. 9, 228 n. 7, 229 n. 13, 230 n. 11 et 12, 231 n. 8 et 10, 232, 233 et 234 n. 10, 235 à 239 n. 16, 246, 247 et 248 n. 14, 250 n. 16.

LA CHAMBRE DES MISES EN ACCUSATION

RÉSUMÉ DE LA JURISPRUDENCE DE LA COUR SUPRÊME.

1 Chambre des mises en accusation. — Jours d'audience. — Composition de la chambre. — Adjonction de la chambre correctionnelle. — Magistrats empêchés. — Remplacement. — Abstention. — Récusation. -- Renvoi pour suspicion légitime.

Chambre des mises en accusation. — D'après l'art. 2 du décret du 6 juill. 1810, *les cours impériales formeront trois chambres, dont une connaîtra des mises en accusation.*

Jours d'audience. — D'après l'art. 218 du code d'instr., *la chambre d'accusation sera tenue de se réunir, sur la convocation de son président, et sur la demande du procureur général, toutes les fois qu'il sera nécessaire, pour entendre le rapport de ce magistrat et statuer sur ses réquisitions. À défaut de demande du procureur général, elle se réunira au moins une fois par semaine.*

Composition de la Chambre. — D'après l'art. 2 du décret du 6 juill. 1810, *la chambre d'accusation ne peut rendre arrêt qu'au nombre de cinq juges au moins.* — La chambre se complète par la présence du ministère public et du greffier, art. 222 et 224 du code d'instr. -- Lorsqu'un conseiller a été chargé des fonctions de juge instructeur, si, par suite du roulement, il est sorti de la chambre d'accusation, il doit y revenir pour assister au rapport et au jugement de l'affaire. Par sa présence, il n'exclut aucun des membres qui composent habituellement la chambre d'accusation, mais il en exclut tout membre étranger qui n'y serait appelé que pour compléter le nombre de cinq, ce nombre étant atteint par le concours du conseiller instructeur. 13 mai 1830, n. 161. — D'après l'art. 7 du décret du 6 juillet 1810, le premier président présidera la chambre d'accusation, quand il le jugera convenable

Adjonction de la chambre correctionnelle à la chambre d'accusation. — D'après l'art. 6 du décret du 6 juill. 1810, *la chambre d'accusation et la chambre correctionnelle seront tenues de se réunir sur l'invitation que leur en fera le procureur général après en avoir conféré avec le premier président.* — Il n'y a pas nullité parce que la réunion des deux chambres a été ordonnée par le premier président sur l'invitation du procureur général. 9 déc. 1847. S. 1848, 1, 73. — Lorsque la chambre correctionnelle se réunit à la chambre d'accusation, elle doit être composée de sept juges y compris le président. 9 déc. 1847. S. 1848. 1, 73.

Magistrats empêchés. — Est nul l'arrêt auquel prend part un magistrat ayant atteint la limite d'âge, lorsque le décret qui prononce la mise à la retraite de ce fonctionnaire, a été régulièrement porté à sa connaissance. 2 mai 1861, n. 93. — La loi du 20 avril 1810 limite la prohibition résultant de la parenté au degré d'oncle et de neveu. 16 janv. 1818, n. 7. — Il n'y a point affinité entre deux juges qui ont épousé les deux sœurs. 18 sept. 1824. D. A., II, 20. — L'officier du ministère public peut être gendre de l'un des juges. 16 janv. 1851, n. 23. — Le magistrat qui au correctionnel a pris part à un jugement d'incompétence, peut faire partie de la cour d'assises (8 mars 1860, n. 69), et à plus forte raison, ce semble, de la chambre d'accusation.

Remplacement du président de la chambre d'accusation. — Lorsque le président est empêché, il est remplacé par le plus ancien des conseillers attachés à la chambre ; le conseiller appelé accidentellement à une chambre y prend son rang d'ancienneté, mais sans pouvoir la présider. Voyez art. 49 du décret du 30 mars 1808, et art. 41 du décret du 6 juillet 1810.

Remplacement d'un juge de la chambre d'accusation. — D'après l'art. 4 du décret du 30 mars 1808, *en cas d'empêchement d'un juge, il sera, pour compléter le nombre indispensable, remplacé par un juge d'une autre chambre qui ne tiendrait pas audience, ou qui se trouverait avoir plus de juges que le nombre nécessaire.* — Lorsqu'il est dit qu'un conseiller a été appelé conformément à la loi pour compléter la chambre, il résulte de cette constatation présomption légale que le magistrat remplacé était légitimement empêché. 19 déc. 1850, n. 425. — Si le conseiller remplaçant n'est pas le plus ancien, il y a présomption que ceux qui le précédaient, étaient empêchés. 13 août 1863 n. 219. — Un avocat n'a pu être appelé pour compléter la chambre sans que l'absence ou l'empêchement légitime des magistrats des autres chambres ait été constaté dans l'arrêt. 5 nov. 1846, n. 280.

Remplacement de l'officier du ministère public. — Les fonctions du ministère public étant indivisibles, les officiers qui le composent peuvent se remplacer dans le cours de la même affaire. 10 août 1837, n. 232.

Abstention. — L'appréciation des causes pour lesquelles un juge peut, sur sa propre demande, être autorisé à s'abstenir, est confiée à la sagesse de la chambre dont il fait partie (art. 380 du code de proc. civ.). 8 oct. 1819, n. 110., 17 août 1839. J. du P. — La décision qui intervient sur une demande d'abstention, n'est pas un jugement, et n'a besoin d'être ni motivée ni prononcée publiquement. 15 oct. 1829. J. du P. — Si un officier du ministère public croit devoir s'abstenir, il le peut en se faisant remplacer, mais il n'a pas à provoquer sur ce point une décision du tribunal. 28 janv. 1830. S. 30. 1. 140.

Récusation. — Il doit être statué sur les récusations d'après les règles établies par les art. 378 et suiv. du code de proc. civile. 8 oct. 1819, n. 110. — Le ministère public doit être entendu. 1er mars 1831 n. 70. — Le prévenu doit formuler la déclaration au greffe dès qu'il a connu la composition du tribunal et avant qu'il soit procédé à aucun acte du débat (art. 382 du code de proc. civ.). 13 fév. 1846, n. 48. — Le juge récusé ne peut prendre part au jugement qui statue sur la récusation, il serait juge dans sa propre cause. 20 mai 1847 n. 106. — Le ministère public ne peut être récusé, lorsqu'il poursuit une action publique (art. 381 du code de proc. civile) 30 juill. 1847. S. 47. 1. 863.

Demande en renvoi pour cause de suspicion légitime. — Voyez art. 542 et suivants, et 3 août 1838, n. 259.

2 Affaires dont la chambre peut être saisie.......

Affaires dont la chambre d'accusation peut être saisie. — Affaires criminelles renvoyées devant la chambre par ordonnances des juges d'instruction. Voyez n. 3. — Affaires renvoyées devant la chambre par suite des oppositions aux ordonnances des juges d'instruction. Voyez n. 15. — Affaires évoquées par la chambre. Voyez n. 16. — Affaires renvoyées devant la chambre par la cour de cassation. Voyez n. 17. — Demande en liberté provisoire. Voyez n. 18. — Demande en réhabilitation. Voyez n. 19.

3 Affaires criminelles renvoyées à la chambre par les juges d'instruction du ressort. — Transmission des procédures au parquet du procureur général. — Avis aux prévenus et aux parties civiles du renvoi des affaires devant la chambre d'accusation. — Faculté pour les prévenus et pour les plaignants de produire des mémoires. — Délai pour produire les mémoires. — Les prévenus et les parties civiles ne peuvent exiger communication des procédures pour faire leurs mémoires. — Mémoires susceptibles de censure.

Affaires criminelles renvoyées à la chambre d'accusation par les juges d'instruction du ressort. — Transmission des procédures au parquet du procureur général. — D'après l'art. 133, *si le juge d'instruction estime que le fait est de nature à être puni de peines afflictives ou infamantes, et que la prévention contre l'inculpé est suffisamment établie, il ordonnera que les pièces d'instruction, le procès-verbal constatant le corps du délit et un état des pièces servant à conviction, soient transmis, sans délai, par le procureur impérial au procureur général près la cour impériale, pour être procédé ainsi qu'il sera dit au chapitre des mises en accusation. Les pièces de conviction resteront au tribunal d'instr., sauf ce qui sera dit aux art. 228 et 291.*

Avis aux prévenus et aux parties civiles du renvoi des affaires devant la chambre d'accusation. — D'après l'art. 135, l'ordonnance du juge d'instruction doit, dans les 24 heures, être notifiée au prévenu non détenu et à la partie civile, au domicile par eux élu dans le lieu où siége le tribunal. Si le prévenu est détenu, l'ordonnance lui est communiquée par le greffier.

L'art. 135 doit être observé à peine de nullité. 9 fév. 1866 n. 37. — Il n'est pas prescrit d'avertir le prévenu du jour de la transmission de la procédure. 31 mai 1866 n. 140.

Faculté pour les prévenus et pour les parties civiles de produire des mémoires. — D'après l'art. 217, pendant les dix jours accordés au procureur général pour mettre la cause en état et pour faire son rapport, *le prévenu et la partie civile pourront fournir tels mémoires qu'ils estimeront convenables, sans que le rapport puisse être retardé.* — Le prévenu fugitif a la faculté de présenter un mémoire comme le prévenu en état d'arrestation. 3 février 1826. D. 1826, 1, 192.

Délai accordé aux prévenus et aux parties civiles pour produire des mémoires. — Le prévenu ne doit pas jouir nécessairement d'un délai de 10 jours pour présenter son mémoire, puisque, d'après l'art. 217, le procureur général peut faire son rapport avant l'expiration de ce délai. 9 déc. 1847. S. 1848. 1. 73. — La chambre peut refuser le délai demandé par le prévenu pour fournir un mémoire. 13 août 1863 n. 218. — Si la précipitation à faire le rapport paraissait nuisible à la défense, la chambre pourrait ne prononcer que dans les trois jours du rapport conformément à l'art. 219, ou ordonner un supplément d'information conformément à l'art. 228. 13 mars 1841, n. 64.

Les prévenus et les parties civiles ne peuvent exiger communication des procédures, pour faire leurs mémoires. — La procédure, aux termes des art. 302 et 305, doit rester secrète jusqu'au moment où l'accusé a été interrogé par le président des assises (13 août 1863 n. 218); en conséquence la chambre d'accusation commet un excès de pouvoir en ordonnant que la procédure soit communiquée au défenseur par la voie du greffe, et en renvoyant la cause à un autre jour pour statuer au fond. 5 juillet 1855, n. 239. — La communication que le procureur général autorise avant de porter son rapport à la chambre d'accusation est une mesure extra-légale et irrégulière que ce magistrat prend sous sa responsabilité. 5 juill. 1855, n. 239. — Si, d'après les art. 302 et 305, la procédure criminelle doit rester secrète jusqu'après l'interrogatoire de l'accusé par le président des assises, ces articles ne sont pas prescrits à peine de nullité ; et, lorsque les pièces de l'instruction ont été communiquées au défenseur pour faciliter la rédaction d'un mémoire, le ministère public n'articulant pas que la communication ait eu lieu par fraude ou surprise, ne peut s'en faire un moyen de nullité. 31 août 1833, n. 354.

Mémoires susceptibles de censure. — L'art. 29 trace la marche à suivre. 7 déc. 1821, n. 193.

4 Mise en état des affaires, et rapport à la chambre par le procureur général. — Obligation pour le procureur général de donner ses conclusions et de les déposer par écrit. — Lecture des pièces à huis-clos par le greffier ; après cette lecture, retraite du procureur général et du greffier.

Mise en état des affaires et rapport à la chambre par le procureur général. Délai pour faire le rapport. — *D'après l'art. 217, le procureur général sera tenu de mettre l'affaire en état dans les cinq jours de la réception des pièces qui lui auront été transmises en exécution de l'art. 133 ou de l'art. 135, et de faire son rapport dans les cinq jours suivants, au plus tard.* — D'après l'art. 45 du décret du 6 juillet 1810, les substituts de service sont spécialement chargés, sous la surveillance immédiate du procureur général de l'examen et des rapports sur la mise en accusation. — D'après les articles 48 et 49 du décret du 6 juillet 1810, dans les causes importantes et ardues, les avocats généraux devront communiquer leurs conclusions au procureur général.

Les délais impartis au procureur général par l'art 217 ne sont pas prescrits à peine de nullité. 12 mai 1855, n. 164. — Si le premier paragraphe de l'art. 217 accorde au procureur général cinq jours à dater de la réception des pièces d'une procédure pour mettre l'affaire en état et cinq jours pour faire son rapport, il n'en résulte pas qu'il ne puisse pas le faire avant l'expiration de ces deux délais, les mots, *dans les cinq jours et au plus tard*, le démontrent assez. 13 mars 1841, n. 64. — La faculté accordée à l'accusé de fournir un mémoire ne peut retarder le jugement de l'affaire. 12 mai 1855, n. 164. — Si le ministère public se présente avant l'expiration du délai de l'art. 217, la chambre d'accusation ne peut se refuser à l'entendre ; mais, si tout en l'entendant, elle entrevoyait dans la marche du ministère public une précipitation nuisible à l'intérêt public ou aux droits de la défense, l'art. 219 qui l'autorise à ne prononcer que dans les 3 jours du rapport, et l'art. 228 qui lui permet d'interloquer, lui fournissent les moyens de concilier ce qu'elle doit aux attributions du procureur général et ce qu'elle croirait devoir à des intérêts non moins respectables. 13 mars 1841, n. 64.

Obligation pour le procureur général de donner ses conclusions et de les déposer par écrit. — D'après l'art. 224, *le procureur général doit déposer sur le bureau sa réquisition écrite et signée.* — Il y aurait nullité si le ministère public omettait de donner ses conclusions devant la chambre d'accusation (art. 299). Voyez 6 nov. 1851, n. 165.

Lecture des pièces à huis-clos par le greffier; après cette lecture, retraite du procureur général et du greffier.
D'après l'art. 222, *le greffier donnera aux juges, en présence du procureur général, lecture de toutes les pièces du procès. Elles seront ensuite laissées sur le bureau ainsi que les mémoires que la partie civile et le prévenu auront fournis.* — Il doit être donné lecture de toutes les dépositions, quelque soit le degré de parenté ou d'alliance des témoins avec l'accusé. 11 août 1808, n. 167. — La mention dans l'arrêt que les pièces ont été lues, ne peut être détruite que par l'inscription de faux. 28 janv. 1861 n. 25.

D'après l'art. 223, *la partie civile, le prévenu et les témoins ne comparaîtront pas.*

D'après l'art 224, *le procureur général, après avoir déposé sur le bureau sa réquisition écrite et signée, se retirera ainsi que le greffier.*

L'art. 224 n'exige pas à peine de nullité que le ministère public se retire lors de la délibération. 16 juin 1864, n. 156.

5 Délai dans lequel la chambre d'accusation doit prononcer. — Mode de la délibération. — Points sur lesquels doit porter la délibération.

Délai dans lequel la chambre doit prononcer. — D'après l'art. 219, *le président sera tenu de faire prononcer la section immédiatement après le rapport du procureur général, en cas d'impossibilité, la section devra prononcer au plus tard dans les trois jours.* — La disposition de l'art. 219 n'est pas prescrite à peine de nullité, 12 mai 1855 n. 164.

Mode de la délibération. — D'après l'art. 225, *les juges délibéreront entr'eux sans désemparer, et sans communiquer avec personne.* — L'obligation de délibérer sans désemparer n'est pas imposée à peine de nullité. 24 fév. 1842 n. 33.

Points sur lesquels doit porter la délibération. — La cour doit statuer sur tous le points dont elle est saisie par l'ordonnance du juge d'instruction, par les réquisitions du procureur général et par les conclusions de la partie civile et du prévenu.

6 Questions préjudicielles.....................

Questions préjudicielles. Décisions à rendre. — La chambre n'est pas obligée de statuer, par des décisions distinctes et rendues à des jours différents, sur les exceptions et sur le fond, ni d'informer les parties du rejet des exceptions avant de statuer au fond. 13 août 1863, n. 218. — Voyez quelques exceptions aux pages 11 et 10 de l'Aide-mémoire.

7 Possibilité pour la chambre d'ordonner un supplément d'instruction, si la procédure est incomplète. Sur quels faits et sur quelles personnes peut porter le supplément d'instruction. — Désignation d'un magistrat instructeur. — Règles à suivre par le conseiller instructeur. — Opposition aux ordonnances et aux mandats du conseiller instructeur. — Envoi au procureur général de la procédure complétée. — Rapport de l'affaire par ce magistrat.

Possibilité pour la chambre d'ordonner un supplément d'instruction. — D'après l'art. 228, *les juges pourront ordonner, s'il y échet, des informations nouvelles; ils pourront également ordonner, s'il y a lieu, l'apport des pièces servant à conviction qui seront restées déposées au greffe du tribunal de première instance : le tout dans le plus court délai.*

La cour est investie du droit de juger si une plus ample instruction peut être utile, et il lui appartient conséquemment de l'ordonner ou de la refuser. 13 oct. 1853, n. 508.. 4 novembre 1858 n. 261.

La cour saisie de la connaissance d'une affaire peut statuer au fond, quoique le ministère public n'ait conclu qu'à un supplément d'instruction; le rapport du procureur général soumet à la chambre l'ensemble de la procédure. 23 février 1855 n. 59. — Lorsque la cour ne fait pas droit aux réquisitions du procureur général tendant à un supplément d'instruction, il faut qu'on trouve dans l'arrêt un motif applicable au rejet des conclusions. 25 août 1837, n. 251.

Sur quels faits et sur quelles personnes peut porter le supplément d'instruction. — Lorsque la chambre est saisie d'une affaire par ordonnance du juge d'instr., en vertu de l'art. 133, le supplément d'information ne peut porter que sur les faits reprochables aux prévenus renvoyés devant la chambre par ladite ordonnance; à l'égard des individus que le juge d'instr. a mis hors de cause, ou qu'il a renvoyés en police correctionnelle ou en police simple, ils ne peuvent être justiciables de la chambre que s'il y a eu opposition à l'ordonnance selon l'art. 135, ou si la chambre a évoqué selon l'art. 235. Voyez les notes au n. 8.

Désignation d'un magistrat instructeur. — Le conseiller désigné par la chambre d'accusation pour remplir les fonctions de juge d'instr., ne peut être pris que parmi les membres de cette chambre. 10 sept. 1831 n. 215.

La chambre des mises en accusation peut commettre un juge de première instance pour faire le supplément d'instruction, ou charger le tribunal de désigner l'un de ses membres. 10 septembre 1831 n. 215.. 5 mars 1841 n. 54.

Règles à suivre par le conseiller instructenr. Ordonnances, mandats. — Le conseiller chargé de l'instr. peut, en vertu des art. 236 et 237, commettre un juge de première instance pour faire le complément d'instr. 10 sept. 1831 n. 215.. 5 mars 1841 n. 54. — Le magistrat instructeur peut déléguer un juge de paix. 7 juill. 1847. D. 1847. 1. 133.

Lorsque la chambre d'accusation, jugeant qu'une expertise est utile, n'a pas nommé les experts, le conseiller commis pour l'instruction peut les nommer et recevoir leur serment. 31 août 1833 n. 354.

Le conseiller instructeur est tenu de suivre les mêmes règles que le juge d'instruction de première instance. 12 fév. 1835 n. 54.

Transport sur les lieux. Voyez art. 62. — Visite domiciliaire. Voyez art. 87 à 90. — Expertise. Voyez art. 43 et 44.

Audition de témoins : citation, voyez art. 71 et 72 ; comparution, voyez art. 74 ; nomination d'un interprète, voyez art. 332 et 333; prestation de serment, voy. art. 75 ; dispense de serment, lorsque le témoin n'a pas 15 ans, voyez art. 79 ; témoins refusant soit de prêter serment, soit de déposer, voyez art. 80; témoins ne devant pas prêter serment, voyez art. 28 et 34 du code pénal ; défense de révéler les secrets dont on est dépositaire par état, voyez art. 378 du code pénal ; déposition du témoin, voyez art. 73 ; procès-verbal de la déposition, voyez art. 76, 77 et 78 ; taxe des témoins, voyez art. 82. — Témoins défaillants, voyez art. 80, 81 et 92 ; transport d'un magistrat près des témoins hors d'état de comparaître, voyez art. 83 à 86.

Interrogatoire du prévenu ; procès-verbal de l'interrogatoire. Mandats de comparution, d'amener, de dépôt, d'arrêt, voy. art. 91 à 112.

Le prévenu doit être entendu et mis en situation de se défendre. 22 mai 1852 n. 166.

Opposition aux ordonnances et aux mandats du conseiller instructeur. — La chambre d'accusation, à laquelle toute la procédure est soumise, a nécessairement le pouvoir, sur l'opposition du procureur général, de confirmer ou de réformer les ordonnances du magistrat instructeur. 2 novembre 1821 n. 188. — Lorsque le magistrat instructeur a refusé de décerner un mandat d'amener contre le prévenu, s'il y a opposition du ministère public à l'ordonnance, c'est à la chambre d'accusation à statuer. 8 nov. 1834 n. 364. — Le conseiller instructeur doit prendre part aux arrêts qui statuent sur ses ordonnances. 2 nov. 1821 n. 188.

Envoi au procureur général de la procédure complétée. Rapport de l'affaire par ce magistrat. — Lorsque la procédure est complète, le conseiller instructeur la transmet, par une ordonnance de soit communiqué, au procureur général; la procédure rentre sous l'empire des art. 218 et suivants. 20 fév. 1824 J. P.

8 Obligation pour la chambre saisie en vertu de l'art. 133 de statuer, à l'égard des individus renvoyés devant elle, sur tous les crimes, délits et contraventions résultant de la procédure.

D'après l'art. 231, § 2, *dans tous les cas et quelle que soit l'ordonnance du juge d'instruction, la cour sera tenue, sur les réquisitions du procureur général, de statuer, à l'égard de chacun des prévenus renvoyés devant elle, sur tous les chefs de crimes, de délits ou de contraventions résultant de la procédure.*

Depuis les modifications apportées à l'art. 231 par la loi du 17 juill. 1856, beaucoup des arrêts rendus précédemment ont perdu leur valeur. Aujourd'hui les pouvoirs de la chambre d'accusation sont plus étendus ; et, *quelle que soit l'ordonnance du juge d'instruction*, la chambre doit statuer sur tous les crimes, délits ou contraventions résultant de la procédure. Toutefois le droit qui appartient à la chambre de statuer sur tous les faits délictueux résultant de la procédure, ne peut s'exercer, selon l'art. 231, qu'*à l'égard des prévenus renvoyés devant elle* par ordonnance du juge d'instruction. A l'égard des individus qui n'ont pas été renvoyés devant la chambre d'accusation, l'ordonnauce du juge d'instr. conserve toute sa force, à moins qu'il n'y ait été formé opposition par le ministère public (art. 135), ou à moins que la chambre n'ait évoqué (art. 235). Voyez 7 juill. 1859 n. 169 et 24 mai 1867 n. 126.

La chambre d'accusation doit se conformer à l'art. 231, quelles que soient les conclusions du ministère public, celles-ci ne pouvant jamais lier les juges sur l'appréciation des faits dont ils sont saisis 21 mai 1835 n. 197.

La chambre saisie de faits énoncés dans le réquisitoire ou dans l'ordonnance, doit s'expliquer sur l'existence de ces faits et sur leur qualification (22 déc. 1864 n. 299), et par des décisions motivées. 18 avril 1850 n. 128.

Un fait résultant de la procédure, sur lequel la chambre n'a pas statué, peut être ultérieurement poursuivi. 23 avril 1859, n. 101.

9 Faculté pour la chambre de joindre ou de disjoindre les affaires dont elle est simultanément saisie; crimes et délits connexes.

Voy. les art. 226 et 227. — Les juges peuvent ne pas joindre des affaires connexes (11 oct. 1855 n. 340) de même qu'ils peuvent joindre des affaires non connexes (19 sept. 1861 n. 212) : on consulte l'intérêt de la bonne administration de la justice.

Lorsque de deux affaires connexes une seule est suffisamment instruite, on peut ne renvoyer que celle-là devant la juridiction répressive. Voyez 14 août 1845. D. 1846. T. 343. — C'est à la cour d'assises à juger le délit déclaré connexe à un crime (10 nov. 1853, n. 340), et à juger le mineur de seize ans prévenu d'un crime de complicité avec un majeur. 18 nov. 1824, n. 167. — Lorsque plusieurs délits sont connexes, ils peuvent être jugés simultanément par le tribunal correctionnel compétent pour juger l'un d'eux. 14 mai 1847, n. 102. — S'il s'agit de crimes ou délits commis par des militaires de complicité, soit avec des bourgeois, soit avec des étrangers, voyez les art. 76 et 77 du code militaire.

10 Arrêt de renvoi aux assises, s'il y a des indices suffisants d'un crime. — Rédaction d'un arrêt de renvoi aux assises; exposé sommaire; qualification; ordonnance de prise de corps. — Signature des arrêts. Réquisitions. Noms des juges. — Formule d'un arrêt de renvoi aux assises.

Arrêt de renvoi aux assises, s'il y a des indices suffisants d'un crime. — D'après l'art. 231, *si le fait est qualifié crime par la loi, et que la cour trouve des charges suffisantes pour motiver la mise en accusation, elle ordonnera le renvoi du prévenu aux assises.* — Lorsqu'à côté des crimes, il y a des indices de délits, la cour statue conformément aux art. 226 et 227. Voyez n. 9.

Lorsque la cour met en prévention, elle doit déclarer que les indices sont suffisants; il ne suffirait pas de dire qu'il y a des indices 13 novembre 1845 n. 340 — La chambre d'accusation ne peut qu'apprécier les charges et les indices que présente l'instruction écrite ; il ne lui appartient pas de décider qu'il existe ou non des preuves de culpabilité. 17 nov. 1826, n. 229.

La chambre ne peut renvoyer d'une cour d'assises à une autre pour suspicion légitime. 22 juill. 1830, n. 187.

Rédaction d'un arrêt de renvoi aux assises : exposé sommaire, qualification, ordonnance de prise de corps.

D'après l'art. 232, *lorsque la cour prononcera une mise en accusation, elle décernera contre l'accusé une ordonnance de prise de corps. Cette ordonnance contiendra les noms, prénoms, âge, lieu de naissance, domicile et profession de l'accusé; elle contiendra en outre, à peine de nullité, l'exposé sommaire et la qualification légale du fait, objet de l'accusation.*

D'après l'art. 233, *l'ordonnance de prise de corps sera insérée dans l'arrêt de mise en accusation, lequel contiendra l'ordre de conduire l'accusé dans la maison de justice établie près de la cour où il sera renvoyé.*

Il faut que le prévenu soit dénommé et désigné dans la mise en accusation. 7 janv. 1825. D. 28. 1. 280.

L'exposé sommaire est indispensable pour la régularité de l'arrêt, puisque les accusés sont autorisés par l'art. 299 à soutenir que les faits reprochés ne constituent ni crime ni délit, et puisque la cour de cassation ne peut apprécier les moyens de pourvoi que d'après l'exposé. 4 avril 1862, n. 103. — Dans l'exposé, on énonce le fait, objet de l'accusation; on indique les éléments qui le caractérisent, les circonstances qui l'aggravent, la nature du préjudice et la désignation des personnes qui en ont souffert. Voyez 2 sept 1856, n. 312.— L'arrêt ne doit pas à peine de nullité, indiquer les charges qui rendent probables les crimes et délits reprochés au prévenu; il suffit de préciser les faits et les circonstances dans lesquelles ils ont eu lieu. 16 juin 1864 n. 156. — L'exposé sommaire peut résulter des circonstances de fait mentionnées dans les diverses parties dont se compose l'ensemble de la décision judiciaire. 15 fév. 1861 n. 38. — Voyez aussi 23 fév. 1860 n. 52. — La chambre d'accusation n'a pas qualité pour apprécier les faits d'excuse (25 fév. 1813. S. 13. 1. 201); mais elle peut en faire mention dans son arrêt. 13 janv. 1820, n. 34.

Est nul, *pour défaut d'exposé*, l'arrêt qui se borne à dire qu'il résulte de la procédure des charges suffisantes pour accuser X*** d'avoir, à telle époque, dans tel endroit, commis volontairement un homicide sur la personne de..., avec la circonstance de la préméditation. Voyez 5 juill. 1860 n. 147. — La chambre n'est pas obligée de diviser les qualifications et de les préciser comme elles doivent l'être par le président des assises 1er février 1866 n. 30.

Signature des arrêts. Réquisitions. Noms des juges. — D'après l'art. 234, *les arrêts seront signés par chacun des juges qui les auront rendus; il y sera fait mention, à peine de nullité, tant de la réquisition du ministère public que du nom de chacun des juges.* — L'art. 234 comprend deux dispositions et n'attache la peine de nullité qu'à la seconde. 26 août 1837, n. 253.

Formule d'un arrêt de renvoi — Cour impériale de .. (en tête). — Aujourd'hui (la date) la chambre des mises en accusation s'est réunie à huis-clos au palais de justice (art. 218). M. le procureur général a fait le rapport de l'affaire instruite à... contre le nommé X***, prévenu de... (art. 217), et a conclu à ce que ledit X*** fût renvoyé aux assises du départ. d... (art. 234). — Le greffier a donné lecture des pièces du procès (art. 222). Après cette lecture M. le procureur général et le greffier se sont retirés (art. 224). Les pièces du procès et la réquisition écrite et signée du procureur général ont été laissées sur le bureau (art. 222 et 224). Les magistrats ont délibéré entr'eux sans désemparer et sans communiquer avec personne (art. 225). M. le procureur général et le greffier étant rentrés en la chambre du conseil, la cour a rendu l'arrêt suivant : attendu que de la procédure résultent les faits ci-après (art. 232).. ; attendu que, d'après cet exposé, il y a charges suffisantes contre le nommé X*** (art. 231); 1° d'avoir, etc.; 2° d'avoir, etc..., crimes prévus par les articles... du code pénal (art. 232); ordonne la mise en accusation dudit X***, et le renvoie devant les assises du département de .. (art. 231); en conséquence ordonne que le nommé X***, âgé de... ans, né à... demeurant à..., profession de... (art. 232), sera pris au corps et conduit dans la maison de justice établie près la cour d'assises du départ. de... (art. 233).

Fait à... au palais de justice, où étaient présents Messieurs... (art. 234); et ont signé les magistrats avec le greffier (art. 234).

11 Renvoi du prévenu en police correctionnelle, s'il y a des indices suffisants d'un délit.

Renvoi du prévenu en police correctionnelle, s'il y a des indices suffisants d'un délit. — D'après les art. 230 et 239, *si la cour estime que le prévenu doit être renvoyé à un tribunal de police correctionnelle, elle prononcera le renvoi devant le tribunal compétent.* — *Si, dans ce cas, le prévenu a été arrêté, et si le délit peut entraîner la peine d'emprisonnement, il gardera prison jusqu'au jugement.* — Si à côté des délits, il y a des indices de contraventions, la cour statue conformément aux art. 226 et 227; voy. n. 9.

Aux termes de l'art. 230 modifié par la loi du 7 juill. 1856, les chambres d'accusation doivent renvoyer devant le tribunal correctionnel compétent, c'est-à-dire selon l'art. 63, devant le tribunal, soit du lieu du délit, soit du lieu de la résidence du prévenu, soit du lieu où le prévenu pourra être trouvé. 23 avril 1857, n. 162. — Le tribunal correctionnel dont le jugement a été annulé sur appel, peut être de nouveau saisi par la chambre, s'il peut se composer d'autres juges. 13 août 1859 n. 202.

Si le juge d'instr. n'a pas décerné de mandats, la chambre d'accusation excède ses pouvoirs, lorsque, renvoyant le prévenu devant la juridiction répressive, elle le déclare en état de mandat d'amener. 18 fév. 1831 n. 27.

12 Renvoi du prévenu en simple police, s'il y a des indices suffisants d'une contravention.

Renvoi du prévenu en simple police s'il y a des indices suffisants d'une contravention. — D'après l'art. 230, *si la cour estime que le prévenu doit être renvoyé à un tribunal de simple police..., elle prononcera le renvoi devant le tribunal compétent; dans le cas de renvoi à un tribunal de simple police, le prévenu sera mis en liberté.*

13 Arrêt de non lien s'il n'y a pas de fait punissable.

Arrêt de non lieu s'il n'y a pas de fait punissable. — D'après l'art. 229, *si la cour n'aperçoit aucune trace d'un délit prévu par la loi, ou si elle ne trouve pas des indices suffisants de culpabilité, elle ordonnera la mise en liberté du prévenu, ce qui sera exécuté sur le champ, s'il n'est retenu pour autre cause. Dans le même cas, lorsque la cour statuera sur une opposition à la mise en liberté du prévenu, prononcée par ordonnance du juge d'instruction, elle confirmera cette ordonnance, ce qui sera exécuté comme il est dit au paragraphe précédent.*

Il y a violation de l'art. 229 et de l'art. 7 de la loi du 20 avril 1810, lorsque l'arrêt de non lieu ne fait pas connaître si le renvoi du prévenu est fondé sur l'insuffisance des charges ou sur le défaut de criminalité des faits. 13 juill. 1843, n. 177. Voyez 24 fév. 1855 n. 59. — Est nul pour défaut de motifs, l'arrêt qui déclare qu'il n'y a lieu à suivre, sur cette énonciation vague que les faits reprochés ne constituent ni crime ni délit (17 juill. 1834. J. P. 26. 774), ou qui déclare qu'il ne résulte pas de la procédure des charges suffisantes pour motiver la mise en accusation du prévenu. 29 mars 1860 n. 86. — La chambre d'accusation ne peut baser un arrêt de non lieu sur l'insuffisance des preuves, puisqu'aux termes des art. 221 et 229, des indices graves suffisent pour motiver le renvoi du prévenu aux assises. 2 août 1821 n. 123.

Quoique le ministère public n'ait conclu qu'à un supplément d'information, la cour peut déclarer qu'il n'y a lieu à suivre; le rapport du procureur général soumet à la cour l'ensemble de la procédure. 24 fév. 1855 n. 59.

La chambre d'accusation peut fonder un arrêt de non lieu sur l'absence de toute intention criminelle (17 fév. 1838 n. 45.. 20 déc. 1844, J. P. 45. 1. 665), sur la légitime défense (27 mars 1818, n. 36), et sur les diverses exceptions indiquées au n. 6.

La chambre d'accusation qui rend un arrêt de non lieu, ne peut refuser d'ordonner la remise des pièces à conviction, si le prévenu la réclame. 31 mai 1838 n. 147.. 5 avril 1839 n. 112 — Le prévenu ne peut être mis en liberté avant l'expiration du délai de trois jours accordé au procureur général par l'art. 373 pour la déclaration de pourvoi. Voyez 22 juill. 1843 n. 190.

14 Reprise de l'instance par la chambre, si après un arrêt de non lieu il survient de nouvelles charges. — Ce qu'on entend par nouvelles charges. — Marche à suivre en cas de nouvelles charges. — Désignation d'un magistrat pour procéder à une nouvelle instruction.

Reprise de l'instance par la chambre si, après un arrêt de non lieu, il survient de nouvelles charges — D'après l'art. 246, *le prévenu à l'égard duquel la cour impériale aura décidé qu'il n'y a pas lieu au renvoi à la cour d'assises, ne pourra plus y être traduit à raison du même fait, à moins qu'il ne survienne de nouvelles charges.* — Après un arrêt de non lieu rendu par la chambre d'accusation, c'est à elle à connaître de la nouvelle plainte portant sur des charges nouvelles. 12 juill. 1859 n. 186. *Secus*, s'il y a une ordonnance de non lieu rendue par le juge d'instr. et non attaquée 28 sept. 1865 n. 185

Ce qu'on entend par nouvelles charges. — D'après l'art. 247, *sont considérés comme charges nouvelles les déclarations des témoins, pièces et procès-verbaux qui, n'ayant pu être soumis à l'examen de la cour, sont cependant de nature, soit à fortifier les preuves que la cour aura trouvées trop faibles, soit à donner aux faits de nouveaux développements utiles à la manifestation de la vérité.*

Marche à suivre en cas de nouvelles charges; Désignation d'un magistrat pour procéder à une nouvelle instruction. — D'après l'art. 248, *au cas de nouvelles charges, l'officier de police judiciaire, ou le juge d'instruction adressera sans délai copie des pièces et charges au procureur général près la cour impériale; et, sur la réquisition du procureur général, le président de la section criminelle indiquera le juge devant lequel il sera, à la poursuite du ministère public, procédé à une nouvelle instruction, conformément à ce qui a été prescrit. Pourra toutefois le juge d'instruction décerner, s'il y a lieu, sur les nouvelles charges, et, avant leur envoi au procureur général, un mandat de dépôt contre le prévenu qui aurait été déjà mis en liberté d'après les dispositions de l'art. 229.* Dans le cas de charges nouvelles, c'est au président de la chambre d'accusation à indiquer, sur le réquisitoire du procureur général, le magistrat devant lequel il sera procédé à une nouvelle instruction. 5 janvier 1854, n. 2. — Les nouvelles charges ne peuvent être constatées que par une instruction, et cette instruction doit nécessairement précéder l'appréciation même de ces charges 5 janvier 1851, n. 2 — Sur les règles à suivre par le magistrat instructeur, voyez n. 7.

L'arrêt doit rapprocher la nouvelle instr. de l'ancienne, et discuter avec détail l'existence des charges nouvelles. 3 mai 1856, n. 273.

15 Affaires dont la chambre est saisie par suite d'opposition aux ordonnances du juge d'instruction. — Dans quel cas le procureur général peut-il former opposition? Formalités — Dans quel cas le procureur impérial, la partie civile et le prévenu peuvent-ils former opposition? Formalités à observer.

Affaires dont la chambre est saisie par suite d'opposition aux ordonnances du juge d'instruction. — D'après l'art 135, § 6, *l'opposition sera portée devant la chambre des mises en accusation de la cour impériale, qui statuera toute affaire cessante. Les pièces seront transmises ainsi qu'il est dit à l'art. 133.* — Voyez art. 229, n. 13.

La chambre qui annule une ordonnance ne peut dessaisir le juge d'instruction. 10 avril 1829. J. P. — Sur l'opposition à une ordonnance, la chambre peut instruire contre des individus non compris dans les poursuites, 10 mars 1827 n. 54.

L'opposition de la partie civile à une ordonnance saisit la chambre du droit de réviser la procédure dans l'intérêt de la vindicte publique comme dans l'intérêt du plaignant; et la chambre reste saisie, malgré le désistement de la partie civile avant le prononcé de l'arrêt (art. 4). 10 mars 1827 n. 54 — La partie civile qui succombe dans son opposition à une ordonnance de mise en liberté, peut être condamnée à des dommages envers le prévenu (art 136). 1er avril 1824 n. 1.

Dans quels cas le procureur général peut-il former opposition? Formalités. — D'après l'art. 135 § 9, *le droit d'opposition appartiendra, dans tous les cas, au procureur général près la cour impériale. Il devra notifier son opposition dans les 10 jours qui suivront l'ordonnance du juge d'instruction; néanmoins, la disposition de l'ordonnance qui prononce la mise en liberté du prévenu, sera provisoirement exécutée.* — Est tardive, quoique formée dans les 10 jours, l'opposition du procureur général contre une ordonnance, lorsque le tribunal correctionnel saisi par cette ordonnance a déjà statué. 20 sept. 1860 n. 218.

Dans quels cas le procureur impérial, la partie civile et le prévenu peuvent-ils former opposition? — D'après l'art. 135, § 1er, *le procureur impérial pourra former opposition, dans tous les cas, aux ordonnances du juge d'instruction.* — Voy. 16 janv. 1862 n. 18.

D'après l'art. 135, § 2, *la partie civile pourra former opposition à toute ordonnance faisant grief à ses intérêts civils, et aux ordonnances rendues dans les cas prévus par les art. 114, 128, 129, 131 et 539 du présent code*, c'est-à-dire lorsque le juge d'instruction a accordé la mise en liberté provisoire, lorsqu'il a rendu une ordonnance de non-lieu et de mise en liberté, lorsqu'il a renvoyé l'inculpé devant le tribunal de simple police et l'a fait mettre en liberté, lorsqu'il l'a également fait mettre en liberté par le motif que le délit ne doit pas entraîner l'emprisonnement, et lorsqu'il a statué sur un moyen d'incompétence.

D'après l'art 135, § 3, *le prévenu ne pourra former opposition qu'aux ordonnances rendues en vertu de l'art. 114 et dans le cas prévu par l'art. 539.* — Consultez M. Duvergier, année 1856, p. 405.

Formalités à observer pour les oppositions, par le procureur impérial, par la partie civile et par le prévenu.

D'après l'art. 135, § 4, *l'opposition devra être formée dans un délai de vingt-quatre heures qui courra: contre le procureur impérial à compter du jour de l'ordonnance, contre la partie civile et contre le prévenu non détenu, à compter de la signification qui est faite au domicile par eux élu dans le lieu où siége le tribunal; contre le prévenu détenu, à compter de la signification qui lui est donnée de l'ordonnance par le greffier. La signification et la communication prescrites par le paragraphe précédent seront faites dans les vingt-quatre heures de la date de l'ordonnance.* — Si la partie civile n'a pas élu domicile; voyez 8 fév. 1855 n. 34.

Est nulle l'opposition formée le 16 août par la partie civile à une ordonnance de non-lieu signifiée le 14, le 15 fût-il un jour férié; elle n'est pas formée dans les vingt-quatre heures. 31 déc. 1858, n. 327. — La partie civile n'est pas tenue de signifier son opposition au prévenu, si cette opposition a été régulièrement formée au greffe du tribunal. 28 fév. 1855, n. 31.

D'après l'art. 135, § 8, *le prévenu détenu gardera prison jusqu'à ce qu'il ait été statué sur l'opposition, et dans tous les cas jusqu'à l'expiration du délai d'opposition.*

16 Affaires évoquées par la chambre soit d'office soit sur les réquisitions du procureur général. — Désignation d'un membre de la chambre pour procéder à l'instruction — Règles à suivre par le conseiller instructeur. — Envoi de la procédure au procureur général et rapport par ce magistrat. Décisions à rendre.

Affaires évoquées pas les chambres d'accusation soit d'office, soit sur les réquisitions du procureur général.

D'après l'art. 235, *dans toutes les affaires, les Cours impériales, tant qu'elles n'auront pas décidé s'il y a lieu de prononcer la mise en accusation, pourront d'office, soit qu'il y ait ou non une instruction commencée par les premiers juges, ordonner des poursuites, se faire apporter les pièces, informer ou faire informer, et statuer ensuite ce qu'il appartiendra.* — Quant aux affaires évoquées sur les réquisitions du ministère public, voyez l'art. 250.

Relativement au droit d'évocation appartenant aux Cours impériales, en chambres réunies, voyez l'art. 11 de la loi du 20 avril 1810. — Sur les limites de ce droit, consultez. 12 juillet 1862, n. 147. — Dans le cas d'évocation par les Cours impériales, le rapport des affaires doit être fait aux chambres d'accusation ayant seules pouvoir de décider s'il y a lieu à suivre. 4 fév. 1832, n. 40.

Dans l'art. 235, les mots *cours impériales* veulent dire: les chambres d'accusation. Voyez 13 juin 1850, n. 19.

Le droit d'évocation ne s'applique qu'aux faits constituant un crime, un délit ou une contravention. 26 fév. 1825, n. 37.

La chambre d'accusation, saisie d'une affaire qu'elle évoque aux termes de l'art. 235, peut ordonner des poursuites contre des individus qui jusque-là, n'ont pas été impliqués dans l'instance (10 mars 1827, n. 54), et contre des individus que le juge d'instruction a mis hors de cause ou a renvoyés soit en police correctionnelle, soit en simple police. 7 juill. 1859, n. 169.

Désignation d'un conseiller pour procéder à l'instruction. Règles à suivre par le conseiller instructeur. — Dans le cas de l'art. 235, un des membres de la chambre d'accusation fera les fonctions de juge instructeur; voyez l'art. 236.

D'après l'art. 237, *le juge entendra les témoins ou commettra pour recevoir leurs dépositions, un des juges du tribunal de première instance dans le ressort duquel ils demeurent, interrogera le prévenu, fera constater par écrit toutes les preuves ou indices qui pourront être recueillis, et décernera, selon les circonstances, les mandats d'amener, de dépôt ou d'arrêt.* — Le conseiller instructeur est tenu de suivre les mêmes règles que le juge d'instruction de première instance. 12 fév. 1835, n. 54. Pour plus de détails, voyez les notes au n. 7. — S'il y a opposition aux ordonnances du conseiller instructeur, voyez les notes au n. 7.

Envoi de la procédure au procureur général et rapport par ce magistrat. Décisions. — Voy. les art. 238 et 239.

17 Affaires dont la chambre est saisie par renvoi de la cour de cassation.

Voyez art. 432. — La chambre d'accusation, saisie d'une affaire par la Cour de cassation, ne peut renvoyer cette affaire que devant des juges de son propre ressort. 27 juin 1845, n. 208.

18 Demande en liberté provisoire..........

Voyez les art. 113 et suiv. du code d'instr. et loi du 14 juillet 1865. — Un tribunal ne peut pas accorder la mise en liberté provisoire, s'il n'est pas saisi de tous les faits imputés au prévenu. 13 janv. 1837, n. 19 — Le jugement qui statue sur une demande en liberté provisoire, doit être motivé 10 avril 1862, n. 111. — Une demande en liberté provisoire n'est plus recevable, après que l'arrêt de mise en accusation est devenu définitif (art. 126 du code d'instr.). 16 juillet 1868, n. 167.

19 Demande en réhabilitation..................

Voy les art. 619 et suiv. — Le droit de poursuivre sa réhabilitation en matière correctionnelle, existe pour le condamné dans tous les cas 27 avr. 1865 n. 97. — L'arrêt en réhabilitation n'est qu'un avis; il doit cependant être motivé. 18 janv. 1867 n. 14.

20 Pourvoi en cassation......................

Voyez les art. 408 et suiv., et pour le délai, les art. 373 et 299.

Relativement au pourvoi de la partie civile, voy. 22 juill. 1859 n. 186.. 20 juill. 1860 n. 171.. 30 déc. 1864 n. 306.

Un arrêt en réhabilitation n'est pas susceptible de pourvoi, même lorsqu'il s'appuie sur des questions de droit. 21 avril 1855 n. 136.

Metz, Imp. J. Verronnais.

www.ingramcontent.com/pod-product-compliance
Ingram Content Group UK Ltd.
Pitfield, Milton Keynes, MK11 3LW, UK
UKHW021823190726
13853UKWH00003B/1159